Hamilelik ve 0-6 yaş döneminde

# Çocuk Bakımı ve Eğitimi

## El Kitabı

ISBN: 978-605-151-236-5

Sertifika No: 12451

| | |
|---|---|
| *Hayat Yayınları* | : 401 |
| *Aile ve Çocuk Eğitimi* | : 36 |
| *Kitabın Adı* | : Çocuk Bakımı ve Eğitimi El Kitabı |
| *Yazarı* | : Sevda Dursun |
| *Kitap Danışmanları* | : İclal Kuşin, M. Ü. Emekli Öğretim Üyesi, Psikolog |
| | Hülya Bilgin Aydın, M. Ü. Öğretim Üyesi |
| *Gebelik, Doğum, Çocuk Hastalıkları ve Bebek Bakımı* | : Dr. Mehmet Çalık |
| *Yayın Editörü* | : Rahime Demir |
| *Çizimler* | : Zübeyde Beşirli - Osman Yazıcı |
| *Kapak ve İç Tasarım* | : Hayat Yayınları |
| *Baskı Yeri & Tarihi* | : Ankara, 2018 |
| *Baskı & Cilt* | : Ertem Basım |

Başkent Organize Sanayi Bölgesi 22. Cadde No: 8

Malıköy - Temelli / Ankara   Tel: (0312) 284 18 14

Sertifika No: 16031

## Hayat Yayın Grubu

Nişancı Mahallesi Davutağa Caddesi No: 26/1
34050 Eyüp - İstanbul

Tel: 0212 613 11 00   GSM: 0530 290 99 78   Faks: 0212 613 11 55

www.hayatyayinlari.com - hayat@hayatyayinlari.com

twitter.com/hayatyayinlari - facebook.com/hayatyayinlari

# Sevda Dursun

## Hamilelik ve 0-6 yaş döneminde

# Çocuk Bakımı ve Eğitimi

### El Kitabı

Hayat

**SEVDA DURSUN**

Marmara Üniversitesi Okul Öncesi Eğitim Öğretmenliği bölümünü anne adayı olarak bitirdi. Üniversite hayatından önce çeşitli gazetelerde çıkmış yazılarıyla yayın hayatının içinde yer aldı. Yayınevlerinde editörlük hizmetleri yaptı. Anne olduktan sonra çocuk eğitimi konusunda anne-babalar için hayatı kolaylaştırıcı araştırmalara yöneldi.

Çocuk eğitimi ile ilgili ÇMS (Çocuklarla Mutlu Olma Sanatı) adı altında seminerler hazırladı. Halen bir anaokulunda idarecilik yapıyor ve çocuk eğitimi ile NLP'yi birleştiren bir seminer programının hazırlık çalışmalarını sürdürüyor.

Çocukları tanımak, onları daha iyi anlamak ve onların kendilerini ifade etmelerini sağlamak amacıyla, Eğitici Drama Etkinlikleri yaparak çocukluğunu yaşamayı da ihmal etmiyor.

Evli ve bir çocuk annesidir.

*İthaf*

*Biricik oğlum Batuhan'a;*

*Seni sevmeseydim, senin için böylesine yorulduğumda, yokluğunda seni anlatarak avunmazdım.*

*Seni sevmeseydim yumuk yumuk ellerinden ilham alarak, dünyaya sıcacık mesajlar iletmezdim.*

*Evet yavrucuğum, sen beni dünyanın en güzel duygusuyla tanıştırdın. Yani anne yaptın.*

*Ben de bu kitabı sana hediye ediyorum.*

# İçindekiler

# BEBEK BAKIMI VE SAĞLIĞI

# ÖNSÖZ

*İçimizdeki çocuğu yaşatmak için*
*çocuk doğuruyoruz.*
*Tam yeşertmemiz gerekirken*
*kalkıp tümünü boğuyoruz.*

Çocuk eğitimi kitabının önsözüne bu mısralarla giriş yapmamı şaşkınlıkla karşılamış olabilirsiniz. Ama ben hayatın gerçeklerini yansıttığına inanıyorum. Şöyle bir çevrenize baktığınızda bunun gerçekliğini siz de kabul edeceksiniz.

Kaç aile çocuklarıyla birlikte mutlu olmayı becerebiliyor? Kaç tane yeni evli çift, bir çocuk dünyaya getirdikten sonra aynı romantizmi ve mutluluğu sürdürebiliyor? Parmakla sayılacak kadar az dersem, sizi şaşırtmış olmam umarım.

En iyi ihtimalle, çocuğumuzu kucağımıza aldığımız zaman, bilinçsiz anne-baba olmaktan sıyrılmak için elimize çocuk bakımı ve eğitimi ile ilgili kitaplar alıyoruz ve okuduklarımızı aynen uygulamaya çalışıyoruz. Fakat bir şeyler mutlaka yolunda gitmiyor. Problemler içinde çocuğumuzla, eşimizle, en önemlisi kendimizle savaşıp dururken, yolunda gitmeyen o şeyi bir türlü bulamıyoruz. Huzuru bir yerlerde unuttuğumuz besbelli, fakat onu nasıl bulacağımızı bilmemek işin en kötü yanı.

İşte ben size bu kitabı okumaya başlamadan önce, bu konuyla ilgili bir sır vermek istiyorum. Her konuda olduğu gibi, çocuk eğitimi konusundaki bilgileri de birkaç kitap okuyarak zihnimizde bir yerlere tıkıştırıyoruz. Fakat çoğu bilgi pratikte yaşananlara uymuyor. Sebebiyse; çocuklarımıza yaklaşırken içimizdeki çocuğu bir yerlerde unutuyor olmamız. Oysa çocuklarımızla ilgilenirken, onları disipline ederken veya onlarla oynarken çocukluğumuza dönebilsek, çocukken yaşadığımız duyguları ortaya çıkartabilsek çocuğumuzu daha rahat anlayıp onu mutlu ederken, çocuğumuzla birlikte olmaktan biz de mutluluk duyardık.

Evet, çocuklarla mutlu olma sanatı işte budur. İçinizdeki çocuğu ortaya çıkartın ve birlikte mutlu olun. Bunu becerebilirseniz gülersiniz. Yoksa sorunların içinde savaşmaktan ne kendiniz mutlu olursunuz ne de çevrenizdekileri mutlu edersiniz.

Bu kitabı, anne ve babalara rehber olması açısından hamilelikten itibaren çocuk bakımı, sağlığı ve eğitimi de dahil olmak üzere, çocuk yetiştirirken bir anne ve babaya gerekli olabilecek her türlü ayrıntıyı inceleyerek hazırlamaya çalıştım. Fakat bu kitap bir sözlük niteliği taşımıyor. Bir sorun olduğunda içindekilere bakarak sadece sorun kısmını okumak, çok fazla fayda sağlamaz.

Çünkü çocuk gelişimi bir bütündür. Bir dönemi diğerinden, bir sorunu onun oluşum aşamasından ayırmak imkansızdır. Bunun için okuyucularımızdan bu kitabı ellerine aldıklarında baştan sona kadar okumalarını tavsiye ediyorum. Gebe kalmadan önce gebelik ve doğum kısmını, çocuğunuz doğmadan önce bebek bakımı ile ilgili olan kısmı ve çocuğunuz doğduktan sonra çocuk eğitimi ile ilgili olan kısmı okursanız, oluşması muhtemel problemlerin önüne geçebilirsiniz. Daha sonra kafanızın karıştığı problemlere çözüm aramak için içindekiler kısmından yararlanabilirsiniz.

Aylara ve yaşlara göre incelediğimiz çocuk eğitimi konusunda ise; çocuğunuz bir sonraki döneme girmeden önce o dönemle ilgili bilgileri edinmenizde fayda vardır.

Son olarak kitapla sizi baş başa bırakmadan önce, bu kitabın oluşumunda benim için maddi ve manevi desteğini esirgemeyen, bana çok hassas ve özenli bir çalışma alışkanlığı kazandıran eşim Yalçın Dursun'a; kitabın eğitimle ilgili olan bölümünü okuyup bana önerilerde bulunan ve değerli vakitlerini ayıran hocalarım İclal Kuşin ve Hülya Bilgin Aydın'a; Gebelik ve doğum kısmını titizlikle inceleyen Jinekolog Sare Davutoğlu'na; yoğun çalışma temposunun içerisinde, çocuk hastalıkları bölümünü hazırlayıp, bebek bakımı ile ilgili bölümü inceleyerek önerilerde bulunma inceliğini gösteren, aynı zamanda oğlumun doktoru olan Mehmet Çalık Beye; gebelik bölümü ile ilgili kaynak taramasında bana yardımcı olan arkadaşım Nazmiye Günsay'a; oyuncak yapımı kısmında özgün fikirleriyle katkıda bulunan arkadaşım Aysel Zengin'e; benimle birlikte iki senedir bu kitap için kafa yoran ve en güzeli elde etmek için uğraşan kitabın editörü Rahime Demir'e; en önemlisi beni böyle bir kitabı hazırlamam için teşvik eden ve önümde ufuklar açan Hayat Yayınları sahibi Hayati Bayrak Beye ve bu kitap için emeği geçen isimsiz kahramanlara içten gelen teşekkürlerimi iletmeyi bir borç bilirim.

Sevgi limanında hep demirli kalın...

*Sevda Salihoğlu Dursun*

# GEBELİK
# VE
# DOĞUM

# GEBELİĞİN PLANLANMASI

Anne ve baba olmak hayatınızda yaşayabileceğiniz en harika duygulardan biridir. Bu harika olaya ilk adımınız yani gebe kalmanız, sizin hayatınızı birçok yönden değiştirecektir. Eğer gebe kalmayı planlıyorsanız ruhen ve bedenen kendinizi buna hazırlayabilirsiniz. Gebe kalmadan önce yapacağınız birtakım değişikliklerle hem gebe kalma olasılığınızı arttırırsınız hem de sağlıklı bir gebelik geçirerek sağlıklı bir bebek doğurma şansınızı yükseltmiş olursunuz. Fakat her şeye rağmen planlamadan gebe kalmış da olabilirsiniz. Bunun için üzülmeniz size hiçbir şey kazandırmaz. Gebe kaldığınızı öğrendiğiniz andan itibaren bu bebeğe alışmanız için tam 9 ay gibi uzun bir süreniz var. Bu süre içerisinde hem kendi sağlığınızla hem de doğacak olan bebeğinizin sağlığı ile ilgilenir, psikolojik olarak bu doğuma kendinizi hazırlayabilirsiniz.

Eğer gebe kalmayı planlıyorsanız, sağlıklı bir gebelik, doğum ve sonrası için 3 ay öncesinden kendinizi hazırlamanız gerekir. Doğum kontrol hapı veya rahim içi alet kullanıyorsanız 3 ay öncesinden bunları terk edip, âdetlerinizin normale dönmesini beklemelisiniz.

Birçok kadın gebe kaldığını birkaç hafta geçmeden bilmemektedir. Bu ilk haftalar bebeğinizin en kritik dönemleridir. Organlar bu dönemde gelişir. Gebe kalmadan önce sağlıklı beslenmeye özen gösterir ve sağlık taramalarından geçerseniz, bebeğinizin ilk haftalarında ve ilerleyen aylardaki sağlıklı gelişmesine yardımcı olursunuz.

Gebeliğe karar verdikten sonra şu konuları gözden geçirmelisiniz.

**1. Kalıtsal Bir Hastalığınız Var mı?** Sizin ya da eşinizin yakın akrabaları arasında kalıtsal bir hastalığı olan varsa, bebeğinizin de aynı hastalığa yakalanma riski vardır. Her ikinizin de aynı kalıtsal hastalığı taşıyan genlere sahip olmanız durumunda bebeğiniz risk altında demektir. Bunun için hamile kalmadan önce doktorunuza başvurmanız gerekir. Bazı genetik hastalıklar, gebe kalmadan önce testler yardımıyla tespit edilmektedir. Gerekli görülürse genetik danışmanlık merkezlerinde risk düzeyini saptayabilirsiniz.

**2. Kızamıkçık ve Tetanos Aşısı Oldunuz mu?** Gebelikten 3 ay önce kızamıkçık hastalığına bağışıklığınızın olup olmadığını anlamanız için kan testi yaptırmanız gerekir. Kızamıkçığa karşı bağışıklığınız yoksa, kızamıkçık aşısı olmanız gerekir. Kızamıkçık hastalığı bebeğin iç organlarının geliştiği erken gebelik döneminde önemli bozukluklara sebep olacağından ihmale gelmez. Kızamıkçık geçirmemiş ve kızamıkçık aşısı olmamış bir gebe kadın, özellikle ilk aylarda bu hastalıkla karşılaşırsa, doğacak bebekte doğuştan kalp hastalığı, sağırlık, katarakt, zekâ geriliği gibi durumlar söz konusu olabilir.

Her yetişkinin 5 yılda bir tekrarlaması gereken tetanos aşısını da en son ne zaman yaptırdığınızı kontrol ederek, gebe kalmadan önce ve gebelik süresi içinde tetanos aşısı yaptırabilirsiniz. Olumsuz doğum koşullarında, aletlerin steril olmadığı durumlarda bebeğinizi yeni doğan tetanosuna karşı korumak ve hamileliğiniz boyunca bu hastalığa yakalanmamak için tetanos aşısını olmanız gerekir.

**3. Kronik Bir Rahatsızlığınız Var mı?** Birçok kadın, gebelik boyunca özel bakım gerektirecek sara nöbetleri, yüksek tansiyon ve şeker gibi rahatsızlıklara yakalanmış olabilir. Ya da sorun, gebeliğin çok öncesinden beri biliniyor olabilir. Bebek vücuda yeni yükler yükleyeceği için normalde kontrolünüz altında olan sağlığınız, gebeliğinizle birlikte değişebilir. Eğer bazı tıbbî sorunlar söz konusuysa gebe kalmadan önce ve gebelik süresince sık sık doktorunuzla görüşmeniz gerekir. Kullandığınız ilaçlar varsa, gebeliğiniz nedeniyle değiştirilip, dozları azaltılabilir.

**4. İçki ya da Sigara Kullanıyor musunuz?** İçki ya da sigara kullanıyorsanız gebe kalmayı tasarladığınız andan itibaren bunları bırakmanız gerekir. Sigara ve alkol hamilelikte hem annenin hem de bebeğin sağlığını etkilemektedir. Sigaranın bilinen en yaygın zararlarını; düşük doğum ağırlığı, erken doğum, enfeksiyonlara sık yakalanma olarak sayabiliriz. Ayrıca "ani bebek ölümü sendromu", sigara içen annelerin bebeklerinde iki kat daha fazla görülmektedir, ilk dönemler bulantılardan dolayı sigarayı bırakan anneler, daha sonraki aylarda sigaraya tekrar başlayabiliyorlar. Halbuki gebeliğin özellikle 4. ayından sonra sigara içmenin zararları belgelenmiştir. Çok fazla tiryaki olan anneler için, sigarayı bıraktıklarında yaşayacakları yoğun stresin bebeğe vereceği zarar düşünülerek, günde birkaç sigara içmesine izin veriliyor. Bu konuyu doktorunuzla konuşmanız gerekir.

**5. İlaç Kullanımı:** Gebeliğe karar verdiğiniz andan itibaren kontrolsüz ilaç kullanımını bırakmanız gerekir. Genelde habersiz geçen ilk birkaç hafta içerisinde anne adayları ilaç kullanabiliyorlar. Bunun için aspirin gibi basit ilaçları dahi kullanmayıp, rahatsızlığınız olduğu zaman doktorunuza başvurmalısınız ve gebe olduğunuzdan şüphelendiğinizi söylemelisiniz.

**6. Doğum Kontrol Hapı ve Rahim İçi Alet:** Doğum kontrol hapı kullanıyorsanız, 3 ay önceden bırakmanız gerekir. Böylelikle âdet düzeniniz geri gelecektir. Beklenen doğum süresini hesaplamak daha kolay olacaktır. Spiral kullanıyorsanız bunu da önceden çıkartmanız gerekir. Fakat spiralle hamile kalma olasılığınız az da olsa vardır. Eğer böyle bir durumla karşı karşıyaysanız, derhal doktorunuzla görüşün. Spirali yerinde bırakmak veya çıkartmak, doktorunuzun muayeneden sonra karar vereceği bir durumdur. Spiralin çıkartılmaması durumunda dahi hamilelik olaysız olarak ilerleyebilir.

**7. Önceki Doğumlarınız ve Kürtajın Etkisi:** Normal doğum yapmışsanız, şimdiki gebeliğiniz de büyük bir olasılıkla normal doğumla sonuçlanacaktır. Sezaryenle doğum yapmışsanız ve ikinci çocuğunuzu normal doğurmak istiyorsanız bu da mümkündür. Önceleri, bir kez sezaryen olundu mu, diğer doğumların da sezaryenle olacağı savunulurdu. Oysa şimdi bu kural değişti. Bizim ülkemizde çok sık uygulanmamakla birlikte, eğer böyle bir isteğiniz varsa bunu doktorunuzla görüşün. Sizinle gebeliğin başından doğuma kadar ilgilenecek bir doktor bulun. Çünkü her doktor sezaryenden sonra normal doğuma yanaşmayabilir.

Önceden kürtaj olduysanız, bunun gebeliğinize etkisini merak ediyor olabilirsiniz. Gebeliğinizin ilk üç ayı içerisinde kürtaj olmuşsanız, büyük olasılıkla şimdiki gebeliğinize herhangi bir etkisi olmaz. Fakat ikinci üç ay içerisinde kürtaj olmuşsanız, erken doğum yapma riskiniz yüksektir. Her iki durumda da doktorunuza önceki kürtajlarınızdan ve kadın hastalıklarıyla ilgili problemlerinizden bahsedin. Doktorunuz bu konuda sizi ne kadar iyi tanırsa size o kadar fazla yardımcı olacaktır.

**8. Kilonuz Ne Durumda, Sağlıklı Besleniyor musunuz?**
Gebe kalmadan önce (bu sefer 3 aya da sığmayabilir, o yüzden daha da erken bir süre içinde), kilonuzu kontrol altına almalısınız. Çok fazla kiloluysanız uygun kiloya gelmeniz, hamilelik süresince rahat olmanızı ve rahat bir doğum yapmanızı kolaylaştırır. Bunun için gebe kalmadan en az 6 ay önce sağlıklı bes-

lenme rejimine geçmelisiniz. Gebelik süresince rejim yapamayacağınızı da aklınızdan çıkartmayın.

## GEBE KALMAK İÇİN UYGUN ZAMAN

28 günde bir âdet gören kadınlarda âdet kanamasının başlangıcından yaklaşık 14 gün sonra yumurtlama olur. 30-35 günde bir âdet gören kadınlarda yumurtlama günü, beklenen âdetten 14 gün öncesine rastlar. Yani bir yumurtanın yumurtalıktan döl yatağı borusuna geçişi gerçekleşir. Bu günler içerisinde cinsel ilişkiye girerseniz hamile kalma olasılığınız çok yüksektir. Âdetten sonraki ilk hafta ve âdet olacağınıza yakın son hafta gebe kalmanız için pek uygun olmasa bile, bu süre içerisinde de gebe kalma olasılığınız vardır, işinizi riske atmak istemiyorsanız, âdetinizin başlamasından itibaren sayarak, 14 gün geçtikten sonraki 10 günü iyi değerlendirin. Eğer âdet olduğunuz günleri düzenli bir şekilde not tutuyorsanız, beklenen doğum tarihini hesaplamanız kolay olacaktır.

| Âdet Görme Süresi | Yumurtlama günü |
|---|---|
| 28 günde bir | Âdet kanamasının başlangıcından 14 gün sonra |
| 30 günde bir | Beklenen âdetten 14 gün önce |
| 35 günde bir | Beklenen âdetten 14 gün önce |

## GEBE KALMANIN YAŞI VAR MI?

Bunun için kesin bir yaş sınırı koyulmamakla birlikte, gebelik için en verimli yaşın 20-30 yaşları arasında olduğu uzmanlarca söylenmektedir. Gebelik hangi yaşta olursa olsun risksiz değildir. Bu risk yaş ilerledikçe artar. Özellikle ilk çocuğunu 35 yaşından sonra doğuran kadınların down sendromlu bir bebek dünyaya getirme riski, yirmili yaşlarda hamile kalan kadınlardan daha fazladır. Bu gibi anormalliklerin yaşlı annelerde görülmesinin sebebi, yumurtaların yaşlanması (her kadın yaşam boyu kendine yetecek sayıda yumurtayla doğar, yumurta hücreleri yenilenmez) ve röntgen ışınlarına, enfeksiyonlara, ilaçlara daha sık maruz kalması olabilir.

Yine annenin sağlık problemleri, yüksek tansiyon, şeker hastalığı ve kalp damar hastalığı gibi hastalıklar, yaşı ilerleyen kadınlarda daha fazla görülmektedir. Bunun için 35 yaşın üstünde anne adayı olan kadınların, hamile kalmadan önce ve hamileliği esnasında sık sık doktor muayenesinden geçip, uzman bir doktorun kontrolünde hamileliklerini sürdürmeleri gerekir, ilerlemiş yaş, anne adayını tek başına riske sokmaz. Ama birçok bireysel riskin toplamı buna yol açabilir.

## HAMİLE MİYİM?

Gebe kalmak istiyordunuz. Âdet olacağınız günü iple çektiniz. Bir gün geçti, iki gün geçti hâlâ âdet olmadınız. Sevinçten havalara uçmadan önce diğer belirtileri de gözden geçirin. Çoğu kadının gebeliğinin ilk belirtisi âdetten kesilmedir. Fakat bu başlı başına hamilelik belirtisi olmayabilir. Âdetin gecikmesi; yolculuk, yorgunluk, stres altında kalma, hormonal sorunlar ya da hastalık, doğum kontrol hapını bırakma gibi durumlarda da görülebilir. Üstelik hamile kaldığınız halde âdet kanaması görebilirsiniz. Halk arasında buna "üstüne görme" denilir. Bunun için diğer belirtileri de gözlemlemeniz gerekir.

Eğer âdet görmemişseniz ve yukarıdaki belirtilerden de birkaçı sizde mevcutsa, bir doğum kontrol yöntemi uygulanıyor olsanız bile hemen bir gebelik testi yaptırın. Gebeliğinizi ne kadar erken teşhis ederseniz, risklerden uzaklaşmak ve sağlıklı bir yaşam tarzına geçmek için o kadar çabuk davranırsınız. Bu da bebeğinizin ilk aylardaki hızlı gelişimi için son derece önemlidir.

*Gebe olabileceğinizin işaretleri:*

- *Kısa süreli âdet kanaması ya da âdet kanamasının kesilmesi.*
- *Mide bulantısı ve diğer mide şikayetleri.*
- *Sızlayan, ağrıyan şiş göğüsler.*
- *Sık sık idrara çıkma isteği.*
- *Normal vajinal akıntıda görülen artış.*
- *Yorgunluk hissi.*
- *Yiyeceklere aşırı istek duyma.*
- *Ağızda güçlü bir metalik tat.*

## BEKLENEN DOĞUM TARİHİNİN HESAPLANMASI

Eğer düzenli âdet görüyorsanız (28 günde bir), beklenen doğum tarihine yakın doğum yapmanız daha olasıdır. Fakat âdetleriniz düzensizse bu tarihleme sistemi işinize yaramayacaktır. O zaman doktorunuzla birlikte bazı ipuçlarına dayanarak ve ultrason tetkikinden sonra, yaklaşık bir tarih belirlemeniz gerekecektir. Belirlediğiniz ay içerisinde doğum gerçekleşse bile hafta ve gün olarak beklenen doğum tarihinden sapmalar olacaktır. Normal gebelik 38-42 hafta arasında sürdüğünden, birçok kadın beklenen doğum tarihinden önce ya da sonraki iki hafta içinde doğum yapar.

Normalde gebelik, döllenmeden itibaren 260 gün sürer. Fakat döllenme günü tam olarak bilinemediğinden beklenen doğum tarihi genellikle şu şekilde hesaplanır: Son normal âdet kanamanızın birinci gününün tarihine 7 ekleyin. Bu tarihe 9 ay ekleyerek beklenen doğum tarihinizi hesaplayabilirsiniz. Örneğin, Mayıs'ın 15'inde âdetinizin başladığını varsayarsak, 15 + 7 = 22 Mayıs eder. Buna 9 ay eklerseniz, 22 Şubat olarak doğum tarihinizi hesap edebilirsiniz. Son normal âdet kanamanızın olduğu tarihe 40 haftalık bir gebelik temel alınarak 40 hafta eklerseniz de beklenen doğum tarihini hesaplayabilirsiniz.

Doğum yaklaştıkça ipuçları artacak ve beklenen tarihte sapmalar olacaktır. Doğumun başlangıcına ait belirtiler geldiğinde zaten doktorunuza başvurursunuz. Fakat beklenen doğum tarihinde bir gecikme olursa mutlaka doktorunuza başvurmalısınız.

## BEBEĞİN ANNE KARNINDA GELİŞMESİ VE ANNEDE GÖRÜLEN DEĞİŞİKLİKLER

Sperm yumurta hücresine girdiğinde yumurta ile kaynaşarak tek hücre haline gelir. Döllenen yumurta yaklaşık olarak 3 gün içinde fallop borusundan rahme gelir. Bu arada yumurta hücresi birkaç kez bölünmüş, tek hücreden birçok hücre oluşmuştur. Döllenmiş yumurta bu durumda rahim iç duvarına ulaşır (döllenmeden 7 gün sonra). Yaklaşık 2 hafta içinde rahmin içine yerleşir. Döllenmiş yumurta rahim içine yerleştikten sonra Embriyo adını alır.

Embriyodan çıkan bazı uzantılar annenin kan damarlarına ilerleyerek plasentayı (bebeğin eşi) oluşturur. Plasenta, anneden fetüse oksijen, besin, ilaç, hormon ve diğer maddeleri taşıyan kanallar sistemi olarak düşünülebilir. Aynı zamanda fetüste oluşan artık ürünleri de anne karnına transfer eder ve bu maddeler annenin böbreği tarafından dışarı atılır. Hücrelerin bir bölümü de göbek kordonunu ve bebeği koruyan zarları yapar.

### 0-14. Haftalar

| Annede Görülen Değişiklikler | Fetüste Görülen Değişiklikler |
|---|---|
| • Âdetiniz ya çok hafiftir ya da kesilmiştir.<br>• Mide bulantısı ve kusma yaşayabilirsiniz. Fakat bu dönemin sonlarına doğru (yani ilk 3 ayın sonunda) | • Plasenta oluşur.<br>• Kalp atışları başlar.<br>• Kemikleri belirir; kafa, kollar, bacaklar, par- |

bulantı ve kusmalarda hafifleme göreceksiniz.
- Göğüsleriniz büyüyebilir.
- İlk zamanlar sık idrara çıkma isteği duyabilirsiniz. 2-2,5 aydan sonra sık idrara çıkma isteği azalır. Son aylarda bebeğin büyüyüp idrar torbasına baskı yapmasıyla tekrar artar.
- Gebelikte bağırsak hareketleri yavaşladığı için kabızlık görebilirsiniz.
- Hormon değişikliklerinden dolayı aşırı duygusal; olabilir, küçük şeylere üzülebilirsiniz.
- Bu dönemin sonunda 2-2,5 kilo almanız beklenir.

maklar ve ayak parmakları oluşur.
- Büyük organlar, sinir sistemi oluşur.
- Saçlar büyümeye başlar.
- Gelecekteki dişler için 20 tane tomurcuk belirir.
- Bu dönemin sonunda fetüs, yaklaşık 10 cm. uzunluğunda ve 30 gramdan fazla ağırlıktadır.

## 14-28. Haftalar

### Annede Görülen Değişiklikler

- 14. haftadan itibaren gebeliğinizin ikinci 3 ayına giriyorsunuz. Kendinizi daha iyi hissediyor olmalısınız, ikinci 3 ay gebeliğin en güzel dönemidir. Keyfini çıkarmaya bakın.
- Karnınız şişmeye başlar. Bu dönemin sonunda rahim, kaburgalara yaklaşır.
- Göbekten başlayıp aşağıya doğru uzanan koyu renkli bir çizgi karnınızda oluşabilir. Ya da yüzünüzde kahverengi çillenmeler olabilir. Meme başı çevresinin (areola) rengi koyulaşır.
- Diş etlerinizde kanama ya da vajinal akıntı gibi yakınmalarınız olabilir.
- Bebek büyüdükçe iştahınız artar. Altıncı aydan sonra kilolara aman dikkat!

### Fetüste Görülen Değişiklikler

- Fetüs doğuma kadar çok hızlı bir şekilde gelişir.
- Kaşları ve kirpikleri oluşur, ayrıca yüzünde ve vücudunda "lanugo" denen ve daha sonra dökülecek olan ince tüyler belirmeye başlar.
- Cinsel organları, cinsiyetini ortaya koyacak ölçüde gelişmiştir.
- Bebeğinizin solunum hareketleri başlamıştır.
- Kaşlar ve tırnaklar oluşur.

- *Eklemler ve eklem bağları gevşediğinden sırt ağrısı, kasıklarda gerilme gibi yakınmalar hissedebilirsiniz.*
- *Aşağı yukarı 16-20. haftalarda fetüsün hareket ettiğini hissetmeye başlarsınız.*
- *Mide yanması, sindirim güçlüğü ve kramp gibi gebelikte sık görülen yakınmalar sizi rahatsız edebilir.*
- *Bu dönemin sonunda 7 veya 8 kilo almanız beklenir.*

- *Fetüs hareket eder, tekme atar, uyur ve uyanır, yutkunabilir, duyabilir ve idrarını yapabilir.*
- *Bu dönemin sonunda fetüs yaklaşık 27-35 cm. uzunluğunda ve 900-1000 gr. ağırlığındadır.*

## 28-40. Haftalar

### Annede Görülen Değişiklikler

- *Fetüsün hareketlerini daha güçlü hissedersiniz.*
- *Bebeğiniz büyüdükçe iç organlarınıza baskı yaparak solunum güçlüğü ya da sık idrara çıkma gibi yakınmalara neden olabilir. Ayrıca koşarken, gülerken ya da öksürürken idrar kaçırabilirsiniz.*
- *Leğen kemiği çevresindeki eklemleriniz doğuma hazırlık olarak genişler. Bu nedenle karın ve bacaklarda hafif rahatsızlık hissedebilirsiniz.*
- *Az uyku ve bebeğin daha da ağırlaşması nedeni ile kendinizi yorgun hissedebilirsiniz.*
- *Rahim ağzı incelmeye ve yavaş yavaş açılmaya başlar.*

### Fetüste Görülen Değişiklikler

- *Cildi pembe ve buruşuktur, ama deri altında yağ toplanmaya başlamıştır.*
- *Beyindeki düşünme merkezi büyüyüp karmaşıklaşarak hızla gelişmektedir. 7 aylık bebeğin tepkileri yeni doğmuş bebeğinkilere benzer.*
- *Fetüs karın bölgesini iyice büyütür ve tekme atar. Eşiniz elini karnınıza koyduğunda bebeğinizin hareketlerini hissedebilir. Fakat büyüdükçe, daha az hareket alanı bulacağı için son aylarda hareketlerinde azalma görülür.*

- *Sarı ve sulu bir sıvı olan kolostrum meme başınızdan sızabilir.*
- *Karın ağrılarınız olabilir. Bunlar gerçek ya da yalancı doğum sancıları olabilir.*
- *Bu dönemin sonunda hamileliğiniz süresince 11-12 kilo almanız beklenir.*

- *İnce vücut kılları kaybolur.*
- *Kemikler sertleşir. Fakat kafa kemikleri yumuşak ve doğum için esneklik gösterecek yapıdadır.*
- *Rahim içindeki yer daraldığından 32. haftadan sonra doğumdaki gibi baş aşağı konuma gelir.*
- *40. haftada fetüs süresini doldurmuş olur. Yaklaşık 50 cm. boyunda 3000-4000 gr. ağırlığındadır.*

## GEBELİK SÜRESİNCE SAĞLIKLI BESLENME

Genelde yaygın bir kanı, hamilelikte sağlıklı beslenmek için çok fazla yemek, iki kişi için yemek gerektiği şeklindedir. Fakat hamile bir kadının beslenmesi normal bir kadının beslenmesinden çok az farklılık gösterir. Olgun bir insanın günlük kalori ihtiyacı 2000'dir. Gebe bir kadında ise, gebeliğin ilk yarısında 2500-2600, ikinci yarısında ise 2700-2800 kaloridir.

Yetersiz ya da yanlış besin alımı bebekle ilgi gelişimi geciktirebilir. Ancak yeterli beslenme aşırı kilo ile eşdeğer değildir. Hamilelik süresince dengeli ve sağlıklı beslenirseniz, hem siz hamileliğiniz boyunca sağlıklı bir dönem yaşarsınız, hem de sağlıklı bir bebek sahibi olma şansınızı yükseltirsiniz. Aşırı kilo alımı estetik yönden anneleri rahatsız ettiği kadar, sağlık açısından da oldukça zararlıdır. Normal olarak almanız gereken kilonun üzerinde kilo almak, kan basıncını yükseltebilir, diyabete (şeker hastalığı) neden olabilir, hatta erken doğuma bile sebebiyet verebilir. Ayrıca aşırı kilolar hamileliğin daha ağır geçmesine neden olduğu gibi, varis oluşumunda da rol oynar. Fazla kilolu kadınların daha az hareketli oldukları ve doğumun bu nedenle fazla uzadığı saptanmıştır. Doğum için sezaryene gerek duyulduğunda ise yağ fazlalığı nedeniyle daha fazla dikiş olması ve bunun da komplikasyonlara neden olması ihtimali vardır.

Bütün bu saydıklarımızdan sonra hamile kadın ne yiyip ne içmeli ki; hem aşırı kilo almasın, hem de bebeği ve kendisi için gerekli olan besinleri yeteri miktarda alsın. Öncelikle eğer fazla kilolu bir kadınsanız, hamile kalmadan önce bu kilolarınızdan kurtulmalısınız. Çünkü hamileliğiniz süresince diyet yapmanız kesinlikle yasaktır. Bebeğinizin birçok kritik dönemi vardır ve bu kritik dönemlerde sizin alacağınız birçok besine ihtiyacı vardır. Bu besinleri almayı keserseniz, bebeğinizde ve sizde birçok sorun çıkma riskini yükseltmiş olursunuz.

Hamile kaldığınız ilk aylar iştahınız çok fazla olmayabilir. Genelde bulantılardan dolayı iştah azalmasına bağlı olarak çok fazla kilo artışı olmadığı gibi, kilo eksilmesi de görülebilir. Bu endişe verici bir durum olmamakla birlikte, ilk aylarda da bebeğinizin mutlaka ihtiyacı olan besinler vardır. Elinizden geldiği kadar gerekli olan besinleri alın. 3. aydan sonra vücudun gereksinimine karşılık olarak sizin de iştahınız artabilir. Burada da kendinize dur demeniz gerekir. Aşırı yemeyin, ancak aşağıda sayacağımız temel besinleri de ihmal etmeyin. Çünkü bazı besinlerin bebeğiniz için yaşamsal değeri vardır. Şimdi bu besinlere sırasıyla bir göz atalım.

## Temel Besinler

**Lif**
Gebelikte sık görülen kabızlığın önlenmesi için lif içeren yiyecekleri günlük beslenmenizin büyük bir bölümünde kullanmalısınız. Sebze ve meyve, kepekli besinler lif içerir. Fakat kepekli besinleri hamilelikte fazla yememelisiniz.

**Lif içeren yiyecekler**
Sebzeler: Pırasa, bezelye
Tahıllar: Esmer pirinç, kepek ekmeği.
Kuru yemişler: Kuru üzüm, kuru kayısı.

**Folik Asit**

Döllenmeden bir ay kadar önce ve gebeliğin erken döneminde folik asit eksikliği, omurilik kanalı kusuru, damak dudak yarıklığı riskini artırdığı gibi; bebeğin merkezî sinir sisteminin gelişmesi için özellikle ilk haftalarda folik asit gereklidir.

Vücutta depolanmadığı için her gün alınmalıdır.

**Folik Asit içeren yiyecekler**

Taze yeşil yapraklı sebzeler: Brokoli, ıspanak.
Tahıllar: Çavdar ya da yulaf ekmeği.
Kuru yemişler: Fındık, fıstık.

**C Vitamini**

Sizin ve bebeğinizin doku tamiri, yara iyileşmesi ve çeşitli metabolik ihtiyaçları için C vitaminine gereksiniminiz vardır. Ayrıca C vitamini bağışıklık sistemini güçlendirerek enfeksiyonlara karşı direncinizi artırır. Demir emilimini kolaylaştırdığı için, demir içeren yiyecekleri C vitamini içeren yiyeceklerle birlikte almanızda fayda vardır. C vitamini vücutta depolanmadığı için her gün almak gerekir. C vitamini yönünden zengin sebze ve meyveler, taze ve pişirilmeden yenirse vitamin kaybına uğramazlar. Uzun süre saklanan ve pişirilen besinlerde C vitamininin çoğu kaybolur. Bunun için besinleri taze ve çiğ olarak veya az haşlayarak yemelisiniz.

**C vitamini içeren yiyecekler**

Taze sebzeler: Ispanak, karnabahar, patates, lahana, yeşil ve kırmızı biber, domates.
Taze meyveler: Greyfurt, portakal, çilek, böğürtlen.

## Demir

- Sizin ve bebeğinizin artan kan hacmi için büyük miktarda demire ihtiyacınız vardır. Özellikle son aylarda demire olan ihtiyaç artar. Bu yüzden hamileliğin ikinci yarısından itibaren doktorunuz demir takviyesi yapabilir.
- Demiri mümkün olduğu kadar diyetinizden sağlayın. Hamileliğinizin başlangıcından itibaren demir içeren yiyecekleri ağırlıkta alırken, demir emilimini kolaylaştırıcı C vitamini içeren yiyecekleri de birlikte alın. Doktorunuzun önerdiği demir takviyesini veya demir içerikli yiyecekleri, süt ve süt ürünleriyle, çay, kahve gibi demirin emilimini azaltıcı içeceklerle birlikte almayın. Hayvansal yiyeceklerdeki demir, sebze ve kuru meyvelerde olanlara nazaran daha kolay emilir.

## Demir içeren yiyecekler

Et ve sakatatlar: Sığır eti, ciğer.

Deniz ürünleri: Sardalya, istiridye.

Sebzeler: Ispanak, baklagiller, soya fasülyesi.

Meyveler:    Kurutulmuş meyveler, elma

## Protein

- Anne adayı gereğinden az protein alırsa, düşük doğum ağırlıklı bebeklere sebep olabilir. Üstelik son 3 ayda protein ve kalori eksikliği beyin gelişimini kötü etkileyebilir.
- Gebe kadının protein ihtiyacı günde 60-75 gramdır. Yüksek kaliteli protein; et, balık, tavuk, süt ve süt ürünlerinden elde edilebilir. Hayvansal besinlerin yağ yönünden de zengin olduğu unutulmamalı, fazla kilo almamak için yağsız ürünler tercih edilmelidir.

## Protein içeren yiyecekler

Süt ve süt ürünleri: Peynir ve yoğurt.

Et çeşitleri: Tavuk eti, kırmızı et, balık.

Baklagiller: Nohut, kurufasulye.

*Kalsiyum*

*Kalsiyum; kasların, kalp ve sinir sisteminin gelişimi, kan pıhtılaşması ve enzim etkinliği için gereklidir. Gebelikte normalde gerek duyduğunuzun iki katı kadar kalsiyuma ihtiyacınız vardır. Yeterince kalsiyum almazsanız, bebeğinizin kemik gelişimi sizin kemiklerinizden sağlanacağı için, sağlığınız açısından riske girersiniz. Yüksek miktarda kalsiyum alımının gebeliğe bağlı yüksek tansiyonu önlemesine yardımcı olduğu son yapılan araştırmalarca ortaya konmuştur. Bu nedenle günde 4 porsiyon kalsiyum almalısınız.*

*Kalsiyum içeren yiyecekler*
*Süt ve süt ürünleri: Peynir ve yoğurt.*
*Kuru yemişler: Badem, antep fıstığı, fındık, kuru incir.*
*Yeşil yapraklı sebzeler: Ispanak, brokoli.*

## Beslenirken Dikkat Edilecek Hususlar

Yukarıda saydığımız besinler genelde sofralarımızdan eksik etmediğimiz besinlerdir. Eğer günlük taze yemek pişirme gibi bir alışkanlığınız yok, fast-food türü yiyeceklerle öğünlerinizi geçiştiriyor- sanız, hamileliğiniz süresince bu alışkanlıklarınızı bir kenara bırakmanız gerekir. Şeker, yağ gibi gereksiz kilo aldıran yiyecekler yerine sağlığınız için gerekli besinleri alın. Her insan gibi hamile kadının da şekere ve yağa ihtiyacı vardır. Fakat almış olduğunuz gıdalar içinde ve pişirdiğiniz yemeklerde bunlar mevcut olduğundan ek olarak almanız gerekmez. Az yağ tükettiğinize inanıyorsanız, belki bir dilim yağlı ekmek, ek yağ gereksiniminizi karşılar.

Gebelikte sıvı ihtiyacınız normale oranla artacaktır. Günde en az 8 bardak sıvı içmeye gayret edin. Meyve sularının yanı sıra en iyi sıvı ihtiyacını suyun karşıladığını unutmayın. Fazladan su, cildinizi yumuşattığı gibi kabızlığınızı da azaltır.

Yukarıda saydığımız temel besinleri kısaca özetlersek, aşağıda vereceğimiz listedeki besinleri gün içerisinde mutlaka almaya çalışın:

| Gün İçerisinde Alınması Gereken Besinler | |
|---|---|
| Süt ve süt ürünleri | kalsiyum, protein |
| Yeşil yapraklı sebzeler ve taze meyveler | lif, folik asit, C vitamini |
| Kırmızı et, tavuk eti, balık eti | protein, demir |
| Kepekli ekmek | protein, lif, folik asit |

## Hamilelikte Kaçınmanız Gereken Besinler

Aşağıda saydığımız ürünleri ve tabi ki sigarayı, tamamen kaldıramadığınız takdirde, olabildiğince aza indirin. Hazır satın aldığınız yiyeceklerin içeriğine ve son kullanma tarihine dikkat edin. Süt ve süt ürünlerinin tazeliğine ve sütün pastörize olup olmadığına dikkat edin.

| Hamilelikte Kaçınılması Gereken Besinler | |
|---|---|
| Kafeinli içecekler | kolalı içecekler, içki, kahve, çay, kakao |
| Konserve, dondurulmuş yiyecekler | |

## Gebelikte Önerilen Kilo Alımı

Hamile kalmadan önceki kilonuza bağlı olarak gebelikte alacağınız kilo belirlenir.

Ne kadar kilolu olursanız olun, hamilelik döneminde diyet yapmayı düşünmeyin. Şeker ve yağ içeriği düşük olan besinlerle öğünlerinizi düzenleyin. Günde 3 öğün yerine 6 defa küçük öğünler hazırlamak sizin için daha iyidir.

| Gebelikte Önerilen Kilo Alımı | |
| --- | --- |
| _Durumunuz_ | _Kilo alma miktarı (kg)_ |
| Normalden düşük kilolu | 12-18 |
| Normal kilolu | 11-15 |
| Normalden fazla kilolu | 6,5-11 |
| Çok fazla kilolu (obez) | 6,5 |
| İkiz gebeliği olanlar | 15-20 |

## Vitamin ve Mineral Desteği

Dengeli besleniyor ve bol taze gıda alıyor iseniz, vitamin ve mineral desteği ihtiyacınız olmayacaktır. Vitamin ve mineralleri günlük besinlerinizden temin etmeye çalışın. Hiçbir hap iyi bir diyetin yerini tutamaz. Beden için en iyi vitamin ve mineral desteği taze besinlerdir. Ancak kansızlık gibi bazı özel durumlarda doktorunuz vitamin desteği verebilir. Vitamin ve mineraller, yüksek dozda alındıklarında bedende ilaç etkisi yaparlar. Bunun için vitamin ve mineral desteğini doktorunuzun gözetiminde ve önerilen miktarda almalısınız.

## HAMİLELİK GİYSİLERİ

Hamileliğinizin ilk aylarında giyeceklerinizi değiştirmeniz gerekmez. 5 ve 6. aylardan sonra artık kıyafetleriniz dar gelmeye başlar. İşte o zaman kendiniz için alışverişe çıkabilirsiniz. Eğer yakın çevrenizde yeni doğum yapmış birisi varsa onun hamilelik giyeceklerinden de faydalanabilirsiniz.

Artık mağazalarda çok şık hamile kıyafetleri satılıyor. Kendinize uygun olanı alın, fakat abartıya kaçmayın. Fazla kullanımı olan kıyafetleri tercih ederseniz, çeşitli şekillerde giyebilirsiniz. Örneğin, bir jile alıp içine değişik renklerde bluzlarla defalarca giyebilirsiniz. İlla ki hamile kıyafeti de almanız gerekmez. Zevkinize uygun bol kıyafetleri de pekala kullanabilirsiniz. Alışveriş yapmadan önce, gardolabınızı kontrol etmeyi unutmayın. Hâlâ giyebileceğiniz bol kıyafetleriniz olabilir. Çoğu kadın birkaç ay giyeceği hamile kıyafetlerine yatırım yapmak istemez. Siz de böyle düşünüyorsanız, eşinizin kıyafetleri de dahil olmak üzere her türlü imkanınızı değerlendirdikten sonra, daha sonraki hamileliklerinizde kullanmayı veya bir yakınınıza vermeyi düşünerek birkaç tane hamile kıyafeti alabilirsiniz. Şık bir hamile kıyafeti içerisinde, hamile olduğunuza daha çok inanacaksınız.

Kıyafetlerinizi alırken sentetik olmamasına, pamuklu, bol, hafif giysiler olmasına dikkat edin. Gebelikte vücut ısınız arttığı için kendinizi sıcağa karşı daha duyarlı hissedebilirsiniz. Sentetik kumaşlar nemi çekmedikleri için göğüslerin alt kısımlarında ve kasıklarda pişiklere neden olabilir.

Belinizi sıkmayan bol kıyafetler tercih edin. Lastikli etek veya eşofman, karnınız büyüdükçe sizi rahatsız etmez. Ayrıca bacağınızı sıkan lastikli çoraplardan da kaçınmanız gerekir. Sıkı çorap lastiği, bacaklarda varis ya da su toplanması meydana getirebilir.

Hamilelikte en önemli giysi iç kıyafetlerinizdir. Büyüyen göğüsleriniz için üzerinize iyi oturan destekli bir sütyen almanız gerekir. Ancak stok yapmaya kalkışmayın. Birini yıkadığınızda diğerini kullanmak üzere iki tane almanız yeterlidir. Bunlar dar gelmeye başlayınca yenilerini alırsınız. Hamileliğin son aylarında kullandığınız sütyenlerinizi lohusalıkta da kullanabilirsiniz. Lohusalıkta ilave olarak önden açık bir iki tane sütyen alırsanız, emzirirken rahat edersiniz.

## GEBELİKTE DİNLENME

Gebeliğin ilk 3 ayında ve son 3 ayında kendinizi yorgun hissedebilirsiniz. İlk 3 aydaki yorgunluğunuzun sebebi; bedeniniz, bebeğinizin yaşam destek sistemi olan plasentayı oluşturmak için fazladan enerji harcayacağı içindir. Ayrıca vücudunuz hem gebeliğe uyum sağlama çabasındadır hem de bulantılarınız varsa bu da kendinizi yorgun hissetmenize sebep olabilir. Bunun için sık sık dinlenmelisiniz. Akşam erken yatmak ve gün içerisinde şekerleme yapmak fırsatlarını kaçırmayın. Eğer çalışıyorsanız, gün içerisinde işlerin hafiflediği bir zaman, koltuğunuza yaslanarak dinlenin. Eve geldiğinizde ev işleriyle kendinizi yıpratmayıp erkenden yatın.

Gebeliğinizin son 3 ayında ise fazla kilolarınız, büyüyen karnınız ve düzensiz uykunuz sizi oldukça fazla yorar. Vücudunuzun dinlenmeye ihtiyacı olduğu için çok fazla iş yapamaz, hemen yorulursunuz. Büyüyen karnınızla sizi gören yakınlarınız da size bu dinlenme hakkını tanıyacaklardır. Size yardım etmek isteyenleri geri çevirmeyin ev işlerini kafanıza takmayın. Bırakın eviniz şıkır şıkır olmasın da sizin ve bebeğinizin sağlığı yerinde olsun. Bunun için fırsat buldukça, ayaklarınızı yüksek bir yere uzatarak dinlenin. Dinlenirken sakin sakin soluk alıp verin, güzel şeyler düşünün. Otururken bebeğiniz için bir şeyler örmeniz size keyif verebilir. Bebek bakımı ile ilgili kitaplar okuyarak da dinlenme saatlerinizi değerlendirebilirsiniz.

Yorgunluğunuz hareketsizliğe de bağlı olabilir. Bunun için uzun yürüyüşler yapmalısınız. Her gün hızlı adımlarla en az yarım saat yürümeniz hem sağlığınız hem de kolay bir doğum yapmanız için gereklidir.

Günlük beslenmenize dikkat edin. Demir, protein ya da kalori eksikliği, yorgunluğunuzu artırabilir. Diyetinizi kontrol edip günlük almanız gereken besinleri ihmal etmeyin. Unutmayın, karnınızda bir canlı büyüyor. Özellikle ilk bebeğinizse bunun keyfini çıkartın. Konforlu bir yaşam sürmeye gayret edin (Bunun için eşinizin de size yardımcı olması gerekiyor). Doğumdan sonra bu fırsatı uzun süre yakalayamayabilirsiniz.

## GEBELİKTE CİNSEL YAŞAM

Gebeliğiniz yolunda gittiği sürece cinsel yaşamda kısıtlama yapacak herhangi bir sebep yoktur. Üstelik hormon düzeylerindeki artış nedeniyle daha kolay uyarılabileceğinden ve doğum kontrol kaygısı olmadığından çoğu kadın için daha zevk verici olabilir.

Gebelik süresince cinsel istek ve beklentiler kişiye göre değişiklik gösterir. Fakat birçok kadında hamileliğin ilk aylarında ve son aylarında cinsel isteksizlik görülebilir. İlk 3 ayda yorgunluk, bulantı, kusma ve göğüslerde dolgunluğa bağlı gerginlikler, belki hamileliğe uyum sağlayamama, cinsel istekte azalma oluşturabilir. Bu gibi belirtileri çok az veya hiç yaşamayan kadında cinsel ilişki ilk aylarda da eskisi gibi devam eder.

Son aylarda ise karnın büyümesiyle hareket alanının daralması, ilerlemiş gebeliğin ağrı ve rahatsızlığı, doğumdan başka herhangi bir şeye odaklanamama gibi durumlar kadında isteksizliğe yol açabilir. Kulaktan dolma erken doğum tehlikesini düşünmek de eşlerde isteksizliğe yol açabilir.

Yüksek riskli gebeler için bazen 9 ay boyunca sınırlandırma koyulabilir. Bu, gebeliğin gelişimine göre değişen bir durumdur. Bu konuda doktorunuz size sınırlamalar getirecektir. Bunların haricinde hiçbir belirti yoksa son aya kadar cinsel ilişkiniz devam edebilir. Son ayda ise doktorunuz nasıl davranmanız gerektiği konusunda size yol gösterecektir.

Gebeliğiniz süresince herhangi bir nedenden dolayı cinsel ilişkiye giremiyorsanız, eşinize sevginizi değişik yollarla gösterebilirsiniz.

---

*Hamileliğiniz boyunca herhangi bir anormal durum yoksa, cinsel hayatınız aynen devam edebilir. Fakat doktorunuz şu durumlarda cinsel ilişkiyi yasaklayabilir:*

- *Herhangi bir anda, beklenmeyen bir konumda olması (özellikle ilk 3 ayda düşük tehlikesi varsa).*

- *Daha önceki gebeliğin ilk 3 ayında düşük ya da düşük tehlikesi yaşanmışsa,*

- *Erken doğum tehlikesi varsa (son 8-12. haftalarda),*

- *Su kesesi yırtılmışsa.*

- *Birden fazla gebelik durumunda son 3 ay ilişkiye girmeniz sakıncalı olur.*

## GEBELİKTE KARMAŞIK DUYGULAR

Gebelik, bir kadın için hayatının en önemli dönemlerinden biridir. Bu dönemde tüm kadınlar fiziksel olduğu kadar duygusal bir etki içine de girerler. Hormonal değişimlerden kaynaklanan bu duygusal yaklaşımlar, anne adayının sık sık gözyaşlarına boğulmasına sebep olur. Normal zamanda hiç üzerinde durmayacağı bir konuyu büyütebilir, üzülmeyi gerektirmeyen bir olayda gözyaşı dökebilir. Bazı kadınlar gebeliklerinde ruhsal değişiklikler yaşarlar. Dakikaları dakikalarına uymaz. Bazen kendilerini çok iyi hissetmelerine rağmen birkaç dakika sonra ağlamak isteyebilirler.

Gebelikte duygusal değişim, aslında kadının anne olacağım haberini almasıyla başlar. Bu bebeğe hazır mıyım veya onu sevebilecek miyim endişesi içinde olabilir. Bu çok normaldir. Öte yandan gebelik boyunca fiziksel olarak hissedilen şikayetler de onu etkiler. Ayrıca giderek büyüyen karnıyla, şekil değiştiren vücudu konusunda endişeye kapılabilir. Bir daha eski haline hiç dönemeyeceğini ve etrafındakilerin (özellikle eşinin) onu hiç çekici bulmadığını düşünür. Bundan çocuğunu bile sorumlu tutabilir. Bütün bunlar çok doğaldır. Fakat doğumdan sonra her şeyin düzeleceğini hatta eski durumunuza bile dönebileceğinizi düşünerek rahatlayabilirsiniz.

Bebeğinin sağlığı konusunda endişe duymak da çoğu anneyi etkiler. Hatta bu konuda babalar da endişe duyarlar. Bu konuyu doktorunuzla konuşup ultrason tetkiki yaptırdıktan sonra bir parça rahatlayabilirsiniz. Bu arada olumlu düşünmeye gayret edin.

*Gelelim babalara!*

Babalar karınlarında bir canlı büyütmeseler de ilk günden itibaren onların da duyguları değişebilir. Eşinin hamileliği ile birlikte baba adayını oldukça değişken ve karışık günler bekler. Eşleri ve bebekleri ile ilgili büyük bir endişe duyarlar. 9 aylık bekleme süresi içinde baba adayları son derece gergin ve sinirli olurlar. Bu sıkıntılarının bir sebebi de ekonomiktir. Fakat tüm bu sıkıntılarını eşlerine açmazlar. Çok fazla konuşmazlar. Çünkü hamile eşlerinin yeterince sıkıntı içerisinde olduğunu düşünerek birde kendi sıkıntılarını eklemek istemezler. Böylelikle iletişim kopukluğu ortaya çıkar. Bu da hamilelikte, doğumda ve doğum sonrasında büyük sorunlara yol açar.

Bu konuda eşlerin yapabileceği pek çok şey vardır. Biraz gayretle 9 ayı eğlenceli bir hale getirebilirsiniz. Anne adayı olarak siz, hamileliğiniz boyunca kendinizi meşgul edecek bir şeyler bulmalısınız. Eğer işiniz varsa işinize devam etmeniz, evde oturmanızdan daha iyidir. Çünkü evde hiçbir aktiviteyle meşgul olmadan akşama kadar yalnız kalırsanız, sürekli kurgular içerisinde yaşarsınız. Bu da psikolojinizi daha fazla bozar.

Hamile olduğunuzu anladığınız ilk günden itibaren bunu paylaşın. Birlikte bir kutlama yaparak işe başlayabilirsiniz. Her şeyi konuşun, birbirinize endişelerinizden bahsedin. İsteklerinizi açık açık söyleyin. Doktor muayenelerine elinizden geldiği müddetçe birlikte gitmeye gayret edin. O anı paylaşın.

Hamile kadının hormonal dengesinin değişmesinden dolayı hassas olmasını, erkek olgunlukla karşılamalıdır. Kızmak, sinirlenmek veya basite almak yerine onu anladığınızı gösterin. İlgi çekmek için bütün bunları yaptığını düşünerek eşinizi boş yere kırmayın. Ola ki ilgi çekmek için yapmış olsun. "Buna gereksinimi olmasa zaten yapmazdı" diyerek ilginizi yoğunlaştırın. 9 ay o kadar da çabuk geçiyor ki, birbirinizi kırdığınıza değmez. Siz de ona gerginliklerinizden bahsedin, fakat emin olun o, sizin yaşadığınızdan çok daha fazla gerginlik yaşamaktadır. Bu süre içerisinde sizin ilgi ve desteğinize hiç olmadığı kadar ihtiyacı olacaktır. Karınızı 9 ay şımartmak size bir şey kaybettirmez. Oysa gerginlik ve stresten kurtulmak, anlaşıldığını bilerek rahatlamak eşinizin ve bebeğinizin sağlığına çok şey kazandırır. Onu 9 ay boyunca yalnız bırakmayın. Her zaman yanında olamazsınız fakat bilirsiniz işte, yalnızlığı hissetmek başka bir şeydir. En çok da birlikteyken hissedilir bu yalnızlık. Birçok kadın gebelikleri süresince yaşadıkları endişelerden dolayı ve özellikle de kendilerini yalnız hissetmelerinden dolayı hamilelik depresyonu geçirebiliyor. Eşinizin yanında olur onunla ilgilenirseniz, karmaşık duygular depresyon boyutuna ulaşmayacaktır. Ve 9 ayın sonunda anne-baba olacaksınız. Bunu düşünmenin mutluluğunu yaşayın.

## GEBELİK SIRASINDA SIK RASTLANAN ŞİKÂYETLER

Gebelik sırasında hiç sıkıntı yaşamayan, çok rahat bir dönem geçiren kadınlar çok nadir olsa bile vardır. Ancak birçok kadın gebelikte sık rastlanan yakınmalardan biriyle veya birkaçıyla karşı karşıya kalabilir. Bunların çoğu normaldir. Tüm bunlar, gebelikteki hormon değişikliğine ya da gebelikte vücudun fazlaca yüklenmesine bağlıdır.

Gebeliği 3 döneme ayırırsak, bu rahatsızlıklar genelde ilk ve son 3 ayda görülürler.

İlk 3 ay uyum dönemidir. Hamilelik yerleşirken, organizma buna uyum sağlama çabasındadır. Bu ilk dönemde çıkan rahatsızlıklar genelde 3. ayın sonlarına doğru kaybolmaya başlarlar.

2. dönem denge dönemidir. 3. ayın sonundan 6. ayın sonuna kadar sürer. Anne ve bebek birbirlerine uyum sağlamışlardır. Şikayetler bu dönemde çok az görülür. Hamileliğin en keyifli dönemi bu dönemdir.

Son 3 ayda ise çocuk giderek büyümüş ve rahimde daha fazla yer kaplamaya başlamıştı. Organizmanın doğuma hazırlanmasından dolayı da yakınmalar artar. Bunlardan haberdar olmanız, karşılaştığınızda şaşırmamanız ve önlem almanız içindir.

---

### Bulantı ve Kusmalar

Gebeliğin ilk belirtilerindendir. Bütün gebelerde bulantı görülmez. Kimileri hafif şiddette yaşarken, kimileri oldukça yoğun yaşayabilirler. Çoğunlukla sabahları aç karnına olmasına rağmen gün içinde herhangi bir vakitte de görülebilirler. Genelde ilk 3 ayın sonunda kesilirler. Fakat bazı gebeliklerde 9 ay boyunca devam ettiği de görülür. Bebeğin beslenmesini engelleyecek derecede bulantınız oluyorsa, doktorunuza danışmalısınız.

### Ne Yapabilirsiniz?

• Sabahleyin yataktan yavaş yavaş kalkın ve yatağın kenarında birkaç dakika oturarak bekleyin.
• Sabahleyin ilk iş olarak kuru tost ya da kraker yiyin.
• Hergün 5 ya da 6 defa küçük yemek öğünleri yiyin, midenizin tamamen boş kalmasına izin vermeyin.
• Hoş olmayan kokuları engelleyin.
• Meyve suyu, süt, kahve ve çay içmeyin.
• Bulantı ve kusmaların önemli bir sebebinin psikolojik olduğunu aklınızdan çıkarmayın. Güzel şeyler düşünün.

---

### Aşırı Tükürük Salgılama

Sık olmamakla birlikte ilk aylarda görülen bir rahatsızlık da aşırı tükürük salınımıdır. Pek hoş olmasa bile zararsız bir durumdur. Sabah bulantıları olan kadınlarda daha sık olur ve bulantıların artmasına sebep olabilir.

### Ne Yapabilirsiniz?

• Mentollü bir diş macunuyla dişlerinizi fırçalayın.
• Sakız çiğneyin.

## Sık İdrara Çıkma

İlk ve son 3 aylarda sık idrara çıkma görülür. Sebebi, ilk 3 ayda büyüyen rahmin hemen önünde yer alan idrar kesesinin uyarılmasıdır. Son 3 ayda ise doğum yoluna giren bebeğin başı idrar kesesine basınç yapar. Ayrıca bedende çoğalan artık maddelerin atılımını hızlandırmak amacıyla, böbrek çalışma hızı ve vücut sıvı hacmi de artmıştır.

### Ne Yapabilirsiniz?

• İdrar yaparken öne doğru eğilirseniz, idrar kesenizi tam olarak boşaltırsınız.

• Gece sık sık tuvalete çıkmak sizi rahatsız ediyorsa, akşamları sıvı alımını azaltın, fakat günlük 8 bardak sıvı ihtiyacınızı kesinlikle ihmal etmeyin. Az sıvı alırsanız, hamilelikte sık rastlanan idrar yolu iltihaplarını kolaylaştırmış olursunuz.

## Vajinal Akıntı

Gebelikteki hormonal değişiklikler nedeniyle vajinadaki akıntı artabilir. Hamileliğin 3 döneminde de vajinal akıntı görülebilir. Kaşıntı, kızarıklık, sancı, kokulu ve renkli akıntı olduğunda doktorunuza danışın.

### Ne Yapabilirsiniz?

• Vajinal deodorant ve parfümlü sabunlar kullanmayın.

• Temiz iç çamaşırları sizi rahatlatabilir.

• Vajinayı yıkarken sabun kullanmayın.

## Mantar

Gebelikteki hormonal değişiklikler vajinal mantara yakalanmayı kolaylaştırır. Vajinada peynir kesiği kıvamında beyaz akıntı ve şiddetli kaşıntı görülebileceği gibi, idrara çıkma sırasında yanma da görülebilir. Gebeliğin 3 döneminde de görülebilecek olan bu yakınma, bebek doğmadan önce tedavi gerektirebilir.

### Ne Yapabilirsiniz?

• Naylon iç çamaşırı, dar pantolon ve vajinal deodorantlardan kaçının.

• Doktorunuza danışın, uygun bir krem önerebilir.

## Dişeti Kanaması

Gebelik hormonları nedeniyle dişetleri şişer, iltihaplanır ve kolayca kanar duruma gelirler. Bu da dişeti hastalıklarına ve çürümelere sebep olabilir. Özellikle dişlerinizi fırçalarken dişetinizin kanadığını görebilirsiniz.

### Ne Yapabilirsiniz?

- Şekerli besinlerden uzak durup C vitamini içeren besinler yiyin. Günlük kalsiyum ihtiyacınızı aldığınızdan emin olun.
- Düzenli bir şekilde yemeklerden sonra dişlerinizi ve dilinizin üstünü fırçalayın.
- Gebelik boyunca en az bir kez diş doktorunuza giderek dişlerinizi kontrol ettirin.
- Gebeliğiniz süresince diş tedavisi yaptırmanızda bir sakınca olmadığını aklınızdan çıkartmayın.

## İsilik

Hormon değişikliğinden kaynaklanabilir. Şişman ve çok terleyen kadınlarda görülür. Vücutta en fazla terleyen göğüs altı ve kasık gibi derinin kıvrımlı bölgelerinde kızarıklık veya kaşıntı şeklinde görülür.

### Ne Yapabilirsiniz?

- Bu bölgeleri sağlığa uygun doğal sabunlarla sık sık yıkayıp iyice kurulayın.
- Bol ve pamuklu giysileri tercih edin.

## Kabızlık

Gebelik süresince kabızlık, daha önce hiç kabızlık çekmemiş kadınlarda bile sık görülür. Sebebi, hormon düzeylerindeki artışa bağlı olarak bağırsak kaslarının gevşemesi ve bağırsakların çalışmasını yavaşlatmasıdır. Son aylarda da büyümekte olan rahim, bağırsaklara baskı yaparak normal çalışmasını engeller. Kabızlık 9 ay boyunca hamileliğin her döneminde görülebilir.

### Ne Yapabilirsiniz?

- Lif açısından zengin gıdalar yiyin (taze meyve ve sebzeler, kepekli gıdalar).
- Bol bol sıvı alın.
- Düzenli cimnastik veya yürüyüş yapın.
- Her ihtiyaç duyduğunuzda vakit geçirmeden tuvalete gidin.

## Baş Dönmesi ve Bayılma Duygusu

İlk 3 ayda veya son 3 ayda görülebilir, ilk 3 ayda, hızla genişleyen dolaşım sistemini, var olan kan hacminin yeterli derecede doldurmaması baş dönmesine neden olabilir. Son 3 ayda ise genişleyen rahmin anne adayının kan damarları üzerine yaptığı basınç, baş dönmesine neden olabilir. Gebelik süresince tansiyonunuz normalden düşük olmasından dolayı baş dönmesi hissedebilirsiniz. Yatar veya oturur durumdan her kalkışınızda meydana gelebilir. Sık sık bayılma meydana geliyorsa doktorunuza bildirin. Başka bir hastalığın belirtisi olabilir.

### Ne Yapabilirsiniz?

- Uzun süre ayakta kalmayın.
- Oturur veya yatar durumdayken yavaş yavaş ayağa kalkın.
- Uzun süre aç kalırsanız kan şekeriniz düşer. Bunun için de baygınlık hissedebilirsiniz. Sık sık ve azar azar yemek yiyin.
- Çok sıcak ve havasız bir yerde vakit geçirmeyin.
- Eğer bir rahatsızlık hissediyorsanız, yere uzanın ve ayaklarınızı yukarıya kaldırın. Veya oturun, kendinizi iyi hissedinceye kadar başınızı dizlerinizin arasına alın. Kalabalık ortamlarda ayakkabı bağlıyormuş gibi bu işlemi yapabilirsiniz.

## Varisler

Şişmanlarda ya da ailesinde varis olan kadınlarda sıklıkla görülür. Bacaklarda ağrı, bacak ve baldır damarlarında bazen de makatta veya cinsel organ çevresinde şişlik olabilir. Uzun süre ayakta durma ya da bacak bacak üstüne atma bu sorunu ağırlaştırabilir.

### Ne Yapabilirsiniz?

- Fazla kilo almaktan kaçının.
- Sık sık bacaklarınızı yukarıya kaldırarak dinlenin.
- Sabahları yatağınızdan çıkmadan, varis çorapları ya da esnek çoraplar giyin.
- Sigara, varisleri artırabilir. Sigara içmeyin.
- Sizi sıkacak çamaşırlar giymeyin.
- Yeterli miktarda C vitamini alın.

## Uyku Sorunları

Başlangıçta sıklıkla ve gün içinde rahatsız edecek derecede uyuma isteği görülebilir. Fakat sık sık idrara çıkma, bebeğin tekmelemesi gibi etkenler uyuma güçlüğü çıkartabilir. Son aylarda büyüyen karın nedeniyle rahatsız yatıldığı için uyumakta güçlükle karşılaşılabilir.

### Ne Yapabilirsiniz?

- Akşam hafif bir yemek yiyin. Çay ve kahve gibi uyarıcılardan kaçının.
- Hep aynı saatte yatmaya çalışın.
- Gevşeme egzersizleri yapın. Kitap okuyup ılık bir duş yapmak da uykuya gitmenizi kolaylaştırabilir.
- Yatak odanızın havadar olmasına ve çok sıcak olmamasına dikkat edin.
- Yataktaki en rahat konumunuzu bulmak için bacaklarınızın arasına yastık alabilirsiniz.
- Uykunuz kaçtığında yatakta oyalanmayın.
- Kalkın kitap okuyun veya ılık bir duş alın.
- Sık idrara çıkmaktan dolayı uykunuz kaçıyorsa akşamları sıvı almayın.

## Mide Yanması

Gebelikte mide girişinde bulunan kas halkasının gevşemesi nedeniyle, mide özsuyu yemek borusuna geçer. Mide asitleri, duyarlı yemek borusunu tahriş eder ve göğsün orta yerinde kuvvetli bir yanma hissedilir.

### Ne Yapabilirsiniz?

- Çok kilo almaktan kaçının.
- Midenizi rahatsız edecek bol baharatlı, kızartılmış ve yağlı yemeklerden kaçının.
- 3 öğün yerine sık sık azar azar yiyin. Yemekleri küçük lokmalar halinde alıp iyice çiğneyin.
- Geceleri ılık süt içmeyi deneyin.
- Sigara içmeyin.
- Başınız yüksekte uyuyun.
- Doktorunuza danışırsanız, size mide asidini giderici ilaçlar önerebilir.

## Hemoroid (Basur)

Büyüyen rahmin vücudun alt kısmına giden damarlara ve bebeğin başının makat çevresindeki damarlara baskı yapmasından dolayı buradaki kan dolaşımı bozulur. Makat çevresindeki toplardamarlarda hemoroid adı verilen genişlemeler meydana gelir. Tuvalete çıktığınızda kaşıntı, sancı ve kanama hissedebilirsiniz. Basurunuz varsa bunu doktora bildirin. Hafif şiddetteki basurlar tedavi gerektirmeyip, bebek doğduktan sonra kaybolabilirler.

### Ne Yapabilirsiniz?

- Kabız olmamaya dikkat edin. Ikınmayın.
- Uzun süre ayakta kalmaktan kaçının.
- Buz torbası koyarak hemoroiddeki kaşıntıyı hafifletebilirsiniz.
- Makattaki damarlara aşırı basınç yapmayı engellemek için, sırtüstü değil yan yatın.
- Günde iki kez ılık oturma banyosu yapın. Vajinadan makata doğru olan bölgeyi her dışkılamadan sonra önden arkaya doğru ılık suyla yıkayın.
- Mutlaka doktorunuza danışın. Önü alınmayan hemoroidler, doğumdaki ıkınmalardan dolayı azabilir.

## Kramplar

Fosfor fazlalığı ve kalsiyum eksikliği nedeniyle veya laktik asit birikmesi sonucunda bacaklarda kramp görülebilir. Doktorunuzun önerisiyle fosfor içermeyen bir kalsiyum takviyesi veya diyeti uygulayabilirsiniz. Kramplar, ayak ve bacaklarda çoğunlukla geceleri kasılmalar şeklinde olur ve son 3 ayda sık görülür.

### Ne Yapabilirsiniz?

- Kramp giren bacağınızı gererek, ayak bileği ve ayak parmaklarınızı hafifçe yukarı kaldırın. Veya bacağınıza hafif hafif masaj yapın.
- Ağrı geçtiğinde kan dolaşımını artırmak için biraz yürüyün.
- Soğuk bir yüzeye basmak da işe yarayabilir.
- Doktorunuza danışın, kalsiyum ya da D vitamini takviyesi verebilir.

## Nefes Darlığı

Gebeliğin ikinci yarısından sonra, büyümüş olan rahmin diyaframa baskı yapması sonucunda nefes almakta zorluk yaşanır. Kansızlık da nefes darlığına sebep olabilir. Ciddi soluk alma güçlüğü yaşıyorsanız, doktorunuza danışın.

### Ne Yapabilirsiniz?

- Soluğunuz kesildiğinde oturun. En azından çömelin.
- Fırsat buldukça dinlenin.
- Geceleri yastığınızı yükseltmek de işe yarayabilir.

## Gebelik Çatlakları

Gebelik süresince deriniz çok gerildiğinden göbekte, kasıkta ve memelerde kırmızı renkte çatlaklar görülebilir. Aşırı kilo almanın da etkili olduğu çatlaklar, doğumdan sonra incecik çizgilere dönüşürler. Tamamen önleyemeseniz bile dengeli bir besin diyeti uygulamakla hızlı kilo artışını düzenleyerek bunları en aza indirebilirsiniz.

### Ne Yapabilirsiniz?

- Hızlı kilo almaktan kaçının.
- Krem ve merhemler çatlakların kapanmasını etkilemezler, ancak nemlendirici bir krem sürmek, oluşmasını önlemek için yararlı olabilir.
- Bol bol su için.

## Ayaklarda ve Ayak Bileklerinde Şişme (Ödem)

Genellikle sıcak havalarda ve günün sonunda ayaklarda ve ayak bileklerinde şişkinlik birçok gebe kadında görülebilir. Nedeni vücudun fazladan su tutmasıdır. El ve yüzde de şişme görülmüşse veya ödem 24 saat içinde geçmemişse, doktorunuza danışın.

### Ne Yapabilirsiniz?

Sık sık bacaklarınızı yükseğe kaldırarak dinlenin. Mümkünse sol tarafınıza yatın.

Günde en az iki-üç litre sıvı alarak bedeninizin artık maddelerden kurtulmasını sağlayın. Yine de bir seferde iki bardaktan fazla sıvı almamaya dikkat edin.

Şişlikler sizi çok rahatsız ediyorsa, hamileler için satılan korseli çoraplardan giyin.

**Bel ve Sırt Ağrıları**

Genellikle hareketsiz olan kasık bölgesi eklemleri, doğumda bebeğin geçişini kolaylaştırmak amacıyla geçiş süreciyle birlikte gevşemeye başlar. Bu, karnınızın iyice büyümesiyle birlikte vücudunuzun, kas iskelet sisteminin dengesini bozar. Başınızı ve omzunuzu geriye atarak dengelemeye çalışırsınız. Bebeğin ağırlığı vücudu öne doğru çekeceğinden, buna bağlı bel ağrısı sık görülür. Kendinizi dik tutmaya ve sırtınıza çok yük bindirmemeye dikkat edin. Gebelik hormonları sırt kaslarınızı gerip yumuşattığı için, fazla eğilirseniz, ani ve sert hareketler yaparsanız ya da yeren yanlış bir şekilde kaldırırsanız, beliniz kolayca incinir.

**Ne yapabilirsiniz?**

- Fazla kilo almamaya gayret edin.
- Çok yüksek topuk veya düz ayakkabı giymeyin.
- Evde iş yaparken (yeri silerken veya yerden bir şey kaldırırken), ayaklarınızı bükmeyin. Dizlerinizin üzerine oturup o şekilde iş yapın. Bir şey kaldırırken dizlerinizi bükün, sırtınızı bükmeyin, belinizle değil bacak ve kollarınızla kaldırın.
- Çok uzun süre ayakta durmaya çalışın. Eğer uzun süre ayakta durmanız gerekirse, bir bacağınızın altına alçak bir tabure koyarak dizinizi hafifçe bükün.
- Çok uzun süre oturmayın. Bir saat, en iyisi yarım saatte bir yürüme ve gerinme molası verin.
- Sert bir yatakta uyuyun. Yataktan kalkarken önce yana dönün, daha sonra da diz üstü duruma geçin. Kendinizi kalçalarınızdan doğru iterek kalkın, sırtınızı hep dik tutun.
- Karın kaslarınızı güçlendirecek basit egzersizler yapın. Yüzme, hem belinizin ağrısına hem de sırtınızın ağrısına iyi gelecektir.

## DÜŞÜK TEHLİKESİ

Bebeğin rahme tutunmaya çalıştığı, anne ile bebeğin vücudunun uyum sağlama süreci olan ilk 3 ayda gebeliğin son bulması ihtimali vardır. Birçok kadın düşük tehdidi geçirmiş veya birçok kez düşük yapmıştır. Düşüğe yol açmadığı halde, düşük nedeni sayılan birçok etmen vardır. Bunların arasında ağır kaldırmak, düşmek, duygusal sorunlardan dolayı stres altında kalmak, geçmişinde düşük riski olması, kötü beslenme, hormonel yetersizlik ve annenin belirli tıbbi sorunlarını sayabiliriz. Fakat bunların düşüğe yol açtığı ispatlanmamıştır.

Düşük, kanama şeklinde başlar, fakat her kanama düşük tehlikesi demek değildir. 20. haftadan önceki kanamalar olası bir düşükten, bu haftadan sonrakiler ise plasentadan kaynaklanabilir. 20. haftadan önceki kanamalar az ve ağrısızsa, gebelik devam edebilir. Birçok kadın düşük yapmadığı halde hamileliğinin ilk aylarında bu tür bir kanama yaşamıştır.

---

*Düşük Belirtileri:*

• *Kanama âdet kanaması kadar şiddetli olursa ya da açık renkli akıntı 3 günden çok sürerse.*

• *Kanama ile birlikte karnınızın orta alt kısmında çok şiddetli kramp ve ağrı varsa, düşük yapma ihtimaliniz çok yüksek.*

• *Çamaşırınızda gri beyaz pembemsi parçalar fark ederseniz, düşük başladı demektir. Bebek artık kurtarılamaz.*

• *Hemen bir yardım çağırın, doktorunuzu arayın ve sırt üstü yatıp bekleyin.*

---

## TOKSOPLAZMA

Kedi, köpek dışkısı, çiğ et ve pastörize edilmemiş süt, anne karnındaki bebeğe zararlı olabilecek toksoplazma denilen bir paraziti taşıyabilir. Bunun için şu önlemleri alabilirsiniz:

> **Önlemler:**
>
> • *Evinizde kedi veya köpek besliyorsanız, muhtemelen toksoplazmaya karşı bağışıklığınız vardır. Doğum öncesi bağışıklığınızın olup olmadığını anlamak için test yaptırabilirsiniz.*
>
> • *Bahçe ile uğraşıyorsanız, eldiven kullanın.*
>
> • *Az pişmiş ya da çiğ et yemeyin (çiğ köfte de dahil), pastörize edilmemiş süt içmeyin. Mutfakta çiğ ete dokunduktan sonra ellerinizi güzelce yıkayın.*

## GEBELİK EGZERSİZLERİ

Gebeliğiniz süresince formda kalmak, doğum anını kolaylaştırmak, hamileliğinizi korumak amacıyla 4. aydan itibaren egzersizlere başlamalısınız. Nefes ve kas egzersizleriyle hem rahat bir hamilelik geçirecek, hem de doğuma hazırlanmış olacaksınız.

Günde 10 dakika olmak kaydıyla düzenli olarak kas egzersizleri yapın. Doğum konusunda anlatılan nefes egzersizlerini de düzenli olarak çalışın. Başlangıçta her hareketi günde en fazla bir iki kez yapın. Hareketleriniz sizi yormadan düzenli olarak ilerlemelidir.

### Pelvis Kası Hareketleri

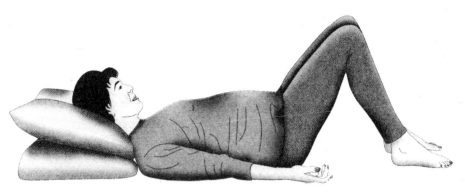

Sırt üstü uzanın, dizlerinizi büküp ayak tabanlarınızı yere basın. İdrar yaparken birden idrarınızı tutuyormuş gibi pelvis kaslarınızı sıkın. Buradaki kasları vajinaya bir şey çekiyormuş gibi kasmalısınız. Bu hareketi dura dura tekrarlayın. Daha sonra bir süre kasılı tutarak bırakın. Bu egzersizi başlangıçta birkaç kez, daha sonra günde 10 kez tekrarlamalısınız. Bu egzersizi öğrendikten sonra, her durumda tekrarlayabilirsiniz. Yatarken, otururken, ayakta dururken tekrarlayabileceğiniz bu egzersiz, doğumda kaslarınızı nasıl kasıp gevşetebileceğinizi size öğretir ve yırtık riskini azaltır. Ayrıca gebeliğiniz boyunca gevşeyen kaslardan rahatsız olma (idrar kaçırma gibi) durumunuz ortadan kalkar.

## Kasık ve Pelvis Gelişmesi

Sırtınız dik duracak biçimde oturun. Ayak tabanlarınızı kendinize doğru çekin. Dirseklerinizle uyluklarınıza bastırın. 20 saniye bu şekilde durun. Başlangıçta iki bacağınızın altına yastık alarak yapmanız daha kolay olacaktı.

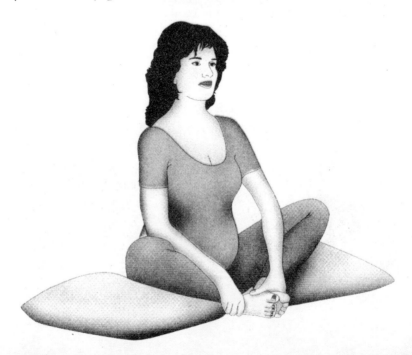

## Bağdaş Kurarak Oturma

Topuklar kalçaların altında, dizler yerden yukarıda, sırtınızı iyice dik tutun. Yorulduğunuzda ayaklarınızı uzatın.

## Çömelme

Yere doğru eğilerek çömelirseniz, belinizin ağrısına da iyi gelecek olan bu egzersiz, doğum sancılarına dayanmak açısından önemli bir egzersizdir. Sırtınızı ve kasıklarınızı güçlendirir.

Desteksiz olarak çömelme hareketi yapın.

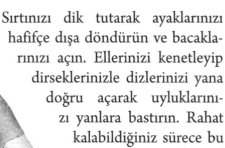

Sırtınızı dik tutarak ayaklarınızı hafifçe dışa döndürün ve bacaklarınızı açın. Ellerinizi kenetleyip dirseklerinizle dizlerinizi yana doğru açarak uyluklarınızı yanlara bastırın. Rahat kalabildiğiniz sürece bu durumda kalın. Bu egzersizi merdiven çıkarken yorulduğunuzda, yerden bir şey kaldırırken, telefonla konuşurken, oturacak bir şey bulamadığınız zaman uygulayabilirsiniz.

Sırtınızı dik tutarak bacaklarınızı açın ve duvardan veya sandalyeden destek alarak çömelin. Rahat durabildiğiniz sürece bu durumda kalın.

## Rahatlama

Gebeliğiniz süresince sizi gevşetecek olan bu egzersiz, doğum sırasında da çok işinize yarayacaktır.

Kaslarınızı nasıl gevşeteceğinizi bilirseniz, doğum sırasında kasılmalara uyum sağlar ve enerjinizi boşa tüketmemiş olursunuz.

Başlangıçta gürültüden uzak ılık ve loş bir ortamda uygulayacağınız bu egzersizi, daha sonraları her konumda uygulayabilirsiniz. Rahatlama egzersizini yapmak çok kolay değildir. Kasları gevşetebilmek için önce gergin ve gevşemiş oldukları anı kavramak lazım. Yani önce kaslarınızı kasıp sonra gevşetmelisiniz.

Size rahat gelen bir pozisyonda yatın. Sırt üstü yatıp ayaklarınızı yastıkla destekleyebileceğiniz gibi, yan yatıp bacaklarınızın arasını da yastıkla destekleyebilirsiniz. Şimdi ayak parmaklarınızdan başlayarak vücudunuzun her bölümündeki kasları, önce kasıp sonra gevşetin. En son yüz kaslarınızı kasıp gevşettikten sonra vücudunuzu boş bir çuval gibi bırakın. Bu egzersizi 10 dakika gibi bir zamanda tamamlamanız gerekir. Bu esnada kafanızın içindeki kötü düşünceleri bırakıp, güzel hayaller kurmaya çalışın. Düzenli ve yavaşça soluk alıp, soluğunuzu bırakırken iç geçirme gibi bir ses çıkartabilirsiniz.

## SAĞLIKLI BİR GEBELİK İÇİN DİKKAT EDİLECEKLER

Her anne baba adayı sağlıklı bir bebeğe sahip olmak ister. Sağlıklı bir bebek dünyaya getirmek için önce, sağlıklı bir gebelik dönemi geçirmeniz gerekir. Bu nedenle gebe kaldığınızda, hiçbir şikayetiniz olmasa bile, belirli aralıklarla bir sağlık kuruluşunda gebelik takibine gitmelisiniz.

**Gebelik takibi:** 8. aya kadar ayda bir, 8. aydan sonra 15 günde bir, son 15 günde ise haftada bir gebelik muayenesi yaptırılmalıdır. Gebelik kontrollerinde; kilo alımı, beslenme, tansiyon ölçüm değerleri, kan değerleri, sistematik hastalıklar, tetanos aşısı, diş bakımı, bebeğin gelişimi ve hareketleri takip edilmelidir.

Anne adayının sigara ve alkolden uzak durması, hastalıklı kişilerden, bilhassa döküntülü hastalık geçirmekte olan çocuklardan sakınması, rastgele ilaç kullanmaması, doğacak bebeğin sağlığı açısından oldukça önemlidir.

Gebelik takibinde normal olmayan gelişmeler tespit edilerek, doğumun nerede, hangi özel şartlarda yapılması gerektiğine karar verilmelidir. Hamilelik döneminin bilinçli ve sağlıklı bir şekilde geçirilmesi, anne ve bebeğin geleceği açısından da önem taşımaktadır.

Rahat bir hamilelik ve doğum geçirmek amacıyla Hamile Eğitim Merkezlerinden de faydalanmayı düşünebilirsiniz. Hamile Eğitim Merkezlerinden faydalanılarak, bedensel ve ruhsal olarak anne adayı doğuma hazırlanırken baba da iyi bir yardımcı olarak yetişmiş olacaktır.

# DOĞUM VE SONRASI

## DOĞUMA HAZIRLIK

Doğum anı hiçbir zaman kesin olarak belirlenemez. Beklenen doğum tarihinden önce veya sonra gerçekleşebilir. Bunun için doğum hazırlıklarınızı bir ay kadar önceden tamamlamış olmanız gerekir. Doğum için gerekli olan malzemeleri bir bavulun içine koyup, ulaşılması kolay bir yerde bulundurun. Doğum anında her şey çok çabuk gelişebilir. Heyecandan birçok şeyi atlayabilirsiniz. İyisi mi siz, aşağıdaki listeyi kontrol edip, hazırlıklara başlayın.

---

*Doğum Başlamadan Önce Şu Soruların Yanıtlarını Arayın*

- *Doğum yapacağınız hastaneyi belirlediniz mi?*
- *Acil bir durum olursa hangi numarayı aramalısınız?*
- *Doğum başladığında kime, nasıl ulaşacaksınız?*
- *Sizi hastaneye kim ve nasıl götürecek?*
- *Hastane eve yakın mı, gece veya gündüz ulaşım imkânı nasıl?*

*Bavulunuzu hazırlamaktan daha önemli olan bu soruların cevabını bir an önce bulun. Zira doğum anında eliniz ayağınıza dolaşır ve ne yapacağınızı bilemeyebilirsiniz.*

## BAVULUNUZUN HAZIRLANMASI

• Rahat bir gecelik ve sabahlık (Doğum sonrası için önden açılabilen bir geceliğe ihtiyacınız olacaktır).

• Birkaç çift çorap. Doğumun ilerleyen evrelerinde üşüyebileceğiniz için bir çift kalın çorap.

• Saç tarağı, diş fırçası ve macunu

• Deodorant, koyu renk havlu, sabun, kişisel temizlik malzemeleri

• Masaj için gerekebilecek nemlendirici veya talk pudrası

• İç çamaşırları ve hijyenik kadın bağı (ilk günler için kalın olmalı)

• Arzuya göre kamera veya fotoğraf makinesi

• Eve giderken giyebileceğiniz kıyafetler.

Hastane personeli ilk günler bebeğinizin ihtiyaçlarını giyim de dahil olmak üzere karşılayacaktır. Fakat hastaneden çıkarken giydirmek üzere şunları bulundurmalısınız:

• Bebek bezi (gerek kalmayabilir).

• 1 adet hastane çıkışı denilen takım (içinde zıbın, tulum, patik gibi bebek için gerekli eşya vardır).

• 1 adet battaniye (kışsa, kalın bir battaniye daha gerekebilir).

• Hırka ve başlık

NOT: Yakınlarınızın önerisi doğrultusunda aklınıza gelebilecek diğer gerekli malzemeleri de ekleyebilirsiniz.

| YALANCI VE GERÇEK DOĞUM SANCISI | |
|---|---|
| **Yalancı Doğum Sancısı** | **Gerçek Doğum Sancısı** |
| Kasılmalar genelde düzensizdir ve sürekli birbirlerine yaklaşmazlar. | Kasılmalar düzenli aralıklarla gelir ve yaklaşık 30-70 saniye sürer. |
| Kasılmalar pozisyon değiştirdiğiniz zaman, uyurken veya istirahat ederken dururlar. | Kasılmalar hareket etmenize veya istirahat etmenize rağmen devam ederler. |
| Kasılmalar sıklıkla karın bölgesinde hissedilir. | Genelde belde ve öne doğru yayılır tarzda hissedilir. Âdet ağrılarına benzer bir ağrı da hissedilebilir. |
| Kasılmalar genelde hafif olur. | Sabit bir şekilde kasılma gücünde artış olur. |
| Güçlü olsa bile sonradan hafifler. | Zamanla kasılmalar azalarak aralıkları 5 dakikaya kadar iner. |

## DOĞUMUN BAŞLANGIÇ BELİRTİLERİ

### Bebeğin Aşağıya İnmesi

Doğumun başlamasından birkaç saat önce başlar (ilk bebeklerde genelde daha önce başlar). Hafifleme denilen bu olay bebeğin başının aşağıya indiğini gösterir.

### Nişan Gelmesi

Doğumdan günler önce de gelebilir. Fakat genelde doğum sancıları başlamadan önce ya da doğumun ilk evresinde görülür.

Gebelik boyunca rahim ağzında kalın bir mukus tıkacı oluşur. Rahim ağzı açılmaya ve genişlemeye başladığı zaman bu mukus vajene itilir. Vajenden gelen sıvı artar, açık pembe ya da hafifçe kanlı olabilir. Bu belirti doğumdan günler önce gelebildiği için, hastaneye gitmeden önce ağrılarınızın gelmesini bekleyin.

## Su Gelmesi

Doğumun başlamasından saatler önce ya da doğum sırasında olabilir. Gebelikte bebeği saran sıvı dolu kesenin yırtılmasıyla, vajenden sulu bir sıvı akar. Birdenbire yırtılıp suyun bir kısmı boşalır, fakat bebeğin başı doğum yoluna girmişse, yol kapalı olduğu için gelen su miktarı çok olmaz. Suyunuz geldiğinde sancınız yoksa bile hemen hastaneye gitmelisiniz.

## Kasılmalar

Doğumun başlamasıyla birlikte rahim kas yapısında kasılma ve gevşeme hareketleri oluşur. Bu kasılmalar, rahim ağzı açıldıkça ve bebek doğum kanalına girdikçe ağrıya neden olurlar. Düzenli aralıklarla gelir. Kötü bir bel ağrısı ya da aybaşı kramplarına benzer bir ağrı olur.

Sancılar düzenli gibiyse kaç dakikada bir olduğunu anlamak için saatinize bakın. Sancılar 5 dakikaya düşmedikçe hastaneye gitmenize gerek yok. Doğum süresi çok uzun geçebilir. İlk doğumunuzsa 12-14 saat, ikinci doğumunuzsa 8 saat sürebilir. Bu süreyi evinizde geçirmeniz çok daha iyidir.

ÖNERİ: Doğum anında yanınızda doğum kurslarına katılmış birisi (eşiniz olabilir) ya da daha önceden doğum yapmış tecrübeli bir yakınınızın bulunması sizi oldukça rahatlatır ve yardımcı olabilir. Destekleyici kişi size şu şekilde yardım edebilir:

- Doğumun erken döneminde sizi oyalamak için bir şeyler yapabilir (oyun oynamak, kitap okumak veya yürümek gibi).
- Kasılma sürelerinizi ölçebilir.
- Eğer sizi rahatlatıyorsa, sırtınıza masaj yapabilir.
- Kasılmalar sırasında sizinle beraber solunum yaparak, konsantre olmanıza yardım edebilir.

# DOĞUM

9 ayın sonunda beklediğiniz an geldi. Doğum yapacağınıza ilişkin belirtiler ortaya çıkmaya başladı. Ama panik yapmanıza gerek yok. Eğer ilk doğumunuzsa 12-14 saat sürecek olan bir safha geçirebilirsiniz. Eğer hamileliğiniz süresince doğumu kolaylaştırıcı egzersizler yapmışsanız, sancı geldiğinde nasıl nefes alıp vereceğinizi öğrenmişseniz ve doğumun her aşamasında vücudunuzda neler olup bittiğini önceden öğrenip hazır olursanız, kendinize olan güveniniz artacak, tedirginliğiniz azalacaktır. Doğum sancılarıyla başlayan bu anlar, yaşamınızın en önemli anlarıdır. Sakin olup, kendinize hakim olabilirseniz bu anları güzel bir şekilde geçirebilirsiniz.

Doğum 3 devrede gerçekleşir. Bu devrelerin her birinde vücudunuzda değişiklikler olacaktır. Fakat bu anlar çoğu zaman kitaplarda yazılanlara tıpa tıp uymazlar. Bunun için düş kırıklığı yaşamayın. Her şeye hazırlıklı olun. Burada anlatılanlar, doğuma hazırlıksız yakalanmamanız için genel bilgilerdir.

## Doğumun Birinci Devresi

Bu devre genelde en uzun olanıdır. Rahim ağzının açılmasıyla başlar ve tam açıldığında son bulur. Bu devrenin başlamasıyla vajenden kanlı nişan gelecektir. Bu devreyi de kendi arasında 3 aşamaya ayırırsak, ne yapmanız gerektiğine daha kolay karar verebilirsiniz.

*1) ERKEN SANCI (Rahim ağzı 0-5 cm genişlemiştir):*

• Hafif kasılmalar 15-20 dakika aralarla başlar ve her kasılma 60-90 saniye sürer.

• Kasılmalar gittikçe daha düzenli hale gelir ve 5 dakika aralıklarla olmaya başlar.,

• Az bir miktar nişan görebilirsiniz.

• Hazımsızlık, ishal, karında bir sıcaklık hissedebilirsiniz.

• Bunların tümünü ya da yalnızca bir veya ikisini yaşayabilirsiniz.

*Ne yapabilirsiniz?*

- Sakin olup doktorunuzun bir önerisi olmadığı müddetçe bu dönemi evde geçirmeye bakın. Sancılar 5 dakika arayla gelmeye başladığında hastaneye gidersiniz.

- Eğer suyunuz gelmemişse ılık bir duş alabilirsiniz.

- Uykunuz varsa uyuyabilirsiniz.

- Eşinizle beraber gevşeme çalışmaları yapabilirsiniz. Eşiniz sizin dikkatinizi dağıtmak için çeşitli yöntemler bulabilir.

Sancıları rahat karşılamak için şu pozisyonlardan birini seçin:

- Sandalyeye ters oturarak, arkalığına koyacağınız bir yastığa başınızı yaslayabilirsiniz.

- Yatmak size iyi geliyorsa, sırt üstü yatmayın, sol veya sağ tarafınız üzerine yatın.

- Doğumu kolaylaştırmak için yer çekiminden faydalanabilirsiniz. Bunun için ayakta bir yere yaslanarak durun veya sancı geldiğinde eşinizden destek alarak ayakta durabilirsiniz.

- Yere koyacağınız bir şiltenin üzerinde dizleriniz ve ellerinizle durarak kalçanızı öne ve arkaya doğru hareket ettirebilirsiniz. Sırtınızı ve kalçanızı bir hizada tutun.

- Size en rahat gelen bir duruşla gevşemeye çalışabilirsiniz. Bir tür korunma refleksi, sancılar geldiğinde sizi sertleştirir. Bu refleksle mücadele edin ve olabildiğince gevşeyin. Fakat henüz solunum çalışmalarına başlamayın. Çünkü gerçekten ihtiyacınız olduğunda tükenmiş olabilirsiniz.

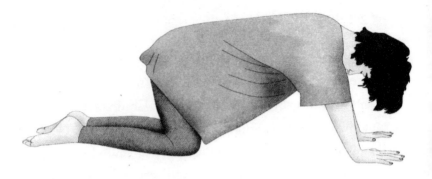

## 2. AKTİF SANCILANMA: *(Rahim ağzı 5-8 cm. genişle-miştir)*

- Kasılmalar biraz daha güçlü olur. Her 3 dakikada olmak üzere 4-5 saniye sürerler.
- Keseniz daha önce açılmadıysa şimdi suyunuz gelebilir.
- Vajenden gelen kanama artabilir.
- Bebeğin başı bel kemiklerinize baskı yaptığı için belinizde ağrı duyabilirsiniz.
- Bacaklarınızda kramplar olabilir.
- Kendinizi daha yorgun hissedebilir ve endişeye kapılabilirsiniz.

### Ne yapabilirsiniz?

- Sancılar 5 dakikaya düştüğünde hastanede olmalısınız. Bu safhayı hastanede geçireceksiniz.
- Sancılara değil solunum yapmaya konsantre olun.

## Aktif Sancılanma Döneminde Nefes Çalışmaları

Eğer daha önceden solunum alıştırmaları yapmadıysanız, bu konuda hemşirenizden yardım isteyin. Nefes alıştırmalarını hamileliğinizin 4. ayından itibaren yapmanız, doğumda size kolaylık sağlayacaktır.

- Bir kasılma yaklaşıyor! Şimdi biliyorsunuz ki, bu kasılma "tam bir nefes alın" demektir.

- Kasılma geldi; yalnızca ağızdan, daha hafif ve yüzeysel nefes alın. Bunu çok uzun süre tekrarlarsanız başınız dönebilir.

- Kasılma geçti; tam bir nefes alın; karın ve göğüs, geniş ve rahat olsun. Derin bir iç geçirme gibi nefes alın, sonra verin.

- İki kasılma arasında, normal nefes alın, olabildiğince gevşeyin, bu bir sonraki kasılmaya daha iyi dayanmanıza izin verecektir. Ve yeni bir kasılma geldiğinde her şeyi yeniden yapın.

- Doğum anında eşinizle, bir yakınınızla veya hemşireyle birlikte aktif çalışın.

- Sık sık idrara çıkın. Böylece dolu mesane bebeğin yolunda engel oluşturmaz.

- Bel ağrısını gidermek için yanınızda bulunan kişiden belinize masaj yapmasını isteyebilirsiniz. Omurganızın en alt ucunu el ayası ile dairesel biçimde ve bastırarak ovmalıdır. Cildinizin zedelenmemesi için pudra veya nemlendirici kullanabilirsiniz.

- Yatakta iken, sırt üstü yatmayın. Sırt üstü yattığınız zaman bebeğin daha az oksijen almasına sebep olabilirsiniz.

- Sancı aralarında hareket edin. Böylece acı ile baş edebilmeniz kolaylaşır. Sancı geldiğinde en çok rahat ettiğiniz konumu alın.

- Ağrı kesiciye ihtiyacınız varsa bunu söylemekten çekinmeyin. Doktorunuz 20 dakika veya yarım saat beklemenizi önerebilir. Bu süre içerisinde de yeterince ilerleme kaydettiğiniz için artık ihtiyacınız kalmamış olabilir. Bu beklemenin sonucunda kararınız yine ilaç almaktan yana ise, doktorunuza bunu iletin.

### 3. GEÇİŞ AŞAMASI: (Rahim ağzı 8-10 cm. genişlemiştir)

- Sancılanma devresinin en yorucu aşamasıdır.
- Kasılma aralıkları bir dakikaya düşer ve yaklaşık bir dakika sürer.
- Bel ağrınız artabilir.
- Kanlı nişan artar.
- Hıçkırık, mide bulantısı, kusma yaşayabilirsiniz.
- Sinirlilik, sıcaklık ya da soğukluk, kırgınlık, bitkinlik ve zihin bulanıklığı hissedebilirsiniz.

### Ne yapabilirsiniz?

- Kasılmalar arasında gevşeyin.
- Her ağrıyı ayrı ayrı düşünün, daha sonra gelecek olan ağrıları düşünmeyin.
- Sık sık pozisyon değiştirin.
- Sıcaklık hissediyorsanız birisinden sizi serinletmesini isteyebilirsiniz.
- Ikınma isteği duyarsanız, eğer başka türlü bir talimat almamışsanız şu şekilde nefes almayı deneyebilirsiniz: İki kısa soluktan sonra uzun bir soluk üfleyin (hüf, hüf, püf). Ikınma isteği geçince soluğunuzu rahatça bırakın.
- Rahim ağzınız tam açılmadıkça, ıkınmanız rahim ağzının şişmesine sebep olabilir. Bu da doğumu geciktirebilir. Ikınma isteğinizi azaltmak için aşağıdaki şekilde durmayı deneyin: Diz çöküp öne eğilerek başınızı kollarınızın arasına alıp kalçanızı kaldırın.

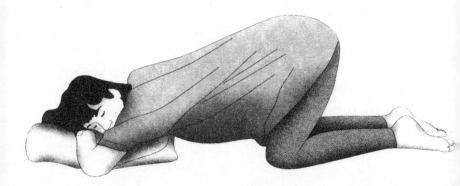

## Doğumun İkinci Devresi

• Rahim ağzı tam olarak açılmış (10 cm) ve size ıkınma hissi gelmişse ikinci devre başlar. Bebeğinizin doğumuna kadar süren devredir. İlk doğumda 1 veya 2 saat sürebilir.

• Kasılmalar şiddeti artmakla birlikte sizi ilk evredeki kadar rahatsız etmez.

• Kasılmalarla bebeği itme zamanı gelmiştir. Ikınma zor gelebilir. Ancak ebe ya da hemşireniz nasıl ıkınacağınız konusunda size yardımcı olacaktır.

• Bebek doğarken doğum kanalında sızlama ve büyük bir basınç hissedersiniz.

### *Ne yapabilirsiniz?*

• Doğum sırasında dışkılama ya da idrar yapmak çok normaldir. Kendinizi tutmayın.

• Sancınızın durduğu anlarda bir sonraki ıkınma için dinlenin.

• Size en uygun olan pozisyonu alarak gevşemeye çalışın.

• Yatak üzerinde sırtınızı yastıklara dayayarak ve dizlerinizi yukarı kaldırarak dik oturabilirsiniz.

• İki yanınızda yardımcı varsa onlardan destek alarak diz çökebilirsiniz.

• Çömelebilirsiniz.

### *Ikınma sırasında şu şekilde soluk alın:*

• Ikınma isteği geldi: Derin bir soluk alıp kabız olmuş gibi ıkının.

• Ikınmalar arasında: Derin, rahat soluklar alıp verin.

• Kasılma geçtiğinde: Gevşeyin.

## Doğum Anı (Mutlu Son)

Bebeğin başı artık rahim ağzına dayanmıştır. Ebe veya hemşireler şişliği görebilirler. Az sonra ıkınmalarla bebeğin başı da görülecektir. Size her söylendiği zaman ıkınmaya çalışın.

Bebeğinizin başı göründüğünde artık ıkınmamanız gerekir. Çünkü baş birdenbire çıkarsa doğum yolunda yırtıklar oluşabilir. Gevşeyin ve kesik kesik soluk alın. Genellikle ilk doğumlarda ya da bebek iriyse yırtığı önlemek için makata doğru bir kesik yapılır.

Bebek, yüzü yere bakar konumda doğar. Bebeğinizin başını elleyebilirsiniz. Başın çıkmasından sonra birkaç sancıyla bebeğin K vücudu da kayarak çıkar. Ebe ya da doktorunuz göbek kordonunu kesmeden önce bebeği karnınıza yatırabilir. Solunumu iyiyse onu bağrınıza basabilirsiniz. Solunum sorunu varsa, solunum yolları temizlenir, gerekirse oksijen verilir.

## Doğumun Üçüncü Devresi

Bebeğin doğumuyla başlar ve plasentanın dışarı atılmasıyla son bulur. Kasılmalar devam eder fakat daha ağrısızdır. Plasenta rahim duvarından ayrılır ve vajenden dışarı çıkar.

*Ne yapabilirsiniz?*

• İstendiği zaman plasentanın çıkarılması için iterek yardım etmeye çalışın.

• Yırtıkların onarılması sırasında sabırlı olun.

• Göbek bağı kesildikten sonra bebeğinizi tutup, emzirmek isteyin.

Bu devrede tatlı bir yorgunluk hissedebilirsiniz. Artık işin zor kısmı bitmiştir. Eğer sancılar çok uzun sürmüşse açlık ve susuzluk hissedebilirsiniz. Bazı kadınlarda bu dönemde üşüme olur. Ağır bir âdet kanamasına benzer kanama her kadında görülür. Fakat birçok kadının ilk anda hissettiği, rahatlama duygusudur.

## DOĞUM ANINDA EPİZYOTOMİ

Doğum sırasında bebeğin başı vajenden gözükmeye başladığı sırada, vajen dokusu incelir ve çok gergin bir hale gelir.

Doktorunuz doğum anında epizyotomi uygulayıp uygulama-yacağının kararını şu belirtilere dayanarak vermelidir:

• Bebek iriyse, prematüreyse, makat gelişi varsa veya uzun sü-ren sancılardan sonra sıkıntıdaysa.

• Vajina girişindeki cildiniz (perine) gergin ve yırtılmaya eği-limliyse.

Düzensiz bir yırtığa kıyasla onarılması daha kolay oldu-ğundan epizyotomi yöntemi yeğlenebilir. Epizyotomi doğum anında vajen çıkışını genişleten küçük bir kesiktir. Yırtık oluşu-munu engellediği gibi, ıkınma evresini 15 ilâ 30 dakika arasın-da kısaltabilir. Her zaman uygulanmaz. Genelde ilk doğumlar-da ve zor doğumlarda uygulanır.

*Uygulaması:* Öncelikle lokal anestezi ile epizyotomi ya-pılacak bölge uyuşturulur. Zaman yoksa anestezi yapılmadan da uygulanabilir. Bölge aşırı gerilmiş olduğundan siz bunun acısını hissetmezsiniz bile. Ağrının en fazla, yani perinenin en gergin olduğu anda vajina girişinin alt bölümüne bir kesi atılır. Doğumdan sonra bu kesi (veya yırtık) dikilir.

Bazı doktorlar epizyotominin doğum sürecine doğal olma-yan, büyük ölçüde gereksiz bir teknolojik müdahale olduğunu söylüyorlar. Kesi, oluşabilecek olan yırtıktan daha büyük ya-pılacağı ve bunun aşırı kanamaya, doğum sonrası rahatsızlığa sebep olabileceği için uygun görmüyorlar. Epizyotomi yönte-mini doktorunuzla doğumdan önce konuşun. Çok gerek gör-medikçe yapılmamasını isteyin.

## YAPAY SANCI İLE DOĞUM

• Bazen doğumun uyarılarak başlatılmasına ihtiyaç duyulur:

• Zarlarınız yırtıldığı halde doğum başlamamışsa,

• Gebeliğiniz beklenen doğum tarihini aşmışsa,

• Sizi ya da bebeğinizi riske sokan yüksek tansiyon, şeker ya da akciğer hastalığı gibi sağlık sorunlarınız varsa, doğum ilaç yöntemi ile başlatılır.

Hastaneden hastaneye değişen bu uygulama birkaç yöntemle yapılır:

- Vajinaya rahim ağzını yumuşatacak bir ilaç konulabilir. Bu yöntem özellikle ilk gebeliklerde pek etkili olmaz.

- Eğer zarlar henüz yırtılmamışsa, vajen yolu ile yapılan bir muayenede doktorunuz zarları küçük bir iğne ile yırtarak su kesesinin açılmasını sağlar.

- En sık kullanılan yöntem de, serum yoluyla rahmin kasılmasını sağlayan hormon verilmesidir. Seruma koyulan ilaçla başlayan sancılar, doğal sancılardan daha güçlü ve sık olabilir.

## SEZARYEN İLE DOĞUM

Eğer bebeğin vajen yoluyla doğması bebek için güvenli değilse sezaryenle doğuma ihtiyaç duyulabilir. Eğer nedenler önceden biliniyorsa planlanarak yapılır. Ya da doğum sırasında acil olarak sezaryene ihtiyaç duyulabilir. Sezaryen doğumuna aktif olarak katılımınız olmaz. Ancak planlanmış bir sezaryen doğumu varsa kendinizi buna hastaneye gelmeden önce hazırlamalısınız. Hem zihinsel, hem de duygusal olarak hazırlanmanız, eşinizin de buna katkıda bulunması, hissedeceğiniz düş kırıklığını en aza indirecek ve cerrahi doğumu olumlu bir şekilde yaşamanıza yardımcı olacaktır. Bu doğum metodu daha az tatmin edici bir metot olarak görülmemelidir. Bebeğin hangi yolla doğrulduğundan çok, annenin ve bebeğin sağlıklı olması önemlidir.

Bölgesel anestezi ve hastane kurallarının serbestleşmesi sayesinde, eşinizle birlikte sezaryen doğumunu izleyebilirsiniz. Bölgesel anestezi varsa, sizinle sezaryeni yapan cerrahlar arasına bir paravan konulur. Böylelikle kanlı bölgeyi görmezsiniz. Bebek doğduğunda dikişleriniz yapıldığı sırada bebeğinizi kucağınızda tutabilirsiniz.

**UYGULAMA:**

- Sezaryenle ameliyat başlamadan önce hemşire sizi hazırlar:
- Kasık bölgesini traş eder.
- İdrar torbasına sonda yerleştirir.
- Kolunuza serum takar.
- Anestezi ile uyutulursunuz.
- Eğer bölgesel anestezi varsa bedeninizin alt yarısı uyuşmuştur.
- Doktorunuz, anesteziden emin olur olmaz karnınızın altına bir kesi yapar. Uyanıksanız, sanki fermuar açılıyormuş gibi hissedebilirsiniz. Ancak acı duymazsınız.
- İkinci bir kesiyle amniyon sıvısı dışarı emilir. Uyanıksanız bir fokurtu sesi duyabilirsiniz.
- Sonra bebek elle dışarı çıkartılır. Ameliyatın başlamasıyla bebeğin çıkması arasında yaklaşık 5-10 dakika vardır. Kesinin dikilmesi ise 30-40 dakika sürebilir.
- Bebeğin burnu ve ağzı temizlenir. Göbek bağı kesilir. Bu arada uyanıksanız bebeği kucağınıza almak isteyebilirsiniz.
- Doktorunuz plasentayı çıkartıp, yapılan kesileri diker.

## AMELİYAT SONRASI

Doğumdan sonra bebeğinizi hemen emzirmek isteyebilirsiniz. Gaz sancılarınızın oluşmaması için doğumdan 6-8 saat sonra yürümeniz gerekir. Yine de gaz sancılarınız dikişlerinizin ağrımasına sebep olabilir. Size ağrı kesici vereceklerdir. Sezaryenle doğumdan sonra birkaç gün hastanede kalmanız gerekir. Bir hafta sonra da muayeneye gidersiniz. Genellikle kendi kendine eriyen dikişler kullanıldığından alınması gerekmez. Erimeyen dikiş kullanılmak zorunda kalındıysa doktorunuz dikişlerinizi almaya çağıracaktır. Sezaryenle doğum yapıldıktan sonra iyileşme, eskisine göre artık çok daha kolay olmaktadır. Bir haftaya kadar kendinizi daha iyi hissedebilirsiniz. Hareket etmekle ameliyat yeriniz açılmaz. Öksürürken, doğrulurken elinizle ameliyat yerini hafifçe bastırabilirsiniz. Bir haftalık muayeneden sonra doktorunuz duş yapmanızı söyleyecektir. Bir ay kadar, fazla yorulmamanız gerekir. Yanınızda bir yakınınızın olması, siz yorulmadan bebeğin bakımının yapılması için çok faydalıdır. 3 ilâ 6 ay içinde ameliyat iziniz iyice azalır.

## EPİDURAL ANESTEZİ İLE DOĞUM

Epidural anestezi, vücudun alt bölümlerine giden sinirleri geçici bir süre uyuşturur. Bel bölgesine enjeksiyonla uygulanır. Anestezik madde ince bir tüple belinize enjekte edilir. Bu tüp yerinde bırakılarak gerektiğinde ağrı kesicinin yeniden verilmesi sağlanır. Uygulama anında sizden oturmanız ya da belinizi kamburlaştırarak bu pozisyonu korumanız istenecektir. Düşük dozda ilaç kullanılarak sizin ve bebeğinizin üzerinde oluşabilecek olan yan etkiler azaltılmış olur.

Bu tür doğumlarda anestezi uzmanının deneyimli olması gerekir. Doğum sonuçlanana kadar anestezi uzmanının doktorla birlikte takibi çok önemlidir. Rahim ağzı 3-4 santim açılmadan erken davranılarak ilaç verilirse, doğum sancıları etkilenebilir. Bu durumda doğum eylemi yavaşlar.

Epidural, gereği gibi etki gösterirse doğum anında hiç ağrı duyulmaz. Anne, ağrısız doğumda rahattır ve uyanık olduğu için doğum safhalarını yaşar. Epidural anestezinin bebeğe hiçbir zararı yoktur. Normal doğum sırasında bir problem yaşanırsa, daha önceden yerleştirilen plastik tüpten doz ayarlaması yapılarak tekrar lokal anestezik ilaç verilir. Anneyi hiç uyutmadan sezaryen operasyonu gerçekleştirilir.

Epidural anestezi ile ciddi sorunların oluşması oldukça nadirdir. Eğer omuriliğin zarları zedelenirse, tedavi edilmediği zaman birkaç gün şiddetli baş ağrısı oluşabilir. Eğer ilaç, omurilik sıvısına karışırsa, solunumunuzun zorlaşmasına neden olacak şekilde göğüs kaslarınızı geçici olarak etkileyebilir. Eğer ilaç bir toplardamara kaçarsa, baş dönmesi, nadir de olsa sara nöbeti geçirebilirsiniz. Bu problemlerin oluşma ihtimalinidüşürmek için epidural anestezi, tecrübeli anestezi uzmanları tarafından uygulanmalıdır.

## DOĞUM SONRASI

En zor anı geride bıraktınız. Artık sizi anne ve baba olarak daha farklı bir yaşantı bekliyor. Bu yaşantıya uyum sağlamanız biraz zaman alabilir. Yaptığınız doğum şekli (zor veya kolay olması, sezaryen veya diğer yöntemlerin uygulanması), doğum sonrası evde gördüğünüz destek uyum sürecinde yaşayacaklarınızı etkiler. 40 gün boyunca lohusa bir kadın olarak günlerinizi geçireceksiniz. Gerek normal, gerekse sezaryen ile yapılan doğum sonrasında bu 40 günü dinlenerek geçirmeniz gerekir. Fırsat buldukça uyuyun ve imkanınız varsa özellikle ilk hafta bebeğinizin bakımını bir başkasına devredin. Dinlenmeniz, hem kendi sağlığınıza bir an önce kavuşmanız açısından hem de sütünüzün çoğalması açısından önemlidir.

Doğum sonrası, eğer normal doğum yapmışsanız 24 saat hastanede kalmanız istenecektir. Bebek ve sizin sağlığınız yerindeyse bir gün içerisinde evinize dönebilirsiniz. Sezaryen doğumlarında ise 2 veya 3 gün hastanede kalmanız istenebilir. Hastaneden ayrıldıktan bir hafta sonra muayene için tekrar hastaneye çağrılacaksınız. Hastanede bulunduğunuz ve muayeneye geldiğiniz süre içerisinde doktorunuz rahminizi, memelerinizi varsa dikişlerinizi muayene edecektir. Bebek doktorunuz da bebeğinizi kontrol edip size yol gösterecektir. Kafanıza takılan sorularınızı doktorunuza sormaktan çekinmeyin.

Doğum sonrasında vücudunuzda olan değişiklikleri bilmeniz ve bu değişiklikler esnasında yapmanız gerekenleri uygulamanız doğum sonrası ağrılarınızı azaltmaya yarar.

## Rahim

Doğumdan sonra rahminiz halen çok büyüktür (yaklaşık 750 gr, 6 hafta sonra ise sadece 60 gr olacaktır). Rahminizin küçülmesi kasılmalarla birlikte olur. Eğer emziriyorsanız, bu kasılmaları emzirme esnasında daha şiddetli hissedersiniz. Memeden uyarılan refleksle rahim kendini daha çabuk toparlar. Vücudunuzun normale dönmekte olduğunu hissedersiniz. Bir veya iki hafta içinde bu sancılar geçer. Kasılmalarınız şiddetliyse doktorunuzun önerisiyle emzirmeden yarım saat önce bir ağrı kesici alabilirsiniz.

## İdrara Çıkma

Lohusalığın ilk 24 saati içinde idrar yapmada güçlük yaşayabilirsiniz. Daha sonra ise sık sık idrara çıkarsınız. Fakat doğumdan sonra 6-8 saat içerisinde idrara çıkmalısınız.

*İdrarınızın gelmesi için:*

- Ayağa kalkıp dolaşın.
- Dikişleriniz varsa idrar yapma esnasında yanmaması için, idrarınızı yaparken ılık su dökebilirsiniz.
- İdrar yapmaya çalışırken suyu açın. Su sesi size idrar yapmanız için yardımcı olabilir.
- Ya ılık oturma banyosu ya da buz konmuş torba uygulamasıyla idrar yapmaya yardımcı olabilirsiniz.

## Bağırsak Hareketleri

Doğumdan sonra birkaç gün büyük abdest yapma isteği duymayabilirsiniz. Anestezi ile doğum yapmışsanız, bağırsak hareketlerinin başlaması zaman alabilir. Bu da sizi rahatsız eder. Dikişlerinizin açılacağı korkusu yaşarsanız psikolojik olarak bağırsak hareketlerinin başlamasını geciktirebilirsiniz. Bağırsak hareketlerini tekrar düzenlemeniz için çaba harcamanız gerekir.

*Ne yapabilirsiniz?*

• İster normal, ister sezaryen ile doğum olsun, doğumdan kısa süre sonra hemen ayağa kalkıp dolaşmanız, bağırsak hareketlerinizin çalışmasını kolaylaştırır.

• Dikişlerinizin açılacağından korkmayın. Dikişleriniz dışkılamayla açılmaz. Birkaç gün bağırsak hareketleriniz başlamamışsa telaş etmeyin. Bu gibi psikolojik etmenler, bağırsak hareketlerinizin başlamasını etkiler.

• Bol bol su içip lifli besinler yiyin. Kuru kayısı, armut gibi besinler ve bol sıvı alımınız bağırsak hareketlerinizi hızlandırır.

• Tuvalete gitme isteğiniz geldiği anda hiç beklemeyin. Ancak tuvalette ıkınmayın. Ikınmak dikişlerinizi açmaz ama basurlara sebep olabilir.

## Kanama

2 ila 6 hafta süresince vajinal kanamanız olabilir. Başlangıçta kanama açık renkli ve çokçadır. Bir hafta sonra kahverengi, daha sonra ise açık bir renge dönüşür. Bebeğinizi emziriyorsanız, kanama daha erken bitebilir.

Lohusalık akıntısı denen bu kanama içerisinde sayısız bakteri bulunur. Bunun için bu dönemde temizlik kurallarına titizlikle uymanız gerekir. Hijyenik kadın bağı kullanabilirsiniz. Her kullanımdan sonra ellerinizi sabunla yıkamalısınız.

Kanamanız çok şiddetli olduğu durumlarda doktorunuza danışmayı ihmal etmeyin. Doktorunuz rahmin kasılmalarını desteklemek için ilaç verebilir veya başka yöntemler deneyebilir.

## Perine (Vajina-Makat Arası) Bölgesinin Bakımı

Normal doğumdan sonra ister dikişli, ister dikişsiz olsun perine bölgesinde ağrı hissedebilirsiniz. Bu bölgenin iyileşmesi zaman alır. Bakımı iyi yapılmazsa perine bölgesi mikrop kapabilir. Hastanedeyken perinenizin kontrolü yapılacak, bu bölgenin bakımı ile ilgili size bilgi verilecektir. Perineyi 8-10 günlük süre ile dikkatli bir bakıma almalısınız.

### Ne yapabilirsiniz?

- 4-6 saatte bir kanamanız için kullandığınız pedinizi değiştirin.

- Dışkılama ya da idrar boşaltmadan sonra perine üzerine ılık su dökün veya doktorunuzun önerdiği antiseptik losyon ile temizleyin. Tuvalet kağıdı ile önden arkaya doğru kurulayın.

- Perine bölgesindeki yara tamamen iyileşmeden elinizi bu bölgeye dokundurmayın.

- Ilık oturma banyoları veya sıcak kompresler uygulamak sizi rahatlatır.

- Yaralı olan bölgenin gerilmemesi için uzun süre ayakta kalmayın veya uzun süre oturmayın.

- Gebelik süresince yaptığınız Pelvis kası hareketlerini doğumdan sonra da mümkün olduğunca sık yapmanız, kan dolaşımını hızlandırarak yaranın çabuk iyileşmesine, hem de kas gerginliğinin gelişmesine yardımcı olacaktır. (Pelvis kası hareketleri sayfa 51)

## LOHUSA KADININ PSİKOLOJİSİ

Doğum anını nasıl da sabırsızlıkla beklemiştiniz. Doğum bitti ve eve döndünüz. Her şey yolunda fakat kendinizi biraz endişeli hissediyorsunuz. Belki korkuyor, belki üzüntü duyuyorsunuz. Yorgun, bitkin ve dokunsalar ağlayacak durumdasınız. Oysa siz bu anı böyle beklemiyordunuz. Her şeyin çok normal olacağını ve mutluluktan bulutların üzerinde uçacağınızı hayal etmiştiniz.

Yeni doğum yapan annelerin yarısından çoğu, yukarıda saydığımız duyguları yaşamaktadır. Bunları yaşayan ilk siz değilsiniz ve son da siz olmayacaksınız. Sebebini siz de bilmiyorsunuz, bilim adamları da bunlar için tam bir açıklama getirmiş değil. Hormonların değişmesine bağlı olarak bu tür duyguların yaşanacağını söylüyorlar fakat bu tek başına olan bir durum olmasa gerek. Hormonal değişimin yanı sıra dış faktörlerin de etkisi büyüktür.

Doğum, gerçekten çok zor bir olaydır. Doğumdan sonra yorgun ve bitkin olmanız çok normaldir. Ah, işte o yetersizlik duygusu yok mu? Belki de tüm kadınların sıkıntısı bundan kaynaklanıyordur. Hiçbir şey yapmaya gücünüz yok, en ufak bir adımda yorgunluk hissediyorsunuz. Belki bir daha asla eski gücünüze kavuşamayacağınızı düşünüyor, belki de yeni doğan bebeğinizle nasıl ilgileneceğinizi bile bilmiyorsunuzdur.

Nasıl emzireceksiniz? Nasıl altını bezleyecek, nasıl giydireceksiniz? Hâlbuki bunları bilmemeniz çok doğal. İlk kez anne oluyorsunuz. Bunları zamanla kazanacağınız tecrübeler sayesinde öğreneceksiniz. Hiç kimse ilk kez bebeğini kucağına aldığında yeterli bir anne değildi. İşte bu noktada sizin yanınızda bir yakınınızın olması, size çok yardımcı olacaktır. Belki anneniz, ablanız veya çok yakın bir arkadaşınız. Bizim geleneklerimizde eskiden, lohusa kadına 40 gün iş yaptırmazlardı. "Lohusa kadının mezarı açıktır" derlerdi. Oysa şimdi, kentlerdeki yalnızlık lohusa anneleri daha fazla bunalıma sokuyor.

Fizik ve moral olarak derin bir sarsıntı geçiren yeni doğum yapmış anneler, eşlerinden büyük bir ilgi beklerler. Erkekler ise doğum sonrasında birdenbire ilgisiz ve soğuk olurlar. Sebebini kendilerinin bile açıklayamadıkları bir mesafe koyarlar eşleri ile aralarına. Birçok erkek, doğumdan sonra ilk aylar ve belki de ilk seneyi ailesinden kendini soyutlayarak geçirir. Oysa yeni doğum yapmış kadının en çok eşine ihtiyacı vardır. Ondan ilgi bekler. Kendisine ve bebeğine yakın olmasını ister. Toplumumuzda birçok ailevi etkenle doğumdan sonra yüz yüze kalma sonucu, eşler arasındaki diyalog bozulabilir. Hiç olmayacak kırgınlıklar doğum sırasında ortaya çıkabilir. Ve o dokunsalar ağlayacak lohusa kadın, gözyaşlarına mahkum olur. Gözyaşlarıyla çocuğunu emzirirken, ilk günler dolu dolu olan göğüslerindeki sütler, üzüntüyle birlikte günden güne azalabilir.

Doğumdan sonraki bu melankolik durum; anne, anne sevgisini hissetmemişse daha da artabilir. Kendisini kötü bir anne olarak hisseder. Peki her kadın bütün bunları yaşamak zorunda mı? Tabi ki, HAYIR. Zira bu duyguların ileri boyutu depresyondur. Lohusalık depresyonu dediğimiz durumda, anne normal hayatını devam ettiremeyecek derecede korku, keder, çaresizlik ve endişeye kapılabilir. Eğer bu durum fark edilerek tedavi edilmezse daha da kötüleşerek uzun bir süre devam edebilir.

Doğuma bağlı üzüntü ve sıkıntıları engellemek için:

- Eğer bu tablo hastanede ortaya çıkmışsa, hastane personelinden yardım isteyin. Hastane personeli bu konuda daha anlayışlı ve deneyimlidir.

- Eşinizin yanınızda bulunmasını isteyin. Onunla ve bebeğinizle birlikte vakit geçirin.

- Kendinize çekidüzen verin. Güzel kıyafetler giyip günlük bakımınızı yapın.

- İlk haftalar bir yakınınızdan yanınızda kalmasını isteyin. Böylelikle iyice dinlenip enerji toplamış olursunuz.

- Eğer olanak varsa bebeğinizi bir yakınınıza bırakıp, eşinizle birlikte dışarıya çıkın. Kısa bir süre de olsa bebekten ayrı geçirdiğiniz saatler size iyi gelecektir.

- Bebeğinizle birlikte yürüyüşe çıkın. Yürüyüş yapmak hem size iyi gelecek hem de bebeğiniz temiz hava almış olacaktır. İmkanınız varsa yürüyüşlere ara sıra yalnız çıkın.

Yeni bir babanın ihtiyaçlarına ve düşüncelerine çoğu zaman yeterince dikkat edilmez. Babaya verilen tavsiyelerin çoğu, anneye nasıl yardım edeceği hakkında olmaktadır. Fakat baba için de evde yeni bir bebeğe uyum sağlamak zor olmaktadır. Baba, babalık hakkında çok karmaşık duygular yaşayabilir. Kendisini işine verebilir ya da kendisini evden uzak tutmaya çalışabilir. Tamamen kendisini baba olma duygusuyla da meşgul edebilir. Bir babanın yeni çocuğuyla arasındaki bağ, babanın bebeğin bakımına yardım etmesiyle artacaktır. Burada da babaların ihmal etmemesi gereken bir nokta var. Eşleri gerçekten onların tahmin edemediği kadar zor olan doğum olayından geçtiler ve yardıma ihtiyaçları var. En çok da eşinin desteğine ihtiyacı olan bir kadına ne kadar çok yardım edebilirseniz, yeni hayatınıza o kadar rahat ve huzurlu adım atarsınız. Bunun için:

- Siz ne kadar bilinmezlik içerisinde olursanız olun, eşinizden kendinizi uzak tutmayın. En çok size ihtiyacı olduğu bu dönemde onu yalnız bırakmayın. Hiçbir şey yapmasanız bile yanında olmak, ona sevgi gösterisinde bulunmak yetecektir.

- Eşinizin ne kadar kırılgan olduğunu bilin ve gözyaşlarına boğulmasına izin vermeyin. Onun üzülmesi bebeğinizin beslenmesi için gereksinimi olan sütün azalması demektir.

- Bebeğinizle ilgilenmek eşinize güven verecektir. Kendinizi ailenizden soyutlamak ne size, ne bebeğinize, ne de eşinize hiçbir şey kazandırmayacağı gibi, birçok şeyi kaybettirebilir.

- Eşinizle bebeğiniz olmadan dışarıda vakit geçirmenin imkanlarını hazırlayın. Veya evin içinde eşinize bir akşam yemeği hazırlayıp (dışarıdan da getirseniz olur) romantik bir gece geçirin.

Eşlerin birbirlerine olan anlayışlı tavırlarıyla bu depresyon durumu kısa sürede atlatılacaktır. Annenin yorgunluk ve bitkinlikten kurtulup, bebeğinin bakımını zevkle yaptığı günler, aileniz için son derece mutlu günlerdir. Eğer depresyon 2 haftadan uzun sürmüşse, uykusuzluk, iştah kaybı, umutsuzluk ve hiçbir şeyin yolunda gitmeyeceği duyguları, hatta intihar düşünceleri, bebeğe yönelik bir saldırganlık varsa, vakit kaybetmeden doktorunuza başvurun.

## DOĞUM KONTROL YÖNTEMLERİ

Eğer bebeğinizi emziriyorsanız, lohusalık döneminden sonra âdet görmeye başlamanız 3 ila 4 ay, bazı durumlarda daha uzun zamanınızı alabilir. Bebeğinizi emzirmiyorsanız, 4 ila 8 hafta arasında âdet görmeye başlayabilirsiniz. Bu da yumurtlamanın başlaması demektir.

İkinci bir gebelik, yeni doğum yapmış kadın için hiç beklenmedik bir yük olur. Annenin eski gücünü toplaması için en az 2 senenin geçmesi gerekir. Çocuklarıyla daha iyi ilgilenmesi açısından da geçen sürenin uzunluğu önemlidir. Hâlâ annesine bağımlı olan ilk çocuğun hemen ardından bir başka çocuğun olması, çocuklarınızın sağlıklı yetişmesi açısından da zordur. Bu riskleri almamak için, doğumdan sonra hamile kalmamanın önlemlerini almalısınız. Emzirme döneminde yumurtlama olmayabilir ya da âdet görmeyebilirsiniz. Bu, emzirmenin sıklığına ve emzirme süresinin uzunluğuna göre değişmekle birlikte, emzirmeyen kadınlara göre gebe kalma şansınızı düşürür. Eğer seyrek emziriyor ve aralarda mama veriyorsanız, gebe kalma olasılığınız yüksektir. Yine de emzirme, bir doğum kontrol yöntemi değildir. Gebelikten sonra âdet görmeye başlamadan önce yumurtlama meydana gelebilir. Eğer doğum kontrol yöntemi uygulamazsanız, emzirseniz bile gebe kalabilirsiniz.

Emzirme döneminde doğum kontrol hapları kullanmanız, özellikle ilk haftalarda sütünüzün azalmasına sebep olacaktır. Bunun için emziren kadınlar doğum kontrol hapı dışında başka yöntemler aramalıdırlar.

Rahim içi araç (spiral), normal doğum yapan kadınlara 40 günden sonra takılabilir. Fakat sezaryen ile doğum yapmışsanız 2 veya 3 ay beklemeniz gerekir. Rahim içi aletin emzirmeye hiçbir etkisi yoktur.

Bunların haricinde erkeklerin prezervatif kullanması veya geri çekilme gibi doğal yöntemleri uygulaması da doğum kontrol yöntemlerindendir. Doğum kontrol konusunda doktorunuza danışabilirsiniz. Sunacağı doğum kontrol yöntemlerinden, size en uygun ve etkili olanı seçmelisiniz.

## DOĞUMDAN SONRA ESKİ FORMUNUZA KAVUŞMAK

Hamileliğiniz boyunca 11-12 gibi uygun kilo almışsanız, doğumdan iki ay sonra eski kilonuza geri dönebilirsiniz. Hamilelik boyunca 12 kilonun üzerinde kilo almışsanız, bunları vermek için biraz zamana ihtiyacınız olacaktır. Doğumdan eve döndüğünde hiçbir kadın tığ gibi incelmiş olmaz. Hâlâ şiş bir karın ve 6-7 aylık hamile görüntüsü vardır. Doğumdan sonra rahim hâlâ geniş olduğu için karında bir çıkıntı vardır. Rahmin küçülüp eski şeklini alması ise 6 haftalık bir süre içerisinde olur. Rahim küçülünce karındaki şişlik gider. Fakat hâlâ gevşemiş karın kaslarınız vardır. Bunları eski haline getirmek için de egzersizlere ihtiyacınız vardır.

Emziren annelerin (sütü çoğalsın diye çok fazla yemek yemedikleri müddetçe), eski formlarına dönmeleri çok daha kolay olur. Emzirme süresince diyet yapmanız önerilmez, fakat yağlı ve unlu besinlerden uzak durarak da sütünüzü artırıcı yiyecekleri fazla miktarda yiyebilirsiniz. Karbonhidratlı besinlerden uzaklaşmanız, sizin kilo vermenizi kolaylaştırır.

Her şeye rağmen eski kilonuza dönseniz de, dönmeseniz de perine ve karın bölgesinde yer alan gebelikten dolayı sarkmış kaslarınızı sıklaştırmanız için egzersizlere ihtiyacınız vardır. Doğumdan 24 saat sonra aşırıya kaçmamak şartıyla egzersizlere başlayabilirsiniz. Erken dönemde başlayacağınız egzersizler, sizi yormayacak olan yatak egzersizleridir.

Doğumdan 24 saat sonra, pelvis tabanını güçlendirmek için yaptığınız Pelvis kası hareketlerini yapabilirsiniz. Bu hareket yatakta ve küvette yapılabilir. İdrarınızı yaparken bir miktar tutup daha sonra bırakarak da perine bölgesindeki kasları güçlendirme hareketi yapabilirsiniz. Pelvis kası hareketlerini (Pelvis Kası Hareketleri sf. 51) sezaryenli iken de yapabilirsiniz.

# Doğum Sonrası Hareketler

| | |
|---|---|
| *Derin soluk alma* | *Yatarken ellerinizi karnınızın üzerine koyun. Burnunuzdan derin bir soluk alın ve karın kaslarınızı hissedin. Birkaç saniye öyle durduktan sonra, aldığınız soluğu ağzınızdan verirken karın kaslarınızı sıkın. Dakikada iki veya üç kez olacak şekilde bu alıştırmayı yapın.* |
| *Ayak pedalı* | *Bu egzersizi de birinci günden itibaren sezaryenli iseniz dahi yapmaya başlayabilirsiniz. Yatarken ayak bileğinizi öne ve arkaya doğru bükün. Her saat başı yapabileceğiniz bu alıştırma, şişmelere iyi gelir ve kan dolaşımını artırır.* |
| *Baş kaldırma* | *Eğer sezaryenli değilseniz aşağıdaki hareketleri 2. haftadan sonra her gün düzenli olarak yapmalısınız. Cerrahi müdahale ile doğum yapmışsanız, bu tür hareketlere başlamak için doktorunuza danışın.* |
| *Mekik çekme* | *Sırtüstü yatarak kollarınızı yanlarınıza uzatın. Dizlerinizi, ayaklarınız zemine paralel olarak temas edene kadar bükün. Nefes alın ve karnınızı gevşetin. Yavaş yavaş başınızı zeminden kaldırırken nefesinizi verin. Başınızı indirirken nefes alın. Bu hareket karın kaslarınızın güçlenmesine yardımcı olur.* |
| *Bacak kaydırma* | *Bu basit egzersiz karın ve bacak kaslarınızın formuna yardımcı olur. Eğer sezaryenle doğum yapmışsanız bu egzersiz, yaranıza fazla bir basınç uygulamaz. Bu egzersizi gün boyunca birçok kez tekrar etmeye çalışın. Sırtüstü yatarak dizlerinizi hafif şekilde bükün. Nefes alın, sağ bacağınızı eğilmiş pozisyondan düz pozisyona getirin. Nefesinizi dışarı verin ve tekrar bacağınızı bükün. Her iki ayağınız da zeminde olduğundan ve gevşek bir halde olduklarından emin olmalısınız.* |

# BEBEK BAKIMI
# VE
# SAĞLIĞI

# YENİ DOĞAN BEBEĞİNİZ

Aranıza yeni katılan bebeğiniz, siz anne babalara tatlı birçok uğraşın yanında, bazı problemleri de beraberinde getirecektir. Hele bir de ilk bebeğinizse telaşlı ve panik dolu günler sizleri bekliyor demektir. Bu telaşın temelinde, karşılaşılan yeni ve değişik durumlar karşısında neler yapacağınızı bilememek yatmaktadır. Bütün bunların üstesinden gelebilmeniz için, doğuma hazırlandığınız gibi, bebek bakımına, doğum sonrası değişikliklere de en iyi şekilde hazırlanmanız gerekmektedir.

Yaklaşık 280 günlük beklemenin ardından minicik bebeğinizi nihayet kucağınıza alabildiniz. O da ne, hiç beklediğiniz gibi bir bebek değil! Bu benim mi diye şaşkınlık geçirdiğiniz de olmuştur. İlk defa yeni doğmuş bir bebek gördüyseniz, onu çirkin bile bulmuş olabilirsiniz. Yeni doğan bebekler genelde çirkindirler. Hele zaten küçük bebeklere dokunma konusunda çekingen davranan bir babanın aklından şunlar geçebilir: "Bu tuhaf yaratığı sevmeyi nasıl öğreneceğim?" Bütün bu düşüncelerinizde haklısınız. Fakat biraz sabırlı olmayı öğrenmeniz gerekiyor. Bir kez sarılıp koklayın, annelik veya babalık duygusunu taa yüreğinizde hissedeceksiniz. Evet yeni doğan bebeğiniz, o sizin bildiğiniz sevimli bebeklere benzemiyor. Bunun için zamana ihtiyacı var. Tüm organlarıyla birlikte yeni geldiği hayata uyum sağlamaya çalışıyor. Rahim içi hayattan rahim dışındaki zorlu mücadeleye adapte olmak için bir dizi değişiklikler geçirecek.

Bebeğinizde bu değişiklikler yaşanırken size hastalıkmış gibi görünen, aslında normal olan durumlarla sık karşılaşabilirsiniz. Bunun için size yeni doğan bebeğinizin görünümünün portresini sunuyorum. Eğer doğumunuz hastanede gerçekleşmişse, bebek doktorunuz her türlü muayeneyi yapmış ve herhangi bir anormallik olduğunda hemen müdahale etmiş olacaktır. Fakat doğumunuz hastane dışında bir yerde gerçekleşmişse en kısa sürede bebeğinizi bir bebek doktoruna muayene ettirin. Birçok anormal durum, erken müdahale sonucu düzeltilebilir. Unutmayın ki, bütün dünyada bebek ölümlerinin büyük bir kısmı ilk bir ayda ve bu sürenin de özellikle ilk bir haftasında gerçekleşmektedir.

## FİZİKSEL GÖRÜNÜMÜ

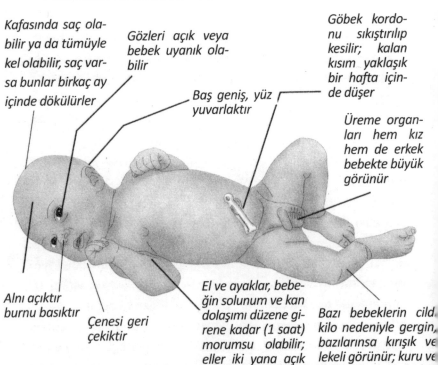

*Kafasında saç olabilir ya da tümüyle kel olabilir, saç varsa bunlar birkaç ay içinde dökülürler*

*Gözleri açık veya bebek uyanık olabilir*

*Göbek kordonu sıkıştırılıp kesilir; kalan kısım yaklaşık bir hafta içinde düşer*

*Baş geniş, yüz yuvarlaktır*

*Üreme organları hem kız hem de erkek bebekte büyük görünür*

*Alnı açıktır burnu basıktır*

*Çenesi geri çekiktir*

*El ve ayaklar, bebeğin solunum ve kan dolaşımı düzene girene kadar (1 saat) morumsu olabilir; eller iki yana açık ve parmaklar yumruk biçiminde kıvrılmıştır*

*Bazı bebeklerin cildi kilo nedeniyle gergin, bazılarınsa kırışık ve lekeli görünür; kuru ve pulsu deri, ilk birkaç haftada çok görülür Vücut ısısı düzensizdir*

## YENİ DOĞANIN ÖZELLİKLERİ

Yeni doğan bebek mükemmel bir vücut yapısı, etkili refleks sistemi ve genlerinde gelecekteki gelişmesini belirleyecek bilgi ile donanmış olarak dünyaya gelir.

**Baş:** Diğer vücut organlarına göre baş daha büyüktür. Vücut uzunluğunun dörtte biri oranındadır. 5-6 yaşlarına doğru baş çevresi yetişkin insan başı gibi olur. Normal doğum sonucunda baş, doğum kanalından geçtiğinden dolayı uzamış olabilir.

Yeni doğan bebekte baş kemikleri arasında boşluklar bulunur. Bu boşluklara bıngıldak denilir. Bıngıldaklar bebeğin doğumunu kolaylaştırır ve beynin gelişmesini sağlar. Doğumda 6 tane bıngıldak vardır. Bunlar doğumdan kısa bir süre sonra kapanırlar. En önemlisi, tepedeki eş kenar dörtgen biçimindeki bıngıldaktır. Bu bıngıldak yaklaşık 1-1,5 yaş civarında kapanır.

Sağlıklı bir bebekte bıngıldağın çökük veya kabarık olmaması gerekir. Bıngıldağın anormal bir görünüm aldığı durumlarda hemen doktora başvurmak gerekir. Çünkü bıngıldağın erken veya geç kapanması beynin gelişmesi için önemli bir etkendir.

Yeni doğanın göz rengi genellikle bulanık, koyu lacivert gibidir. 2 ay civarında kendi rengini alır. Fakat göz rengindeki değişim 2 yaşına kadar sürebilir.

**Deri:** Yeni doğanın derisi yumuşak ve kadife gibidir. Deri üzerinde yağlı peynir gibi bir tabaka bulunur. Bu tabaka deriyi hem ısı kaybından, hem de travmalardan korur. Bu tabaka yaklaşık 48 saat içinde kendiliğinden deri tarafından emilir. Daha sonra banyo ile temizlenir.

Deri rengi, doğumdan hemen sonra kırmızımsı mavi olup, birkaç saat içinde kırmızıya döner. İkinci ya da üçüncü günü bu kırmızılık da hafifler ve pembe görünümünü alır. Ciltte aşırı solukluk, dudaklarda morluk bir hastalık belirtisi olabilir. Temelinde kansızlık, doğuştan kalp hastalığı olabilir. İlk iki gün içindeki cilt sarılığı önemlidir. Doktor kontrolü gerekir. 2. günden sonra göz aklarında, ciltte hafif sarılık görülebilir. 10-15 gün kadar sürebilen bu sarılık, yeni doğanın normal sarılığıdır. Sarılık fazlaysa, kan tahlili yapılarak sarılık seviyesi tayin edilmelidir. Yüksek çıkarsa tedavi gerekir.

Yeni doğanın kulaklarında ve omzunda daha belirgin olmak üzere ince uzunca tüyler vardır. Erken doğan çocuklarda bu tüyler daha fazladır. Lanugo denilen bu ayva tüyleri zaman geçtikçe kendiliğinden dökülür.

Cildinde oluşan pembe doğum izleri ilk birkaç yıl içerisinde solarak kaybolur. Doğum esnasında meydana gelen morumsu lekeler ise kısa sürede kaybolur.

Yeni doğanın çoğunlukla kalça ve sırt kısmında görülen mavi kurşuni renkte esmer lekeler de zamanla kaybolur. Yüzde inci beyaz renginde, toplu iğne başı büyüklüğündeki oluşumlar da zararsızdır. Kendiliğinden düzelirler, tedavi gerekmez. Doğum zorluğuna bağlı olarak, başta şişlikler olabilir. Çoğu, kafa cildi altında sıvı toplanmasıdır. Tedavi gerekmeden kaybolurlar. Bazı şişliklerde ise, kafa kemiklerindeki çatlaklara bağlı olarak gelişen kanamalar olabileceğinden doktor kontrolü gerekir.

**Memeler:** Doğumdan sonra kız ve erkek bebeklerin meme bezlerinin şişmesi ve sıvı salgılaması sık görülür. Sebebi, gebelikte anneden geçen hormonlardır. Memeleri sıkarak süt çıkarmak veya memeleri ovalamak; meme bezlerinde, deri altında ve deride zedelenmelere yol açabilir. Hatta iltihaplanma da olabilir. Bunun için herhangi bir müdahalede bulunmadan kendiliğinden düzelmesi beklenmelidir.

**Cinsel Organlar:** Kız bebeklerde anneden gelen hormonların etkisi ile vajinadan bir miktar akıntı veya kan gelebilir. Telaş etmenize gerek yok, kısa sürede geçer.

Erkek bebeklerde testislerde sıvı toplanması (hidrosel), tek veya iki taraflı testislerin yerine inmemiş olması, zaman zaman karşılaşılan durumlardır. Bunlar genellikle kendiliğinden düzeldikleri için, takip edilmelidirler. Bir yaş sonunda düzelmezse müdahale edilebilir.

Kız veya erkeklerde genital organlar anormal derecede büyük görünür.

**Kemik Yapısı:** Anne sütü alan bebeklere ilave olarak D vitamini verilmelidir. Çünkü anne sütündeki D vitamini yeterli değildir. Bilhassa kışın doğan, yeterli güneş ışığından mahrum bebeklerde D vitamini konusunda daha dikkatli davranılmalıdır. Bazen yetersiz D vitamini alımı veya D vitamininin yetersiz emilimi sonucu, kemik gelişiminde bozukluk olabilmektedir. Erken bebeklikte başta aşırı terleme, çok saç dökülmesi D vitamininin yetersizliği konusunda uyarıcı olmalıdır. İleri zamanlarda, bebeğin baş kemikleri yumuşak kalmakta, şekil bozuklukları olabilmektedir. Ayrıca göğüs kemiklerinde çıkıntılar, göğsün alt tarafında oluk gibi görünüm, el bileklerinde kalınlaşma, yürümeye başlayan bebeklerde bacaklarda çarpıklıklar olabilmektedir. Raşitizm denen bu durumda, uygun vitamin tedavisi ve güneş ışığından faydalanma sağlanmalıdır. Bu sayede yürüme gecikmesi, dişlerin çıkmasının gecikmesi de önlenmiş olur.

**İdrar ve Dışkı:** İlk yapılan kaka, siyah renkli ve yapışkan mekanyumdur. 3-4 gün siyah kakadan sonra, rengi açılıp yapışkanlığı azalarak geçiş kakasına dönüşür. Yaklaşık 8-10 gün içerisinde de krem kıvamında, bazen biraz daha suluca, sarı renkte anne sütü kakasına dönüşür. İlk 48 saat içinde kaka yapmaması bağırsak sisteminde bir bozukluğun işareti olabilir.

Yeni doğan bebek sıklıkla doğum esnasında idrar yaptığından, ilk 24 saat içinde idrar yapmayabilir. Daha uzun süre idrar yapmazsa önemli olabilir. Kontrol edilmelidir.

**Göbek Bağı:** Bebeğin anne rahmi ile olan bağlantısının son kalıntısı göbek kordonudur. Doğum esnasında steril araçlarla kesilen göbek kordonunun kalan kısmı yaklaşık bir hafta sonra kurur ve düşer. Bazen iki üç hafta gecikme görülebilir. Bu bölgenin hava almasına ve kuru kalmasına dikkat ederek, yaranın mikrop kapmadan daha çabuk iyileşmesini sağlayabilirsiniz. Hastaneden ayrılmadan önce bebek hemşireleri bu bölgenin nasıl temizleneceğini size anlatacaklardır.

**Göbek ve Kasık Fıtıkları:** Bazı bebeklerde doğuştan göbek fıtıkları 'olabilmektedir. Bunlar kendiliğinden düzelebildiğinden takip edilmeli, üzerine demir para, bandaj gibi uygulamalar yapılmamalıdır. Çapı 2,5 cm'den büyükse doktor kontrolü gerekir.

Kasık fıtıkları daha önemlidir. Kendiliğinden düzelmezler. Kangrenleşme gibi ciddi sonuçlara yol açabileceğinden yakın takibe alınmalıdır. Uygun şartlar oluştuğunda ameliyat edilmelidir.

**Doğumsal Kalça Çıkıklığı:** Yeni doğanın kalça eklemi muayenesi önemli takip konularından biridir. Kalçanın deri kıvrımlarının simetrik oluşu, bacakların eşit uzunlukta oluşu ve kalça eklemi hareketleri kontrol edilmelidir. Kalça eklemindeki anormallik, ilk aylarda tespit edilirse, basit tedbirlerle kalça çıkığı önlenebilmektedir. Bebeklere kesinlikle sıkı kundak yapılmamalıdır.

**Doğum Travmaları:** Zor doğumlarda baştaki şişliklerden başka yaralanmalar da söz konusu olabilir. Sinir yaralanmalarının seviyesine göre kolda veya elde geçici felçler olabilir. Bu durumda özel pozisyon verilerek takip edilir.

Doğumdan 10-15 gün kadar sonra boyunda sertlik fark edilebilir. Doğum sırasında boyundaki kas içine kanama sonucu oluşur. Başın bir tarafa eğilmesi, yüzde asimetri gibi bozukluklara neden olabilir. Bazı baş ve boyun hareketleri ve masaj uygulanarak takip edilir. Düzelme olmazsa ameliyat uygulanmaktadır.

**Pku Deneyi:** Bu test genellikle doğumdan bir hafta sonra yapılır. Bebeğinizin ilk haftalık kontrolünde topuğundan bir miktar kan alırlar. Zeka geriliğinin ender görülen bir nedeni olan fenilketonüri araştırılır. Bu hastalığın erken teşhisi ve bu tür hastalığı olan çocuklar için hazırlanmış mama tedavisi ile zeka geriliği önlenebilir.

Doğumunuzu hastane dışında bir yerde yapmışsanız, bir ay içinde bu testi yaptırmak için bir hastaneye başvurmanız gerekir.

## YENİ DOĞANIN DUYU ORGANLARI

**Görme:** Bebek doğuştan görme yeteneklidir. Ancak gözün bölümleri tam olarak olgunlaşmadığı için eşyayı net olarak göremez. Görüş alanının tam merkezinde ise, bir objeyi veya ışığı izleyebilir. Bunun için bebeğinizle konuşurken, ona tam göz hizasında olacak derecede yakın olmaya dikkat edin. Gözlerin uyum halinde birlikte hareket edebilmesi, görmeyi sağlayan organların gelişip işlevlerini yerine getirdiği zaman, yani doğumdan birkaç ay sonra olmaktadır. Bu nedenle çocukların bakışlarında ilk zamanlar hafif bir şaşılık fark edilebilir.

Doğumun ilk haftasından 4. aya kadar bebekler, eşyanın renkleriyle, şekillerinden daha fazla ilgilenirler. Özellikle parlak renklere baktıkları dikkat çekmiştir. 4 aylıktan sonra eşyanın şekli, renginden daha önemli olur.

Bebeklerin gözleri uzağı görebilir. 6 yaşına kadar yakını görmede yanlışlıklar yapabilirler. Altı yaşında normale döner.

**İşitme:** Son yapılan araştırmalarda bebeklerin daha anne karnında işittikleri tespit edilmiştir. Bu yüzden yeni doğan bebekte en gelişmiş duyu organı kulaktır. Daha ilk günlerde bebek, değişik yönlerden gelen seslere, değişik tepkiler vermektedir.

Sesin geldiği tarafa çocuğun başını çevirmesi, işitme ile görme arasındaki işbirliğini düşündürür. Önceleri çocuk her türlü sese benzer tepkiler gösterir. Fakat çok kısa sürede zil sesini, çalgı sesini, insan sesini hatta annesinin sesini diğerlerinden ayırır.

Düşük frekanslı, ılımlı, ritmik seslerin kalp atışını ve solunumu yavaşlattığı, bebeği sakinleştirdiği bilinmektedir. Bu yüzdendir ki, asırlardır analar, çocuklarını sakinleştirmek için hafif melodili ninniler söylerler.

1,5 yaşından 3 yaşına kadar çocukta ses uyumu hızlı bir gelişim gösterir. Okul öncesi çağda sesleri ayırt etme ve müzik yetenekleri oldukça gelişmiştir. Kulak eğitimi ve müzik çalışmalarına hazır demektir.

**Koku Alma:** İlk zamanlar bebeklerin koku alma yeteneği oldukça azdır. Buna rağmen koklama yeteneği yok diyemeyiz. Çünkü anne sütü ile beslenen bebekler, annelerinin sütünün kokusunu başka annelerinkinden ayırabilmektedirler. Bunun haricinde bebekler çeşitli kokulara tepki verirler. İlk zamanlar bu tepkileri gözlemlememiz mümkün değildir. İçsel tepkiler dediğimiz bu tepkiler, kalp ve solunum hızları kaydedilerek anlaşılır. 4. aydan sonra keskin kokulara başlarını çevirerek dışsal tepki gösterebilirler. Yine de bir bebekte koku algısının, çocuktaki veya yetişkindeki kadar gelişmiş olması beklenemez. Yaşla ve deneyimle koku alma yetenekleri de gelişecektir.

**Tad Alma:** Yeni doğan bebekler tatları ayırt edebilirler. Hoşlanmadıkları tatlara olumsuz tepki gösterirler. Bunu mimikleriyle belli ettikleri gibi emmeyi de bırakabilirler. Anne sütü ile beslenen bebekler, hazır mamayı almak istemezler. Bu da onların tad alma konusundaki tercihlerini belirtir. Yeni doğan bebekler, tatlıları severler ve tercih ederler. Daha sonra tuzlu besinleri kabul ederler.

**Dokunma:** Bebeğin dokunma duyusu doğar doğmaz çalışır. Kucağa alınmak ve okşanmak ilk günlerden itibaren temel ihtiyaçlarındandır. Dudakların derisi dokunmaya karşı çok hassastır. Memenin kenarına değer değmez emme hareketi için başlarını çevirirler.

Bebeğin derisi çok hassastır, dış etkenlerden kolayca etkilenebilir. Acı duymanın birkaç hafta sonra başladığı sanılmaktadır. Buna rağmen bebeğin tepki vermemesi acı duymadığı anlamına gelmez.

## REFLEKSLER

Bebekler çevreye kolayca uyum sağlayabilmek için, bir dizi refleksle dünyaya gelirler. Bu reflekslerin hepsinin hayati bir önemi vardır. Yaşamlarını sürdürmeleri için gereklidir. Belirli bir uyarıya yanıt olarak istem dışı ortaya çıkarlar. Bebeğin uyumunu sağlayan refleksler arasında; öksürme, esneme, hapşırma, kusma, göz kırpma, burnunu çekmeyi sayabiliriz. En önemli reflekslerden üçü de beslenme ile ilgili olanlardır. Bunlar, annesinin memesinin (veya herhangi bir uyarıcının) yanağına dokunmasıyla başını ve ağzını döndürme, emme ve yutma reflekslerdir. Hastaneden ayrılmadan önce tüm refleksler doktor tarafından kontrol edilir. Bebek 6 aylık olmadan önce çoğu refleksler kaybolur.

**Yakalama Refleksi:** Yeni doğan bebeğin avuç içine parmağınızla dokunursanız sıkıca kavrar. Aynı şekilde ayaklarına dokunursanız, ayak parmakları kenetlenir. Bu kavrama hareketini istem dışı yapar. Eline geçirdiği herhangi bir oyuncağını da sıkı sıkıya tutar. Zamanla kavrama refleksi kaybolur ve çocuk ellerini bilinçli olarak kullanır.

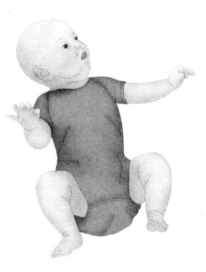

**İrkilme:** Moro refleksi olarak da adlandırılan bu davranış, çocuğun ani sesler ve sert tepkiler karşısında gösterdiği bir korku halidir. İrkilen bebek başını arkaya atar, kollarını yana doğru açar, sonra hızla bir kolunu göğsüne doğru geri çeker ve bedenini büker. Bu refleks, doğumdan 3-4 ay sonra kaybolur.

**Babinski ve Yüzme Refleksi:** Bebeğin ayak altı uyarıldığında baş parmağı açılır. Suya yüzükoyun bırakıldığı zaman yüzme hareketleri yapar, kol ve ayaklarını hareket ettirir.

**Adım Atma Refleksi:** Bebeğinizi düz bir yerde kollarının altından destekleyerek tutarsanız, bedeni öne doğru gider, önce bir ayağını, ardından diğerini adım atıyormuş gibi kaldırır.

## BÜYÜME VE BEDEN GELİŞİMİ

Çocukluk çağının en önemli özelliği büyüme ve gelişmedir. Beden gelişiminin en hızlı olduğu dönem döllenmeden itibaren başlar, bebek 1 yaşına gelene kadar devam eder. 1 yaşından sonra büyüme ve gelişme ilk yıldakine nazaran azalarak devam eder. Çocuğun beden gelişimini yetersiz beslenme, enfeksiyonlar, çevre koşulları, sosyo-ekonomik gibi etkenler önemli derecede etkiler.

Her anne ve baba çocuklarını sağlıklı ve gürbüz olarak görmek ister. Bebek bakımının en önemli amacı da budur. Çocuğun büyümesi yavaşladığı veya durduğu zaman hastalıktan, yetersiz beslenme gibi olumsuz koşullardan şüphelenmek gerekir. Bunun için bebeğinizin gelişimini düzenli olarak takip etmelisiniz. Bunu başlangıçta ayda bir, daha sonraları 3 ayda bir olarak takip edebilirsiniz.

Çocuğun gelişimi takip edilirken anne ve babanın dikkat etmesi gereken bir husus, rakamlara çok fazla bağımlı olmamaktır. Gelişim için verilen rakamlar, her zaman ortalamayı gösterir. Sizin çocuğunuz bu ortalamanın biraz altında veya biraz üstünde olabilir. Her çocuğun kendine özgü bir gelişimi vardır. Bunun için telaşlanmanıza gerek yok. Aylık muayenelerde doktorunuz size gelişiminin normal olup olmadığını söyleyecektir. Çocuğunuzda gelişmenin durduğunu veya yavaşladığını fark ederseniz, mutlaka doktorunuza gösterin.

Aşağıda, boy, kilo ve baş çevresinin normal gelişimi veril-miştir. Sizin çocuğunuz bu tablolara uymayabilir. Bu veriler sadece genel bir fikir vermek içindir. Çocuğunuz genel tablo-dan 150-200 gr. eksik diye yorum yapmanızı gerektirecek bir durum değildir. Önemli olan hastalık belirtisi olacak derecede bir geriliğin olup olmamasıdır.

## Boy Gelişimi

Yeni doğan çocuğun ortalama boy uzunluğu 50 cm' dir. Bu biraz eksik veya fazla olabilir. Kız çocukları biraz daha kısa boylu doğabilirler. Süt çocuğu 6. aya kadar ortalama ayda 2,5-3 cm, 6-12 aylar arasında ise ayda 1,5 cm uzar. Bir yılın sonuna doğru 75 cm' lik bir boya sahip olur. Çocuk 2 yaşına geldiğinde boyu yaklaşık olarak 80 cm civarındadır.

2-6 yaşları arasında çocuk, süt çocukluğu dönemini geride bırakmıştır. Büyümesi daha yavaş olur. Bu yaşlarda çocuk yılda 6-8 cm uzar. Boyu da ortalama 90-100 olmuştur. Önemli olan kilo ile boyun birbirine oranıdır.

**Çocuğun Yaklaşık Olarak Olması Gereken Boy Değerleri**

| Erkek | Ay | Kız |
|---|---|---|
| 50 cm | Doğum | 50 cm |
| 60.5 cm | 3. ay | 58.5 cm |
| 66.5 cm | 6. ay | 64.5 cm |
| 71 cm | 9. ay | 69.5 cm |
| 74.7 cm | 12. ay | 73 cm |
| 78 cm | 15. ay | 76.5 cm |
| 81.5 cm | 18. ay | 79.5 cm |
| 84 cm | 21. ay | 83 cm |
| 86.5 cm | 24. ay | 85.5 cm |

*2-6 yaş arasında ise çocuğun boyu şöyle hesaplanır:*

*YAŞ (yıl) x 5 + 80 = BOY (cm)*

## Kilo Gelişimi

Vücut ağırlığı bebeğin gelişip gelişmediğini gösteren önemli bir veridir. Annenin doğumdan önce ve sonra iyi beslenememesi, sigara kullanması, bebeğin kız olması ve ilk çocuk olması, doğumdaki kilosunun daha az olmasının sebeplerindendir. Yeni doğmuş bir bebeğin kilosu, yaklaşık olarak 2,5 ila 5 kilo arasında değişmekle beraber, ortalama 3-3,5 kilodur. Yeni doğan bebek ilk hafta su kaybı ve vücudundaki şişliklerin gitmesi nedeniyle 400-500 gr civarında kilo kaybına uğrar. 10. güne doğru eski kilosuna kavuşur. Yeni doğan bir bebeğin 6. aya kadar ayda ortalama 600 gr aldığı söylense de, anne sütü ile beslenen bir bebeğin bundan daha fazla kilo aldığı görülmektedir. 6 aya kadar ayda 1-1,5 kilo artışı anne sütü ile beslenen bebeklerde görülebilir. Bebek ne kadar küçükse kilo alış oranı o kadar yüksektir. 6. aydan sonra bu hızlı kilo artışı azalarak devam eder. 6-12. aylar arasında her ay 400-500 gr alması beklenir.

Bebek 5. ayda doğum ağırlığının iki katı, 1 yaşında üç katı, 2 yaşında dört katı bir ağırlık artışı gösterir. Çocuk 2 yaşından buluğ dönemine kadar, her yıl 2,5 kilo alır.

### Çocuğun Yaklaşık Olarak Olması Gereken Tartı Değerleri

| Erkek | Ay | Kız |
|---|---|---|
| 3,400 gr | Doğum | 3,250 gr |
| 5,900 gr | 3. ay | 5,400 gr |
| 7,800 gr | 6. ay | 7,400 gr |
| 9,000 gr | 9. ay | 8,600 gr |
| 10,000 gr | 12. ay | 9,600 gr |
| 10,750 gr | 15. ay | 10,400 gr |
| 11,450 gr | 18. ay | 11,000 gr |
| 12,100 gr | 21. ay | 11,600 gr |
| 12,650 gr | 24. ay | 12,200 gr |

*2-6 yaş arasında çocuğun ağırlığı şu şekilde hesaplanır:*
YAŞ (yıl) x 2+8= AĞIRLIK (kg)

## Baş Çevresi Gelişimi

Başın büyümesi çocuğun beyin gelişimini gösterdiği için önemlidir. Başın büyüklüğü, beynin büyümesi, kafatasının iç basıncı ve kafatası kemiklerinin büyümelerine bağlıdır. Baş çevresi doğumdan hemen sonra ve bunu takiben belirli aralıklarla yapılmalıdır. Çünkü kafatası kemikleri ve beyinle ilgili pek çok hastalığın yanı sıra büyüme bozuklukları, baş ölçülerinin uygulanmasıyla teşhis edilebilir.

Baş çevresinin beklenenden hızlı büyümesi, beyin dokusunun veya beyindeki sıvının yapım veya dolaşım bozukluğunu gösterir. Müdahale edilmediği takdirde, beyin fonksiyonlarında bozukluklara yol açabilir. Bunun için bilhassa ilk bir yaş içinde baş çevresi ölçümleri düzenli yapılmalı, gelişebilecek anormallikler erken tespit edilerek, birtakım bozukluklara yol açması önlenmelidir.

Başın büyüme hızı bebeklik döneminde en yüksek düzeydedir. Başın çevresi, alından başlayarak, başın en geniş yerinden mezura ile ölçülür. Belirlenmiş norm tablolarına uyup uymadığı kontrol edilir.

### Çocuğun Yaklaşık Olarak Baş Çevresi Değerleri

| Erkek | Ay | Kız |
|-------|------|-------|
| 34,5 cm | Doğum | 35 cm |
| 40,2 cm | 3. ay | 39,4 cm |
| 43,4 cm | 6. ay | 42,2 cm |
| 45,3 cm | 9. ay | 43,9 cm |
| 46,3 cm | 12 ay | 45 cm |
| 47 cm | 15. ay | 45 cm |
| 48 cm | 18. ay | 47 cm |

## DİŞLERİN ÇIKMASI

Bebeğinizin süt dişleri hamileliğinizin 3. ayından itibaren kireçlenmeye başlar. Bunun için annenin sağlığı ve hamilelik dönemindeki beslenmesi bebeğin süt dişlerini etkiler. Bebek doğduğunda dişleri yoktur. İlk bir yıl içinde diş çıkarmaya başlar. Bunun kesin bir zamanı olmamakla birlikte yaklaşık 6-7 ay civarında alttaki 2 kesici dişini çıkartır. 7-9 aylar arasında üstteki 2 kesici dişlerini çıkartır. Bir yaşına geldiğinde ise 4 kesici yukarıda 2 kesici aşağıda olmak üzere 6 dişi vardır (kesici dişler 4 altta ve 4 üstte olmak üzere öndeki 8 diştir). Bir süre duraksamadan sonra alttaki 2 kesici dişlerini de çıkartır. 12 ve 16. aylar arasında alt ve üst çenede 4 tane 1. azı dişlerini (öğütücü diş de denir) çıkartır. Bunlar kesici dişlerin hemen yanında değildir. Arada köpek dişlerine yer kalır. 18. aydan sonra bebeğiniz, altta ve üstte olmak üzere kesici dişlerin hemen yanındaki köpek dişlerini çıkartır. Köpek dişleri diğer dişlere nazaran en zor çıkan dişlerdir. Çocuğunuz köpek dişlerini çıkartırken daha fazla sancılanıp uyku düzensizliği problemi çekebilir. Bebek dişlerinin son 4'ü ise ikinci azılardır. İlk azıların arkasında ve 2 yaş civarında çıkarlar. Çocuğunuzun ağzında toplam 20 tane süt dişi vardır. Altı yaşından sonra bu süt dişlerinin dökülüp 28 tane kalıcı dişin çıkması beklenir.

### Diş Çıkartan Bir Bebeğe Nasıl Yardımcı Olunur?

Bebeğinizde diş çıkarmanın belirtisi olarak şunları görebilirsiniz: Çok fazla salya akıtma, fazla salya yutmadan dolayı tükürüklü bir öksürük, bağırsak bozukluğu, hafif ateş ve dişlerini kaşımak için her şeyi ağzına götürüp çiğnemesi. Diş çıkartmak ishal, kusma, ateş yükselmesi gibi ağır hastalıklara sebep olmaz. Çocuğunuzda bu tür belirtiler görüyorsanız, bunları diş çıkarmaya yormayıp, hemen doktora başvurmanız gerekir.

İlk dişler pek sorun yaratmaz, fakat arka dişler, özellikle köpek dişleri çocuğunuzda epey mızmızlığa yol açabilir. Yardımcı olmak için şunları deneyebilirsiniz:

- Serin parmağınızla diş etlerini ovalayın.
- Serin bir diş kaşıma halkası verin (buzluğa koymamak şartıyla buzdolabında soğutabilirsiniz).
- Çiğnemesi için havuç gibi sert yiyecekler verin.
- Sık sık olmamak şartıyla çok ağrılı olduğu zaman, özellikle de gece yatarken, diş çıkartma jellerinden sürebilirsiniz.
- Her bulduğu şeyi ağzına götürmek isteyeceğinden, oyuncaklarında ve çevresinde, sivri çıkıntıların olup olmadığını kontrol edin.

## Diş Bakımı

Bebeğinizin ilk dişleri çıktıktan sonra, diş bakımına başlamanız gerekir. 2 tane veya 4 tane dişi fırça ile fırçalamanız mümkün olmadığından, her gece ıslak ve yumuşak bir bezle bebeğinizin dişlerini temizleyebilirsiniz. Daha sonraları bu ıslak bezin üzerine bezelye tanesi kadar florürlü diş macunu sıkıp o şekilde temizleyebilirsiniz. Bebeğiniz diş macununun tadını sevmiyor veya onu yemeye kalkışıyorsa hiç kullanmayabilirsiniz. Günde iki kez florürlü diş macunuyla fırçalamak çocuğunuzun dişlerini çürümelerden koruyacaktır. Üstelik biraz diş macunu yutması çok fazla kaygılanılacak bir durum değildir.

12. aydan sonra bebekler için hazırlanmış yumuşak bir diş fırçasıyla bebeğinizin dişlerini fırçalayabilirsiniz. Bunu alıştırmak için önceleri oyun olarak çocuğunuzun dişlerini fırçalayın. Özellikle banyo zamanı eğlendirici bir oyun olabilir.

Çocuğunuz bu işi size bıraktığı sürece dişlerini siz fırçalayın. Elinizi başının arkasından geçirirseniz, dişlerini fırçalarken ağzının içini rahatça görebilirsiniz. 2 yaşına geldiğinde dişlerini artık kendi fırçalamak isteyebilir. Eğer anne ve baba düzenli olarak dişlerini fırçalıyorsa, çocuk bunu çok kısa sürede öğrenecek ve zevkle yapmak isteyecektir.

## Dişlerin Çürümemesi İçin

- Diş çıkarmaya başladığı andan itibaren bebeğinizin dişlerini ve diş etlerini temiz ve ıslak bir bezle silin.

- Uygun yaşa geldiğinde diş fırçalamayı kendisinin yapmasına olanak tanıyın. Düzenli olarak sabah-akşam diş fırçalama alışkanlığı edindirin.

- Bebeğinizin beslenmesinin kalsiyum (süt, peynir, yoğurt ve yapraklı yeşil sebzeler) ve D vitamini (yumurta sarısı, balık ve süt ürünleri) içerikli olmasına dikkat edin.

- Şeker ve çikolata gibi şekerli yiyeceklere çok fazla yer vermeyin. Yaşı büyüdükçe engellemeniz mümkün olmayacağından ara sıra yemesine izin verin ve yedikten sonra dişlerini fırçalamasına dikkat edin. Öğün aralarında da şekerli yiyecek vermemeye dikkat edin.

- Emziği asla şekerli bir şeye batırıp vermeyin.

- Bebeğinizin uyurken biberonla şekerli içecekler içmesine izin vermeyin. İçilmekte olan sıvının içindeki şekerler, ağız bakterileri ile karışıp dişleri çürütürler.

---

**Süt dişlerine neden iyi bir bakım?**

*Çünkü bu dişler kalıcı dişlerin yerini tutmaktadır. Bunların çürüyüp dökülmesi, ağız yapısında kalıcı değişikliklere neden olabilir. 6 yaşına kadar bebeğiniz bu dişlerle beslenme ihtiyacını giderecektir. Kısa sürede dökülmesi beslenme bozukluklarına yol açabilir.*

*Ağzın içindeki çürük dişler, hiç hoş bir görünüm vermez. Çocuğun kendine güven duyması ve düzgün konuşması için sağlam dişlere ihtiyacı vardır. Bozuk dişlerden dolayı düzgün konuşamayan, çürümüş dişlerini göstermemek için ağzını sürekli kapatan çocuk kendini iyi hissetmez. Yaşıtlarıyla olumlu ilişkiler geliştiremez. Bunun için süt dişlerinin de bakım ve korunmaya ihtiyaçları vardır.*

## BEBEĞİNİZİN GÜNLÜK TEMİZLİĞİ

Bebeğinizin ilk haftalar ve aylardaki en önemli gereksinimlerinden biri, günlük bakım ve temizliğidir. Bu konuda aşırı derecede hassas olmanız gerekir. Bebeğin ilk haftalardaki bakımı, onun temiz ve güzel görünmesinden çok, cildini yaralardan ve hastalıklardan korur. Zira yeni doğan bebeğiniz etrafta gezip üzerini kirletmediği için kirli gözükmez. Fakat cildi o kadar hassastır ki, kendi bedeninin ürettiği ter, tükürük ve idrar bile cildini tahriş edebilir. Bundan rahatsızlık duyar ve ağlar. Bu nedenle onu sık sık temizlemeniz gerekir. Her gün banyo yaptırmak özellikle kışın doğan ve sık sık hasta olan bebekler için gerekmeyebilir. Küçük bebekler yıkanmaktan pek hoşlanmazlar. Bunlar için günlük temizlik yeterlidir. Ayrıca ilk on gün içerisinde, göbek bağının düşüp yarasının iyileşmesi süresince banyo yaptırmayı doktorlar pek tavsiye etmezler. Bu süreç içerisinde bebeğinizin temiz kalmasını sağlamak için günlük temizliğini yapıp, başını yıkayabilirsiniz. Çok dikkatli olduğunuz sürece göbek bağı düşmeden de banyo yaptırabilirsiniz. Göbeğini elinizle tutup su kaçmasını engelleyin. Daha sonra o bölgeyi kurulayıp alkollü pamukla silin. Üstünü gazlı bezle örtebilirsiniz. Bu işlemi yapmak sizi tedirgin ediyorsa günlük temizliği ile yetinin.

Günlük bakım deyince çocuğunuzun elini, yüzünü, koltuk altlarını, boynunu ve ayaklarını temiz tutmak anlaşılır. Cinsel organları zaten en çok temizlenen yerlerdir. Her altını kirlettiğinde bebeğinizin bezini değiştirip, pişik olmasını engellemek için, iyice temizlemek ve bakım yapmak gerekir. Çoğumuz ilk çocuğumuzu kucağımıza aldığımızda bezini değiştirmesini bile bilmiyorduk. İlk günler bu işlemleri daha önceden bebek büyütmüş bir yakınınızın yapması yerinde olur. Fakat her şeye rağmen bu iş sonunda size düşecektir. Bebeğin temizlik işini genelde anneler üstlenirler. Ancak bebeğin temizliği ve banyosuna katılması (ilerleyen yaşlarda çocuğunu tek başına yıkaması), onunla çok az vakit geçirme şansına sahip olan bir baba için hoş bir deneyimdir. Böylelikle çok fazla göremediği bebeğinin vücudunu da tanımış olur. Bu da baba ile bebek arasındaki bağın kuvvetlenmesine sebep olur. Özellikle ilk günler, anne de baba da bu konuda oldukça deneyimsiz olduklarından bebeğin temizlik işlerini birlikte yapabilirler.

Bu temizliği günün herhangi bir saatinde yapabilirsiniz. Sabah veya akşam bu iş için en uygun vakittir. Bebeğinizin temizliğine başlamadan önce odanın ısısını kontrol edin. 24-25 derece sıcaklık oda ısısı için yeterlidir. Bebeğinizin üzerindekileri çıkaracağınız için çok çabuk üşütebilir. Elinizden geldiği kadar kısa sürede bu işlemleri tamamlamaya gayret edin.

Bebeğinizi yüksekçe bir yere yatırın (yatağın üzerine, tezgahın üzerine, varsa alt açmak için kullandığınız bir dolabın üzerine olabilir). Buraya önce bir havlu serin. Bebeğinizi buraya yatırmadan önce temizlik için gerekli olan malzemeleri hazırlayın.

---

### Bebeğinizin Günlük Temizliği İçin Gerekli Malzemeler

- *Kaynatılmış ılıtılmış su*
- *Pamuk parçaları*
- *Kurulamak için yumuşak bir havlu*
- *Narin yerlerini (yüz, boyun, koltuk altı) kurulamak için yumuşak bir tülbent*
- *Altını değiştirmek için bez, gerekirse pişik kremi ve bebek yağı*
- *Temiz giysiler*
- *Başını yıkamanız gerekiyorsa, göz yakmayan bebek şampuanı*
- *Bebek saç fırçası ve tarağı*

## Temizlerken

1. Malzemeler hazırlandıktan sonra bebeğinizi fanilasına kadar soyup, hazırladığınız havlunun üzerine yatırın. Bezini çıkartmayı en sona bırakırsanız, olası kazalardan korunmuş olursunuz.

2. Kaynatılmış ılıtılmış suya pamuğu batırıp, bebeğinizin gözlerini, burun kısmından dışa doğru silin. Her bir göz için ayrı pamuk kullanırsanız, bir gözde olan mikrobun diğer göze geçmesini engellemiş olursunuz. Yumuşak bir bezle kurulayın.

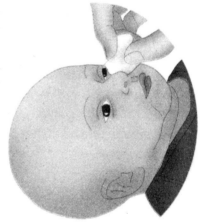

3. Islatılmış ayrı bir pamukçukla kulağının çevresini ve arkasını silin. Her bir kulak için ayrı pamuk kullanın. Sonra yumuşak bir bezle kurulayın. Bebeğinizin kulağının içine bir şey sokmayın ve asla kulağının içini temizlemeye kalkmayın.

4. Bebeğinizin ağzındaki süt kalıntılarını temizleyin. Burnunun etrafındaki sümükleri silin, fakat burnunun içine bir şey sokmayın. Yanaklarını ve alnını da silin. Daha sonra yumuşak bir bezle kurulayın.

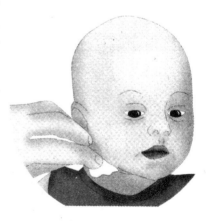

5. Boynunun altını ve arkasını da ıslak bir pamukla silin ve güzelce kurulayın.

6. Eğer uzun süre banyo yaptırmamışsanız, günlük temizliğini yaparken başını yıkayabilirsiniz. Başının altına bir leğen koyun.

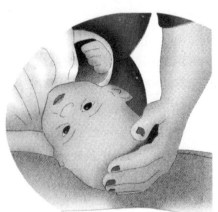

Başını geriye doğru tutun ve saçlarına şampuan sürüp yumuşak masaj hareketleriyle yıkayın. Sonunda iyice durulayın ve bir havluyla kurulayın. Baş yıkama işlem vücut temizliğinden önce yapıp kuruladıktan sonra bebeğinizi soyun.

7. Vücut temizliği için, kolunu hafifçe kaldırarak koltuk altını silin ve kurulayın. Ellerini silmek için avuçlarını açın ve ardından güzelce kurulayın. Aynı şekilde ayaklarını da temizleyin.

8. Göbekbağı düşmemişse alkol veya mentolle etrafını silebilirsiniz. Göbek bağı düştükten sonra kaynatılmış ılıtılmış suyla silebilirsiniz. Daha sonra iyice kurulayın. Göbek bağının kalıntısını ellemekten çekinmeyin. Sinirsiz bir doku olduğundan bebeğinizin canı yanmayacaktır.

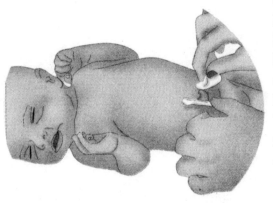

9. Altını temizledikten sonra temiz giysilerini giydirin.

## Bebeğinizin Altını Temizlemek

Bebeğinizin altını temizlemek en sık yapacağınız işlemlerdendir. Bu, ilk aylarda günde 7-8 defa olabilir. Alt açma işlemini sizin için ve bebeğiniz için eğlenceli hale getirirseniz, işinizi daha rahat ve kolay halletmiş olursunuz.

Bebeğiniz için hangi bezi kullanacağınızın seçimini siz yapmalısınız. Daha ekonomik veya pratik olanları tercih edebilirsiniz. İlk aylar bebeğinizin hassas cildi için kumaş bez de kullanabilirsiniz. Fakat kumaş bez kullanırken altının pişik olmaması için sık sık değiştirmeniz gerekir. Her değiştirdiğinizde de bezleri kaynatıp dezenfekte etmelisiniz. Kullanım kolaylığı açısından hazır bezi tercih edebilirsiniz. Bunun için bebeğinize en uygun olan hazır bezi alın ve üzerinde yazan kullanma talimatına uyun.

Hangi bezi kullanırsanız kullanın bebeğinizin hassas cildinde pişiklerin oluşmasını önleyici tedbirler almalısınız. Eğer bebeğinizde, aldığınız tedbirlere rağmen pişik oluşumu devam ediyorsa, kullandığınız bezi değiştirip başka marka kullanmanız da gerekebilir.

İlk zamanlar bebeğinizin bez değiştirme zamanını sizin ayarlamanız gerekir. Anne sütü ile beslenen bebeğin dışkısı kokmaz. Bunu ölçü alamazsınız. Hazır bezler de ıslaklığı emdiği için çok fazla ıslanmadıkça fark edemezsiniz. Bezin ağırlaşması da ilk günler sizin için ölçü olmamalı. Öğünlerden önce ve sonra veya bağırsak hareketlerinin hızlandığı zaman sık sık altını değiştirmeniz, hassas poposunda tahrişlerin oluşmasını önleyecektir. Gece boyunca beslenmeleri sırasında bebeğinizin altını değiştirmenize gerek yoktur. Uykuda bağırsak hareketleri olmadığı için, kaka yapmazlar. Fakat uyanık olup da kaka yaptığını fark ederseniz mutlaka değiştirin.

Bebeğinizin alt temizliğini yaparken de gerekli malzemeleri önceden hazırlayın. Bunun için bir alt değiştirme minderi işinizi kolaylaştırır. İlk zamanlar bu işlemi yüksekçe bir yerde yaparsanız, doğum sonrası sancılarınız olduğu halde eğilmemiş olursunuz. Bebeğiniz küçük olduğu için bir bebek şifonyerinin üzerine alt açma minderini koyabilirsiniz. Fakat yüksek bir yerde bebeğinizi kesinlikle yalnız bırakmayın. Bebeğinizin günlük temizliği veya alt açma işlemini yapmadan önce ve sonra ellerinizi güzelce yıkamanız gerekmektedir.

1. Bebeğinizi sırt üstü minderin üzerine yatırın. Bezi dikkatle açın. Eğer kakasını yapmışsa kirli bezin temiz kısmını dahi olsa temizlemek için kullanmayın. Ya su ile yıkayın ya da ıslak mendil ile silin.

2. Yeni doğan bebeklerde ilk 1 ay, hassas ciltli bebeklerde sürekli olarak, silme işlemi için ıslak pamuk kullanmanız, cildinin tahriş olmasını önler.

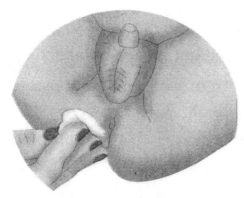

Kaynatılıp ılıtılmış suya batırdığınız pamukla bebeğinizin karnını, başka bir pamukla kıvrımların arasını ve tüm poposunu silin. Islak pamuk kullanıyorsanız, güzelce kurulayın. Islak mendillerde kurulama yapmanız gerekmez.

3. Erkek çocuklarda silme işlemini arkadan öne doğru yapabilirsiniz. Bezini açar açmaz silmeye başlamayın. Erkek çocuk hemen işemek isteyebilir. Bezi tutarak biraz bekleyin. Önce poposundaki dışkıyı silip daha sonra pipisinin etrafını ve kıvrım yerlerini güzelce silip kurulayın. Erkek çocukların sünnet derisini kesinlikle çekiştirip temizlemeye kalkmayın. Acı verebilir. Ayrıca bu deri kendi kendini temizler.

4. Kız çocuklarda rahim iltihaplanmalarını önlemek için, silme işlemini önden arkaya doğru yapmalısınız. Ön tarafı silip bacaklarını kaldırın, daha sonra pislikler vajinaya gelmeyecek şekilde poposunu silip güzelce kurulayın.

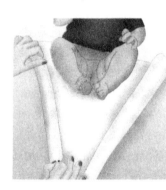

5. Temizleme işlemi bittikten sonra bebeğinizi bir müddet açık bırakın. Derinin hava alması pişik oluşumunu engeller. Bu arada bebeğinizle oynayarak onu oyalayabilirsiniz.

6. Bebeğinizin altına pişik oluşumunu engellemek için pişik kremi veya bebe yağı kullanın.

7. Bebeğinizin altına temiz bezi koyun ve hazır bezse tarifine uygun olarak bağlayın. Üstten elinizle kontrol edin, 2 parmak aralık olması gerekir. Çok sıkı olduğu takdirde bebeğinizi rahatsız eder. Çok gevşek olursa, sızma yapabilir.

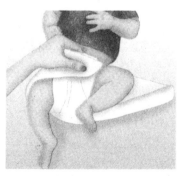

8. Kumaş bez kullanıyorsanız, uçurtma biçiminde katlayabilirsiniz. Kenarlarını tutturmak için çengelli iğne kullanmanız gerekir, çengelli iğneyi takarken bebeğin bir yerine batmaması için çok dikkatli olun. Sızma yapmasını önlemek için naylon don veya naylon koruyucu kullanabilirsi-

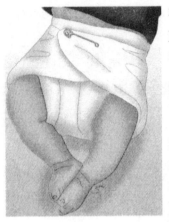

niz. Bunlar hava almayı önledikleri için pişiğe sebep olabilirler. Bu takdirde naylon külotları kullanmayın.

## PİŞİKLER

Pişik, bebeklerde rastlanılan en yaygın cilt problemidir. 0-18. aylarda sık görülür. Bezli bölgede cildin tahriş olması ve kızarması şeklinde görüldüğü gibi daha ciddi problemlere de yol açabilir. Bazı bebeklerin cildi çok hassastır ve sık sık pişik olabilirler. Bunların bez seçiminden, alt temizliğine kadar daha özenli bir bakıma ihtiyaçları vardır. Hemen hemen bütün bebekler pişik problemiyle karşılaşırlar.

### Pişikleri Önlemek İçin

1) Bebeğin altını sık değiştirin. İdrar ve dışkısı pişiğe sebep olabilir. Özellikle katı besinlere geçildiğinde ve bebek ishal olduğunda pişik daha çabuk oluşur.

2) Alt temizliğini iyi yapın. Kıvrımları silip güzelce kurulayın.

3) Bebeğin altını sık sık açık bırakıp hava almasını sağlayın. Özellikle yazın sıcak havalarda pişik oluşumu artar. Bunun için daha sık havalandırmanız gerekir.

4) Koruyucu krem sürün. Tabaka halinde sürüldüğünde, bezin sürtünmesiyle cildin tahriş olmasını, idrar ve dışkının cilde direkt temas ederek pişik oluşturmasını önler.

5) Kumaş bebek bezi kullanıyorsanız, üzerindeki naylonun hava almasına dikkat edin. Kumaş bezleri deterjanla değil, granül sabun tozuyla yıkayın. Yıkadıktan sonra iyice durulayın.

## Pişik Oluştuğu Zaman

1) Altını daha sık değiştirin.

2) Pişik kremi kullanın. Pişiğin fazla olduğu durumlarda doktorunuzun tavsiye ettiği bir pişik kremi kullanın.

3) Hazır bez kullanıyorsanız, bezin markasını değiştirin. Bez tipini değiştirmek de iyi bir fikir olabilir (hazır bezden kumaş beze geçmek).

4) Kumaş bez kullanıyorsanız, naylon don kullanmaktan vazgeçin. Bezlerin temizliğini iyi yapın.

5) Bebeğinizin altını uzun süre açık tutmaya çalışın. Özellikle yaz aylarında bebeğinizin altını sık sık açık bırakmanız, sıcaktan oluşabilecek tahrişleri önler.

6) Bazen inatçı pişikler olabilir. Bilhassa ağzında pamukçuk olan bebeklerde görülen pişiklerde mantar kremi kullanmanız gerekebilir. Bebeğinizin altına pudra serpmeyin. Islanan pudra bilhassa kıvrım yerlerinde tahrişlere yol açabilir. Ayrıca pudranın bebeğinizin solunum yollarına kaçması da söz konusudur. Kız bebeklerde vajinaya kaçan pudra iltihaplanmaya sebep olabilir.

## BEBEĞİNİZİN BANYOSU

Yeni doğmuş bebeğinizi yıkamak size karmaşık gelebilir. Hele de ilk çocuğunuzsa, banyo anlarını bir problem olarak görüyor olabilirsiniz. Eskiden yeni doğum yapmış bir annenin yanında mutlaka bir yakını bulunurdu. İlk haftalarda bebeğin bakımını, daha önceden bebek büyütmüş olan bu kimse yapardı. Fakat şehir hayatında bu destek giderek azalmaktadır. Akrabaların birbirine uzak mesafelerde oturmasından dolayı, yeni doğum yapmış bir anne minicik bebeğiyle baş başa kalabiliyor. Eğer yanınızda tecrübeli birisi varsa, bebeğin ilk temizliğini, banyosunu bu kişiyle yapmanız, size tecrübe ve güven kazandıracaktır. Bir müddet sonra bu işleri siz yapacaksınız. O zaman da eşinizle birlikte bebeğinizi banyo yaptırmanız hem keyifli olacak, hem de eşinizin size çok faydası dokunacaktır.

Bebeğinizin banyo saatini yanınızdaki yardımcınıza göre ayarlayın. Eğer yanınızda bir yakınınız varsa yeni doğmuş bebeğinizi sabah, karnı çok aç veya çok tok değilken banyo yaptırabilirsiniz. Banyodan sonra karnını doyurup rahat bir uykuya dalacaktır. Eğer size yardım edecek kişi eşinizse, o halde akşam eşinizin işten gelmesini bekleyin. Yine bebeğinizin karnı aç veya çok tok olmasın. Çünkü bebeğinizin karnı çok açsa, olaya katılmak istemeyecektir. Yeni emzirmişseniz, banyo yaparken kusabilir. Akşam banyo yaptırmışsanız, banyodan sonra bebeğiniz güzel bir gece uykusu çekecektir.

Banyo, bebeğinizin rahatlamasına ve gevşemesine yardımcı olur. Bebeğin cildinin sağlıklı olması için temizliğe ihtiyacı vardır. Bebeğinizi ne kadar sıklıkta yıkayacağınıza siz karar vermelisiniz. Bebeğinizin göbek bağı düştükten sonra artık küvet banyosunu rahatlıkla yaptırabilirsiniz. Başlangıçta birkaç gün ara ile yaptırmanız, yeni doğmuş bebeğinizin suya yavaş yavaş alışmasını sağlar. Çoğu bebek suyu sever, fakat sizin bebeğiniz suyun içine girdiğinde avaz avaz bağırabilir de. Ona yavaş yavaş suyu sevdirin ve yıkarken onunla tatlı tatlı konuşun. Eğer bebeğiniz banyoyu seviyorsa, üşüteceğinden de korkmuyorsanız her gün banyo yaptırabilirsiniz. Yoksa haftada iki üç kez banyo yaptırmanız da yetebilir. Derisi kuru olan ve deri çatlaklarına eğilimi olan bebeği her gün banyo yaptırmamak gerekir. Bu tür bebeklerin banyo suyuna da bebe yağı damlatmanızda fayda vardır.

Yeni doğan bebeğinizi küçük bir küvette veya küçük bir leğende yıkayabilirsiniz. Küvetini yüksekçe bir yere koymanız, belinizin ağrımaması için faydalıdır. Bebeğinizin banyosunu yaptırırken stressiz olduğunuz bir zamanı seçin. Banyo yaptıracağınız yerin sıcaklığını ayarlayın (22-25 derece). Taşınabilir küveti evinizin en uygun köşesine götürüp, orada yıkayabilirsiniz. Su sıçramaması açısından banyo en uygundur. Fakat banyoyu ısıtmanız mümkün değilse sıcak bir odayı da kullanabilirsiniz. Banyo esnasında koşuşturmamanız için gerekli malzemeleri önceden hazırlayın.

Gerekli malzemeler:

- Banyo küveti
- Banyo havlusu (mümkünse ısıtılmış olsun)
- Kaynatılmış ılıtılmış su (yüz temizliği için)
- Hidrofil pamuk
- Yumuşak sabunlama bezi
- Bebek şampuanı
- Bebe yağı veya nemlendirici süt
- Yumuşak bir tülbent (hassas yerlerini kurulamak için)
- Alt bezi
- Pişik kremi
- Giysileri
- Üzerinizin ıslanmaması için su geçirmez önlük

Bebeğinizi ne şekilde banyo yaptıracağınız konusunda, tecrübelerinizle birlikte teknikler geliştireceksiniz. Size en rahat ve en uygun şekilde bebeğinizi yıkayacaksınız. Bunun için bir kural yoktur, fakat bazı püf noktalarına dikkat etmeniz gerekir. Özellikle ilk bebeğinizi yıkıyorsanız, öğrenmeniz gereken şeyler olabilir.

Bebeğinizi soymadan önce küvetine su doldurun. Küvetin suyunun sıcaklığını dirseğinizle kontrol edin. Elinizle kontrol etmeniz sizi yanıltabilir.

1) Yeni doğmuş bebeğinizi önce güzelce soyun. Büyükçe bir havluya sarın. Kaynatılmış ılıtılmış suyla ve pamukçuklarla yüz temizliğini yapın (göz, burun, ağız, kulaklar her

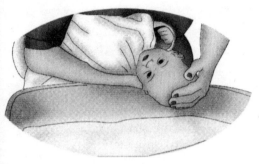

biri için ayrı pamuk kullanacaksınız). İlk zamanlar bebeğinizin başını önce yıkamanız işinizi kolaylaştırabilir. Vücudu havluya sarılı olduğu halde kafasını geriye atın. Saçlarını bebek şampuanıyla yıkayın. Eğer konak olmuşsa bir gece önceden bebe yağı sürüp bırakın. Ertesi günü yumuşak bir bebek fırçası yardımıyla yıkayın. Bebeğinizin saçını bol su ile durularsanız kepek oluşumunu engellemiş olursunuz. Bebeğinizin saçını yıkarken yüzüne gözüne su kaçırmayın. Yıkama işlemi bittikten sonra bir baş havlusuyla veya yumuşak bir tülbentle güzelce kurulayın. Vücudunu yıkarken başının üşümemesi için iyice kurulanması gerekir.

2) Baş yıkama ve kurulama işlemi bittikten sonra altını açın. Eğer kirliyse temizleyin. Önceden ılık su doldurduğunuz küvetin içine bebeğinizin başını ve omuzlarını yukarıda tutup, bedeninin alt kısmını bastırın.

3) Bebeğinizi küvette emniyetli tutmak için size uzak olan omzunun altından kolunu kavrayarak tutun. Boş kalan elinizle

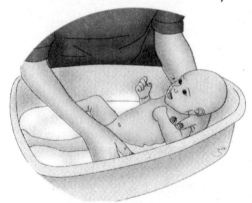

vücudunu yıkayın. İlk haftalar, bebekler derilerindeki doğal yağlara gereksinim duyduklarından, vücudunu yıkarken sabun kullanmayın. Bir ay sonra sabun kullanmaya başlayabilirsiniz.

4) Yıkanırken bebeğinizle konuşun, ona gülümseyin. Banyoyu sevip sevmemesi size bağlıdır. Yüzüne su sıçratmayın. Kollarını bacaklarını banyoda çırpmasına izin verin.

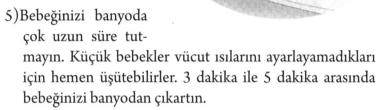

5) Bebeğinizi banyoda çok uzun süre tutmayın. Küçük bebekler vücut ısılarını ayarlayamadıkları için hemen üşütebilirler. 3 dakika ile 5 dakika arasında bebeğinizi banyodan çıkartın.

6) Banyodan çıkartmak için, bir eliniz omzunda olduğu halde diğer elinizle poposunun altından tutarak yavaşça kaldırın. Yeni doğan bebeklerin vücudu kaygan olduğu için düşürmemeye dikkat edin. Fakat çok fazla titizlenmeye gerek yok. Bebekler çok hassas oldukları gibi, travmalara büyüklerden daha dayanıklıdırlar.

7) Kurulamak için banyo havlusuna güzelce sarın. Evin sıcak bir yerinde vücudunun her yerini, tüm kıvrımlarını güzelce kurulayın. Cildinin kurumaması için ya banyo suyuna bebe yağı katın veya kuruladıktan sonra bütün vücuduna bebe yağı sürün. Önce alt bezini bağlayıp giysilerini giydirin.

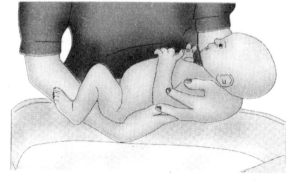

Sık banyo yapmak bebeğin iklim şartlarına uyum sağlamasını kolaylaştırır. Seyrek banyo yapan çocuklar, daha fazla terleyip, daha sık hastalıklara yakalanırlar.

Biraz büyük çocuğunuza banyoyu sevdirmek için; bir leğen su koyun, suyu sıçratarak oynamasına izin verin. Banyo küvetine plastik oyuncak götürüp, banyo zamanını eğlenceli hale getirmeye çalışın.

---

### *Banyoda Güvenlik*

• *Küvetin suyunu ayarlarken bebeğiniz küvette olduğu halde kaynar suyu açmayın, ayrı bir yerde suyu ılıştırın.*

• *Bebeğinizi banyoda bir saniye bile yalnız bırakmayın. Telefon veya kapı çalarsa cevap vermeyin.*

• *Büyüklerin küvetinde banyo yaptırıyorsanız, kaymaması için lastik minder koymayı ihmal etmeyin.*

• *Bebeğiniz biraz büyüdüğünde onu küvete oturtup başını ve vücudunu birlikte yıkayabilirsiniz. Oturan çocuğunuzu da küvette yalnız bırakmayın.*

---

## TIRNAK KESME

Bebeğinizin tırnaklarını kesmekten endişe duyuyor olabilirsiniz. Kıpır kıpır oynayan bir bebeğin tırnağını kesmek ustalık isteyen bir iştir.

Bebeğiniz tırnaklarıyla yüzünü gözünü çizmeye başladığı zaman tırnaklarını kesmeye başlayabilirsiniz. Yüzünü çizmesin diye bebeğinize eldiven giydirmeyin. Bunun yerine tırnaklarını kesin.

Bebeğinizi yıkadıktan sonra, tırnakları yumuşadığında kesmek daha kolay olur. Bu işlemi yaparken etini kesmekten korkuyorsanız uyurken tırnaklarını kesmeyi deneyin.

Yuvarlak uçlu küçük bebek makasları kullanın. El tırnaklarını keserken yuvarlak olarak kesin. Ayak tırnaklarını düz bir şekilde kesin.

Bebeğiniz uyanıkken tırnaklarını keseceksiniz, alt açma bezine yatırın. Onu, ilgisini çekecek bir oyuncak veya hareketli bir nesneye yönlendirin. Yanınızda birinin olması, dikkatini başka yöne çekmesi açısından faydalı olur.

## BEBEĞİNİZİ GİYDİRMEK

Anne adayları ilk aylardan itibaren heyecanla bebeklerinin gardolabını hazırlamaya başlarlar. Bu, bebeklerini sevdiklerinin ve istediklerinin bir belirtisidir. İlk aylar olmasa bile 5-6 aylıktan itibaren (en azından düşük tehlikesi olabilecek aylar geçtikten sonra), bebeğiniz için alışveriş yapmaya başlayabilirsiniz. Bebek alışverişi çok zevkli olduğu kadar, masraflıdır da. Siz aşırıya kaçmadan, bütçenize uygun alışverişi tercih edin. İlk haftalarda bebeğinizin kıyafetini sık sık değiştirmek zorunda kalırsınız. Bunun için gerçekten fazla giysiye gerek vardır. Fakat bebekler çok çabuk büyüdükleri için, giysileri birbirlerine miras kalabiliyor. Varsa, bir yakınınızın çocuğunun küçülmüş giysilerini kullanabilirsiniz. Önemli olan sizin işinizi görmesidir. Doğumdan sonra ilk aylar, uzun süreli dışarıya çıkmanız mümkün olmadığı için, doğum öncesi alışverişinizi yeterli miktarda yapmanız önemlidir.

### Bebeğinize Giysi Alırken

Bebeğinize giysi alırken kolayca giyilip çıkarılabilen ve bez değişimini kolayca yapabileceğiniz giysilerden almaya dikkat edin. İlk 6 ay boyunca en uygun bebek giysisi tulumdur. Tulum, boyundan ayak kısmına kadar önü ve ağı çıt çıtlı olması, giydirilip çıkarılması ve altının rahatça temizlenmesi açısından size ve bebeğinize kolaylık sağlar.

Bebek giysileri kolaylıkla yıkanabilecek, makineye atılabilecek cinsten olmalıdır. Bebeğinizin giysilerini yıkarken ilk aylar sabun tozu kullanmaya dikkat edin. Deterjan artıklarının kalmaması için iyice durulayın. Deterjan artıkları bebeğinizin cildini tahriş edebilir. Yeni aldığınız kıyafetleri yıkamadan giydirmeyin.

Bebeğiniz için seçtiğiniz giysilerin pamuklu ve yünlü olmasına dikkat edin. Bunlar, bebeğinizin vücut ısısını korumaya yardım ederler. Sentetik giysilerden kaçının. Sentetik ve naylon giysiler teri yeterince ememez ve pişik oluşumunu artırırlar.

Bebeğinizin giysilerindeki çıt çıtların, fermuarların, bebeğinizi incitecek yerde olmamasına dikkat edin. Giysilerin arkasında bulunan etiketleri kesin.

Bebeğinizin çok çabuk büyüdüğünü göz önünde bulundurarak, değişik boylarda giysi almaya dikkat edin. Bir giydiğini bir daha giyemeyebilir.

Bebeğinizin temel giysilerini şu şekilde tamamlayabilirsiniz:

- 2 tane hastane çıkışı (bunların içinde zıbın, tulum, patik, önlük, şapka gibi giysiler vardır). İlk haftalar en rahat kullanacağınız takımlar bunlar olacaktır.

- 5-6 adet tulum. Eldivensiz tulum almaya dikkat edin. Bebeğinizin ellerini tanıması ve oynaması için ellerin açıkta kalması gerekir. Patikli tulum ilk zamanlar iyi olabilir fakat daha kısa ömürlü olurlar. Yakası ve kol ağzı kolayca açılabilen, bacak arasına kadar çıt çıtlı olan tulumları tercih edin.

- 7 tane fanila/ badi; küçük bebeğiniz için 1-1,5 yaşına kadar badi uygun bir iç giyimdir. Yakası açık ve bez değiştirmek için ağı çıt çıtlı olduğundan işinizi kolaylaştırır.

- 1 adet hırka; yün olmalı fakat tüylü yünden kaçının.

- 2 adet yelek; yün olmalı.

- 3 çift çorap; lastikleri sıkı olmamalı.

- 2 adet gecelik; gece uyumak için tercih edeceğiniz bir kıyafet, altı bağcıklı uyku tulumları, altını değiştirmeniz gerektiğinde beze kolayca ulaşmanızı sağlar. Biraz büyüdüğünde kolları ve bacakları olan bir uyku tulumu seçmeniz gerekir.

- Önlük; bebeğiniz diş çıkartma esnasında çok fazla salya akıttığı için sürekli kullanacağından, muşamba değil penye önlük tercih edilmelidir. Katı besinlere geçince muşamba önlük gerekir.
- Üzerinize kusmaması için omzunuza sereceğiniz kusmuk bezleri.
- Patikler
- Güneş başlığı ya da yün başlık
- Torba eldivenler
- Sokak giysileri

## BEBEĞİNİZİ SOYMAK YA DA GİYDİRMEK

Bebeklerin çoğu soyunmak ve giyinmekten hoşlanmazlar. Özellikle soyunduklarında ciltlerine değen soğuk havadan rahatsız olurlar. Bu nedenle onu soyarken okşayıp öpmeyi ihmal etmeyin. Kol ve bacaklarını amaçsızca hareket ettirdikleri için onları soymak, giydirmek oldukça zor bir iştir. Üstelik hassas olan bebeğinizi incitmemeniz gerekir. Bunun için bebeğinizin giysilerini önceden hazırlayın. Çıkartacağınız giysilerin çıtçıtlarını da açın ve düz bir yere yatırın.

### Soyarken

1) Bebeğinizin ayak bileğini tulumun içinden tutarak çıkartın.

2) Badisinin çıt çıtlarını da açıp giysilerini yukarıya doğru sıyırın.

3) Önce tulumun kollarını çıkartın. Bu işlemi yaparken bebeğinizin kolunu tulumun içinden tutup, kol ağzından çekerek tulumu çıkartın.

4)Badisini de aynı şekilde kollarını kurtarıp yakasını genişleterek kafasından çıkartın.

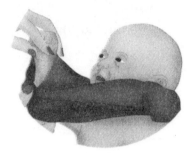

## Giydirirken

1)Badisinin yakasını genişleterek kafasından geçirin. Bebeğinizin kolunu tutarak badinin kollarından geçirin. Göbek hizasına indirip arkasını düzelttikten sonra çıtçıtlayın.

2)Tulumu düz bir yere serin. Tulumun çıtçıtları açık ve önü size dönük olmalıdır. Bebeğinizi bu tulumun üzerine yatırın.

3)Tulum patikliyse önce bir ayağının patiğini giydirin ve tulumun bacağını yukarıya çekin. Sonra diğer ayağını da aynı şekilde giydirin.

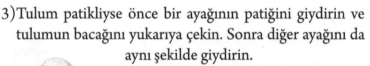

4)Tulumun kol ağzını elinizin üzerinde toplayarak, bebeğinizin elini tutun ve kolunu geçirin. Diğer kolunu da aynı şekilde giydirin. Tulumun kolları uzunsa uçlarını kıvırın.

5)Son olarak tulumun çıtçıtlarını aşağıdan yukarıya doğru ilikleyin.

# BEBEĞİM ÜŞÜYOR MU?

İlk birkaç hafta bebeğiniz kendi vücut ısısını ayarlayamaz. Sizin buna karar vermeniz gerekir. Bunun için onun vücudunu kontrol etmeniz yeterlidir. Dizleri, ensesi ve kolları sıcaksa yeterince giydirilmiş demektir. Yanakları kızarmış ve ensesi terlemişse çok fazla giydirmişsinizdir. Her zamankinden daha solgun ya da uyuşuksa veya dokunduğunuzda bacakları ve ensesi soğuksa bir kat daha giysi giydirmeniz gerekir. Bebeğiniz sizden bir kat daha fazla giysiye gereksinim duyar. Çünkü hareket etmediği için üşüyebilir. Oda ısısı 18-22 derece arasında olmalıdır. Çok sıcak veya çok soğuktan kaçınmalısınız. Sentetik giysiler bebeğinizi sıcak günlerde sıcak, soğuk günlerde soğuk tuttuklarından dolayı bunlardan da kaçınmalısınız. En iyisi mevsimine göre pamuklu veya yünlü giysileri tercih edin. Bebeğinizin ellerinin veya yüzünün soğuk olması vücut ısısını göstermez. Soğuk bir rüzgârdan yüzü üşümüş, fakat vücudu sıcak olabilir.

## İSİLİK

*Aşırı terleme sonucu ortaya çıkan, değişik boyutlarda, küçük, kırmızı lezyonlardır. Bebeklerde ter bezleri iyice oturmamış, vücut ısısı gerektiği gibi ayarlanamamış olduğundan, isilik sık görülür. Sıcaktan meydana gelen isilikler direkt güneş ışınlarından değil, ısınan vücudun bıraktığı teren kaynaklanır.*

*İsilikten korumak için çok sıkı giydirmemeli, çok sıcak yerde tutmamalı, oda ısısını ve giyinmeyi iyi ayarlayıp yeterli sıklıkta bebeğinizi yıkamalısınız. Yünlü ve el dokusu sert kumaşların çocuğunuzun teniyle direkt temas halinde olmamasına dikkat etmelisiniz.*

### İsilik olduktan sonra

*Bebeğinizi soyun ve ılık bir banyo yaptırın. Hafifçe kurulayın. Vücudundaki nem buharlaşırken, bebeğiniz serinler.*

*Bebeğiniz serinledikten sonra 12 saat içinde isilik geçmezse o zaman doktora başvurabilirsiniz.*

## AÇIK HAVA GEREKSİNİMİ

Bebeğinizi doğduğu günden itibaren, yağmur yağmadığı, ısının sıfırın altına düşmediği ve soğuk bir rüzgâr esmediği günler dışarıya çıkartabilirsiniz. Çoğu anne, özellikle kışın çocuklarını hiç dışarıya çıkartmak istemezler. Oysa fazla ısıtılmış odalarda kapalı kalan bebekler, iştahsız ve keyifsiz olurlar. Üstelik odanın ısıtılması havayı kuruttuğu için, kuru havayı soluduklarından dolayı burunları tıkalı olur. Vücut, hava değişikliğine hazır olmadığı için de en ufak bir soğukta üşütüp hasta olurlar. Bunun için yaz veya kış bebeğinizi her gün 2-3 saat açık havaya çıkartmanız gerekir. Açık ve temiz hava, vücudun çeşitli sistemlerinin çalışmasını takviye eder ve vücudun kendisini sıcak ve soğuğa göre ayarlamasına yardımcı olur.

Evinizde bahçe veya balkon varsa, bebeğinizin burada oynamasına izin verin. Fakat yine de bebeğinize sokak gezintisi yaptırmanız gerekir. Dışarıda size normal gelen her türlü yaşantı, bebeğiniz için oldukça ilginçtir. Üstelik küçük bebekler de, büyük çocuklar da sokak gezintilerine bayılırlar.

Büyük şehirlerde bir apartman dairesinde yaşıyorsanız, bebeğinizi her gün en az 2 saat sokağa çıkartmalısınız (kışın soğukta 1 saat, en az yarım saat sokakta bulunmalısınız). Sokağa çıkma vakitlerini kış ve yaz mevsimine göre ayarlayın. Kışın öğlen uykusundan önce (12:00 gibi) sokağa çıkmanız gerekir. Günler çok kısa olduğu için öğlen uykusundan sonra hava kararmış olabilir. Yazın sabah 12:00' ye kadar, öğleden sonra ise 15:00' ten sonra sokağa İ çıkarmalısınız. Öğlen sıcağında bebeğinizi gezdirmeniz iyi olmaz.

Bebeğinize güneş banyosu yaptırırken de öğlen kızgın güneşten kaçının. İlk gün 3-4 dakika olmak üzere yavaş yavaş güneşe alıştırın. Güneş ışınlarının, bebeğinize verdiğiniz D vitamini ilacından çok daha faydalı olduğunu unutmayın. Bebeğinizin sağlıklı büyümesi için ona bol bol açık hava ve yeterli derecede güneş banyosu yaptırmayı ihmal etmeyin. Sık sık dışarıya çıkan çocuklar, hastalıklara karşı çok daha fazla dayanıklı oluyorlar. Üstelik, biraz daha büyüdüklerinde, sokakta veya çocuk parkında karşılaştığı çocuklarla iletişime geçerek sosyalleşmeyi ve paylaşmayı öğreniyorlar.

## BEBEĞİNİZİ YATIRMAK VE KALDIRMAK

Daha önceden küçük bir bebekle bir arada bulunmadıysanız, bebeğinizi yatırıp kaldırmak da size zor gelebilir. Ama unutmayın ki, bebeklerin çoğu sizin düşündüğünüzden daha dayanıklıdırlar. Genelde anneler bebeği tutma işlemine çok çabuk alışırlar. Babalara gelince, 6 aylık olana kadar çocuğunu kucağına alamayan babalar vardır. Oysa bebeğinizin beslenmeye, uykuya ihtiyacı olduğu kadar, kucağa alınmaya, yakınlığa ve sevgiye de ihtiyacı vardır. Anne ve babanın yeri, bebeğin yanında ayrı ayrıdır. Bebeğini ilk günden itibaren kucağına alamayan bir baba, büyüdükçe onunla iletişim kurmakta güçlük çekecektir. Tecrübesiz olabilirsiniz, fakat bir anne veya baba, canından çok sevdiği bebeğini ne kadar incitebilir ki? Önemli olan sevgiyle ve kendinizden emin bir şekilde bebeğinize yaklaşmanızdır. Bebeğinize kuşkulu yaklaşırsanız, o da huzursuz olacaktır. Tabi ki, yeni doğmuş bebeğinizi omzunuza çıkartıp havalarda hoplatamazsınız. Bunları 5-6 aylık olduktan sonra yapabilirsiniz. Üstelik birkaç aylık olana kadar kaslarını ve başını kontrol edemediği için, kucağınıza alırken başını ve belini desteklemeyi ihmal etmemeniz gerekir.

Bebeğinizi kucaklarken endişelenmenize gerek yok. Sadece biraz dikkatli olmaya, onu sarsıp korkutmamaya çalışın, o kadar. Unutmayın ki, hiçbir şeye gücü yetmeyen yavrunuz, size tümüyle bağımlıdır. Siz kucağınıza almazsanız, ağlamaktan başka yapabileceği hiçbir şey yoktur.

 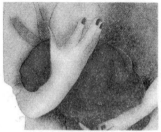

## Sırt Üstü Yatan Bebeğinizi Kaldırırken

1. Sırt üstü yatan bebeğinizi kaldırırken, bir elinizi belinin altına kaydırın, diğer elinizle de başını destekleyin.

2. Gövdesini destekleyecek ve başı arkaya düşmeyecek bir şekilde kendinize doğru yaklaştırın.

3. Boynunun altındaki elinizi sırtına doğru kaydırarak kolunuza yaslayabilirsiniz.

4. Bebeğinizi kucağınıza alırken, onunla konuşun. Sesinizi tanır ve rahatlar. Daha sonraları kucağınıza aldığınızda onunla çeşitli oyunlar oynayabilirsiniz.

## Bebeğinizi Yatırırken

1. Bir eliniz başının altında, diğer eliniz poposunun altında olduğu halde yavaşça bebeğinizi düz bir yere bırakın.

2. Önce poposu yere değsin, daha sonra başını yavaşça bırakarak elinizi çekebilirsiniz.

## BEBEĞİNİZİN UYKUSU

Yeni doğan bebekler, yemek yeme ve altlarının temizlenmesi dışında, kalan süreyi uyku ile geçirirler. İlk iki ay süresince 16-18 saatlerini uyku ile geçiren bebekler; ikinci aydan sonra daha fazla uyanık kalırlar. Bebekten bebeğe değişen uyku saatleri sizin bebeğinizde de farklı olacaktır. Daha fazla veya daha az uyuyan bir bebeğiniz olabilir. Bütün bebekler ihtiyaçları kadar uyurlar. Fakat onların uyku saatleri sizin uyku saatinize uymayabilir. Bunun için ilk zamanlar uzun süre uykusuzluk çekebilirsiniz.

Çok fazla uyuyan değil de, genelde çok az uyuyan bebeklerden şikayetçi olunur Gündüz akşama kadar uyuyup, gece sabaha kadar uyanık kalan bebekler de anne baba için sıkıntı yaratır. İlk zamanlar, bebeğinizin uykusu için yapacağınız çok fazla bir şey yoktur. Eğer çocuğunuzu emziriyorsanız, 2-3 saatte bir acıkacağı için uyanacaktır. Bebeklerin mideleri küçük olduğundan çok çabuk acıkırlar. Özellikle anne sütü ile beslenen bebekler 2-3 saatte bir acıkırlar. Bu durum gece için de aynıdır. 6 aylıktan sonra, daha fazla karınlarını doyurup, daha uzun süre tok kalabilirler. Bebeğinizin uykusunu şunlar da etkileyebilir:

- Bebekler hareketsiz olduklarından sindirim sistemleri iyi çalışmaz. Bunun için yediklerinden oluşan gazları kolay çıkartamazlar. Özellikle akşam saatlerinde artan gaz sancısı bebeğinizin uykuya dalmasını geciktirir. Bebeğinizin gaz sancısı olduğundan şüpheleniyorsanız, onu kucağınıza alın, sırtını sıvazlayarak gazını çıkarmaya çalışın. Gazını çıkarmadan bebeğiniz rahat bir uykuya dalamayacaktır. (Bkz. gaz sancıları)

- Bebeğiniz, altı ıslakken rahatça uyuyabilir. Bunun için gece sık sık uyanıp altını değiştirmeniz gerekmez. Fakat ilk aylar bebeğiniz gece de sık sık emdiği için altını kirletebilir. Eğer altını kirletmişse, sessiz ve loş bir ortamda altını değiştirin ve tekrar uyuması için yatağına bırakın.

- Bebeğinizin uyanmasına sebep üşümek ya da terlemek olabilir. Bebeğinizin yattığı odanın ısısını 18-20 derece arasında tutun (ilk aylar daha fazla ısıya ihtiyacı vardır). Üzerini çok fazla giydirmeyin. Ellerini ve ayaklarını kontrol edin, eğer soğuksa bir battaniye daha ilave edin. Eğer ensesi çok sıcak ve terlemişse üzerindeki giysileri veya örtüsünü hafifletin. Büyüdükçe üzerinde battaniye tutmayabilir. İnce gelen pijamalarıyla da üşür. Çocuğunuza uygun bir uyku tulumu seçin. Kolları ve bacakları olan uyku tulumuyla hem rahat hareket eder, hem de üşümemiş olur.

• Odası çok aydınlık veya karanlık olabilir. Bunun için odasında kısık bir gece lambası yakabilirsiniz. Sabah güneşiyle erkenden uyanmasını istemiyorsanız, kalın bir perdeyle pencereden gelecek olan ışığı izole edebilirsiniz.

• Bir sağlık sorunu olup olmadığını kontrol edin. Eğer bebeğiniz bir enfeksiyon geçiriyorsa uyumakta zorluk çekecektir. Bebeğinizi rahatlatmadan uykuya dalmasını bekleyemezsiniz.

• Yeni doğan bebeğiniz gece ile gündüzü ayırt edemez. Bu ayrımı yapmasında ilk günden itibaren sizin yardımcı olmanız gerekir. Gündüzleri bebeğinizi yatağından başka bir yerde uyutun (bebek arabasında veya bir koltuğun üzerinde). Gece, sürekli yatacağı yatağında uyusun. Gündüz aydınlık bir yerde uyumasına dikkat edin. Evi sessizleştirmek için parmak uçlarınızda yürümeye, rutin işlerinizi aksatmaya gerek yok. Bebekler genellikle sesten rahatsız olmazlar. Sessiz bir ortam hazırlayarak bebeğinizi sürekli sessizlikte uyutmaya alıştırırsanız, biraz daha büyüdüğünde en ufak tıkırtıdan uykusu bölünebilir.

• Gece uykusu için bebeğinize özel bir hazırlık yapın. Ilık bir banyodan sonra pijamalarını giydirebilirsiniz. Yeni doğan bebekler kaslarını kontrol edemedikleri için, kol ve ayaklarını hareket ettirirler. Özellikle kollarının hareketi bebeğinizi korkutarak uyandırabilir. Bunun için bebeğinizi gece uykusuna yatırırken yumuşak bir battaniye ile sarmalayabilirsiniz. Kendini ana rahmindeki sıcaklık gibi bir ortamda hissedeceğinden hem daha çabuk uyuyacak, hem de kolları ile kendi kendini uyandırmayacaktır.

Oğlum, doğumdan sonra hastaneden çıktığımız 2 gece sabaha kadar bizi uyutmamıştı. O kadar yorgun ve bitkindim ki, 3. gece halası "bu gece bebek benimle yatsın, sen dinlen biraz" dediğinde hiç itiraz etmedim. Hiç olmazsa 2-3 saat uyuyup, emme saati geldiğinde uyanır emziririm diye düşünmüştüm. Yatağa bir girdim, uyandığımda saat 5 olmuştu. Telaşla halası ile oğlumun uyuduğu odaya girdim. Kesin bir şey oldu diye korkmuştum. Bir baktım ki ikisi de mışıl mışıl uyuyorlar. Dayanamadım görümcemi uyandırdım. Her şeyin yolunda gidip gitmediğini sordum. Meğer halası oğlumu bir güzel battaniyeye sarmış. Oğlum da mışıl mışıl uykuya dalmış. O günden sonra ben de oğlumu geceleri uyuturken bir battaniyeye sarmaya başladım. Gerçekten etkili olduğunu söyleyebilirim.

- Bazı bebekler battaniyeye sıkı sıkı sarılmak istemezler. Kollarını çıkartıp o şekilde sarmalamanız da çocuğunuza güven verecektir. Kolları üşür diye de korkmanıza gerek yok.

- Bebeğiniz gece acıktığı veya altını kirlettiği için uyanır ve ağlarsa, onu emzirirken veya altını temizlerken ışığı yakmadan, sessiz bir şekilde ihtiyaçlarını giderin. Geceleri oyun vakti değil uyuma vakti olduğunu anlasın. Eğer odasında sürekli bir gece lambası bulunduruyorsanız, ışık yakmanıza gerek kalmayacaktır.

Bebekler acıktıklarını hissederler ve bunu bir şekilde iletirler. Fakat uyku ihtiyaçlarının farkına varamazlar. Anne ve baba olarak bebeğinizin uykusunu düzenlemek size düşecektir. Küçük bebekler belli bir uyku düzenine giremezler. Bunun için bebeğinizi uzun süre ağlatmayın. Bazı bebekler 6. aydan sonra, bazı bebekler ise 1 yaşından sonra bir düzen içinde uyuyabilirler. Siz bebeğinizi belli saatlerde uykuya yatırmaya çalışın, fakat bu konuda esnek olun. Size bebeğinizi hangi saatlerde ne kadar uyutmanız gerektiği ile ilgili bir bilgi vermeyeceğim.

Her ailenin uyku düzeni farklıdır. Sabah geç kalkmasını istiyor olabilirsiniz. O zaman akşam geç yatırırsınız. Sizin bebeğiniz uykuyu çok fazla sevmiyor da olabilir. Diğer bebeklerden daha az uyuması sizi endişelendirmesin. Önemli olan bebeğinizin uykusunun ona yeterli gelip gelmediğidir. Bunu huysuzluk yapıp yapmadığından anlayabilirsiniz.

---

**Uyku Pozisyonları**

*Bebeğiniz 3-4 aylık olana kadar, belli bir şekilde yatağa yerleştirilmesi gerekir. Eğer gaz sancısından dolayı rahat uyuyamayan bir bebeğiniz varsa, gündüzleri yüzükoyun yatırabilirsiniz. Fakat sık sık nefesini kontrol etmeyi ihmal etmeyin. Bunun dışında en güvenli yatış pozisyonu sırt üstüdür. Bebeğinizin arkasını bir battaniye ile destekleyip sağ veya sol yanına da yatırabilirsiniz. Kafatası çok yumuşak olduğundan, başı yatırılış şeklinden dolayı biçim değiştirecektir. Bunun için bebeğinizi her yatırdığınızda farklı bir yöne doğru yatırın. 3-4 aylık olduktan sonra siz ne yöne yatırırsanız yatırın, o kendi rahat edeceği yöne dönecektir.*

---

## BEBEĞİNİZİN UYKU DÜZENİ

6. aydan sonra bebeğinizin 15-17 saat uykuya ihtiyacı vardır. Bu aydan sonra bebeğiniz için bir uyku düzeni seçebilirsiniz. Belli bir düzen içinde olmak bebeklerin hoşuna gider. Bebeğinizi her gün aynı saatte uyutursanız, uykuya dalması kolaylaşacaktır. Fakat bebeğiniz sevgi ve ilginin olduğu eğlenceli ortamdan ayrılarak başka bir odaya uyumak için gitmek istemeyebilir. Bunun için uyku saatlerini eğlenceli bir hale getirmeye çalışın.

1. Bebeğinizi akşamları yeterince görüp, onunla oynadıktan sonra belli bir yatma vakti seçin. Bu yatma saati gelmeden önce bebeğinizle hareketli oyunlar oynamayın. Ilık bir duş hem bebeğinizi rahatlatır hem de uykuya dalmasını kolaylaştırır.

2. Bebeğinizi uyutmadan önce karnını ağır şeylerle doyurmayın. Ilık bir süt veya ılık bir çorba uykuya dalmasını kolaylaştırır.

3. Anne, gün boyunca bebeğiyle birlikteyse, yatma işlemleriyle babanın ilgilenmesi, bebekle babanın daha fazla şey paylaşmasını sağlar. Bebeğinizi yatağa götürün. En çok sevdiği oyuncak ayısını veya bebeğini yanına verin.

4. Bebeğinize en çok sevdiği masal veya hikaye kitabını okuyun. On veya on beş dakikayı bebeğiniz için eğlenceli hale getirin. Fakat okuduğunuz hikayeler, çocuğu heyecanlandıracak ve korkutacak türden olmamalıdır.

5. Koynuna en çok sevdiği oyuncak ayısını veya bebeğini koyduktan sonra iyi geceler öpücüğü verin. Yanından hemen ayrılmayıp bir süre odasında oyalanırsanız, birden kendini yalnız hissetmez. Gece lambasını yakıp yavaş yavaş odasından çıkın.

## BEBEK NEREDE UYUMALI?

Her aile bebeğinin uyku yerini kendi imkanlarına göre hazırlar. İlk aylar küçük bir sepette bebeğiniz rahat bir şekilde uyur. Daha sonra 3 yaşına kadar kullanabileceği, parmaklıklı ve sağlam bir karyola seçmelisiniz. İlk aylar bebeğinizin sizinle aynı odada kalması, gece ağladığında ona kolaylıkla ulaşıp karnını doyurabilmeniz açısından tercih edilebilir. Özellikle yeni anneler, bebekleri ağladığında duyamayacaklarından korkarlar. Daha sonraları ise her halükarda bebeklerinin seslerini duyduklarından emin olurlar.

Bebeğinizin yatağını başka bir odaya geçirmek için fazla geç kalmayın. 6 aylıktan 1 yaşına kadar bu işlemi yapmanız gerekir. Çocuğunuz büyüdükçe sizden ayrılmak istemeyecektir. Bebeğinizin ayrı bir odada yatması hem sizin uykunuzun rahat olması açısından, hem de bebeğiniz açısından önemlidir.

*Bebeğinizin sabah erken kalkıp sizi rahatsız etmesini istemiyorsanız, sabah uyandığında oynaması için yatağının kenarına oyuncak bırakın. Bir müddet bunlarla oyalanıp, karnı acıktığında ağlayıp sizi uyandıracaktır.*

Bebeğiniz ilk zamanlar uykusunda çeşitli sesler çıkartır. Siz her ses çıkarttığında ağlıyor sanarak kucağınıza alırsanız, bebeğinizin ve kendinizin uykusunu bölmüş olursunuz. Fakat ayrı odalarda yatarsanız, bebeğiniz tam olarak ağlamadıkça, uyku arasında çıkardığı sesleri duymaz ve rahatsız olmazsınız. Yapılan araştırmalar sonucu anne-baba ile aynı yatak ya da odada yatan bebeklerde, ayrı odada yatanlara kıyasla daha fazla uyku sorunu gözlendiği görülmüştür. Hepimiz gece uyanabiliriz, fakat tekrar uykuya dalarız. Bebekler de uyanırlar, eğer kucağınıza almazsanız kendi başlarına uykuya dalabilirler. Fakat en ufak kıpırtısında kucağınıza alıp beslemeye çalışırsanız, her uyandığında kucağa alınıp, aynı şekilde uykuya dalmak isteyeceklerdir.

## UYKU İLE İLGİLİ SORUNLAR

Bebeğinize uyku alışkanlığını 6. aydan sonra her gün aynı saatlerde yatırarak kazandırırsanız, çok fazla uyku problemi çekmezsiniz. Fakat yine de dikkat etmeniz gereken bazı noktalar olabilir.

Yeni doğan bebeğiniz uykuya dalmak için çok fazla zorluk çekmez. Çoğu kez, emerken uyuduğunu göreceksiniz. Emerken uyumadığı zamanlar, belki hafif hafif sallanmak uykuya dalmasını kolaylaştıracaktır. Çünkü ana rahmindeyken, anneler hareket halinde olduklarında bebekler sallandıkları için uyurlar. Siz yine de bu sallanmaları alışkanlık haline getirmeyin. Uyutmak için sürekli ayağınızda salladığınız bebeğiniz, bu işlemi alışkanlık haline getirerek 2-3 yaşında bile sallanmak isteyebilir.

Bebekler ana rahmindeyken, annelerinin kalp seslerini duyarak uyurlar. Bu şekildeki rutin sesler yeni doğan bebeğinize uykuyu hatırlatabilir. Saatin tik takları, bir oyuncağının müzik sesi bebeğinizi rahatlatacaktır.

Bir şey emmek de bebeğinizi rahatlatır ve uykuya gitmesini sağlar. Eğer bebeğinize tek başına uyuma alışkanlığı kazandırmak istiyorsanız, yalancı emzik işinizi kolaylaştırabilir. Önemli olan bebeğinize uykuyu hatırlatıcı bir şeylerin olmasıdır. Bu yöntemlerden en kolay ve en zararsız olanı seçin. Veya kendinizin icat ettiği bir yöntemi de tercih edebilirsiniz.

Bebeğiniz büyüdükçe uyku problemleri artar. Tek başına uyumak istemez. Belki de diş çıkarttığından dolayı sancısı olur ve uyuyamaz. Bazı bebekler köpek dişlerini çıkarttıkları 18 aylıktan sonra belli bir uyku düzeni edinirler.

Bebeğiniz aşırı yorgun olduğunda da uykuya gitmekte zorluk çekecektir. Biraz daha yorulsun da uyusun diyerek çocuğunuzun uyku saatini geciktirmeniz, onun zor uykuya dalmasına sebep olur. Küçük çocuklar, büyükler gibi yorulduklarında daha güzel uyuyamazlar. Aksine fazla yorgun ve uykusuz olduklarında daha çok uyku problemi çekerler ve rahat uyuyamazlar. Bunun için çocuğunuzun gündüz uykusunu ihmal etmeyin. Okul çağına kadar çocuğunuzun gündüz uykusuna ihtiyacı vardır. Bazı çocuklar okul öncesi çağda gündüz uyumak istemezler. Hiç olmazsa dinlenmeleri için bir müddet yatağa gönderin.

Bebeğinizi uyuttuktan sonra habersiz gezmeye gitmeyin. Uyandığında sizi göremezse terk edilme korkusu yaşar ve uyku problemleri çıkartabilir. 2 yaşından önce bir gece dahi başka bir yerde kalması için bırakmanız, yine uyku problemlerine yol açabilir.

Çocuğunuz yürümeye başladıktan sonra korkuyu öğrenir. Bazı şeylerden korktuğundan dolayı da uyku problemi çekebilir. Bütün bunları göz önünde bulundurarak bebeğinizin uykuya gitmesini kolaylaştırın. Uyku saatlerinde ona daha fazla ilgi ve sevgi gösterin. Korkuyorsa sebebini araştırın. Rahatsızlığı varsa giderin. Eğer hiçbir şeyi yoksa ve hâlâ uyumak istemiyorsa aşağıdaki yöntemler işinizi kolaylaştırmaya yardım edecektir:

1. *Her akşam aynı saatte uyku seramonisini gerçekleştirin (banyo yaptırmak, pijama giydirmek, süt içirmek, kitap okumak vs). İyi geceler öpücüğü verdikten sonra yanından ayrılın.*

2. *Eğer peşinizden ağlarsa dönüp tekrar öpücük verin ve uyuması gerektiğini, sabah uyanınca birlikte olacağınızı hatırlatın. Kucağına çok sevdiği oyuncağını bırakıp yanından ayrılın.*

3. *Ağlaması devam ediyorsa, odasına girmeden seslenerek onu rahatlatmaya çalışın, beş dakika sonra yanına giderek sırtını sıvazlayın, üzerini örtüp yanından ayrılın.*

4. *Sizin bebeğiniz çok ağlıyor ve kendi kendine uyumak istemiyor olabilir. O zaman birkaç gün yanında kalarak, fakat kucağınıza almadan yatağında pişpişleyerek uyutun. Yatağında uyumaya alıştı mı, sizsiz uyumaya da alışacaktır.*

5. *Yalnız yatmak için bıraktığınızda ağlıyorsa beşer dakika ara ile yanına gidip kısa bir süre yanında kalın. Yarım saat sonra araları açın. Fakat 15 dakika ağlarken bebeğinizi yalnız bırakmayın.*

6. *Kararlı bir şekilde bu işlemleri yaparsanız, sonunda bebeğiniz kucağa alınmadığını ve yatağında uyuması gerektiğini öğrenecektir. Bu işlemleri 9 aylık veya 1 yaşından sonra yapın. Daha küçük bebeğinize uyku düzeni edindirmek için ağlatmayın.*

> **AYRI ODA**
>
> *Çocuğunuzu 7 aylıktan 1 yaşına kadar olan sürede ayrı bir odada yatmaya alıştırın. Çocuklar biraz daha büyüdükçe bilinçli olarak anne ve babalarının bulundukları odada ve onlarla aynı yatakta yatmak isterler. Buna kesinlikle izin vermeyin. Eğer gece sizin yanınıza gelirse, onu kucağınıza alıp sessizce yatağına götürün. Bazı akşam izin verip, bazı akşam izin vermeyerek çifte standart uygulamayın. Çocuk ile aynı yatak ve odada yatmak sadece uyku sorunu oluşturması açısından değil, cinsel merak uyandırma ve anne-babanın ilişkisine şahit olabilme riski açısından da sakıncalıdır.*

## EMZİK KULLANIMI

Bebeğinizi anne sütü ile beslemek istiyorsanız, süt üretimi tam olarak başlamadan ve bebeğiniz emme işlemini tam olarak yerine getirmeden yalancı memeyi vermeyin. Yalancı memeye göre emmesinin zor olduğunu fark eden çocuk annesinin memesini emmeyi reddedebilir. Kilo almayan veya az emen bebeklerde de yalancı memeyi kullanmayın. Çünkü emzik, emme güdüsünü tatmin ettiği için annesinin memesine ilgisi kaybolacaktır.

Bebeğiniz yalancı memeyi emmek zorunda değil. Buna alışmayabilir de. Fakat emme güdüsünü tatmin etmek için kullanmak faydalı da olabilir. Özellikle parmağını emmeye başlayan çocuğunuzu yalancı memeye alıştırırsanız, yalancı memeyi bıraktırmak, parmak emmeyi bıraktırmaktan daha kolay olacaktır. Emme güdülerinin en fazla olduğu 3-4 aylıkken yalancı memeyi çok emebilirler. Daha sonraları süresini azaltırsınız. Diş çıkartmaya başladığı zaman bıraktırırsanız iyi olur. Bırakmak istemiyorsa zorlamayın. Yalancı meme, dişlere parmak emmekten daha az zarar verir. Üstelik süt dişlerin yamuk çıkması, kalıcı dişlerin de yamuk çıkacağı anlamına gelmez. Buna rağmen süt dişlerine herhangi bir zararı olmasını istemiyorsanız, bebeğin çene yapısına uygun ortodantik olan bir emzik tercih edin. Damaklı olan bu emziklerden bebeğin ayına uygun olanı seçin. Büyük emzik kullanmayın. Emziklerin temizliğine dikkat edin. Kolayca yere düşebildiği için, mikrop taşıma olasılıkları çok yüksektir.

Çocuğunuz yalancı memeye alışmış ve bırakmak istemiyorsa, bunu çok fazla problem etmeyin. 1 veya 2 yaşına kadar emzik emen çocuklar vardır. Fakat bu yaşlardan sonra bıraktırmak daha zor olur. Hiçbir zaman zorla emziğini elinden almayın, onunla alay etmeyin. Bıraktırmak istiyorsanız, bu işi kademeli olarak yapın. İlk önceleri gündüz emmesine izin vermeyin. Daha sonra bir hikaye uydurarak çocuğunuzun da kabul ettiği bir şekilde emziği kaybedin. Yedek bir emzik bulundurmayı ihmal etmeyin. Belki sizin çocuğunuz o kadar da çabuk kabullenmeyecektir.

Emziğin üzerine kesikler atarak çocuğunuza verirseniz, bunu emmekten tiksinebilir. Başka isterse onu da aynı şekilde kesin. Fakat yine de sağlam bir tane emzik saklamayı ihmal etmeyin.

Emziğin çocuğunuzun diş yapısını bozduğundan şüphe ediyorsanız, bir doktora danışın. Veya emzik ağzında olduğu için düzgün konuşamıyorsa bir an önce bıraktırmaya çalışın. Asla zor kullanmamanız gerektiğini unutmayın.

# BEBEĞİNİZİN BESLENMESİ

## YENİ DOĞANIN BESLENMESİ

### Anne Sütünden Vazgeçmeyin!

Yeni doğan bebek için en ideal besin, anne sütüdür. Bilinen faydalarının yanı sıra, tıbbın ulaşamadığı bilinmeyen sayısız faydalarıyla anne sütünün üstünlüğü, tartışmasız bir gerçektir. Anne sütü ile sadece karın doymaz; fiziksel, zihinsel ve duygusal gelişim de sağlanır. Bebeğinizin ihtiyacı olan besinleri dengeli bir şekilde almasını sağlar.

Doğal bir beslenme yolu olan anne sütünün kalitesine, hiçbir mama firması ulaşamamıştır. Ulaşması da mümkün değildir. Her annenin bebeği için gerekli olan süt üretiminin farklı olması, bebeğin ayına ve gelişim özelliklerine göre farklı besin değerlerine sahip olması anne sütünün şaşılacak özellikleri arasındadır. Üstelik her zaman taze, temiz, mikropsuz bir şekilde zahmetsiz olarak hazır olur. Ekonominizi de etkilemez. Hastalıklara karşı koruyucu maddeler içerir. Anne sütü ile beslenen bebeklerin, yaşamın ilk aylarında hastalanma olasılıkları düşüktür.

Yeni doğan bebekler, sindirim sistemleri yeterli olarak çalışamadığından dolayı, aldıkları besinleri sindirmekte güçlük çekerler. Oysa anne sütü en kolay sindirilen besindir. Bebek, anne sütü ile iyi beslendiği gibi, ishal, kabızlık gibi sindirim bozukluklarından da korunmuş olur.

Anne ve bebek, emzirme süresi içinde birbirlerine sevgi alışverişinde bulunurlar. Anne için harika bir duygudur bu. Hiç kimsenin veremeyeceği şeyi yavrusuna vermektedir. Üstelik kendinden bir parça ayrılmıştır. Ve o parça emme saatlerinde tekrar kendisiyle bütünleşir. Bebek de bu ayrılışın zorluğunu annesinin memesinde ve şefkatli kollarındayken daha az hisseder. Güven duygusu gelişir. Emziren her anne ilk önceleri biraz zorluk çekse bile daha sonraki aylarda bundan zevk alır.

Anne sütü ile beslenen bebekler, doğuştan gelen emme güdülerini de yeterince tatmin ederler. 4-5 dakika içerisinde karınları doysa bile memeyi bırakmayıp, yarım saat veya 40 dakikaya kadar emerler. Böylelikle bağımlılık yapan emzik veya parmak emme gibi alışkanlıklara saplanmazlar.

## EMZİRMEYE KARAR VERİRKEN

Anne sütünün en ideal besin olduğunu bildikten sonra, bebeklerini ne ile besleyeceklerinin kararını eşler birlikte vermelidirler. Vereceğiniz karara faydalı olması açısından birkaç öneride bulunmak istiyorum.

Her bebeğin anne sütü emmeye hakkı vardır. Teknoloji bu kadar gelişmemiş olsaydı, anneler kırsal kesimde olduğu gibi bebeklerini emzirmek için her türlü yolu deneyeceklerdi.

Anne sütü ile beslenmenin, annenin de beden ve ruh sağlığına faydaları vardır. Gebelikten dolayı genişleyen rahmin normale dönmesine ve kalori yakıldığından dolayı kilo vermeyi kolaylaştırmaya yardımcı olur. Vücutta depolanan yağlar, süt yapımı için kullanıldığından annenin forma girmesi kolaylaşır. Fakat süt veriyorum diye önünüze gelen her şeyi yerseniz, zayıflamak yerine kilo almaya devam edersiniz.

Göğüslerinizin sarkmasından korkuyorsanız, bunun için de endişelenmenize gerek yok. Çünkü göğüslerin sarkması tamamen bünyesel bir olaydır. Hiç bebek emzirmemiş kadınların bile sarkan göğüsleri vardır. Fakat birkaç çocuktan sonra sarkma olasılığını düşünerek şu önlemleri alabilirsiniz:

• Gebelik ve emzirme dönemlerinde lüzumundan fazla kilo almamaya dikkat edin. Aşırı kiloları taşıyamayan göğüsler, bebek emzirmeseler bile sarkarlar.

• Meme verme dönemlerinizde de göğüs kaslarının ve derinin çok fazla gerilmesini önlemek için gece ve gündüz uygun bir sütyen kullanmaya dikkat edin.

Anne sütü ile beslenmenin anneye bir yararı da, meme ve yumurtalık kanserlerine karşı korumasıdır. Bu hastalıkların süt veren kadınlarda daha az görüldüğü kanıtlanmıştır.

Emziren kadınların çok yorgun olduklarını görüp endişelenmiş olabilirsiniz. Fakat şunu unutmayın ki, her yeni doğum yapmış kadın zaten yorgundur. Üstelik yeni doğmuş bir bebeğe bakmak da ruhsal bir gerginlik yaratır ve insanı yorar. Sadece emziren anneler değil, bebeklerini biberonla besleyen anneler de yorgundurlar. Onlar da bebeklerini beslemek için mama hazırlamak, biberonları temiz tutmak gibi işlemlerle yorulurlar. Vücudun öyle bir mekanizması vardır ki, yorulduğunuz ve kalori kaybettiğiniz vakit iştahınız daha çok açılır. Kaybettiğiniz kaloriyi de daha fazla yiyerek alırsınız. Çünkü aldığınız kaloriyi yakmak durumundasınız.

Emzirmek o kadar zor bir şey değildir. Önemli olan annenin buna hazır olmasıdır. Bebeğini başka hiçbir şekilde besleme imkanı olmadığını bilen bir anne, kendini çok daha fazla hazırlar ve emzirmeyi başarıyla gerçekleştirir. Emzirmeye başladıktan sonra kendiniz için olan faydalarını daha iyi gözlemleyebilirsiniz. En basitinden bebeğinizle dışarıya çıkmak çok daha kolay olacak, mama hazırlama derdiniz olmayacaktır.

Tabi, emzirmenin zorlukları da var. Onları da yaşayacaksınız. Fakat hiçbir zorluk bir bebeği anne sütünden mahrum edemez. Ancak bebeğinizi emzirmenizin olanak dışı olduğu durumlar olabilir. Sütün olmayışı veya bir hastalık gibi durumlarda bebeğinizi biberonla beslemek zorunda kalabilirsiniz. Bu konuda yapabileceğiniz bir şey olmadığı için çok fazla üzülmenize de gerek yoktur. Yeter ki, çocuğunuza vereceğiniz şefkati eksik etmeyin. Biberonla beslerken de, bebeğinizi emzirir gibi kucağınızda tutun. Onunla konuşun, ona gülümseyin. Bebeğinizin karnının doymasına ihtiyacı olduğu gibi sevgi ve şefkate de ihtiyacı olduğunu hiçbir zaman unutmayın.

## Emzirmeye Karar Verdiniz.
## Siz Yine de Şu Uyarıları Dikkate Alın...

- İlk birkaç gün anne sütünün gelmesi o kadar kolay olmayabilir. Sütüm yok, çocuğum aç kalacak diye hemen mama biberonuna sarılmayın. İlk günler çocuğunuzun çok fazla besine ihtiyacı olmaz. Sabrederseniz, birkaç gün içerisinde süt oluşumu başlayacaktır. Biberonu verirseniz, biberonla beslenmek bebeğinize kolay gelip anne sütü emmeyi reddedebilir.

- Bebeğinizi her ağladığında emzirin. Sık sık ve arzuyla emzirmek meme bezlerini uyaracağından, süt yapımını artırır.

- Bebeğinizi emzirmeden önce ellerinizi yıkayın, göğsünü-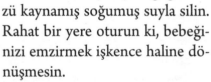zü kaynamış soğumuş suyla silin. Rahat bir yere oturun ki, bebeğinizi emzirmek işkence haline dönüşmesin.

- Bebeğinizi emzirirken dik tutun.

- Yatar durumda emzirirseniz, genzine süt kaçabilir ve fazla gaz yutmasına sebep olabilir.

- Emzirirken sadece meme başını değil, meme başı çevresindeki koyu renkli bölgeyi de bebeğini-

zin ağzına almasını sağ-
layın. Orta parmağınız-
la, işaret parmağınızın
arasına memenizi sıkış-
tırırsanız bunu daha ko-
lay yapar, Üstelik nefes
alması da kolaylaşır.

- Her emzirmeden sonra
bebeğinizi omzunuza
yaslayıp gazını çıkartın.

- Bebeğiniz yeterli kilo
alıyorsa 4-6 aya kadar anne sütüne ilave olarak herhangi bir
ek mama vermeyin.

- İlk birkaç gün annenin göğüslerinden, halk arasında "ağız"
denilen kolostrum salgılanır. Bu sütün şekeri ve yağı daha
az, protein içeriği daha çoktur. Çok kuvvetli bir mikrop öl-
dürücü özelliği vardır. Bebeği hastalıklardan koruyan bu
sütün bir damlasını bile ziyan etmeden bebeğinizi emzirin.

- Doğumdan sonraki ilk yarım saat içinde bebeğinizi emzi-
rin. Bebeğin erken emmeye başlaması, hem anne sütünün
oluşumunu hızlandıracak, hem de anne ile bebek arasında-
ki duygusal ilişkiyi başlatacaktır.

- Anne sütünün % 90'a yakın bölümü sudur. Bunun için be-
beğe su vermek gerekmez. Şekerli su veya su vermek bebeğe
tokluk hissi vereceğinden emmek istemeyebilir.

## SÜT OLUŞUMU

Hamilelik boyunca, bebek doğuma hazırlanırken annenin
hormonlarındaki değişimle, memelerdeki süt bezleri süt salgı-
lamaya hazır hale gelir. Bebek doğduktan sonra sütün oluşması
için emmesi gerekir. İlk 3-4 gün kolostrum denilen açık renkli
bir süt gelir. Dördüncü günden itibaren normal anne sütü olu-

şur. İlk günden itibaren bebeğinizi sık ve arzulu emzirirseniz, süt oluşumu artar. Bebeğiniz emerken diğer beslenme için süt oluşumu da başlar. Bebeğiniz ne kadar fazla memeyi çekip boşaltırsa, o kadar çok süt oluşur. Arz-talep dengesi içerisindedir. İştahlı bebeklerin annelerinin sütleri bol olur.

Bebeğinizi emzirdiğiniz süre içerisinde, özellikle süt üretiminin başladığı ilk günler ve haftalarda, gergin ve stresli olmamaya dikkat edin. Fiziksel ve psikolojik gerginlik durumlarında anne sütünün oluşumu azalır. Üzülme, uykusuz kalma, yorgun olma gibi durumlardan uzak durmaya çalışın. İlk günlerdeki huzurunuzu sağlamak, size en yakın olan eşinize düşecektir. İhtiyaçlarınız karşılanıp, rahat bir ortamda bulunursanız bebeğinizi emzirmek için zorluk çekmezsiniz.

Sütünüzün çoğalması için beslenme rejimine de dikkat etmeniz gerekir. Bol proteinli besinler alın. İçebildiğiniz kadar su ve meyve suyu için. Günde 10-12 su bardağı kadar süt, ayran, komposto, limonata, meyve suyu gibi içecekler almalısınız. Fazla kilolardan şikayetçiyseniz, karbonhidratlı besinlerden uzak durarak da bebeğiniz için gerekli besinleri alabilirsiniz. Özellikle süt, yumurta, meyve ve sebze, et, tavuk, balık gibi yiyecekleri günlük öğünlerinizden eksik etmemeniz gerektiği gibi, her zamanki yediğinizden daha fazla yemeniz gerekir. Zaten emzirdiğiniz için çok çabuk acıkacaksınız. Fazla yeme ihtiyacınızı besin değeri yüksek yiyeceklerle giderin. Bol bol sıvı tüketmeyi ihmal etmeyin. Süt içmeyi sevmiyorsanız, sütlaç, muhallebi, yoğurt şeklinde sütü tüketebilirsiniz.

Emzirme süresince rejim yapmayı düşünmeyin. Süt üretimi için oldukça fazla enerjiye ihtiyacınız olacaktır. Unlu ve yağlı gıdalardan | uzak durarak formunuzu koruyabilirsiniz.

Bol bol dinlenin. Dinlenmek süt üretimini artırır. Emzirmeden 10-15 dakika önce gevşeyip dinlenmenizde fayda var. Çevreden aldığınız önerilere dikkatinizi verin. Hangi besinin daha fazla süt yaptığını tecrübeleri sayesinde yakınlarınızdan işitebilirsiniz. Bu konuda doktorunuzun tavsiyelerine de uyun.

Bebeğiniz çok gazlı bir bebekse, yiyeceklerinize bu yönden de dikkat etmeniz gerekir. Bulgur pilavı, soğan gibi yiyecekler halk arasında sütü çoğalttığı bilinse de bebeğinize çok fazla gaz yapabilir. Ayrıca lahana, nohut, fasulye, mercimek gibi yiyecekler yemeniz de bebeğinize gaz yapabilir.

Bebeğinizi her iki göğsünüzden de emzirin. Önce bir memenizden 10 dakika, daha sonra diğer memenizden 10 dakika verebilirsiniz. Sütün devamlı oluşabilmesi için her iki göğsünüzden de emmesi şarttır.

---

### Hangi Aralıklarla Ne Kadar Süre Emzirmeliyim?

*Bebeğinizi her ağladığında emzirmelisiniz. Ne kadar sık emzirirseniz, sütünüz o kadar çoğalır. Zaten küçük bebekler çabuk yorulup çok az emdikleri için sık sık acıkırlar. Bebeğinizi emzirirken saat tutmanıza gerek yok. Fakat her emzirdiğinizde saate bakarsanız, hangi sıklıkta acıktığını kolayca tespit edebilirsiniz. Acıkma haricindeki ağlamalarını ayırt etmeniz de kolay olur.*

---

Emzirme süresi bebekten bebeğe değişir. Bebekler genelde ilk 2-3 dakika içinde memedeki sütün çoğunu boşaltırlar. Kalan sürede zevk için emerler. Yeni doğan bebekler 5-6 dakika içinde emmeyi bırakırlar. Çünkü çok çabuk yorulurlar. Onun için sık aralarla emzirmek gerekir. Daha sonraki günlerde bebeğinizi 10 dakikadan az, 40 dakikadan fazla olmamak koşuluyla dilediği sürece emzirirsiniz. Meme uçlarınız tahriş olmuşsa, 15-20 dakikadan fazla memede tutmamaya dikkat edin.

## BAŞARILI BİR EMZİRME İÇİN

Emzirmeye karar verdiniz. Sizi tebrik ederiz. Fakat bu konuda çok tecrübesiz olduğunuzu unutmayın. Bebeğinizi göğsünüze tutar tutmaz başarılı bir emzirme gerçekleştireceğinizi de düşünmeyin. İlk günler biraz zorluk çekebilirsiniz. Bebeğiniz de siz de bu işi ilk kez yapıyorsunuz ve öğrenmeniz gereken şeyler var.

**Emzirmeye ne kadar erken başlarsanız, o kadar iyi sonuç verir:** Doğumdan sonra, doğum odasında ilk emzirmenizi gerçekleştirebilirsiniz (eğer sezaryenle doğum yapmışsanız, narkozun etkisi geçtikten sonra deneyin). Siz veya bebeğiniz başarısız olduğunda hemen endişeye kapılmayın. Doğum sonrası ikiniz de yorgun olduğunuz için zorlamanıza gerek yok. Göğsünüze yaslamanız bile emzirmek kadar doyurucu olabilir. Bakım işlemleri bittikten sonra, en kısa sürede tekrar deneyin.

**Yardım alın:** Bu konuda tecrübesiz olduğunuz için yardım almanız gerekir. Yanınızda bulunan tecrübeli bir yakınınız bu konuda size yardım edecektir. Eğer yanınızda tecrübeli bir yakınınız yoksa, ilk emzirmeleriniz için hemşirelerden yardım isteyin. Onlar, memenizin ucunu bebeğinizin ağzına daha pratik bir şekilde yerleştirebilirler.

**Biberonu yasaklayın:** Hastanede veya evde biberon kullanımını yasaklayın. İlk günlerde sütünüz çok az (belki de bir çay kaşığı kadar) olacaktır. Zaten bebeğinizin de o kadar besine ihtiyacı vardır. Bebeğinize şekerli su veya hazır mama verdirmeyin. Tok tutacağından memenizi emmek istemeyebilir. Mümkünse sık sık emzirerek pratik yapın. Böylelikle sütünüz 3-4 gün içinde çoğalacaktır.

**Kendinize zaman tanıyın:** Başarılı bir emzirme, bir gün içerisinde gerçekleşecek diye beklemeyin. Bebeğiniz de siz de yorgunsunuz. İkinizin de dinlenmeye ihtiyacı var. Bebeğiniz de siz de bol bol uyuyun. Daha birçok deneme yapmanız için zamanınız var. Fakat başaramıyorum diye streslenmeyin. Gevşeyin. Başınızdaki kalabalığı dağıtın. Emzirme saatlerinde bebeğinizle yalnız kalmaya özen gösterin. Gergin olmanız sütünüzün gelmesini engelleyebilir. Mümkünse her emzirmeden 15 dakika önce bir yere uzanın. Kitap okuyarak veya başka bir şeyle meşgul olarak gevşemeye çalışın.

## Emzirme Tekniklerinden Rahat Olanı Seçin

**Yatarak emzirme:** İlk günler yatarak emzirmek size daha kolay gelebilir. Sırtınızı yastıklarla destekleyin. Bebeği yanınıza yatırın. Siz de bebeğinize yüzünüzü dönecek şekilde yatın. Bebeğinizi kolunuzun üzerine alın ve ona yakın olan memenize değecek kadar yaklaştırın. Bu emzirme biçimi size daha kolay ve rahat gelebilir. Fakat çok uykunuz varsa geceleri bu tekniği denemeyin. Uyuyup kalırsanız memeniz veya kolunuz, bebeğinizin nefes almasını engelleyebilir.

**Oturarak emzirme:** Önce rahat bir yere oturun. Sırtınızı bir yere yaslayın. Eğer yatakta oturuyorsanız, sırtınızı birkaç yastıkla destekleyin. Bebeğinizi tutarken kolunuzun yorulmaması için, kolunuzun altına yastık koyabilirsiniz. Bebeğinizin yanağını memenizin ucuna değdirerek memenizi almasını sağlayın. Sadece meme ucunu değil göğsünüzün koyu renkli yuvarlağını da almasını sağlayın. Sadece meme ucunu emerse karnı doymaz ve meme ucunuz tahriş olur.

Her emzirişte iki memeden de emmesini sağlayın. İlk günler 5'er dakika, daha sonraki günler 10 veya 15'er dakika olmak üzere süreleri uzatın. Diğer memenizi vermeden önce, omzunuza yaslayıp gazını çıkartın. Emme işlemi bitince tekrar gazını çıkartın. Bebeğiniz ilk günler az emip göğüslerinizdeki sütü boşaltamıyorsa, bir pompa yardımıyla veya elinizle göğsünüzdeki sütü boşaltın. Sütünüz ne kadar boşalırsa o kadar çoğalacaktır.

Bebeğinizi memeden almak istiyorsanız, birdenbire memeden çekmeyin. Canınız yanabilir ve meme ucu tahriş olur. Bir parmağınızı hafifçe ağzına sokarak ağzının içine hava girmesini sağlayın. Memeyi hemen bırakacaktır. Doymadığını düşünüyorsanız diğer memeden devam edin. İki memenizin de eşit uyarılması için, bir sonraki emzirmeye en son emzirdiğiniz memeden değil, diğer memeden başlayın.

Sıcak bir duş almak veya sıcak bir havluyu göğsünüze tutmak şiş göğüslerinizin yumuşamasını sağlayacaktır. Ilık suyla duş almak, sütünüzü de bollaştırır. Sık sık duş alın, fakat göğüslerinize sabun kullanmayın. Sabun göğüslerinizi kurutup tahriş olmasına yol açar.

## SÜT ÇIKARTMAK

Sütünüzü elle çıkartıp saklamak size bazı yararlar sağlayabilir. Sütünüzü sağıp bir şişeye koyarsanız, siz yokken bir başkası bebeğinize biberonla verebilir. Veya çok yorgunsanız, akşamdan sağdığınız sütünüzü, gece bebeğinize babası verebilir. Sağılan süt kapalı temiz bir kapta, buzdolabında 24 saat, derin dondurucuda 1 ay kadar bekletilebilir.

Sağma işlemini pompayla yapmak daha kolay ve çabuktur. Ancak elle de sağabilirsiniz. Ellerinizi yıkayın. Bir memenizi alttan destekleyerek aşağıya doğru hafif hafif masaj yapın. Avuçlarınızla alttan ve yandan memeye bastırarak, parmaklarınızla uca yakın yerden sıkın. Sütün gelmesini kolaylaştırmak için sıcak bir duş aldıktan sonra sağma işlemini yapabilirsiniz. Rahat bir yere oturup bebeğinizi düşünmek de sağarken size kolaylık sağlayacaktır.

## BAZI EMZİRME SORUNLARI

Emzirme işlemi her zaman yolunda gitmeyebilir. Bebekten veya anneden dolayı emzirme güçlüğü çıkabilir. Emzirme güçlüğü olan durumlarda, sorun giderilip ondan sonra emme işlemine devam edilmelidir. Bazı güçlüklerin giderilmesi mümkün değilse doktorunuza danıştıktan sonra biberonla beslenmeye geçebilirsiniz.

### Bebeğe Ait Emzirme Güçlükleri

- Emmeye gücü yetemeyecek kadar küçük doğan bebekler (prematürelik).

- Yarık damak ve yarık dudağı olan bebekler de emmekte güçlük çekerler. Bu gibi durumlarda doktorunuza danışarak dışarıdan destekli bir emme işlemi sürdürebilirsiniz. Örneğin; yarık dudakla meme emmesi için, parmağınızı sütün aktığı yarığı kapatarak emzirme işlemini yapabilirsiniz.

- Bebeğin çok uykulu olması, çok huzursuz ve tok olması emme isteksizliği oluşturur. Çok huzursuz bebekler ağlaya ağlaya yorgun düştüklerinden emmeye güçleri yetmez. Biraz sallayarak uyutmaya çalışın, uyuduktan sonra emzirmeyi deneyin. Çok uyuduğundan dolayı bebeğiniz meme ememiyorsa, hafif kol ve bacak hareketleriyle bebeğinizi uyandırın.

- Mümkünse bebeğiniz istediği zaman bebeğinizi emzirin. Fakat bazı bebekler emmeye istekli oldukları halde, emmeye başlar başlamaz, şiddetle ağlayıp kıvranabilirler. Gaz sancısından dolayı ememeyen bebeğinizi dik tutarak emzirin. Ayakta ritmik bir şekilde sallayarak emzirmek de çözüm olabilir.

## Anneden Kaynaklanan Emzirme Güçlükleri

*Meme başlarının küçük ya da gömük olması:* Aşırı düzlük ve içe çöküklük varsa doğumdan önce doktorunuza danışarak, meme ucunu dışarı çıkartmak için masaj yapabilirsiniz. Bu masajı doktorunuza danışmadan yapmayın, çünkü meme ucunun uyarılması doğumu başlatabilir.

Meme ucunun düz ve içe çökük olması emzirme güçlüğü yaratır. Meme ucunu bulamayan bebek yaygarayı basar. Böyle durumlarda bebeği uyanır uyanmaz, sinirlenmeye vakit bulamadan emzirin. Ağlarsa, biraz oyalayıp tekrar deneyin. Sabırlı olmanız şart. Doğumdan sonra meme başlarının uzayabilme yeteneği arttığında sabırla bebeğin memeyi alması için gayret edin. Unutmayın ki, bebek sadece memenin ucunu emmemelidir. Fakat meme ucu çökükse, koyu renkli hale de sert olacaktır. Meme uçlarındaki sütü elle sağarak, koyu renkli haleyi yumuşatabilirsiniz. Ondan sonra parmağınızın yardımıyla haleyi ağzına almasına yardımcı olun.

Slikon meme başı adaptörleri ile de bebeğinizi emzirebilirsiniz. Bebek, adaptörün ucundan emer. Zamanla meme başı adaptörün içine yerleşecek kadar büyür. O zaman ucundan azar azar keserek bebeğinizin meme ucundan emmesini sağlayabilirsiniz.

*Dolu ve tıkanmış kanallar:* Meme iyi boşaltılmazsa şişer, deri kızarır ve sertleşir. Bu durumda sıcak su ile yıkayıp hafifçe masaj yapın. Bir miktar elinizle sağdıktan sonra da bebeğinize verebilirsiniz. Bir anlık yoğun bir acı duyabilirsiniz, fakat boşaldıkça acısı geçecektir. Çok sıkı sütyen giymeyip, emzirirken veya sütünüzü sağarken memeye baskı yapmazsanız, memeyi korumuş olursunuz. Tıkalı kanal açılmazsa aynı gün doktora gitmelisiniz.

*Meme iltihabı:* Tıkalı bir süt kanalı veya memeye doğru bakım yapılmazsa iltihaplanma oluşabilir. Ağrılı, kızarık ve şiş meme, annenin de ateşini yükseltir. Bu durumda gecikmeden doktora gidin. Doktorunuzun önerdiği antibiyotiklerle ara vermeden emzirmeye devam edebilirsiniz.

*Meme ucu çatlakları:* Meme ucu çatlakları genellikle ilk çocuğunu emziren annelerde görülür. Bebeğin meme başını koyu renkli hale ile birlikte almaması ve sadece meme başına emici bir kuvvet uygulaması meme çatlaklarının oluşmasını hazırlayıcı bir faktördür. Bebeğin ağzında pamukçuk olmasın diye meme başına sürülen karbonatlı su da, meme başında kurumaya yol açarak, çatlamasına sebep olur. Her emzirmeden sonra sütünüzle meme başını ıslatır, kuruduktan sonra da doktorunuzun önerdiği yumuşatıcı kremi kullanırsanız, çatlak oluşmasını engelleyebilirsiniz.

Emzirirken meme ucunda bir sızı hissederseniz, çatlak oluşumundan şüphelenip, dikkatli davranmanız gerekir. Her emzirmeden sonra memenizi kurutup 10-15 dakika havalandırın. Krem sürdükten sonra hava geçiren bir sütyen kullanın.

- Eğer memeniz çok fazla sızlıyorsa, bir gün için sütünüzü elle boşaltıp, bebeğinizi biberonla besleyin.
- Meme çatlağı olduğu durumlarda bebeğinizin sızı olan memenizi çok fazla emmesine izin vermeyin. Sütü boşalttıktan sonra bıraktırın.
- Memeniz çok acıyorsa meme kalkanı da kullanabilirsiniz. E vitamini içeren bir merhem de çatlakların onarılmasına yardımcı olabilir.

Bazı ender durumlarda hekim tarafından annenin bebeğini emzirmesi yasaklanabilir. Doktorunuzun yasakladığı durumlar dışında, birtakım emzirme problemlerinden dolayı, bebeğinize anne sütü vermeyi kesmeyin. Birçok emzirme problemi, gerekli bakım yapıldığında halledilebilir niteliktedir. Yeter ki siz, emzirmeye istekli ve kararlı olun. Gayretinizle çok kısa sürede problemleri aşıp, rahat ve huzurlu bir emzirme dönemine girebilirsiniz.

---

**Sütüm Yetiyor mu?**

*Genelde annelerin kafasına takılan bu sorunun cevabı, bebeğinizin ağlaması olamaz. Bebeğiniz gaz sancılarından dolayı veya başka herhangi bir huzursuzluğundan dolayı da ağlama nöbetine tutulabilir.*

*Sütünüzün yetip yetmediğinin tek göstergesi, kilo takibidir. Eğer bebeğiniz düzenli bir şekilde kilo alıyorsa, sütünüz yetiyor demektir. Eğer kilo almada azalma veya duraklama varsa, doktorunuz bebeğe ait bir problem olup olmadığını araştırdıktan sonra, sütünüzün yetip yetmediğini size söyler. Bebeğiniz kilo alıyor ve keyfi yerindeyse, şüphelenmenize gerek yoktur.*

---

## BİBERONLA BESLEMEK

Bebeğinizi emzirmediğiniz veya emzirmenizin mümkün olmadığı durumlarda, biberonla beslemeniz gerekir. Çalıştığınızdan dolayı emzirmeyi kesip biberonla beslemeye karar verebilirsiniz. Her ne nedenle olursa olsun, biberonla beslemeye geçmişseniz kendinizi suçlu hissetmeden, anne sütü vermede olduğu gibi bebeğinizi sevgi ve şefkatle kucağınıza alarak besleyin. Bebeğinizin sadece karnının doymasına değil, sevgi ve şefkate de aynı oranda ihtiyacı olduğunu unutmayın. Mümkün olduğu durumlarda, göğsünüzü bebeğinizin yanağına dokundurarak biberonu verirseniz, ten temasıyla anne sütü ile alabileceği sıcaklığı ve yakınlığı alır.

Biberonla beslemenin de birtakım avantajları vardır: Sizden başkasının da bu işlemi yapabilmesinden dolayı daha fazla özgür kalabilirsiniz. Fakat besleme işini özellikle ilk günler, çok fazla kişiye bırakmayın. Mümkün oldukça siz besleyin. Mümkün olmadığı durumlarda sizin yerinize bir kişi geçsin. Biberonla beslemede baba da işin içine girebileceğinden, baba ile bebek arasında daha yakın bir ilişki kurulur.

Biberonla beslenen bebekler daha uzun süre tok kalabilirler. İnek sütünün sindirimi, anne sütünün sindirilmesinden daha zordur. Bunun için bebekler 3-4 saat süresince tok kalabilirler.

Bebeğin aldığı sütü biberondan izleyebilme şansı olduğu için, karnının doyup doymama endişesi de ortadan kalkar. Anne sütü emen bebeklerde, aldığı süt miktarını ölçmek mümkün olmadığı için, anneler çocuklarının doyup doymadığından emin olamazlar. Fakat biberonun bir dezavantajı, anneler biberondaki sütün hepsini doydukları halde zorla bebeklerine içirmek isterler. Eğer bebek doymuşsa ve emmeyi bırakmışsa zorlamayın. Kalan sütü mutlaka dökün. Bir dahaki sefere yenisini hazırlamanız gerekir.

## Biberonla Beslemeden Önce

Biberonla beslemenin en önemli sorunu, bebeğinizde mide rahatsızlıklarına ya da ishale yol açabilecek bakterilere karşı, aşırı titiz ve dikkatli olmaktır. Doktorunuzun önerdiği süre içerisinde (3 veya 4 ay), biberon ve emziklerin mikroplardan korunma işlemini büyük bir titizlikle yapmanız gerekmektedir.

En az 6 adet biberon ve bir düzine biberon emziği almanız gerekir. Biberonları saklamanız için temiz kavanoza ihtiyacınız vardır.

Mikroplardan arındırmak için çeşitli yöntemler vardır. Siz bunlardan kendinize kolay geleni seçin. Her emzirmeden sonra biberonları ve emziği mikroplardan arındırmanız gerekir. Önce bütün malzemeyi (biberon, meme, kapak vs) bir biberon fırçasıyla yıkayın. Bütün gereçleri suyla durulayın. Parçaları, mikroptan arındırıcı tabletin olduğu geniş bir kaba koyun.

Öngörülmüş sürede bekletin. Daha sonra kaynatılmış su ile iyice durulayın.

Kaynatma işlemi ile de mikroplardan arındırabilirsiniz. Bütün gereçleri (emzik hariç) su dolu bir kabın içine koyarak 20 dakika kaynatın. Daha sonra emzikleri bu kaynayan suya atıp birkaç dakika daha kaynatın. Su soğuduktan sonra gereçleri alıp temiz bir kavanoza yerleştirin. Biberon malzemelerini temiz bir kavanozda veya ilaçlı su içinde tutup, kullanacağınız zaman kaynar su ile durulayıp, kağıt havlu üzerinde süzdürüp kullanabilirsiniz.

Gereçlerle ilgili bütün temizlik kurallarına riayet ettikten sonra, mama hazırlamada da aynı titizliği gösterin:

- Kullanım tarihi geçmiş mamaları almayın. Mutlaka son kullanma tarihini okuyun.
- Mamayı hazırlamadan önce ellerinizi güzelce yıkayın.
- Mamayı hazırlarken doktorunuzun önerdiği süre boyunca kaynatılmış ve ılıtılmış içme suyu kullanın.
- Birkaç kullanımlık mama hazırlayıp buzdolabına koyarsanız, işinizi kolaylaştırmış olursunuz.
- Mama seçimini doktorunuzla birlikte yapın. Mama kutusunun üzerindeki kullanma talimatına uyun. Mama yerine sulandırılmış inek sütü kullanmak istiyorsanız, bunu da doktorunuza sorun. Bir yaşına kadar alerji riskinden dolayı inek sütü tavsiye etmeyebilir.
- Mama biberonlarını sıcak olarak muhafaza etmeyin. Sıcak sütün içinde mikroplar çok çabuk ürerler. Kullanacağınız zaman biraz ılıtın ve hemen bebeğinize verin. Artan mamaları asla kullanmayın. Bebeğinizi besledikten sonra artan mamaları dökün.
- Bebeğinize doktorunuzun önerdiği miktarda mama hazırlayın. İlk günlerde 1'er mililitrelik mamalar yetebilir.

Kilo artışını dikkatle gözleyin. Gerekirse mamanın miktarını çoğaltın.

- Biberon emziği alırken bebeğinizin ayına uygun bir emzik seçin. Çok çeşitli olan biberon emziklerini alıp deneyebilirsiniz. Bebeğiniz en çok hangisinde rahat etmişse onu kullanın.

- Biberon emziğinin deliklerini kontrol edin. Çok küçük veya çok büyük olmaması gerekir. Süt dolu biberonu baş aşağı tutarak, deliği kontrol edebilirsiniz. Sütün çok hızlı veya çok yavaş akmaması gerekir. Düzenli aralıklarla damla damla akması normal olandır. Emziğin deliği çok küçükse bebek emmekte güçlük çeker, çok büyükse süt birden boşalır. Hazırlayıp buzdolabına koyduğunuz mamayı, sıcak bir suyun içine koyarak ısıtın. Kesinlikle mikrodalga fırında ısıtmayın. Mikrodalga fırınlar, ısıyı mamanın her tarafına eşit miktarda dağıtmazlar. Mamanın bir tarafı soğukken, bir tarafı kaynar olabilir. Mamanın yeterli sıcaklıkta olup olmadığını kontrol etmek için bileğinizin içine birkaç damla damlatın. Biberonun halkasını gevşetirseniz, bebek emdikçe içeriye hava girmesini sağlarsınız. Böylece bebeğin memeyi sıkıştırıp akışı kesmesini engellemiş olursunuz.

## Biberonla Mama Vermek

1) Önce meme emzirmede olduğu gibi, rahat bir yere oturun ve sırtınızı yaslayın. Bebeğinizi kucağınıza alın. İlk günlerde biberonu alması için bebeğinizin yanağına hafifçe dokunursanız, refleksle başını o tarafa çevirerek ağzını açacaktır. Daha büyük bebekler için dudağının kenarına birkaç damla süt damlatmanız, ağızlarını açmasını sağlayacaktır.

2) Şişeyi eğin ve memenin sütle dolmasına dikkat edin. Memenin ucu süt dolu olmazsa, bebeğiniz hava yutabilir. Bu da gaz sancısına sebep olur. Biberonu eğik tutun ve em-

menin kuvvetiyle meme büzüşürse, bebeğinizin ağzında biberonu çevirin.

3) Bebeğinizi anne sütüyle beslerken olduğu gibi konuşarak, gülerek besleyin. Alması gerekenin sadece besin değil, sevgi ve güven olduğunu da unutmayın. Biberonla bebeğinizi yalnız bırakmayın. Yastığa dayalı olan biberondan, biraz büyümüş bebeğiniz süt içmeyi becerebilir, fakat sevgi ve ilgiden mahrum kalır. Üstelik genzine kaçan sütten boğulma riski de vardır.

4) Biberonla beslerken, aralarda gazını çıkartın. Biberonla emerken daha fazla hava yutar, bu da bebeğinizde gaz yapar. Omzunuza yaslayın ve hafif hafif sırtına vurun. Bir miktar süt çıkartırsa bundan endişelenmeyin. Her emdikten sonra fışkırır gibi kusuyorsa doktorunuza gösterin.

5) Gazını çıkarttıktan sonra tekrar beslemeye devam edin. Emmek istemiyorsa ve yeteri kadar içtiyse, emmesi için zorlamayın. Artan mamaları atın.

6) Bebeğiniz sütün tümünü bitirdikten sonra emmeye devam ediyorsa, biberonu ağzından çekin. Küçük parmağınızı veya yalancı memeyi emmesi için verebilirsiniz. Anne sütü alan bebekler emme ihtiyaçlarını uzun süre memede kalarak giderebilirler. Fakat biberonla beslenen çocuklar kısa sürede biberondaki mamayı bitirdikleri için emme ihtiyaçlarını gidermek için başka yöntemler ararlar. Parmaklarını emmeye başlamadan siz bir yöntem bulun.

---

**Memeden Biberona Geçiş**

*Herhangi bir sebepten dolayı memeden biberona geçiş yapmak istiyorsanız, bunu adım adım gerçekleştirin. Birden emzirmeyi bırakmak göğüslerinizde şişliğe ve iltihaplanmaya sebep olabilir.*

- *Ne zaman keseceğinize karar verin ve her öğünü biberonla değiştirmeye başlayın. İlk gün öğle öğününde bir sefer biberonla besleyin, birkaç gün böyle devam ettikten sonra ikindi ve sabah öğünlerini de biberonla beslemeye aynı yöntemle başlayın. Daha sonra sadece geceleri emzirin. Gece öğünlerini de bıraktırmak istiyorsanız yavaş yavaş onları da biberon öğünüyle değiştirin.*

- *Bu arada sütünüz de azalacaktır. Fakat yine de sızı yapıyorsa bastırmadan biraz sağabilirsiniz.*

- *İşe dönüş yapmanız gerektiğinden dolayı kesmeniz gerekiyorsa, her iki beslenmeyi de bir arada götürebilirsiniz. Siz yokken mama ile beslenir. Aralarda ve gece sütünüzle besleyebilirsiniz.*

---

## KATI BESİNLERLE TANIŞMA

Bebeğiniz yaklaşık 6 aylık olana kadar anne sütünden başka besine gerek duymaz. 6. aydan sonra anne sütünde ya da mamada bulunandan daha fazla demire ihtiyaç duyduğundan, sebze ve meyve gibi yiyeceklere başlamanız gerekir. Fakat 6. aya kadar sadece sütle beslenen bebekler, 6. ayda diğer yiyeceklere iltifat etmeyebilirler. Bunun için tatlara alıştırmak maksadıyla 3 ve 4. aydan sonra çok küçük miktarlarda diğer tatlardan tattırabilirsiniz. Ancak anne sütüyle beslenmeyen bebekler daha erken ek besinlere ihtiyaç duyacaklardır. Bunun için bebeğinizin beslenmesi konusunda mutlaka doktorunuzun önerilerine uyun. Anne sütü ile beslenen bebeklerde de ek besine geçmek için doktorunuza danışın.

Eğer bebeğinizde alerji riski yoksa 3 veya 4. aydan sonra yiyecekleri tattırmanız, değişik tatlara daha kolay uyum sağlamasına yardımcı olur. Son zamanlarda genelde doktorların tavsiye ettiği ilk tatlar; havuç suyu, elma suyu ve yoğurttur. Yarım çay kaşığı miktarı başlattığınız tatları yavaş yavaş artırıp, bebeğiniz 6. aya gelene kadar püre şekline geçebilirsiniz.

Annelerin en fazla kafalarını karıştıran katı gıdalar konusunda biraz sabırlı olur ve aşağıdaki önerilere uyarsanız, beslenme saatleri savaşa dönüşmez, sizin içiniz de rahat olur.

### İlk Tanışma İçin

1) Sizin için ve bebeğiniz için en uygun zamanı seçin. Sizin için sütünüzün en az olduğu sabah saati veya öğleden sonrayı seçebilirsiniz. Bebeğiniz için ise; huysuz ve yorgun olmadığı, çok fazla aç veya çok fazla tok olmadığı bir zamanı seçin. Çok açken hırçınlık yapıyorsa, bir miktar anne sütü veya hazır mama vererek iştahını kabartın. Tam olarak doymadan ek besini tattırın. Daha sonra anne sütüyle beslenmesine devam edebilirsiniz. İlk kez deneyeceğiniz besinlerin, bebeğinizde ne tür bir reaksiyona yol açacağını bilmediğiniz için, akşamdan sonra denemeyin. Rahatsız edici bir durumla karşılaşırsanız, geceyi huzursuz geçirebilirsiniz.

2) Çocuğa ek besinler teker teker alıştırılır. Bir gün havuç suyu vermişseniz, birkaç gün havuç suyu vermeye devam edin. Örneğin, yarım çay kaşığı havuç suyu verin. Eğer herhangi bir alerjik durumla karşılaşmadıysanız, miktarı ertesi gün bir çay kaşığına çıkartın. 3-4 gün miktarını artırarak devam ettikten sonra, yarım çay kaşığı elma suyu vererek yeni bir gıda denemesine başlayabilirsiniz. Böylece hangi besinlerin bebeğinizde alerjiye sebep olduğunu kolaylıkla anlayabilirsiniz. Eğer bir besine başladığınızda alerji belirtisi görmüşseniz, o besini kesin ve 15-20 gün sonra tekrar deneyin. Alerji veya rahatsızlık belirtileri;

aşırı şişkinlik ya da gaz, ishal ya da kakada sümük, kusma, yüzde kızarıklık, soğuk algınlığı ile ilgili görünmeyen burun akıntısı veya göz sulanması veya göğüste hırıltı, geceleri uyuyamama veya gündüzleri huysuzluk etme şeklinde olmaktadır. Birkaç kez tekrar ettikten sonra aynı gıdaya olumsuz reaksiyon gösteriyorsa, o gıdaya karşı alerjisi olduğunu kabul edin. Birkaç ay geçtikten sonra tekrar denersiniz. Büyüdükçe alerji riski kalkabilir.

3) Bebeğinize ek besin verirken yiyecek koyduğunuz kapları, kaşığı sıcak ve sabunlu su ile iyice yıkayıp, güzelce durulayın. Aynı şekilde yiyecekleri de hazırlarken yıkayın. Bebeğinizi yedirirken veya yiyeceklerini hazırlarken siz de ellerinizi sabunla yıkayın. Çocukların bağışıklık sistemi tam gelişmediği için çok çabuk hasta olabilirler.

4) Bebeğinizin rahatça yiyebilmesi için birkaç minderle destekleyerek oturtabilirsiniz. Mümkünse bir mama sandalyesi alın. Bebeğinizi güvenli bir şekilde sandalyeye oturtup, emniyet kemerini bağladıktan sonra rahatça yedirebilirsiniz. Mama sandalyesinde yemeğe alışan bebekler, etrafı pisletme riski aza indiğinden, anneleri ellerine daha rahat kaşık verdiğinden dolayı kendi kendilerine yemek yemeye daha erken alışıyorlar.

5) Ek besinleri verirken bebeğinizin önüne önlük takmayı ihmal etmeyin. Belki üstünü başını berbat etmesini göze alırsınız, fakat küçükken önlük takmaya alışmazlarsa biraz daha büyüdüklerinde önlük takmak için zorluk çıkartabilirler.

## Ve O An

Bebeğinizi biraz emzirdikten sonra, bir mama sandalyesine veya rahat bir yere arkasını yastıklarla destekleyerek oturtun. Elinizdeki kaşıkla az bir miktar ilk kez vereceğiniz besini ağzına götürün. Şimdiye kadar emerek beslendiği için, kaşığı yadırgayabilir. O zaman parmağınızın ucuna sürerek tattırabilirsiniz. İlk tatlar hoşlarına gitse bile yüzlerini buruşturabilirler. Fakat ağızlarını açarak istekli olduklarını da gösterebilirler. Bebeğiniz ne kadar iştahlı olursa olsun, ilk kez tattırdığınız yiyeceği az miktarda deneyin. Her gün biraz daha çoğaltarak devam edin.

Bebeğiniz ilk kez verdiğiniz besini reddediyorsa zorlamayın. Birkaç gün sonra tekrar denersiniz. Zorla bir besini kabul ettirmeniz, beslenme problemlerine yol açar. İlla sizin istediğiniz kadar yemesi de gerekmez. Zorlamanız ve çok fazla ısrarcı olmanız, daha ilk günlerde beslenme saatlerini savaşa çevirmenize sebep olur.

### Bebeğinize Vereceğiniz Yiyecekleri Hazırlarken

1) Bebeğinize vereceğiniz en iyi yiyecekler, kendinizin hazırladığı taze ürünlerdir. Hazır satılan katkı maddeli besinleri bebeğinize vermemelisiniz.

2) Bebeğiniz için hazırladığınız yiyeceklerin taze olmasına dikkat edin. Meyveleri sıktıktan ya da rendeledikten sonra hemen yedirmelisiniz. Pişmiş yiyecekleri de buzdolabında en fazla bir gün bekletin. Birkaç günlük yiyeceği çocuğunuza vermeyin. Yiyeceklerin saklama süresi uzadıkça besin değerleri azaldığı gibi, mikroorganizmalar da çoğalır.

3) Bir yaşına kadar bebeklere dişleri yeteri kadar çıkmadığından, çiğnemesini gerektiren besinler vermemelisiniz. Yiyecekleri püre şeklinde hazırlayarak verin. Fakat her besini robottan geçirirseniz, biraz daha katı besin gelirse yutmakta güçlük çeker. Bunun için haşladığınız sebzeleri ilk zamanlar robottan geçirerek inceltebilirsiniz. Daha sonra ise çatalla ezerek verin. Meyveleri de püre yapmak için cam rende kullanın. Bazı katı püreleri sulandırmak için anne sütü, kaynamış su veya meyve suyu kullanabilirsiniz.

4) Bebeğinizin ilk besinleri için şeker ve tuz kullanmayın. Verdiğiniz yiyeceklerin içinde yeteri kadar tuz ve şeker vardır. Fazladan şeker ilave etmek ishale neden olabildiği gibi dişlerin sağlığını da etkiler. Bir bebeğin böbrekleri fazladan tuzla başa çıkamadığı gibi küçük yaşlardan itibaren tuza alışmak ileride hipertansiyon ile ilgili problemlere yol açabilir.

5) Bebeğinizin yiyeceklerini ılık verirseniz daha çok hoşuna gidecektir. Beğenmediği yiyeceklerin tatlarını değiştirerek tekrar deneyin.

## BEBEĞİNİZİN YİYECEKLERİ

### Süt

2 yaşına kadar anne sütü emen çocuk, kemik gelişimi için gerekli olan kalsiyum ve fosforu en ideal oranda annesinin sütünden almış olur. Anne sütü yeterli olan bir çocuğa ilave inek sütü içirmeye gerek yoktur. Anne sütü almayan çocuklar ise 2 yaşına kadar gündüz yemek aralarında almamak şartıyla, içebildikleri kadar inek sütü içmelidirler. 2 yaşından sonra ise 1 bardak inek sütü yeterlidir. Sütü sevmeyen çocuklar ı yoğurt, peynir, muhallebi gibi yiyecekleri yediği takdirde, süt içmesi için zorlamaya gerek yoktur.

İnek sütü verirken hijyenik süt olmasına dikkat edilmelidir. Pastörize edilmiş şişe sütleri, sterilize edilmiş uzun ömürlü karton sütler temiz ve hijyenik sütlerdir. Süt, yeni doğana verilecekse sulandırılarak verilmelidir.

### Yoğurt

4 ve 6. aylarda bebeğinize vereceğiniz ilk ek gıdalar arasında yer alabilir. Yoğurt bazı bebeklerde gaz yapabilir. Fakat sizin çocuğunuzda gaz yapmayabilir de. Bunun için denemeniz gerekir. Eğer bebeğiniz çok rahatsız olmuşsa ara verip birkaç gün sonra tekrar deneyin. Bir yaşına kadar bebeklerde inek sütü

tavsiye edilmediği için, yoğurda ne kadar erken başlarsanız o kadar iyi olur. Bebeğinize vereceğiniz yoğurdun evde yapılmış olmasına dikkat edin.

**Yapılışı:** Eli yakmayacak derecedeki ılık süte, bir litre süt için bir yemek kaşığı yoğurt ekleyin ve karıştırın. Isı kaybını önlemek için üzerini güzelce sarmalayın. 5-6 saat içinde süt, yoğurda dönüşür. Bir gün buzdolabında bekletebilirsiniz. Bebeğiniz için her gün taze yoğurt yapmaya özen gösterin. Marketten yoğurt alırsanız, kaymak kısmını ayırıp öyle yedirin.

## Muhallebi

4 ve 6. aylardaki ek gıdalar arasında yer alabilecek muhallebinin kıvamının daha akıcı ve az şekerli olmasına dikkat edin. Önceleri su ile yaparken, bebeğinizin yaşı büyüdükçe yavaş yavaş sütün miktarını çoğaltarak yapın (bu konuda doktorunuza da danışabilirsiniz). Kullanacağınız un, pirinç ya da nişasta olmalıdır. Buğday unu daha alerjik özelliklere sahip olduğu için bebek biraz daha büyüyünce verilebilir. Muhallebi günde bir seferden fazla yedirilmemelidir. Yatarken yedireceğiniz muhallebi bebeğinizi uzun süre tok tutacağından gece rahat uyur.

**Yapılışı:** Bir su bardağı su veya süte bir tatlı kaşığı pirinç unu koyulur. Pirinç unu bir miktar sütle ezildikten sonra kalan süt de ilave edilir. Karıştırılarak hafif ateşte 10 dakika pişirilir. Bir tatlı kaşığı şeker ilave edilerek karıştırılır ve ateşten alınır. Şeker en son ilave edilmelidir. Süt, şekerle kaynatılırsa, süt proteininde kayıplar olur.

## Meyve Suyu ve Püreleri

Elma suyu sindirimi kolay olduğundan bebeğinize vereceğiniz ilk besinler arasında yer alır. Rendeleyip, temiz bir tülbentten sıkarak suyunu çıkartabilirsiniz. Bebeğiniz elma suyuna alıştıktan birkaç hafta sonra, elma püresine geçebilirsiniz. Cam rendede rendeleyeceğiniz elmanın püresini 4-5 aylıkken bebeğinize yedirebilirsiniz.

Şeftali suyu ve püresini de aynı şekilde hazırlayıp bebeğinize 4-5 aylıkken verebilirsiniz.

Portakal ve mandalina suyu bazı bebeklerde gaz sancısına sebep olabilir. Bunun için 6. aydan sonra tekrar denemelisiniz.

Muz püresi oluşturmak için, kabuklarını soyup muzu çatalla ezin. Biraz sulandırmak için anne sütü veya inek sütü kullanabilirsiniz. İlk deneyeceğiniz ek gıdalar arasında yer alabilir. Muzun olgun olmasına, dışında kara lekeler bulunmasına dikkat edin.

Olgun bir armudun da kabuğunu soyup rendeleyerek verebilirsiniz.

**Yumurta**

6 ve 9. aylar arasında yumurta yedirmeye başlayabilirsiniz.

*Yapılışı:* Soğuk suya koyulur ve kaynadıktan sonra 3-5 dakika pişmeye bırakılır. Ateşten alındıktan sonra hemen soğuk suya tutulur. Küçük bebeklere iyi pişmiş katı yumurtanın sarısını vermek gerekir. Nohut büyüklüğünde yedirmeye başlanır. Alerji yapmıyorsa, yavaş yavaş artırılarak mamasına katılabilir. Yumurtanın beyazı bebeğe bir yaşından sonra verilmelidir.

**Etler**

Bebeklere verilecek olan et, kıyma şeklinde verilmelidir. Et veya kemiğin suyu sanıldığı kadar besleyici değildir. Etin kendisini yedirmek gerekir. Bu da küçük bebeklerde ancak kıyma ile mümkün olur.

*Yapılışı:* Kıyma hafif ateşte ezile ezile suyu çekinceye kadar pişirilir ancak kavrulmaz. Bu şekilde hazırlanmış kıyma 6. aydan sonra bebeklerin çorbasına katılabilir.

İyi kalite protein, B grubu vitaminleri ve demir bakımından zengin olan et, çocukların beslenmesinde önemli bir yer tutar. Bebeklere et yedirmeye başlarken ilk önce tavuk etinden başlanmalıdır. Tavuk etinden yapılmış kıyma da aynı şekilde bebeğe yedirilir. Et yemeye alışan bebek bir iki ay sonra ciğere de alıştırılmalıdır. Haftada bir gün 1 -2 çorba kaşığı karaciğeri (önce tavuk ciğeri ile alıştırılır) haşlayıp rendeleyerek püre yapıp veya çorbalara katarak yedirebilirsiniz. 8. aydan sonra balığı ızgara yaparak veya buğulama yaparak, kılçıklarından ayırıp yedirebilirsiniz.

### Çorbalar

3-4 aylıkken havuç suyu vererek sebze tatlarına alıştırabilirsiniz. Daha sonra haşlayarak pişirdiğiniz havucun püresini deneyin. Patatesi kabuğu ile haşlayarak biraz süt ilave edip püre şeklinde verebilirsiniz. 4 ve 5. aylarda klasik sebze çorbasına geçebilirsiniz.

(Sebze çorbasına ne kadar erken başlarsanız, alışması o kadar kolay olur. İlk günler hazırlayacağınız çorba tadımlık olmalıdır.)

Sebze çorbası için ilk zamanlar (tek tek pişirilerek denenir ve çeşit sayısı artırılır) havuç, patates, kabak, domates, maydanoz tercih edilmelidir. Sebze çorbasına ocaktan indirmeden 5 dakika önce bir çay kaşığı irmik ilave edilir. 2-3 haftalık alıştırmanın sonunda bir çay kaşığı bitkisel yağ ilave edilir.

Sebzeleri kullanırken:

- Kullanacağınız zaman doğrayın.
- Suda bekletmeyip hemen yıkayın. Kaynar suda ağzı kapalı ve kısa sürede pişirin. Sebze ne kadar çabuk pişerse vitamin kaybı o kadar az olur.
- Sebzeler az suda pişirilir. Pişme suyu asla atılmaz. Sebze pişerken besin maddelerinin önemli bir kısmı suya geçer.
- Patates ve pancar, kabukları ile pişirilir. Kabuğun altındaki vitaminli kısmı da atılmamış olur.
- Sebzelerin hava ile teması sonucunda C vitamini azalacağından fazla bekletilmemelidir. Soğuk yerde beklenirse kayıp daha az olur.

- Et ve sebzeleri aynı tahtada doğramayın. Ette mevcut olan bakteriler, sebzelere de geçer.
- Lahana, patlıcan, pırasa, kereviz, karnabahar, pancar, ıspanak gibi sebzeler bebeğe 8. aydan sonra verilmelidir.

## Bebeğiniz İçin Yapacağınız Yemekler

**Sebze Çorbası**

*Malzemesi:*

    *2-3 yaprak ıspanak*

    *1 küçük patates*

    *¼ kabak*

    *¼ havuç*

    *1 çay kaşığı sıvı yağ*

    *1 su bardağı su*

*Sebzeler yıkanır, kabuklu sebzeler soyulur ve doğranır. Küçük bir tencerede kaynamakta olan suya salınır. Su, sebzelerin üzerini örtecek kadar olmalıdır. Yeşil yapraklı sebzeler en son atılır. Ateş kısılır, sebzeler yumuşayıncaya kadar pişer. Bir çay kaşığı sıvı yağ eklenir. Ezilerek bebeğe verilir.*

*Not: Patates yerine bir tatlı kaşığı pirinç veya kırmızı mercimek de ekleyebilirsiniz. Ayrı bir yerde pişirdiğiniz kıymayı da sebze çorbasına ilave edebilirsiniz.*

**Pirinçli Mercimek Çorbası**

*Malzemesi:*

    *½ yemek kaşığı kırmızı mercimek*

    *½ yemek kaşığı pirinç*

    *1 su bardağından biraz fazla su*

    *1 çay kaşığı sıvı yağ*

*Mercimek ve pirinç ayıklanır yıkanır ve kaynamakta olan suya atılır. Yumuşayıncaya kadar pişirilir. Yağ eklenir. Pirinç yerine bulgur koyarak da deneyebilirsiniz.*

### Yayla Çorbası

*Malzemesi:*

> *¾ su bardağı yoğurt*
>
> *½ su bardağı su*
>
> *1 yemek kaşığı pirinç*
>
> *1 çay kaşığı sıvı yağ*
>
> *1 çay kaşığı un*

*Pirinç ayıklanır, yıkanır ve su ile haşlanır. Ilımaya bırakılır. Yoğurt ve ezilmiş un ilave edilir. Karıştırılarak pişirilir, yağ eklenir.*

### Tarhana Çorbası

*Malzemesi:*

> *1 su bardağı su*
>
> *½ yemek kaşığı tarhana*
>
> *1 tatlı kaşığı yağ*

*Tarhana soğuk su ile ezilir ve karıştırılarak pişirilir, yağ ilave edilir. Tarhana acısız olmalıdır.*

### KURU BAKLAGİLLER

### Nohut ve Kuru Fasulye Ezmesi

*Malzemesi:*

> *2 yemek kaşığı nohut veya fasulye*
>
> *1 çay kaşığı yağ*
>
> *1 su bardağı su*

*Nohut veya fasulye ayıklanır, yıkanır ve 8-10 saat ıslatılır. Islatma suyu dökülür. Yumuşayan nohut ve fasulyelerin, gaz yapma-*

*ması için kabukları soyulur. Üzerine 1-2 parmak geçecek kadar su koyarak yumuşayıncaya kadar pişirilir. Pişen nohut veya fasulye, haşlama suyu içinde çatalla ezilir. Ayrı bir yerde kıyma pişirerek de nohut veya fasulye ezmesinin içine katabilirsiniz. (kabuklarından ayırma işlemini, piştikten sonra süzgeçten geçirerek de yapabilirsiniz.)*

*Not: 6-9 aylar arasında baklagilleri önce sebze çorbasına katarak, daha sonra uygun şekilde pişirerek bebeğinize yedirebilirsiniz.*

### Nelerden Sakınmalı?

1) Tuzlu, yağ açısından zengin, baharatlı yiyecekler 4 yaşına kadar uygun değildir.

2) 1 yaşına kadar bal vermeyin. 1 yaşından sonra alerji riskine bağlı olarak doktorunuza danışıp verebilirsiniz.

3) Bisküvi, kek, krema, pasta ve kızartmalardan kaçının. Çocukların çok sevdiği bu tür yiyecekleri hiç kısıtlayamıyorsanız, az miktarda vermeye çalışın.

## AY AY BEBEĞİNİZİN YİYECEKLERİ

### 3 ve 4. Aylarda

*Elma ve havuç suyu vererek bebeğinizi tatlara alıştırın. Anne sütü almayan bebeklerde ek besinlere daha erken başlanır.*

### 4 ve 6. Aylarda

*Pirinç unuyla kaynamış su, anne sütü ya da hazır mama ile karıştırılarak verilir. Havuç, patates ve meyve püreleri, ayına uygun sebzelerle yapılmış sebze çorbası, yoğurt verebilirsiniz.*

### 6 ve 8. Aylarda

*Yukarıda sayılanlara ek olarak; yumurta sarısı, tuzu alınmış peynir kahvaltıda verebilirsiniz. Çorbalara ilave olarak et, ba-*

*lık ve karaciğer ekleyebilirsiniz. Kabuğu soyulmuş kuru bakla-giller de verebilirsiniz.*

*Kendi kendini besleme alışkanlığı kazanması için bu aylarda eline muz, peynir, salatalık gibi besinleri tutuşturabilirsiniz.*

**9 ve 12. Aylarda**

*Yavaş yavaş fazla yağlı tuzlu ve salçalı olmamak şartıyla ev yemeklerine geçebilirsiniz. Büyük taneli yemeklere 1 yaşından sonra da kolay alışamadığından, yemeklerin yanına mutlaka sulu bir çorba hazırlayın. Taneli yemeğin ardından çorba ile öğününü tamamlayabilirsiniz.*

Bir yaşından sonra artık aile sofrasında yerini alabilecek olan bebeğinizi, tek başına yedirmek için zorlamayın. Aile ile sevilerek ve oynayarak yemek yemek sosyal ve kişilik gelişimlerine katkıda bulunduğu gibi, didişerek yemek yemeyi de ortadan kaldırır. Bu aylarda kendi kendini besleme arzusu olan bebeğinize bu fırsatı tanıyın. Bunu becermesi biraz zaman alacaktır fakat iştahsızlığı ortadan kalkacaktır.

Beslenme uzmanları, annenin sütü devam ettiği müddetçe, 2 yaşına kadar bebeğini emzirmesini tavsiye etmektedirler. Bu tavsiye, çocuğun hem fizik hem de ruh sağlığı açısından oldukça önem arz eder.

## DAHA BÜYÜK ÇOCUĞUN BESLENMESİ

Doğumdan beri gayet iştahlı olan bebeğinizde bir yaşını geçince iştah azalması görebilirsiniz. Bu dönemde bebeğiniz, kendisi yemek için çaba harcar. Yiyecekleri yemekten çok döker. Bu durumdan anne ve babalar tedirgin olurlar. Oysa tedirgin olunacak hiçbir şey yoktur. Çocuğunuzun 1 yaşına kadar daha fazla yemek yemeye ihtiyacı vardı. Çünkü büyümesi çok hızlı oluyordu. (1 yaşına kadar 6-7 kilo alırlar, fakat 1 yaşından sonra senede ancak 2-2,5 kilo alırlar) 15 aylıktan sonra ise az yemeye başlarlar. Çünkü ilk yılda olan büyüme hızları artık yavaşlamıştır.

Bu dönemde anne ile bebek arasında yeme sorunları yaşanabilir. Bu sorunları ileriki yaşlara uzayabilecek olan iştahsızlık problemine dönüştürmemek için çok dikkatli olmalısınız. Çocuğunuzun çok fazla yemek yemesine değil, yeterli ve dengeli beslenmesine dikkat etmelisiniz. Hafta boyunca çocuğunuza çeşitli tarzlarda yiyecek sunmuşsanız, gerekli besin maddelerinden yeterince aldığına emin olabilirsiniz. Bunu gramla ölçüp yeterli beslenip beslenmediğinden emin olmanız gerekmez.

Okul öncesi çağdaki çocuklara üç ana öğünün yanı sıra, sabah ve ikindi kahvaltıları dediğimiz iki ara öğün de verilmelidir. Bu ara öğünler normal bir öğün niteliğinde değil, bir elma, birkaç bisküvi gibi ana öğünleri etkilemeyecek türden yiyecekler olmalıdır.

## SAĞLIKLI BESLENME ALIŞKANLIĞINI KAZANDIRMAK İÇİN ÖNERİLER

1) Katı besinlere vaktinde geçmek lazım, fakat bebeğiniz yeni tatlara alışırken isteksiz görünebilir. Biberondan kaşığa geçerken zorluk çıkarabilir. Besinleri ağzında tutabilir veya tükürebilir. Böyle durumlarda annenin sabırlı olması gerekir. Hiçbir şekilde bağırıp çağırarak, zorlama yoluna gitmemelidir.

2) Yemeklerden önce fazla sıvı almasını engelleyin. Çünkü midesinde yemeklere yer kalmaz.

3) Önce sevdiği yiyecekleri sunun, yeni tattıracağınız yiyecekleri de aralarda yavaş yavaş artırarak verin. Çocuğunuza bol çeşit yiyecek sunarsanız, ona seçme şansı tanımış olursunuz. Çocukların damak tadı tahminlerinizden çok daha fazla gelişmiştir. Çocuğunuzun yiyecek seçimine saygı duyun.

4) Sevmediği bir yiyeceği yemesi için zorlamayın. Belki değişik şekillerde sunarak ilgisini çekebilirsiniz. Örneğin; süt içmeyi sevmiyorsa muhallebi, sütlaç, yoğurt veya peynir şeklinde yemeyi tercih edebilir.

5) Çocuğunuzu yemek yemediğinde cezalandırmayın. Yemek yediğinde ise ödüllendirmeyin. Çocuk yemeğini yediğinde annesinin mutlu olduğunu hissederse, bunu bir koz olarak kullanır.

6) Yemek saatlerini eğlenceye dönüştürmeyin. Çeşitli palyaçoluklarla çocuğunuzu güldürüp o arada ağzına bir şeyler tıkmaya çalışırsanız, eğlence dışında yemeği reddedecektir. Karnı acıktığında değil, eğlence olduğunda yemek yenmesi gerektiğini düşünecektir.

7) 7-8 aylıktan sonra onun eline de bir kaşık verin. Kendi kendini beslemede bu kadar istekli bir dönem daha yakalayamazsınız. Üstelik o kendi kendini besleme çabalarındayken, tabağın nasıl bittiğini anlamayacaktır bile.

8) 2 yaşından itibaren mama sandalyesinden çıkıp aile sofrasında yer almalıdır. Yemek masasının kavgalı bir ortam olmamasına dikkat edin. Samimi bir hava içerisinde, çocukların konuşmalarına izin verilmeli, onların anlattığı bir şeyi dikkatle ve sabırla dinlemelisiniz.

9) Çocuğunuza yiyebildiği kadar yiyecek koymalısınız. Yemeğini yediğinde ise takdir etmelisiniz. Eğer yemeğini yemeden masadan kalkmak istiyorsa itiraz etmeyin. Bir dahaki öğüne kadar su ve meyve suyundan başka hiçbir şey vermeyin. Bu tutumunuzda kararlı olun. Çocuğunuz bir öğün atlamakla bir şey kaybetmez fakat iyi bir beslenme alışkanlığı kazanmasına yardımcı olur.

10) Masadan kalkan çocuğunuzun peşinde, elinizde tabakla dolaşmayın. Bu ona, oynarken de yemek yiyebileceğinin mesajını verir. Yemek saatlerinde oyunu bırakması gerekmeyeceğini düşündürtür.

11) Eğer yemek sırasında, yemeği ağzından çıkartmak gibi olumsuz davranışlar sergiliyorsa, görmezlikten gelin. Gösteri yapmak istiyordur, oyuna gelmeyin. Olur olmadık yerde iştahsızlığından bahsetmeyin. İlgiyi devam ettirmek için bunu bir koz olarak kullanabilir.

12) Çocuğunuz taklit yoluyla iyi bir beslenme alışkanlığı kazanabilir. Bunun için sofrada çocuğunuza iyi bir örnek olun. Ailece iyi beslenme alışkanlığı kazanın.

13) Aralarda çok fazla şekerleme ve çikolata yemesine izin vermeyin. Tamamen kaldıramayacağınız bu tür yiyeceklerde kısıtlama yapabilirsiniz. Mesela, yemek aralarında değil de yemekten hemen sonra şekerleme verin. Diğer yiyeceklerinden şekeri azaltın. Ödül olarak hiçbir zaman şekerleme vaat etmeyin. Bu onun gözünde şekerli yiyeceklerin değerini artırır. Şekerli yiyeceklerden sonra dişlerini fırçalamayı alışkanlık haline getirin.

14) Çocuğunuz biraz büyümüşse yemek alışverişi ve pişirme sırasında ondan yardım alabilirsiniz. Hangi sebzeleri hangi tarzda pişirerek yiyeceğine birlikte karar verirseniz, kendi kararlarına uyması daha kolay olacaktır. Çocuğunuzun kararlarına saygı duyun.

## BEBEĞİNİZİN AĞLAMA SEBEPLERİ VE YATIŞTIRMA

Bebekler yeni doğduklarında ve bunu izleyen ilk bir yıl içinde genelde ağlarlar. Çünkü bu onların tek iletişim biçimleridir. Fakat 3 aylık olduktan sonra ağlamalarında azalma olur. Siz onun ne için ağladığını keşfetmişsinizdir ve o da ağlamaktan başka çevresini keşfetmek, oynamak gibi şeyler olduğunu fark etmiştir. Ağlama sebeplerini anlamadığınız ilk aylar daha dikkatli ve araştırıcı olmanız gerekir. Hiçbir zaman bebeğinizi ağlar durumda bırakmamalısınız. Bu durum işlerin daha da güçleşmesini, sebebi bulmakta zorlanmanızı sağlar. Üstelik bebeğinizde ilk güvensizlik duygularına sebep olmuş olursunuz. Bebeğiniz ağlıyorsa bir şeylerin yolunda gitmediğini anlamalısınız. Veya hiçbir şey yok fakat kucağa alınmak, okşanmak istiyordur. İhtiyaçlarını tek tek kontrol edin. Gördüğünüz kadarıyla her şey yolundaysa onu kucağınıza alın, sevin, okşayın, ritmik hareketlerle sallayın. Eğer işiniz varsa, sizi görebileceği bir yere bırakın. Sizi seyrederken ağlaması kesilecektir.

## Bebeğinizin Ağlama Sebepleri

**AÇLIK:** İlk aylarda bebeğinizin en önemli ağlama sebebi açlık olacaktır. Ağladığı zaman onu emzirmelisiniz veya biberonla besliyorsanız mama vermelisiniz. İlk aylarda saatli beslenme düzenine geçmeniz anne sütü emen bebeklerde yersizdir. Size çok sık gelse de her ağladığında karnını doyurmanız gerekir. Eğer toksa zaten emmeyi reddedecektir. O zaman başka sebepler arayın.

**GAZ SANCILARI:** Bebekler süt içerken biraz hava yutarlar. Bu hava onları rahatsız eder. Biberonla beslenen bebeklerde daha fazla görülmesine rağmen anne sütü alan bebeklerde de görülür. Bazen annenin sütü de gaz oluşumuna sebep olabilir. Anne yediği besinlere dikkat etmelidir. Baklagiller, lahana gibi çok gaz yapıcı besinlerden kaçınmalıdır. Ayaklarını üşütmemelidir. Çok gazı olan bebeklerde denenecek bazı yöntemler vardır. İlk yapacağınız şey beslenme aralarında ve sonunda bebeğinizin gazını çıkartmaktır. Bunu birkaç şekilde yapabilirsiniz:

1) Omzunuza bir bez serin (gazını çıkartırken az miktar da olsa kusabilir). Bebeğinizin başı omzunuza gelecek şekilde kucağınıza alın. Sırtını sıvazlayın veya hafif hafif vurun. Zamanla alışacağınız "gark" sesini duyacaksınız. Eğer bebeğiniz halinden memnunsa geğirme sesini beklemenize gerek yok.

2) Yüzü yana bakacak, midesi bir bacağınızda olacak şekilde dizlerinize yatırın. Bir elinizle bebeğinizi tutarken, diğeriyle sırtını sıvazlayın.

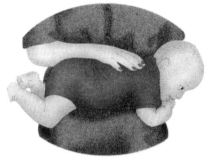

3) Biraz daha büyüdüğünde kucağınıza oturtup, sırtına vurarak gazını çıkartabilirsiniz. Sizin bebeğiniz

çok gazlı olabilir. Ya gazını çıkartamıyor veya çıkarttığı gaz rahatlamasına yetmiyordur. Doktorunuzla bu konuyu konuşun. Rahatlaması için bir ilaç verebilir. Bunun haricinde yan etkisi olmayan şu önlemleri de alabilirsiniz:

• Bebeğinizin ayaklarını ve vücudunu sıcak tutun.

• Gaz sancısı olduğu zaman ılık bir havluyu karnına koyun.

• Ihlamur, papatya gibi bitki çaylarıyla rahatlamasını sağlayabilirsiniz.

• Gaz sancıları akşamüzeri başladığından, ek gıdalara geçtiğinizde, vereceğiniz gıdayı sabah veya öğle saatlerinde deneyin. Hangi gıdanın gaz yaptığını deneyerek öğrenip, o gıdaya geçmek için biraz daha bekleyin.

• Bebeğiniz gaz sancısından dolayı ayaklarını karnına çekerek, acı çeker gibi ağlar. Bebeğinizi hareket ettirmeniz de işe yarayacaktır.

**ALTINI KİRLETMİŞ:** Çoğu bebek altlarının ıslak olmasından dolayı rahatsızlık duymaz. Fakat altını kirletmiş ve bu da pişiğe sebep olmuşsa, canı yandığından dolayı ağlayabilir. Ağlama sebebi açlık veya gaz sancısı değilse altını kontrol edin. Kirlenmişse temizleyin.

**HASTALIK:** Bebeğinizin ağlama sebeplerinin arasında yer alır. Normalden daha farklı ağlayabilir. Burnu tıkalı olduğu için ememez veya ateşi olabilir. Bebeğinizde olağandan farklı bir şey görüyorsanız, vakit geçirmeden doktorunuza başvurun.

**AŞIRI YORGUNLUK:** Aşırı yorgun ve uykusuz olduğundan dolayı uyuyamayabilir. Yahut düzeni bozulmuştur. Bu onda ağlamaya sebep olur. Eğer uyutamıyorsanız, hava güzelse bebek arabasına koyup dışarıda gezdirin veya araba koltuğuna koyup araba gezintisi yaptırabilirsiniz.

**SİZİN RUH HALİNİZ:** Bebeğinizi çok çabuk etkiler. İçeride misafir varken telaşla bebeğini uyutmaya çalışan anne, genelde başarılı olamaz. Yorgun ve sinirli olmanız da bebeğinizi etkiler. Bebeğinize yaklaşırken daima sakin olmalısınız. Yumuşak ve sevecen hareketlerle bebeğinizi yatıştırabilirsiniz.

**KALABALIK:** Yalnız büyümüş bir bebek kalabalıktan hoşlanmayabilir. Bir yere gittiğinizde veya size birileri geldiğinde, kalabalık, gürültü ve karmaşa bebeğinizi tedirgin edebilir. Bebeğinizi sessiz bir odaya götürün ve orada sakinleştirmeye çalışın.

# SIK RASTLANAN ÇOCUK HASTALIKLARI

Yeni doğan çocuğunuzla birlikte hastalıklardan haberdar olmanızın zamanı geldi demektir. İlk aylarda bebeklerin birçoğu çeşitli hastalıklara yakalanırlar. Vücut dirençlerinin az olmasından dolayı, çevreden aldıkları virüslerle baş edemezler. Büyüdükçe vücut dirençleri artar ve çeşitli hastalıklarla baş edebilirler. Sık görülen hastalıklara karşı çocuğunuzu aşılatarak, öksüren ve soğuk algınlığı olan kimselerden uzak tutarak ve iyi beslenmesine dikkat ederek hastalıklardan korunma tedbiri alabilirsiniz. Ağır birçok hastalığın yanı sıra, minik hastalıklarla karşı karşıya kalan çocuğunuz için panik yapmanıza gerek yok. Hastalıklara yakalandıkça (ağır ve yorucu geçmemişse) çocuğunuzun bağışıklık sistemi de güçlenir. Ancak çocuklarda bu tür minik hastalıkların önemli olmasının sebebi, hasta olduklarında iştah azalması görüldüğü içindir. İştahı azalan çocuk, vücut direnci için gerekli besinleri alamaz ve hastalığı uzun sürer.

Bu bölümde bazı önemli çocuk hastalıklarına değinilecektir. Hastalıkların belirtileri, bulaşma şekilleri, koruyucu tedbirler, hasta çocuğa nasıl yardımcı olabilirsiniz ve ne zaman doktora başvuracağınıza ait bilgiler verilecektir. Doktor tedavisi gereken hastalıkların tedavisini, bu kitaba bakarak evde yapamayacağınızı bilmeniz gerekir. Hastalıklarla ilgili bu kısmı, ancak belirtileri fark etmeniz ve iyi bir gözlemle çocuğunuzun hastalığını takip etmeniz için kullanabilirsiniz.

Yeni doğmuş bebeğinizin (özellikle ilk bebeğinizse), hasta olup olmadığını anlamanız güç olabilir. Bebeğinizde normal olmayan bir durum fark ettiğinizde hasta olduğundan şüphe etmelisiniz. Yeni doğan bebeklerde hastalık çok çabuk ilerlediği ve mikrobik hastalıklar tehlikeli durumlara yol açabildiği için, işinizi şansa bırakmayıp hemen doktora götürmeniz gerekir.

## SOĞUK ALGINLIĞI

**Belirtileri:** Ateş, halsizlik

Burun akıntısı

Öksürük, aksırık

Boğaz ağrısı

Huzursuzluk

Nezle

Çocukluk çağının en sık karşılaşılan enfeksiyon hastalıklarıdır.

Bu hastalığa neden olan çok sayıda virüs söz konusudur. Genelde soğukta kalmak ya da ayakları üşütmekle değil, boğaz ve burunda gelişen bir enfeksiyon sonucu oluşur. Kalabalık yaşama koşullarında hastalığın yayılması kolaylaşır ve sıklığı artar. Çocuklarda ve bebeklerde görülen soğuk algınlığı, yetişkinlere göre daha çok ciddiye alınmalıdır. Çünkü çocuklarda soğuk algınlığı sonucu, akciğerler ya da kulaklar çok çabuk etkilenirler. Vücut dirençleri kolayca düşeceği için bronşit ve zatürree gibi olumsuz gelişmelere neden olabilir.

# GRİP

**Belirtileri:** Yüksek ateş

Burun akıntısı

Boğaz ağrısı

Tüm vücutta ağrı

Titreme

Öksürük

Baş ağrısı

Dermansızlık ve uyku

Yüzlerce farklı tür virüsün oluşturduğu çok bulaşıcı bir hastalıktır. Belirtileri virüsün alınmasından sonraki bir ya da iki gün içinde ortaya çıkar ve hastalık 3-4 gün sürer. Çocuğunuz kendini yataktan çıkamayacak kadar halsiz hissedebilir. Soğuk algınlığı kadar uzun sürmez fakat daha ağır seyreder. Soğuk algınlığında olduğu gibi çocuklar bu hastalıktan daha fazla etkilenirler. Vücut dirençleri düştüğünden bronşit ve zatürreeye yakalanma olasılıkları vardır.

Bu tür hastalıkların özel bir tedavisi yoktur. Antibiyotiklerin faydası olmaz, aksine hastalığın uzamasına yol açabilir. Doktor tavsiyesiyle hastayı rahatlatıcı ilaçlar kullanılabilir. Dengeli beslenme ve dinlenme çok önemlidir.

Ateşin uzun sürmesi veya düştükten sonra tekrar yükselmesi, hızlı, hırıltılı ve güç nefes alması, kulak ağrısı olması ve şiddetli öksürük ilave bir enfeksiyonun işareti sayılır. Orta kulak iltihabı, sinüzit, larenjit, bronşit söz konusu olabilir. Bu durumda çocuğu hemen doktora götürmelisiniz. Doktor uygun antibiyotik tedavisi başlatacaktır.

### *Siz nasıl yardımcı olabilirsiniz?*

• Çocuğunuzun ateşini her 3-4 saatte bir ölçün. Ateşini düşürmek için parasetamol şurubu verin. Ilık süngerle vücudunu silerek ateşini düşürmeye çalışın.

- Çok aç değilse yemek yemesi için ısrar etmeyin. Bol bol sıvı içmesini sağlayın: Gece yatmadan önce süt haricinde bir şeyler içmesi, uyurken burnunun tıkanmaması açısından yararlı olur. Süt, balgam üretimini artırdığından, yatarken verilmemelidir.

- Çocuğunuzu ılık ve nemli bir odada yatırın. Kuru bir odanın havasını soluması çocuğunuzu rahatsız eder. Odanın nemini artırmak için, kaloriferin üzerine ıslak bir havlu asın, soba ile ısınıyorsanız ağzı açık bir kapla üzerine su koyun.

- Çocuğunuz bir yaşından büyükse, yatmadan önce göğsüne vicks sürebilirsiniz. Mentol kokulu bir mendili başucuna koyarak nefesinin açılmasına yardımcı olabilirsiniz.

- Çocuğunuzun uyurken rahat nefes alabilmesi için başının altını yükseltin.

- Çocuğunuzun burnunu sürekli sildiğiniz için tahriş olmuş olabilir. Burnunun kenarlarına nemlendirici bir krem sürün. Burnunu silmek için kağıt mendil kullanın ve bunları hemen atın.

- Yatmadan önce ılık bir limon suyuna bal katarak vermeniz, boğaz ağrısını hafifletip, solunum yollarını rahatlatır.

- Bol bol ıhlamur, limon ve bal karışımı verin. Eğer öksürüğü varsa, zencefili balla birlikte vermeniz faydalı olabilir. Fakat bir yaşından küçük çocuklara alerji riski oluşturabileceği için bal verilmez.

- Çocuğunuzu sigara dumanından uzak tutun. Evde sigara içmediğiniz gibi, başkalarının içmesine de izin vermeyin.

- Burnu tıkalı ise serum fizyoloji damlatarak rahatlatın. Çok fazla tıkanıklık varsa doktorunuza danışarak bir burun damlası kullanın. Burun damlaları 3 günden fazla kullanıldı mı sakıncalı olduğunu unutmayın.

• Çocuğunuz sık sık grip oluyor ve akciğerlerin etkilenmesi söz konusuysa, doktorunuza danışarak grip aşısı yaptırın.

## KULAK İLTİHAPLARI

Çocukluk çağında sık görülen hastalıklardandır. Nadiren tek başına meydana gelir. Genellikle bir üst solunum yolu enfeksiyonu sonrasında görülmektedir. Zamanında teşhis konulamayan veya yeterli tedavi edilmeyen orta kulak iltihabı öğrenme ve konuşma güçlüğü yaratacak derecede işitme kaybına yol açabilir.

### Orta Kulak İltihabı

**Belirtileri:** Kulak ağrısı, kulak akıntısı,

işitme bozukluğu, yüksek ateş,

huzursuzluk, iştahsızlık, kusma, ishal.

Çocuklarda genellikle üst solunum yolu enfeksiyonları sırasında ortaya çıkar. Özellikle ilk 1 yaş içinde oluşan orta kulak iltihabı tekrarlamaya meyillidir. Sık tekrarlayan orta kulak iltihaplarında sıvı toplanması görülebilir. Bu, iyileşmenin gecikmesine neden olabilir. Küçük bebeklerde aşırı huzursuzluk, uyuma bozukluğu, ağlayarak uyanma sık görülmektedir. Daha büyük çocuklarda kulakta tıkanıklık hissi, uğultu, işitme azalması, ağrı ön planda olmaktadır.

Sıvı birikimi olan orta kulak iltihabında, tedaviye rağmen olay 6-8 hafta devam edebilmektedir. Bu durumda doktor, iğne ile kulak zarını delerek toplanan sıvıyı boşaltır.

Bakterilerle olan orta kulak iltihaplarında, uygun antibiyotik başlanmalı, ateş ve şiddetli ağrının 48 saatten fazla sürdüğü durumlarda parasentez (iğne ile kulak zarının delinmesi) düşünülmelidir. Orta kulak iltihabında 10-15 gün antibiyotik uygulanıp, sonunda kontrol muayenesi yapılmalıdır. Sık sık orta kulak iltihabı geçiren çocuklara, solunum yolu enfeksiyonlarının sık görüldüğü aylarda koruyucu antibiyotik tedavisi uygulanabilmektedir. Bu, birkaç ay devam edebilir. Yine de tekrarlama olursa, tüp takılmalıdır.

### Siz nasıl yardımcı olabilirsiniz?

- Çocuğunuzun kulak ağrısını hafifletmek için, termoforu ısıtıp bir havluya sardıktan sonra ağrıyan kulağını bunun üzerine dayamasını sağlayın. Daha küçük çocuklarda, sadece ısıtılmış havlu yeterlidir.

- Çocuğunuzun ateşine bakın. Ateşi ve ağrısı varsa uygun dozda parasetamol şurubu verin. Ateşini düşürmeye çalışın.

- Çocuğunuzun kulağından akıntı geliyorsa kulağının içine bir şey sokmayın. Temiz bir mendil serip, hasta kulağının üzerine yatırarak akıntının boşalmasını sağlayın.

- Çocuğunuz kulak ağrısından şikayet ediyorsa, kulağından akıntı geliyorsa derhal doktorunuza gösterin.

- Korunmak için: Soğuk havalarda çocuğunuzun kulaklarını sıcak tutun. Üst solunum yolu enfeksiyonu sırasında burundaki tıkanıklığı gidermek için serum fizyolojik veya mentollü pomatlar kullanın. Böylece genizdeki akıntının kulağa geçmesini engellemiş olursunuz.

- Bol bol sakız çiğneyerek yutkunmasını sağlayın.

## Dış Kulak İltihabı

**Belirtileri:** Dış kulakta aşırı ağrı,
kaşıntı söz konusu olabilir.
Dış kulak yolunda aşırı ödem (şişlik),
akıntı görülebilmektedir.

Dış kulak yolu, yağ bezlerinin salgıları, döküntü hücrelerden oluşan koruyucu bir tabaka ile örtülmüştür. Kulağın fazla ıslak kalması ( yüzme, fazla nemli hava), kulak yolunun aşırı kuruluğu, kulak karıştırma, kulağa yabancı cisim sokma gibi durumlarda dış kulak yolu iltihabı gelişebilmektedir.

*Siz nasıl yardımcı olabilirsiniz?*

• Kulağındaki ağrıyı gidermek için doktorunuzun önerdiği dozda parasetamol şurubu verin.

• İltihap olan kulağına banyo sırasında kesinlikle su kaçırmayın. İltihap geçene kadar yüzmesine izin vermeyin.

• En kısa zamanda doktorunuza danışın. Doktorunuz dış kulak iltihabı için kulak damlası veya antibiyotik önerebilir.

## BRONŞİT

**Belirtileri:** Ateşi yükselir. Kuru kısa süreli balgamsız, bazen nöbetler şeklinde bir öksürük başlar. Bu öksürük giderek, sarı veya yeşil balgamlı öksürüğe dönüşür. Solunum zorluğu, hızlı ve hırıltılı bir solunum (dakikada 40-50 soluk), iştahsızlık, dudaklarda ve dilde morarma, öksürükle kusma görülebilir. 5-10 gün içinde öksürük azalmaya başlar ve düzelir. Özel bir tedavisi yoktur. Birlikte iltihabi bir durum yoksa antibiyotik gerekmez.

Akut bronşit viral bir üst solunum enfeksiyonunu takiben gelişebilmektedir. Bir soğuk algınlığı veya nezleyi takiben, nefes borusu veya bronşlarda (akciğerlerdeki hava kanallarında) görülebilmektedir. Çeşitli virüsler sebep olabilir. Ayrıca boğmaca, kızamık, kızıl gibi enfeksiyonlar sırasında bronşit gelişebilmektedir.

*Siz nasıl yardımcı olabilirsiniz?*

• Çocuğunuz soluk vermede zorluk yaşıyor ve hırıltılı bir şekilde soluyorsa, balgamlı veya nöbetler şeklinde öksürüğü varsa derhal doktorunuza götürün.

• Doktor iltihabi bir durum varsa antibiyotik tedavisi verir. Yoksa balgam sökücüler vererek balgamın öksürükle birlikte atılmasını kolaylaştırır.

- Küçük çocuklar çıkardıkları balgamı yutarlar. Balgam çıkartmasını kolaylaştırmak için çocuğunuzu yüzü koyun, baş aşağı gelecek şekilde dizlerinize yatırın. Sırtına vurarak balgam çıkartmasını sağlayın. Çocuğunuzda balgam varsa, öksürük kesici ilaç vermeyin ki, balgamını öksürükle atabilsin.

- Çocuğunuza rahat bir ortam sağlayın. Yatarken başını yükseltin. Evin herhangi bir odasında dahi sigara içmeyin.

- Çocuğunuzun ateşi varsa düşürmeye çalışın. Bol bol sıvı almasını sağlayın.

- Çocuğunuzu hastalığı geçene kadar güneşe çıkarmayın. Oda sıcaklığını da çok yüksek tutmayın. Sıvı kaybına sebep olabilir.

- Sık sık bronşit geçiren çocuklarda yabancı cisim, alerji, solunum yolu anormallikleri araştırılmalıdır.

- Çocuğunuzun bronşiti sırasında ıhlamur, ada çayı, hatmi çiçeği, badem yağı, hardal gibi bitki çaylarını vermenizde fayda vardır.

## BRONŞİYOLİT

**Belirtileri:** Hızlı solunum (dakikada 60 soluktan fazla), hışıltı, nefes darlığı, huzursuzluk, beslenmede zorluk, uyku hali.

Bronşiyolit, akciğerlerin en küçük hava yollarında daralmaya neden olan iltihabi bir durumdur. Genellikle 1 aydan büyük ve 2 yaştan küçük çocuklarda, en sık olarak da 6 ay civarındaki bebeklerde görülmektedir.

Hastalık nedeni genellikle virüslerdir. Kış ve ilkbahar aylarında sık görülür. Bronşlarda darlık, salgı artması sonucu önce nefes vermede zorlanma olur. Belirgin nefes darlığı olanlara oksijen verilmelidir. Soğuk buhar uygulaması yararlı olmaktadır. Beslenmesi bozulan çocuklara serum takılmalıdır. Bunun üstüne başka bir enfeksiyon gelişmezse, birkaç gün içinde rahatlama olur. Bazı vakalarda iyileşme 3 hafta kadar gecikebilir.

### Siz nasıl yardımcı olabilirsiniz?

• Çocuğunuzda soğuk algınlığı veya öksürükten sonra durumunda olumsuz bir gelişme görürseniz, derhal doktorunuza götürün.

• Evde kesinlikle sigara içmeyin, içirmeyin.Çocuğunuzun sık aralıklarla bol bol sıvı içmesini sağlayın.

• Çocuğunuz bir kez bronşiyolit geçirmişse viral enfeksiyona yakalanmaması için mümkün olduğunca az kişiyle temas ettirmeye çalışın. Misafirliğe giderken veya misafir ağırlarken gripli, nezleli birisinin olmamasına dikkat edin. Evden birisi grip veya nezle olacağını hissederse derhal maske kullanmalıdır. Çünkü bronşiyolit gerçekten çok ağır bir tablodur. Çocuğunuzun böyle bir duruma bir daha yakalanmaması için elinizden geleni yapmalısınız.

## ÖKSÜRÜK

Bir hastalık belirtisi olabileceği gibi, boğazda veya solunum yollarındaki tahriş edici bir maddeye karşı tepki de olabilir. Öksürük, akciğer enfeksiyonlarındaki veya solunum yollarındaki balgamın sökülmesini sağlar. Kuru gıcıklı öksürük, pek ciddi bir sorun olmamakla birlikte, nedeni her zaman bilinemez. Soğuk algınlığı sırasında burun akıntısının geriye giderek solunum borusunu tahriş etmesinden dolayı olabilir. Vücudun ana soluk borusuna yabancı bir cisim kaçmışsa bunun atılmasına yönelik bir çaba olarak da kuru öksürük görülebilir. Çocuğun çevresinde sigara içiliyorsa, sigara dumanı, çocuğun solunum yollarını tahriş ederek kuru öksürüğe sebep olabilir. Kulak enfeksiyonları da kuru öksürüğe yol açabilir.

### Siz nasıl yardımcı olabilirsiniz?

• Eğer öksürük balgamlı bir öksürükse, kesinlikle öksürük şurubu kullanmayın. Bu durumda öksürüğün kesilmesi değil, öksürükle birlikte balgamın sökülüp atılması önemlidir. Öksürürken çocuğunuzu yüzükoyun olarak dizinize yatırın, sırtına hafif vurarak balgamın çıkmasına yardımcı olun.

• Durup dururken bir kuru öksürük başlamışsa, boğazına yabancı bir cismin kaçıp kaçmadığına bakın. Eğer kaçmışsa çıkarmaya çalışın veya bir sağlık kuruluşuna götürün.

• Geceleri öksüren çocuğunuzun yastığının altına destek koyarak dik yatmasını sağlayın. Sümüğün boğazından aşağılara kayarak tahrişe yol açmasını da engellemiş olursunuz. Yüzükoyun veya yan yatırmak da tahrişi önler.

• Öksüren çocuğunuzun odasını sürekli nemli tutun. Yanında bir çaydanlık su kaynasın veya bir camı hafif aralık bırakarak odanın havasının kurumasını önleyin. Odayı fazla ısıtmayın.

• Çocuğunuzun yanında kesinlikle sigara içmeyin. Çocuğunuzun girmediği, evin herhangi bir odasında dahi sigara içmeyin. Sigara dumanı hava zerrecikleriyle çocuğunuzun yanına taşınır ve onu rahatsız eder.

• Yatmadan önce çocuğunuzun boğazını yumuşatmak için ılık bir şeyler verin. Süt salgı oluşumunu artırdığı için 6 aylıktan büyükçocuklara süt vermeyin. 18 aylıktan büyükçocuklar içinbirkaçdamla ılık su içinde eritilmiş bala limon suyu katarak hazırlayacağınız içeceği verebilirsiniz.

• Çocuğunuzun öksürüğü 3-4 gündür devam eder, çocuk öksürükj yüzünden uyuyamazsa, öksüren çocuğunuz 6 aylıktan küçükse, boğazına kaçan cismi çıkartamamışsanız, çocuğunuz boğulurcasına öksürüyorsa, hızlı, sesli ya da zorlukla soluyorsa hemen bir doktora götürün.

## ATEŞ

Vücudun normal sıcaklık derecesi 36-37,5 derece arasındadır. Bunun üzerindeki ısıya yüksek ateş denilir. Gün içerisinde çocuğunuzun vücut ısısının yükseldiği zamanlar olabilir. Hareketli oyunlardan sonra vücut ısısı artacaktır. Bir miktar dinlendikten sonra herhangi bir azalma olmuyorsa, ateşi var demektir.

Çocukluk çağında çok sık karşılaşılan bir belirti olan ateş, savunma sisteminin bir reaksiyonudur. Ateş kendi başına bir hastalık değildir. Ancak başka bir hastalığın belirtisidir. Aniden yükselen ateş 1 -5 yaş arasındaki çocuklarda havale geçirmeye yol açabilir.

Yanağınızla alnına dokunduğunuzda veya alnını ve kulak arkasını öptüğünüzde sıcaklık geliyorsa, çocuğunuzun ateşini bir dereceyle ölçmeniz gerekir. Bebek olan her evde ateş ölçmek için bir derece bulundurmak gerekir. Derecenin en kolay okunur olanını seçin. Bebeklerde (1 yaşına kadar) ateş ölçümü popodan yapılır. Termometrenin üzerine biraz nemlendirici krem sürüp 1 -2 dakika kadar rektumda bekletin. Bebeğinizin ayak bileklerini sıkıca tutmanız gerekir. Termometreyi aldığınızda 38 dereceyi gösteriyorsa ateşi var demektir.

Biraz büyük çocuğunuzda termometreyi dilinin altına koyarak da ateşini ölçebilirsiniz. En az 3 dakika beklemeniz gerekir. Dilaltı ölçümlerinde, civalı termometre kolayca kırılabileceği için sayısal termometre tercih edilmelidir. Termometre 38 dereceyi gösteriyorsa ateşi var demektir.

En iyi ve kullanımı en fazla olan yöntem koltuk altından ateş ölçme yöntemidir. Civalı termometreyi koltuk altına koyun, 3-4 dakika bekledikten sonra alın. Koltuk altı ölçümü gerçek vücut sıcaklığından 0,6 derece daha düşüktür. Bunun için termometre 37,5 derecenin üzerinde gösteriyorsa ateş var demektir.

Çocuğunuzun ateşini 20 dakika ara ile tekrar ölçün. Yine yüksek bulursanız, ateşini düşürmek için harekete geçin. Yüksek ateş bir hastalık belirtisi olduğundan, ateşin düşürülmesi tedavi anlamına gelmez. Esas hastalık tespit edilerek uygun tedavi verilmelidir. Ateş vücudun bir savunma mekanizmasıdır. Mikroplara karşı vücudun direncini yükseltir. Çocuğun genel durumunu, sıvı dengesini, uyku huzurunu bozmayan hafif ateşlerde, ateş düşürücü kullanılmamalıdır. Henüz ateş yokken, ateşi çıkmasın diye ateş düşürücü kullanmak da yanlıştır, hastalığın tanınmasını güçleştirir. Ateş düşürücü kullanılmış ve ateş düşmüşse, ateş çıkana kadar ateş düşürücüye devam edilmemelidir. Sık aralıklarla ve fazla dozda kullanılan ateş düşürücü zehirlenmelere yol açabilir.

### Siz nasıl yardımcı olabilirsiniz?

- Çocuğunuzun ateşi yüksekse, titreme ve üşüme olsa bile üzerini örtmeyin. Birden yükselen ateş havaleye neden olabilir.

- Çocuğunuzun ateşi düşerken terleyip su kaybeder. Bunun için bol bol sıvı gıdalar verin.

- Çocuğunuzun ateşi 38 derecenin üstündeyse, önerilen dozda parasetamol şurubu verin.

- Çocuğunuzun alnına soğuk veya nemli bir havlu koyun.

- Çocuğunuzun ateşi 39,5 dereceden yüksekse ılık su ile banyo yaptırın veya ılık suya batırılmış süngerle vücudunu silin. Kesinlikle soğuk su kullanmayın. Her beş dakikada bir ateşini ölçün.

- Hiçbir zaman alkol veya sirkeli su kullanmayın. Çocuğunuz bunları teneffüs edebilir ve zararlı sonuçlara yol açabilir.

- Çocuğunuzun ateşi 39,4 dereceden yüksekse (1 yaşın altındaki bebekler için 38,3 derece) ve 24 saattir ateşi varsa hemen doktorunuzu arayın.

## ATEŞLİ HAVALE

**Belirtileri:** Çocuk havale geçirirken bilincini kaybeder, gözlerini bir noktaya sabitler. Dişleri kilitlenir; ağız, yüz, kol ve bacaklarda art arda kasılmalar, morarma görülebilir. Daha sonra kollarını ve bacaklarını birkaç dakika süreyle ritmik uzatıp çekip büker. Havale başlarken çocuk çığlık atabilir. Havale esnasında çiş veya kaka yapabilir. Havale sonunda çocuk dalgın olabilir ve uyumak isteyebilir.

Aniden yükselen ateşin beyne yaptığı etkiyle çocuklarda havale nöbetleri olabilmektedir. Ateşli havale 6 ay-6 yaş arası çocuklarda görülebilmektedir. Bunun haricindeki yaş gruplarında görülen havalenin sebebi ateş değildir. Menenjit, epilepsi, zehirlenme gibi önemli hastalıklar araştırılmalıdır. Ateşi yükselen her çocuk havale geçirmez. Ancak bir defa havale geçiren çocuğun daha sonraki ateşlenmelerinde havale geçirme ihtimali daha yüksektir. Bazı ailelerde bu hastalığa daha sık rastlanır. En sık rastlanan havale nedeni grip gibi ateşli hastalıklardır.

### Siz nasıl yardımcı olabilirsiniz?

- Havale geçirmekte olan bir çocuğa yapılacak en iyi yardım, çocuğun rahat solunum yapmasını sağlamaktır. Havale geçirme esnasında çene kaslarının kasılması, dilini ısırıp kanatması, bazen ağzında biriken köpükler çocuğun solunumunu güçleştirmektedir. Çocuğun kesici olmayan bir şeyle ağzı aralanarak, ağız boşluğu temizlenir, ağız açık tutulur.

- Havale geçiren bebek ya da küçük çocuksa, dizlerinizin üzerine yatırarak, dilinin arkaya kayıp nefes borusunu tıkamasını önleyebilirsiniz.

- Çocuğunuzu havale geçirirken bir an bile yalnız bırakmayın. Çocuğunuzun düşmesi ve çarparak yaralanmasını önlemek için etraftaki eşyaları kaldırmalısınız.

- Çırpınma hareketleri bittikten sonra, çocuğunuzu yan çevirin, solunum yollarını dilinin ve tükürüklerinin kapamasını önlemiş olursunuz.

- Bu esnada çocuğunuzun ateşinin düşürülmesine çalışın. Giysilerini çıkartın; koltuk altı, boyun, kasık, alın bölgelerine ıslak bezler koyun veya ıslak bir süngerle vücudunu silin. Bir süre sonra havale genellikle durur, çocuğunuz gevşer ve uykuya dalar.

- 20 dakika süren bir havalenin herhangi özel bir ilaçla durdurulması gerekir. Eğer çocuğunuzda havale 15 dakika içerisinde geçmemişse, hemen bir sağlık kuruluşuna götürün. Eğer kısa sürmüşse havale bittikten sonra gerekli teşhis ve tedavinin yapılması için yine bir sağlık kuruluşuna götürün.

- Doktorun tavsiyesi olmadan çocuğunuza hiçbir ilaç vermeyin.

• Ailenizde ateşli havaleye yönelik bir eğilim varsa, çocuğunuz hasta olduğunda, ateşinin 39 dereceyi aşmaması için elinizden geleni yapın.

## KATILMA NÖBETİ

Genellikle zararsız bir durumdur. 1-4 yaş arası çocuklarda görülür. İstediği olmadığında, düştüğünde, canı yandığında, çok korktuğunda ağlama ile birlikte nefesini tutar, dudaklarında morarma olur. Uzun süren nefessiz dönemden sonra beyinde biriken karbondioksit, solunum merkezini uyarır ve yeniden nefes almaya başlayıp açılır.

Katılma nöbeti geçirme eğilimi olan çocukları sinirlendirmemek için verilen tavizler, bu nöbetleri azaltmaz, aksine çoğaltır. Çocuk bu özelliğini bir koz olarak kullanır.

Katılma nöbeti olan çocuklara özel bir şey yapmak gerekmez. Genelde demir eksikliği olan çocuklarda katılma nöbetleri görülür. Bunun için çocuğa kan tahlili yapılarak, kansızlık varsa tedavi edilir. Katılma nöbeti olan çocukların aileleri sakin kalmayı başarırlarsa esas tedaviyi uygulamış olurlar. Aileye bunun bir sinir krizi olduğu, havale gibi bir durum olmadığı anlatılmalıdır. Çocuğunuz katılma nöbeti geçiriyorsa, onu sarsmanın, sokağa çıkarmanın, yüzüne su serpmenin herhangi bir faydası yoktur. Sakin kalmayı başarın yeter. Çocuğunuzun çevresi ile olan ilişkilerini düzenlemek amacıyla bir çocuk psikiyatristinin yardımına başvurabilirsiniz.

## KABIZLIK

Sert ve zor dışkılamaya kabızlık denir. Çocuklarda bağırsak hareketleri çok değişkendir; kimi çocuk kakasını günde 2 kez yaparken, kimi çocuk da 2-3 günde bir yapabilir. Hep aynı düzende kaka yapan bir çocuk 2-3 günde bir de yapsa kabız demek değildir. Dışkının kıvamı sert değilse de, birkaç günde bir yapılması kabızlık değildir.

Çocuk sert kaka yaparken zorlanır. Makatta tahriş olur. Bu tahriş veya çatlak dışkılama esnasında acıya yol açar. Çocuk bu nedenle dışkılamak istemez. Bu da kabızlığı artırır. Bu şekilde bir kısır döngü oluşur.

Bebekler oturmayı ya da emeklemeyi öğrenirken ve yürümeye başlamadan önce hafif kabızlık çekebilirler. Çocuğun tuvalet eğitiminde baskıcı olmak da çocuğun kaka yapmayı reddetmesine yol açar. Bunun sonucunda da kabızlık oluşabilir.

### Siz nasıl yardımcı olabilirsiniz?

- Çocuğunuz kısa süreli kabız olmuşsa telaş etmeyin. Kesinlikle müshil ilacı vermeyin. Biberonuna şeker katmayın. Özellikle sıcak havalarda bol bol su ve meyve suyu içirin.

- Kabız olan çocuğunuzu uzun süre oturakta bekletmeyin.

- Oturakta çocuğa acele ettirmeyin. Oturağa oturmadan önce, makat çevresine biraz nemlendirici sürerseniz, kaka yapmasını kolaylaştırırsınız. Oturma banyoları da çocuğunuzun dışkı yapmasını kolaylaştırır. .

- Çocuğunuza bol bol lifli gıdalar yedirin. Lifli besinler, bağırsak hareketlerini artırarak kabızlığı giderir. Lifli besinler; taze meyve ve sebzeler, özellikle erik, kayısı, incir, üzüm, karpuz, gibi meyveler yedirin. Yeşil yapraklı sebzeler ve az haşlanmış karnabahar, kereviz ve pırasa verebilirsiniz.

- Kabız olan çocuğa bazı besinleri yasaklamak gerekir. Bunların arasında süt en önemlisidir. Kabızlığı olan bir çocuk süt içmemelidir. Ancak sabahları aç karnına ballı süt veya içine kuru inciri sekize bölerek kaynattığınız sütü vermenizde fayda vardır. Şeker, \ciklet, gofret gibi kimyasalları bol olan gıdalardan da sakınmalısınız. Saf çikolata yiyebilir. Bebe bisküvisi yerine sade bisküviyi tercih edin.

- Her gün iki çorba kaşığı keten tohumunu 12 saat suda beklettikten sonra, beklettiğiniz suyla kaynatıp çorbalarına katabilirsiniz. Bu yöntem kabızlığın tedavisi için önemli bir uygulamadır.

• Çocuğunuz kaka yaparken ağrı sızıdan söz ediyorsa, çamaşırında kan izleri varsa, karnının alt bölümünde ağrı ve sancı varsa hemen doktora götürün.

## İSHAL

Gevşek ya da sulu kakanın sık sık yapılmasına ishal denir. Kanlı ishale de dizanteri denilmektedir. Çok ağır yemekler yediğinde ya da lif açısından zengin besinleri alışkın olmadığı kadar çok yediğinde ishal, görülebilir. Bunun yanı sıra ishal, bir enfeksiyon belirtisi de olabilir. Bağırsak enfeksiyonları, bakteriler veya virüsler aracılığı ile oluşur.

İshal, su kaybına neden olur. O yüzden özellikle çocuklarda ve bebeklerde çok önemlidir. İshal tedavisinde su ve sulu gıdaların verilmesi temel kuraldır. Bulantı, kusma varsa besinler azar azar ve sık sık verilmelidir. Anne sütü alan bebeklerde anne sütü kesilmemelidir. Biberonla beslenen bebekler için ishal mamaları hazır olarak satılır. İshali geçene kadar çocuğunuza bu mamalardan vermelisiniz.

### Siz nasıl yardımcı olabilirsiniz?

• Temizlik kurallarına titizlikle uyun. Mama hazırlamadan önce ve bebeğin altını temizledikten sonra ellerinizi sabunla yıkayın. Küçük bebeğin biberonlarını ve beslenme takımlarını kaynatın.

• Bol bol sıvı almasına özen gösterin. Su ve tuz kaybının yerine konması için ishal tozları hazır bir şekilde bulunmaktadır. Bunun elde edilememesi halinde evde şu şekilde hazırlayabilirsiniz:

5 su bardağı dolusu su

2 çorba kaşığı şeker

1 çay kaşığı tuzu karıştırın.

Eğer çocuk iki yaşından küçükse her bir ishal ya da kusma başına bir çay bardağı, 2 yaşından büyükse her bir ishal ya da kusma başına bir su bardağı bu sıvıdan içirin. Bu sıvıyı birden içmesi mümkün olmayabilir. Bunun için her dakika bir tatlı kaşığı içirmeniz daha uygun olur.

- Şeftali, elma, muz gibi meyveler verebilirsiniz. Cola, fanta gibi asitli içecekler, şeker çikolata gibi tatlı ve yağlı gıdalar vermeyin. Pirinç lapası, patates püresi, yoğurtlu çorbalar da verebilirsiniz. Çay, ayva, fındık, limon da ishale iyi gelir. İshal olan büyük çocuğa süt vermeyin.

- Çocuğunuzun ishali 6 saatten uzun sürerse, dışkısında kan varsa, su kaybı belirtileri gösteriyorsa hemen doktorunuza başvurun. Çocuklarda ishal kesici ilaçlar kullanılmaz. İshalin nedeni araştırılıp, nedene göre tedavi uygulanır.

**Su kaybı belirtileri:** Ağız ve dudaklarda kuruma, idrarda koyu renk ve yoğunluk, altı saat boyunca idrara çıkmama, gözlerin çukurlaşması, bıngıldağın çökmesi, aşırı uyku hali ve halsizlik.

## KUSMA

Kusma midedekilerin şiddetle dışarı atılmasıdır. 6 aylıktan küçük bebekler yediklerinin birazını, özellikle gazla birlikte çıkartabilirler. Bu kusma sayılmaz, normaldir. Bu gibi basit kusmaların yanı sıra; bağırsak tıkanması, zehirlenme, bağırsak enfeksiyonları, orta kulak iltihapları, menenjit gibi önemli hastalıkların da bir belirtisi olabilir.

İlk 4 ay içerisinde daha fazla olarak gaz yutulmasına bağlı kusmalar, tartı kaybına neden olmayan basit kusmalar olabilir. Bunun yanında doğumdan sonraki haftalarda, bilhassa 2-3. haftalarda başlayan fışkırır tarzdaki kusmalar, mideden bağırsağa geçişteki darlıktan kaynaklanabilir.

Bol miktarda, bazen safralı kusmalar ciddi kusmalardır, nedenleri araştırılmalıdır. Kusmaya neden olan hastalıkların diğer belirtileri de göz önüne alınmalıdır. Uzun süren kusmalarda yemek borusunda bir anormallik, mideden göğüs içine fıtıklaşma gibi nedenler söz konusu olabilir.

### Siz nasıl yardımcı olabilirsiniz?

- Çocuğunuzu kucağınıza alıp başını kabın üzerinde tutarak kusmasına yardımcı olun.
- Çocuğunuza bol bol sıvı içirin ama sakın süt vermeyin. İshalli çocuklara hazırlanan tuz-şeker eriğinden her saat başı içirin. Sık sık ve azar azar sıvı verin.
- Ateşi olup olmadığına bakın. Ateşi varsa düşürmeye çalışın.
- Nane tozu, limon-şeker-su karışımı içirebilirsiniz.
- Çocuğunuz 6 saattir sürekli kusuyorsa ve halsiz görünüyorsa, yeşilimsi sarı renkli kusmuk çıkarıyorsa, su kaybı belirtileri gösteriyorsa, buna ishal ve 39 derece ateş de eşlik ediyorsa hemen doktorunuza başvurun.

## İDRAR YOLLARI İLTİHABI

Bebeklerde aşırı huzursuzluk, beslenme bozukluğu, kusma, ishal, ateş, uyku bozuklukları, kilo alamama gibi durumlarda idrar yolu iltihabı da düşünülmelidir.

Boşaltım sistemi organlarından herhangi biri, böbrekler, idrar torbası ya da bunlar arasındaki kanallar, bakteriler nedeniyle iltihaplanabilir. Büyükçe çocuklar, sık idrar yapma, idrar yaparken ağrı, yanma gibi şikayetlerde bulunabilirler. İdrarın pembe renkli ya da bulanık olması, idrar kokusunda değişiklik, ateşin yükselmesi, halsizlik, iştah kaybı, karın ağrısı, yatağını ıslatmayan çocuğun tekrar yatağını ıslatması gibi belirtiler görülebilir. Kız çocuklarında idrar yolu enfeksiyonu daha sık görülmektedir.

Erkek çocuklarda 1, kız çocuklarda 2 veya daha fazla idrar yolu iltihabı geçirme halinde, böbrek, idrar kesesi ve idrar yolları incelenmelidir. Darlık, taş, idrar kesesinden geriye kaçış veya yapısal anormallikler olabilir. Bunların erken tespit edilip tedavisi yapılmalı, koruyucu tedbirler alınmalıdır. Aksi halde böbrek yetmezliğine kadar ilerleyen sonuçlar olabilir.

**Siz nasıl yardımcı olabilirsiniz?**

- Küçük çocuğunuz hasta görünüyorsa, büyük çocuğunuz sık sık idrara çıkıp idrarını yaparken ağrı ve sızıdan yakınıyorsa, idrarını kontrol edin. Bulanık, renkli ve kötü kokulu olup olmadığına bakın.

- Çocuğunuza bol su içirin, böylelikle böbrekler çalışıp iltihabı atabilir.

- Arpa ve mısır püskülü çayı da iyi gelebilir.

- Çocuğunuz idrarını yaparken ağrı ve sızıdan şikayet ediyorsa, idrar yolu iltihabı geliştiğinden şüphe ediyorsanız hemen doktorunuza baş vurun. Doktor idrar tahlili ve kültürü yaparak teşhis koyup, uygun antibiyotik tedavisi verir. İdrar yolu enfeksiyonlarında tedavi süresi biraz uzun tutulmaktadır. Doktorunuzun söylediği süreyi tamamlayın.

## ERKEK ÇOCUKLARDA GENİTAL SORUNLAR

Erkek bebeklerde sık görülen bir durum, sünnet derisinin yapışık olması, darlık olması veya sünnet derisi altında smegma denilen salgı maddesinin birikmesidir. Bu durum bebeğin idrar yapmasına zorluk çıkartmıyorsa herhangi bir operasyon yapılmaz. Bir sıkıntı veya enfeksiyon söz konusu olursa, cerrahi girişim veya erken sünnet önerilebilir.

Bazen karşılaşılan diğer bir anormal durum, idrar yapılan deliğin normal yerinde olmaması veya birden çok delik bulunmasıdır. Bu durumda mutlak doktor takibi gerekir. Rastgele sünnet yaptırılmamalıdır. Çünkü anormal deliğin onarımında sünnet derisi kullanılmaktadır.

*Oğlunuzun sünnet derisi iltihaplanırsa ne yapabilirsiniz?*

- Altını her değiştirdiğinizde sabun kullanmadan yıkayıp iyice kurulayın.
- Deterjansız bir temizleyici kullanın ve bebeğin bezleriyle iç çamaşırlarını iyice durulayın.
- Oğlunuzun sünnet derisinde kızarıklık ya da şişme görürseniz hemen doktorunuza başvurun.

## Sünnet

Müslüman ve Yahudilerde sünnet, dini bir vecibe olarak uygulanır. Avrupa ve Amerika gibi ülkelerde ise, kanserden koruyucu etkisi sebebiyle sünnet yaptıranlar vardır.

Sünnet yaptırmanın bir alt ve üst sınırı yoktur. Fakat çocuk ne kadar küçük sünnet ettirilirse, bilinçaltı o kadar az etkilenecektir. 2 yaşına kadar sünnet olan bir çocuk, olan bitenin farkına varmaz. İlk gün çok ağrılı olur, çocuk çok ağlar fakat ufak yaşta iyileşme çok daha çabuk olur. 1,5-2 yaşından sonra çocuk, olan biteni anlamaya başlar. Ne kadar acımayacak deseniz bile, bunu gözünde büyütecektir. Üstelik başka şeyler de kurabilir. Hepsini mi kesecekler diye düşünebilir. Sünnet olmuş arkadaşlarının penisini görmek isteyebilir. Her şeye rağmen olayı tam olarak kavrayamadığı için, sünnet onun kabusu olur.

Eğer 2 yaşına kadar çocuğunuzu sünnet ettirmemişseniz, ikinci uygun dönem 6 yaş civarıdır. Çocuk daha anlayışlı ve bilinçli olur. Bir zarar gelmeyeceğini anladığı gibi, sünnetin ne olduğunu da iyice anlamış olur. Okul çağına kadar sünnetin yapılması, arkadaşlarının arasında alay konusu olmaması açısından önemlidir.

Sünnetten sonra çocuk, kanama yönünden takip edilmelidir. İlk gün kısa süreli, hafif kanamalar çok ciddi olmayabilir. Ancak az az da olsa sürekli bir kanama önemsenmelidir. Böyle bir durum varsa, hemen doktora başvurulmalıdır.

## KIZ ÇOCUKLARINDA GENİTAL SORUNLAR

Kız bebeklerde görülebilen bir anormal durum; bağırsaktan genital organa fistul oluşması sonucu, idrarla karışık dışkı gelmesidir. Tedavisi ameliyatla gerçekleştirilebilir. Genital organda yapışıklık söz konusu olabilir. Tıbbi tedaviyle düzelmezse, cerrahi uygulanarak düzeltilir.

Bunun yanı sıra, küçük kız çocuklarda pişik, mantar ya da kıl kurdu nedeniyle vajina tahriş olabilir. Vajinadan kanlı ya da kokulu bir akıntı geliyorsa, kızınız vajinaya bir şey sokmuş olabilir. (Yeni doğmuş kız bebeklerde ilk birkaç gün kan veya akıntı gelmesi normaldir. Daha sonra ergenliğe kadar olan dönemde akıntı gelmesi normal değildir.)

*Siz nasıl yardımcı olabilirsiniz?*

- Kızınızın altı tahriş olup kızarmışsa, ıslak mendil veya sabun kullanmayın. Yalnızca suyla yıkayıp, kurulayın. Kız çocuğunuzun temizliğini her zaman için önden arkaya doğru yapın.

- Vajinasından akıntı geliyorsa, içine bir şey sokup sokmadığını araştırın. Eğer içine bir şey sokmuşsa en kısa zamanda doktorunuza başvurun.

## BULAŞICI HASTALIKLAR

Artık çocukların çoğu düzenli olarak aşılandıkları için bulaşıcı hastalıklarla geçmişe oranla daha seyrek karşılaşıyoruz. Bulaşıcı bir hastalığa yakalanan çocuk, bu hastalığa karşı yaşam boyu sürecek bir bağışıklık kazandığı gibi, bazı hastalıkları geçirmek yaşam boyu bağışıklık kazandırmayabilir.

Bulaşıcı hastalıkların oluşması şu şekillerde görülür:

- Hasta birisi ile doğrudan temas,

- Hastalık etkeninin solunum yolu veya başka bir yolla çocuğun vücuduna girmesi,

- Hasta birinin kullandığı eşya, hastanın bulunduğu ortamdaki hava, tozlar, hastalık mikrobu taşıyan sinek, böcek gibi aracılar,
- Mikropla bulaşmış yiyecek ve içecekler,
- Vücut yüzeyindeki yaralar,
- Kedi, köpek, kuş gibi hayvanlardan bulaşma sonucu geçebilir.

Döküntülü çocuk hastalıklarında, çocuğun ateşi mutlaka düşürülmelidir. Ateş düşürülürse hastalık içine vurur diye bir şey yoktur. Her yüksek ateş çocuk için rahatsızlık veren bir durumdur ve havale riski taşır. Kızamık, suçiçeği, grip gibi virüslerle oluşan hastalıklarda, ateşini düşürmek için çocuğunuza kesinlikle ASPİRİN vermeyin. Parasetamollü ateş düşürücüler verin. Aspirin, Reye Sendromu denilen, ender rastlanan fakat çok tehlikeli bir hastalığa yol açabilir.

**Bulaşıcı hastalık geçiren çocuğunuzda,**

- Havale
- Baş ağrısı ya da ensede sertleşme
- Gittikçe artan halsizlik, baş dönmesi
- Kırmızı ya da mor renkli deri döküntüleri görürseniz, acil olarak hastaneye götürün.

## Kızamık

Solunum yolu ile bulaşan bir hastalıktır. Kuluçka süresi 10-14 gün kadardır. Çocuk virüsü aldıktan 1 -2 hafta sonra belirtiler görülmeye başlar.

**Belirtileri:** Ateş

Burun akıntısı

Kuru öksürük

Gözlerde çapaklanma, kanlanma, acıma ve duyarlılıkla başlar. Bu belirtilerden 2-3 gün sonra; ağzın içinde küçük beyaz benek-

ler oluşur. 40 dereceye kadar yükselen ateş, döküntülerin oluş-
masıyla düşmeye başlar. 4-5. günlerde kulak arkası ve yüzden
başlayıp, gövdeye, kollara bacaklara yayılan kırmızı döküntüler
oluşur. Yüzdeki ve boyundaki döküntüler birleşme eğilimindе-
dir. Bu nedenle yüz şiş bir hal alır. Döküntülerin oluşmasıyla ateş
düşer ve çocuk rahatlar. 6 ve 7. günlerde; döküntüler ve diğer be-
lirtiler kaybolmaya başlar. 9. günde artık bulaştırıcılığı geçmiştir.

### Siz nasıl yardımcı olabilirsiniz?

- Sık sık çocuğunuzun ateşini ölçün. Ateşi yüksekse ılık
  suya batırılmış süngerle düşürmeye çalışın. Ateş yüksek
  seyrederken çocuğunuzu çok fazla giydirmeyin. Üstünü
  örtmeyin. Aksi takdirde birden yükselen ateşle havale
  geçirebilir.

- Çocuğunuzun bol sıvı almasını sağlayın. Özellikle ateşi
  yüksekse vücudunun susuz kalmamasına dikkat edin.
  Azar azar düzenli olarak içecek verin.

- Gözleri acıyorsa soğuk suya batırılmış pamukla gözlerini si-
  lin. Loş bir odada olmak çocuğunuzun gözlerini rahatlatır.

- Kızamığın özel bir ilacı yoktur, kendiliğinden düzelir
  fakat yine de siz, tanıyı doğrulaması için doktorunuzu
  arayın. Doktorunuz kızamığı hafif geçirmek için 3 gün
  süreyle yüksek doz A vitamini önerebilir.

- Kızamık bazı önemli hastalıklara zemin hazırlayabilir.
  Döküntüden 1-2 gün sonra hâlâ yüksek ateş devam edi-
  yorsa veya ateş düştükten sonra tekrar yüksek ateş orta-
  ya çıkmışsa hemen doktorunuza başvurun. Bu durumda
  orta kulak iltihabı, zatürree, sinüzit gibi hastalıklar söz
  konusu olabilir. Bunların düzelmesi için doktorunuz uy-
  gun antibiyotikler önerecektir.

- Kızamıktan sonra baş ağrısı, dalgınlık, havale geçirme ile
  ortaya çıkabilen ensefalit söz konusu olabilir. Bu durum-
  da hasta yatırılıp takip edilmelidir.

- Kızamıktan korunmanın en iyi yolu aşılanmadır. Kızamık aşısı 9 aylık bebeklere uygulanır. Yaşından sonra tek olarak veya kızamıkçık ve kabakulak aşıları ile birlikte tekrarı yapılır.

- Kızamıklı bir çocukla temas eden kızamık aşısı olmamış bir çocuğun 1-2 gün içinde aşılanması gerekir. Aşının kuluçka süresi 7 gün, hastalığın kuluçka süresi 10 gündür. Böylece hastalık henüz oluşmadan önce aşının koruyuculuğu başlar ve kızamıktan korunulmuş olur. Ancak aradan 3 gün geçmişse aşılanma yapılmaz.

## Kızamıkçık

Hasta çocukların öksürük veya nefesinden bulaşır. Genellikle hafif seyrettiği için çocuğunuzun durumu iyi olabilir. Belli belirsiz geçirebilir. 14-21 günlük kuluçka dönemi vardır. Belirtiler virüsün alınmasından 2-3 hafta sonra ortaya çıkar.

**Belirtileri:** Hafif soğuk algınlığı belirtileri ve kulak arkasındaki, boyundaki ve ensedeki bezelerde şişme ile başlar. 2 ya da 3. günden önce yüzde başlayıp, daha sonra aşağı doğru vücuda yayılan düz, pembe renkte, lekeli döküntüler görülür. Döküntüler dağınık şekildedir. Pek birleşme göstermez. Kızamık döküntüleri daha büyük ve seyrek olmasına karşılık, kızamıkçık döküntüleri daha küçük ve sıktır. 4. ya da 5. günden sonra çocuğunuzun durumunda genel bir iyileşme görülür. 9. ya da 10. günden itibaren çocuğunuz artık bulaştırıcı değildir.

### Siz nasıl yardımcı olabilirsiniz?

- Çocuğunuzun ateşini günde en az iki kez ölçün. Ateşi yüksekse düşürmeye çalışın ve bol bol sıvı almasına özen gösterin.

- Kızamıkçık çocuklar için önemli bir hastalık değildir, fakat gebe kadınlar için çok önemlidir. Hastalığı kapan hamile annenin doğacak çocuğunda önemli bozukluklar görülebilir. Bunun için çocuğunuzun hastalığının bulaşıcılığı geçene kadar dışarıya çıkartmayın.
- Hastalığın kızamıkçık olduğunu anlayabilmek için doktorunuza danışın.
- Döküntü öncesinde 1 hafta ve döküntü sonrasında 2 hafta ibulaştırıcılık devam eder. Bazı çocuklar döküntü olmadan da kızamıkçık geçirebilirler. Bunlar da etraflarına bulaştırıcı olurlar.

## Kabakulak

Tükürük bezlerinin şişmesine neden olan viral bir hastalıktır. En fazla 2 yaşından büyük çocuklarda görülür. 1-3 haftalık kuluçka süresi vardır. Belirtiler virüsün bulaşmasından 2-4 hafta sonra da ortaya çıkabilirler.

Değişik şiddette, değişik yerlerde görülebilir. En sık kulak altı tükürük bezlerini tutar. Kulağın önündeki, altındaki, ayrıca çenedeki tükürük bezleri şişer. Tek veya iki taraflı görülebilir. Önce bir tarafı daha sonra diğer tarafı şişebilir.

Erişkin erkeklerde testisleri tutarak, şişlik, kızarıklık, ağrı yapabilir. Nadir de olsa her iki testisi tutması sonucu kısırlık oluşabilir. Pankreas bezini tutarak şiddetli karın ağrısı, kusma yapabilir.

Kabakulak geçirildikten sonra, şiddetli baş ağrısı, kusma, ateş, dalgınlık, ensede ağrı görülebilir. Bu durumda kabakulak menenjitinden söz edilir ve hastanede doktor takibinde tutulmalıdır. Özel bir tedavisi yoktur. Destekleyici tedavi uygulanır.

**Belirtileri:** Başlıca belirtileri çıkmaya başlamadan önce çocuğun durumunda genel bir kırıklık gözlenir. 1 ve 2. günlerde; ateş, şişlik, ağrı, halsizlik, iştahsızlık görülebilir. Şişlik 1 hatta içinde geriler ve kaybolur. 13. günden itibaren çocuğunuz artık bulaştırıcı değildir.

*Siz nasıl yardımcı olabilirsiniz?*

• Çocuğunuzun ateşini ölçün, eğer yüksekse düşürmeye çalışın ve bol bol sıvı almasını sağlayın.

• Çocuğunuza sıvı olarak soğuk içecekler verin. Fakat asitli içecekler vermeyin. Ağzını açarken canı yanıyorsa, içecekleri kamışla içmesini sağlayın.

• Bir termoforu ılık suyla doldurup havluya sararak veya daha küçük çocuklar için ısıtılmış havluyu yüzündeki şişliğe koyun. Bu uygulama yüzündeki şişliği azaltacaktır.

• Çocuğunuza yemek olarak da sıvı çorbalar yedirin.Ketentohumu lapası ve bal iyi gelir.

• Kabakulağın teşhisinin doğrulanması için doktorunuzu arayın.

• Kabakulak, aşı ile korunulabilen bir hastalıktır. Bir yaşından sonra, tercihen 14-15 aylıkken aşı yapılmaktadır.

## Suçiçeği

Suçiçeği çocukluk çağının çok bulaşıcı bir hastalığıdır. Çünkü virüs hava ile birkaç metreye kadar taşınabilir. Suçiçeği geçiren bir hastanın soluduğu havayı solumak bile hastalığa yakalanmaya sebeptir. Döküntü oluşmadan 2 gün öncesinden başlayan bulaştırıcılık, döküntü başladıktan sonra yaklaşık 7 gün daha sürebilmektedir. Hastaların öksürük, aksırık damlacıklarından ve kabuklaşmamış döküntülerinden bulaşma olmaktadır. Kuluçka süresi 10- 21 gün arasındadır. Hastalık 1 yaş altı bebeklerde ve 13 yaş üstündekilerde ciddi seyredebilmektedir.

**Belirtileri:** Döküntü oluşmadan önce şu belirtiler görülebilir; halsizlik, iştahsızlık, baş ağrısı, karın ağrısı, ateş. Bu belirtilerden 1-2 gün sonra döküntüler başlar. Ama genelde temastan 2-3 hafta sonra birden tipik döküntüler belirmeye başlar. Kaşıntılı, kızarık, kabarık, sonra içi sıvı dolu küçük kabarcıklar, önce göğüste, karında ve sırtta görülür. Bunlar bir taraftan kuruyup kabuklanırken, diğer taraftan yeni lezyonlar oluşur. Bu döküntülerin sıklığı 10-15 taneden, sayılamayacak olana kadar değişmektedir. Yüzde, saçlı deride, gövdede, kol ve bacaklarda, ellerde yaygın şekilde oluşabilmektedir. Döküntüler ağız ve burun içinde, genital bölgede de olabilir. En önemli vakalardan biri de hastalığın göze sıçramasıdır. Kendi kendine göze bulaşacağı gibi kaşımakla da bulaşabilir. Gözde kızarıklık, batma hissi oluştuğunda mutlaka doktora başvurulmalıdır. Göz bebeğini tutan suçiçeği vaktinde iyi tedavi edilmezse görme kaybına yol açabilir.

Bir komplikasyon gelişmemişse 5-7 gün içinde iyileşir. 11. ya da 12. günlerde bulaşıcılığı kalmaz. Çoğunlukla kendiliğinden düzelen bir hastalık olmasına rağmen suçiçeğinde birtakım komplikasyonlar da gelişebilir ve hastalık ciddi bir hal alır. En ciddi komplikasyon zatürreedir. Suçiçeği zatürreesi ölüme yol açabilir.

Suçiçeğinde ateşi düşürmek için aspirin verilmez. Aspirin verildiğinde Reye Sendromu denen, koma halinde seyreden duruma yol açabilir.

### Siz nasıl yardımcı olabilirsiniz?

• Çocuğunuzun suçiçeği geçirdiğinden şüphe ediyorsanız, en kısa zamanda doktorunuzu arayın. Doktor teşhisi doğruladıktan sonra, kaşıntıyı giderici ilaçlar, ateşi varsa parasetamol, iltihaplanma varsa uygun antibiyotik verebilir. Bazı ağır vakalarda asiklovir denilen ilaç yaygın olarak kullanılmaktadır. Bu ilaca ilk 2 gün içinde başlanmalıdır. Geciken durumlarda etkisi şüphelidir.

• Hastalık çok kaşıntılı olduğu için kaşıntı ile birlikte iltihaplanma oluşabilir. Bunu önlemek için çocuğunuzun ellerini çok temiz tutun, tırnaklarını kesin ve cildini ıslak bırakmayın. Bilhassa gözlerini kaşımamasına dikkat edin.

• Kaşıntıları azaltmak için ılık suya bir avuç yemek sodası atarak çocuğunuza banyo yaptırın. Bol pamuklu giysiler giydirerek rahat etmesini sağlayın.

• Korunma için: Suçiçeği aşısı 1 yaşından sonra yapılmaktadır. Çocuklarda tek doz aşı yeterli olmakta, büyüklerde 2 aşı gerekmektedir. Aşının koruyuculuğu %95 civarındadır. Suçiçeği geçirmekte olan biri ile karşılaşıldığında 3 gün içinde aşı olursa korunma olmaktadır.

• Hasta çocuğunuzu gebelerden ve yaşlılardan uzak tutun. Yaşlılarda zona hastalığına sebep olabilir. Gebeliğinin son günlerinde suçiçeği geçirmiş bir anneden de, suçiçekli bebek doğabilir.

## Boğmaca

Çocuk hastalıklarının içinde en tehlikelisi olan boğmaca, doğumdan itibaren hemen her yaşta görülebilir. Hasta kişilerin öksürüğünden, aksırığından bulaşır. Oldukça bulaşıcı bir hastalık olduğundan, boğmacaya yakalanan çocuğunuzu aşı olmamış çocuklardan uzak tutmalısınız. Kuluçka süresi yaklaşık 7 gündür. Hasta kişiyle karşılaştıktan sonra 2 hafta içinde hastalık belirtileri gelmemişse, bulaşma olmamış demektir. Hastalığın şiddeti değişken olabilir. Çocuk ne kadar küçükse, hastalık o kadar ciddi seyredebilir. Aşılı çocuklar, hastalansalar bile çok hafif atlatırlar.

Boğmaca hastalığı sırasında zatürree, orta kulak iltihabı, bronşektazi gibi komplikasyonlar ortaya çıkabilir.

**Belirtileri:** 3 dönem halinde görülür. Başlangıçta burun akıntısı, öksürük, gözlerde yaşarma, ateş, huzursuzluk gibi şikayetlerle başlar. Buna kataral dönem denir ve 1 hafta sürer.

2. dönem spazmatik öksürük dönemidir. Tipik boğmaca öksürüğünün olduğu dönemdir. Bir defada arka arkaya gelen 10-20 kısa ve kuru öksürük, bunun arkasından gelen derin bir nefes alma ve iç çekme (horoz öter gibi) tarzında nöbetler oluşur. Bu öksürük nöbeti sırasında hasta morarır, gözleri dışarı fırlar, dili dışarı çıkar. Hastanın alt göz kapağı şişer, gözde kızarıklık ve burun kanaması olabilir.

Öksürük nöbetleri 1-2 ay sürebilir. 3. haftadan sonra hastalığın bulaşma olasılığı azalır. Fakat iyileşme dönemi 1 yıldan fazla sürebilir. Bu dönemde başka bir üst solunum yolu enfeksiyonu gelişirse, boğmaca öksürüğü tekrarlayabilir. Boğmaca geçirmiş küçük bir çocukta 6-7 yaşına kadar her üst solunum yolu enfeksiyonu esnasında aynı nöbetler tekrar görülebilir.

### Siz nasıl yardımcı olabilirsiniz?

• Pütürlü yiyecekler öksürük nöbetini başlatabilir. Bunun için pütürsüz yiyecekleri az miktarda, sık sık verin. Mümkünse öksürük nöbeti geçtikten hemen sonra yemek yedirin.

• Çocuğunuzun çok hareketli oyunlar oynamasına engel olun. Heyecan, yorgunluk, huzursuzluk öksürük nöbetini başlatabilir.

• Çocuğunuzun yanında sigara içmeyin ve içilmesine de göz yummayın.

• Öksürük nöbeti sırasında mutlaka çocuğunuzun yanında bulunun. Gece de öksürük nöbeti geçirebileceği ihtimalini düşünerek, yalnız kalmaması için aynı odada yatın. Çocuğunuz açık havadan fayda görür.

• Öksürük nöbeti sırasında çocuğunuzu kucağınıza oturtup, hafifçe öne doğru eğin. Balgam çıkartırken tükürmesi için önüne bir kap koyun. Öksürürken kusabilir de. Daha sonra bu kabı enfeksiyon bulaşmaması için kaynar su ile yıkayın.

• Öksürük nöbetlerinden sonra çocuğunuza, yiyecek hafif şeyler verin. Kustuğu için vücudu direnç kaybedebilir.

• Çocuğunuzda boğmacadan şüpheleniyorsanız hemen doktorunuza götürün. Kesinlikle öksürük şurubu vermeyin. Doktorunuz uygun antibiyotikler, sakinleştirici, nefes açıcı ilaçlar verebilir. Antibiyotik başlandıktan birkaç gün sonra bulaşıcılığı kalmaz.

• Öksürük nöbetlerinin olmadığı sıralarda da solunum zorluğu varsa ve çocuğunuz rahatsız görünüyorsa doktora götürün. Bronşit veya zatürreye çevirmiş olabilir.

• Hastalıktan korunmada, karma aşı şeklinde 2. ayda başlayıp 3 defa, bundan 12 ay sonra 1 defa aşı uygulanır. 5 yaşından sonra boğmaca aşısı uygulanmaz.

## Tetanos

Tetanos mikrobu, genellikle açık bir yaradan vücuda girmesi ile ortaya çıkar. Mikrobun salgıladığı zehrin neden olduğu kas kasılmaları ve havale nöbetleri ile seyreden bir hastalıktır. Tetanos mikropları dış etkenlere dayanıklı olduğundan, çamur, hayvan dışkısı, sokak tozu gibi ortamlarda yıllarca yaşayabilirler. Sağlam deriden vücuda giremez. Kesik, sıyrık, yaralar, bebeklerin göbek kordonu ve tam kapanmamış göbek yarasından girebilmektedir. Kuluçka süresi 5-25 gün arasında değişir. Hastalık oluştuğunda çeşitli kaslarda kasılmalar oluşur. Hasta kaskatı kesilir. Bazen nefes borusunda oluşan spazmlar her türlü müdahaleye rağmen ölüme götürebilir. Bu nedenle korunmak çok önemlidir.

**Belirtileri:** Çene ve ağızda başlayarak, kaslarda gerilme ve kramp, boğaz ağrıları, yutma ve nefes almada güçlükler.

**Siz nasıl yardımcı olabilirsiniz?**

• Yeni doğmuş bebeğin göbek kordonu kesilirken temizliğe çok dikkat edilmelidir. Anne adayının gebeliğinde tetanos aşısı olması, bebeği de tetanostan koruyacaktır.

• Çocuğunuz yaralanmışsa, yaranın derinliğini ve kirlilik derecesini inceleyin. Yarayı derhal alkolle veya su ve sabunla temizleyin. Derin kirli yaralar oluştuğunda bir sağlık kuruluşuna müracaat edin.

• Tedavide sağlanan yeniliklere ve bütün destekleyici tedbirlere rağmen tetanos, çok ölümcül bir hastalıktır. Bunun için hastane tedavisi şarttır.

• Tetanos aşısı bebeklere 2. ayını doldurduktan sonra, karma aşı şeklinde uygulanmaktadır. 5 yılda bir tetanos aşısının tekrarlanması gerekir. Tetanos herkeste ve her yaşta olabileceğinden, her yaşta aşılanmaya devam edilmelidir. Tetanos geçiren bir hasta kalıcı bağışıklık kazanmadığından aşılanmaya devam edilir.

## Difteri

Genellikle boğazda, bademciklerde yerleşen bir mikrobun yol açtığı bir hastalıktır. 2-4 günlük kuluçka süresinden sonra, belirtileri ortaya çıkar. Bademciklerin şişmesi, boğaz ağrısı gibi belirtileri vardır. Çabuk tedavi edilmezse ilerleyebilir. Difteri mikrobunun salgıladığı zehirli madde kalp, böbrek, akciğerler, sinir sistemi gibi dokuları etkileyerek ölüme yol açabilir. Hastalık 6 aylıktan küçük bebeklerde pek görülmez. En sık 2-5 yaş arası çocuklarda görülür.

**Belirtileri:** Ateş, halsizlik, boğaz ağrısı, baş ağrısı, öksürük, boğazda tıkanıklık, yutma güçlüğü, gri yamalarla örtülü bademcikler. Burunda yerleşen difteri, kanlı, kokulu bir burun akıntısıyla kendini gösterir.

*Siz nasıl yardımcı olabilirsiniz?*

• Difteri, kendi kendine oluşan bir hastalık değildir. Bunun için salgın durumlarında gerekli önlemi almış olmalısınız.

• Çocuğunuz boğaz ağrısından yakınıyorsa, şiş olup olmadığına ve gri bir zar örtüsünün bademcikleri kaplayıp kaplamadığına dikkat edin.

• Difteriden kuşkulanıyorsanız çocuğunuzu derhal bir sağlık kuruluşuna götürün. Doktor çocuğunuzu hemen hastaneye yatırıp, güçlü antibiyotiklerle tedavisini yapacaktır.

• Çocuğunuz difteri geçiriyorsa, çocuğunuzla temas edecek kişilerin aşılı olup olmadıklarına dikkat ederek, gerekirse onları devre dışı bırakın.

• Difteri hastalığını geçiren çocuk tam bir bağışıklık kazanmaz. Bunun için çocuğa aşı uygulanmalıdır.

• Difteri aşısı, 2 aylıktan sonra karma aşı şeklinde uygulanmaktadır. Aşılama sayesinde son yıllarda görülme oranı çok azalmıştır.

## Çocuk Felci

Çocuk felci, lağımların karıştığı kirli su ve besinlerle bulaşan, K poliovirus adlı virüsün yol açtığı bir hastalıktır. Kuluçka süresi 4-35 güne kadar değişebilir. Hastalığın nasıl seyredeceği; alınan virüs miktarı, virüsün hastalık yapıcı gücü, kişinin o anki vücut direnci ile yakından ilgilidir. Bu faktörlerin etkisi ile hastalık hiç belirtisiz geçirilebileceği gibi, bir grip, bir menenjit ya da en ağır şekli olan felçlerle seyredebilir. Ateş, halsizlik, baş ağrısı, karın ağrısı, bulantı, kusma, ishal gibi şikayetlerle görülür. Bu şikayetler düzelirken, kollarda, bacaklarda değişik bölümlerde felçler boşlar. Solunum kaslarının felci ile ölüme bile yol açabilir. Hastalık, hastanın dışkısından geçer ve önlem alınmaması halinde genel bir salgın halini alır.

**Belirtileri:** 39 dereceye varan yüksek ateş, boğaz ağrısı, baş ağrısı, boğazın sertleşmesi ve burada ağrı sızı, ishal, kusma, karın ağrısı, halsizlik, genelde bacak adalelerinde nefes nefese kalmaya neden olan, göğüs adalelerinde izlenen felç hali.

*Siz nasıl yardımcı olabilirsiniz?*

- Çocuğunuzda soğuk algınlığı, bacakları oynatmada zorluk ve nefes darlığı durumu görülüyorsa, çocuk felci aşısı olmuş olsa bile derhal doktora götürün.

- Çocuk felcinin tedavisi olmadığından aşılanarak korunmak çok önemlidir. Günümüzde bu hastalık, ağızdan alınan 3 dozluk bir aşıyla tamamen ortadan kaldırılabilmektedir. Çocuk, aşıdan sonra hemen emzirilebilir. Eskiden uygulanan aşıdan sonra 2 saat beslememe metodu artık kaldırılmıştır. Çocuk felci aşısının hiçbir tehlikesi yoktur.

## Altıncı Hastalık

6 ay ile 3 yaş arasındaki küçük çocuklarda görülür. 7-17 gün kadar süren bir kuluçka dönemi vardır. Yüksek ateşle başlayan, 3-4 gün devam eden bu ateşli dönemden sonra, vücutta görülen hafif kırmızı bir döküntüyle seyreden bir virüs hastalığıdır. Döküntüden hemen önce göz kapakları şişebilir, bu, teşhis için çok önemli bir belirtidir.

Özel bir tedavisi yoktur. Kendiliğinden iyileşir. Döküntüler 1-2 gün içinde kaybolur. Dikkat edilmesi gereken husus, aniden yükselen ateşin havale geçirmeye yol açmasıdır. Takipte ateşi kontrol altında tutmak yeterlidir.

*Siz nasıl yardımcı olabilirsiniz?*

• Ateşi kontrol altına almak için ılık banyo, ılık süngerle vücudunu silme ve ateş düşürücüler kullanın.

• Virüslerle oluşan bir hastalık olduğundan, tedavide antibiyotiklerin yeri yoktur. Ancak yukarıda sayılanların haricinde komplikasyonlar durumunda doktorunuza danışın. Uygun antibiyotik tedavisi önerebilir.

## Kızıl

Çocukların önemli hastalıklarından biridir. Halk arasında "beta mikrobu" denilen bir mikrop sayesinde oluşur. Bu mikrop sadece kızıl yapmayıp çoğu kez ağır seyreden anjinlerin, nefritlerin, akut eklem romatizması ve kalp romatizmasının sebebidir.

Kızıl hastalığı 3 yaşından küçük çocuklarda nadir görülür. En sık 3-10 yaş arası çocuklarda görülür. 2-5 günlük kuluçka döneminden sonra ateş, bulantı, kusma, halsizlik, iştahsızlık şeklinde başlar. 1-3 gün içinde döküntüler oluşur. Döküntü, özellikle vücudun sıcak olduğu kasık, koltuk altı, boyun ve göğüsten başlar, tüm vücuda yayılır. Kaşıntı yapan bu döküntüler, ağız etrafında bulunmazlar. Ağız etrafı soluktur. Lenf bezlerinde ağrı ve şişlik olabilir. Dil önce paslı, beyaz çilek gibi, sonra kırmızı çilek gibi hal alır.

Uygun antibiyotik tedavisi ile birkaç günde düzelir. Tedavi edilen kızılda belirtilerin hepsi görülmez. Tedaviye başladıktan 24 saat sonra belirtiler hızla gerilemeye başlar. Yetersiz tedavi önemli komplikasyonlara yol açabilmektedir. Tedavi edilmeyen veya yetersiz tedavi verilen hastalarda, bu hastalıktan 2-3 hafta sonra idrarın kırmızı olması, göz kapaklarında şişlik, eklemlerde ağrı, şişlik, kızarıklık, yürüyememe, göğüs ağrısı, çarpıntı gibi belirtiler olması, komplikasyon geliştiğine işarettir. Nefrit, eklem romatizması, kalp romatizması olabilir. Uygun ve erken tedavi edilen kızıl vakalarında bu komplikasyon riskleri çok azalır. Bulaşma solunum yoluyla veya cilt yaralarından olabilmektedir.

**Belirtileri:** Ateş, baş ağrısı, boğaz ağrısı, bademciklerde iltihaplanma, kusmalar, karın ağrıları. 1-3 gün sonra göğüs ve boyunda başlayıp, ağız çevresi hariç tüm vücuda yayılan lekeler. Paslı dil üzerinde çilek kırmızısı lekeler.

*Siz nasıl yardımcı olabilirsiniz?*

- Çocuğunuz bademciklerinden şikayetçiyse, kırmızı olup olmadıklarını anlamak için boğazına bakın, dilde pas ve üzerinde beyaz veya kırmızı lekeler olup olmadığını kontrol edin.

- Çocuğunuzun ateşini ölçün. Yüksekse düşürmeye çalışın. Bol bol sıvı içirin.

- Kızıldan şüpheleniyorsanız en kısa zamanda doktora başvurun.

- Kızıl ağır bir hastalık olmadığından, tedavisi olursa bir hafta sonra çocuğunuz okula devam edebilir.

- Yiyecekleri yutmakta güçlük çekiyorsa sıvı veya püre şeklinde yiyecekler verin. Ada çayı ile gargara iyi gelir.

## Bademcik İltihabı

Bademcikler boğazda bulunur. Başlıca görevleri vücudu enfeksiyonlara karşı korumaktır. Bademcik iltihabı (tonsillit) genellikle farenjitle birlikte olur. İltihap nedenleri virüsler, bakteriler olabilir.

**Belirtileri:** Yüksek ateş, boğaz ağrısı, yutma güçlüğü, baş ağrısı, halsizlik, bulantı, kusma, karın ağrısı, bademciklerin şişmesi ve kızarması, bazen üzerlerinde krem renkli lekelerin görülmesidir. Boyunda lenf bezleri şişebilir. Kulağa vuran ağrı olabilir. Adenoidlerde etkilenmişse, ağızdan nefes alma, horlama, genizden konuşma başlayabilir.

Enfeksiyonların çoğunluğu viral olmaktadır. Bu tür enfeksiyonlarda hastayı rahatlatıcı ilaçlar kullanılır. Bakterilerin neden olduğu enfeksiyonlarda uygun antibiyotik tedavisi yapılmalıdır. Sağırlığa kadar varan orta kulak iltihabıyla birlikte olmadıkça önemli değildir. Ancak bazı özel durumlarda, eklem romatizması, kalp romatizması, nefrit gelişebilmektedir. Yetersiz tedavilerde bu hastalık riskleri yüksek olacağından dikkatli olunmalıdır. Hastanın şikayetleri 2-3 günde düzelse bile tedavi tamamlanmalıdır.

### Siz nasıl yardımcı olabilirsiniz?

- Çocuğunuz boğaz ağrısından şikayet ediyorsa, iyi bir ışıkta boğazlarını kontrol edin. Bademcikler kızarık şiş ve üzeri krem lekeler halinde görülebilir.

- Çocuğunuzun ateşini ölçün. Eğer yüksek ateş varsa, uygun dozda parasetamol şurubu verin.

- Çocuğunuzun boynunun altındaki bezeleri kontrol edin. Eğer şişmişse elinize bezelye tanesi şeklinde gelir. Kulak ağrısının olup olmadığını sorun. Çocuğunuz küçükse kulağını tutup ağlamasından bunu anlayabilirsiniz.

- Boğazını rahatlatmak için bol bol sulu içecekler verin. Yutma güçlüğü varsa, yiyeceklerini de sıvı şekilde verin. Yoğurt, muhallebi, dondurma gibi yiyecekler yedirin.

- Çocuğunuzda bademcik iltihabından kuşkulanıyorsanız doktora götürün. Doktor çocuğunuzun boğazından kültür alıp, bunu inceleyip, bakteriyel mi, viral mi olduğunu anladıktan sonra uygun tedavi önerecektir.

- Çocuğunuzda sık sık bademcik iltihabı oluyorsa veya "adenoidler" büyümüşse, bunun sonucunda orta kulak iltihabı görülüyorsa doktorunuz fayda-zarar değerlendirmesi yaptıktan sonra, ameliyata karar verebilir. Çok kötü durumlarda tonsil ve adenoidler her yaşta ameliyat edilebilir. Bununla birlikte 4-5 yaştan küçük çocuklarda önemli bir neden olmadıkça tonsiller ve adenoidler alınmamalıdır. Ameliyat kararı verilirken birtakım kriterler göz önünde bulundurulmalıdır.

## Brusella (Malta humması)

Genellikle hayvanlarda görülen bir hastalıktır. İnsanlara kaynatılmamış süt ve süt ürünlerinden geçer. Kuluçka süresi 1 ay civarındadır.

**Belirtileri:** İştahsızlık, kırgınlık, baş ağrıları ile başlar. Daha sonra bilhassa akşamları 39-40 dereceye varan yüksek ateş görülür. Ateşli iken çocuk hırçın, huzursuzdur. Ateşi düşünce kendini iyi hisseder. Dalak, karaciğer büyümesi, eklemlerde ağrı, şişlik gelişebilir.

*Siz nasıl yardımcı olabilirsiniz?*

• Teşhisin konulması için çocuğunuzu hemen bir doktora götürün. Yapılan tetkikler sonucu doktorunuz teşhisi koyduktan sonra uygun antibiyotik tedavisi verecektir.

• Çocuğunuzun ateşi varsa, vücudunu ılık süngerle silip ateşini düşürün. Ateşi olan çocuğunuza bol sıvı içirin.

• Korunma için çocuğunuza çiğ süt ve süt ürünleri vermeyin.

## Dizanteri

Kalın bağırsağın iç örtüsünün iltihaplanmasına bu ad verilmiştir. Kanlı ishal olarak da bilinir. Mikropla bulaşmış besinler, su, süt, dondurma, sebze, meyve gibi gıdalarla bulaşma olur. Kuluçka süresi 2-3 gün kadardır.

**Belirtileri:** Kanlı sümüksü pis kokulu ishal, ateş, kramp şeklinde karın ağrıları, devamlı dışkılama hissi şeklinde görülür.

İshal sonucu vücuttan su ve elektrolit kaybı olur. Bunun sonucu çocuğun genel durumu bozulur. Halsizleşir, dalgınlaşır, gözlerde çökme, ciltte dilde kuruma olur. Bazen havale geçirebilir.

**Siz nasıl yardımcı olabilirsiniz?**

- Çocuğunuzun sık sık çıkardığı dışkısında ifrazat, sümük ve kan izleri bulunuyorsa derhal doktora götürün. Aradan 12 saat geçmesine rağmen ishalli dışkı normale dönmemişse yine doktora götürün. İshal ile seyreden birçok hastalık benzer belirtiler verdiğinden laboratuvar tetkikleri ile kesin teşhis konulur, uygun tedavi yapılır.

- Sıvı kaybını önlemek üzere bol bol sıvı içirin. Çocuğunuzu beslemeye devam edin. Ağızdan sıvı ve elektrolit tedavisi verin (Eczanelerde hazır satılan tuz ve şeker eriyiği).

- *Korunmak için:* Çocuğunuza temizlik kurallarını öğretin. Her dışarıdan geldiğinde veya tuvaletten çıktığında ellerini yıkamasını öğretin. Siz de besinleri hazırlamadan önce mutlaka ellerinizi yıkayın.

## Kuduz

Etkeni bir virüs olan ölümcül bir hastalıktır. Hasta kedi, köpek, yarasa, yabani yırtıcı hayvanların ısırmasıyla, ısırılma yerinden bulaşır. Kuluçka süresi yaranın derinliğine, beyne olan uzaklığına göre değişir. Genellikle 4-8 hafta kadardır. Hastalık oluşursa ölümle sonuçlanır.

Belirtileri: İlk belirtisi ısırık yerinde duyu kaybı oluşmasıdır. Sonra ses ve ışığa karşı hassasiyet, karıncalanma hissi, uyuşma, ateş, bulantı, iştahsızlık, duygu düzensizliği, baş ve boğaz ağrısı ve daha sonra da heyecan, ağrılı yutkunma, salya artışı ve su korkusu görülür. Akan suyun sesi bile boğaz kaslarında kasılmalara sebep olabilir. Ağrılı kasılmalar, bağırma, saldırma ısırma gibi tepkiler hastalığın ileriki safhalarında görülür. Sonraki birkaç günde nabız hızlanması, solunum bozukluğu görülür. Solunum kaslarının felci ile solunum durur ve hasta ölür.

### *Siz nasıl yardımcı olabilirsiniz?*

- Tedavisi olmayan bu hastalıkta korunmak çok önemlidir. Çocukların sokak hayvanları ile oynamamaları gerektiği tembih edilmeli, köpek kedi gibi ev hayvanlarının aşıları düzenli olarak yapılmalıdır.

- Herhangi bir hayvan tarafından ısırılma ya da sıyrık olmuşsa, ısırılma yeri derhal sabunlu suyla 15 dakika fırçalanarak temizlenmelidir. Ardından alkol ya da tentürdiyot gibi bir antiseptikle temizlenir. Yara yeri kesinlikle kapatılmamalıdır.

- Şüpheli ısırılmalarda doktora götürüp aşıya başlanmalıdır. Bu arada ısıran hayvan bir yere kapatılarak 10 gün takip edilir. Hayvanın ölmesi halinde aşı programı tamamlanır. Kuduz hayvan: Aşırı huysuzdur, her yere saldırır, daha sonra uyuşuk halde ağzından bol salya akar, zaman zaman kasılır, yutma zorluğu gelişir ve sudan kaçar. 3-5 gün içinde felç gelişir ve ölür.

## Sarılık

VİRAL HEPATİTLER: Bir grup virüs, karaciğerde iltihaplanmaya yol açarak, sarılık dediğimiz hastalığa neden olurlar. Bunlardan en sık karşılaşılanları A ve B tipi virüslerdir. Hepatit A ve hepatit B diye adlandırılırlar.

## Hepatit A

Hastada sarılık 2 hafta önce dışkısı ile etrafa yayılmaya başlar ve sarılıktan 1 hafta sonrasına kadar devam eder. Bulaşma; kirli su, meyve ve sebzelerin iyi temizlenmeden yenmesi ile olmaktadır. Kan vermekle, virüsü taşıyan enjektörler ve dişçilik aletleri ile dövme malzemeleri, hatta sivrisinek ve tahta kuruları aracılığı ile de bulaşır. Kuluçka süresi 15-45 gün arasında değişmektedir.

**Belirtileri:** Önce iştahsızlık, halsizlik, çabuk yorulma şeklinde başlar. Daha sonra bulantı, kusma, karın ağrısı, yüksek ateş görülebilir. Bir hafta içinde idrar rengi koyulaşır, dışkı rengi açılır. Göz akları ve deri rengi sararmaya başlar.

Sarılık ortaya çıktıktan sonra şikayetler azalır. Sarılıklı dönem, çocuklarda 8-10 gün kadar sürebilir. Bazı vakalarda, çocuklar sarılık olmadan da hastalığı hafif geçirebilirler. Fakat bulaştırıcılığı aynı oranda sinsice devam eder.

Özel bir tedavisi yoktur. Bulantı ve kusma çoksa, ağızdan beslenemiyorsa, serum takılarak takip edilir. Kusmaların kesilip hastanın yemek yemeye başlaması genellikle iyileşme döneminin ilk işaretidir. A tipi hepatit geçirmekle ömür boyu bağışıklık kazanılır.

### Siz nasıl yardımcı olabilirsiniz?

• A tipi hepatitte ağız, dışkı yolu ile bulaşma en sık olduğundan, içme suları ve yiyeceklerde temizliğe azami özen gösterilmelidir.

• Hepatit virüsü çamaşır suyuna çok duyarlıdır. Bulaştırıcılık dönemi geçinceye kadar hasta tuvaletten çıkınca çamaşır suyu dökülmelidir. Ayrıca hastanın yemek yediği kaplar da çamaşır suyu ile yıkanmalıdır.

• Çocuğunuzda hepatit olduğunu fark eder etmez, hemen doktora götürün.

• Hepatitte özel bir tedavi yöntemi yoktur. Diyet, hastanın iştahına göre ayarlanır. Hasta kabul ediyorsa yağlı besinler yiyebilir. Hepatitte ilaç kullanımının yeri yoktur. Çünkü hemen hemen bütün ilaçlar karaciğerde işlem görür ve her bir ilaç, hastanın karaciğeri için ayrı bir yüktür.

• Tedavisi tamamen hastanın bağışıklık sisteminin gücüne kalmış bu hastalıkta esas olan korunmadır. Son yıllarda hepatit

A aşısı da geliştirilmiştir. Erişkin ve çocuk dozu olarak, 8-12 ay ara ile iki defa uygulanmaktadır. 3-4 yaşına kadar olan çocuklarda, hepatit A pek görülmediğinden, görülse de hafif seyretmekte olduğundan, risk altında olmadığı sürece hepatit A aşısını okul öncesi çağda yapmak daha uygundur.

## Hepatit B

Genellikle sinsi başlar. Hasta kişilerden kan, tükürük, meni, gözyaşı gibi vücut salgılarından bulaşma olur. Kuluçka süresi 50-180 gün arasındadır.

**Belirtileri:** Şikayetler hepatit A' dakine benzer şekilde başlar. Ondan farklı olarak karaciğer dışı organ tutulmaları, ürtiker şeklinde döküntü, eklem ağrıları görülebilir.

Hepatit B geçirenlerde taşıyıcılık söz konusu olabilir. Kronikleşen hastaların bir kısmı sadece taşıyıcı olup kendisi için bir risk oluşturmaz. Bir kısmında ise virüs karaciğer dokusunu harap eder ve sonunda siroz gelişir. Taşıyıcılar, hem bulaştırıcı olduklarından hem de ileri dönemlerde hastalık alevlenme gösterebildiğinden, takip edilmelidirler. B tipi hepatit hiç belirtisiz geçirilip bağışıklık kazanılabilir.

### Siz nasıl yardımcı olabilirsiniz?

• Çocuğunuzda hepatitten şüphe ediyorsanız, derhal doktora götürün. Özel bir tedavisi yoktur fakat teşhis konulduktan sonra başkalarına bulaşma riskini azaltmak için korunmalıdır. Doktorunuz yatak istirahati verecektir.

• Doktorun önerdiği süre içinde çocuğunuzun başkaları ile temasını kesin. Temizliğine dikkat edin. Yiyecek ve içecek kaplarını, havlusunu, giysilerini diğer aile bireylerine karıştırmayın.

• Hepatit B cinsel yolla bulaşabildiği için, bu hastalığı geçiren kişi evliyse, eşi de hepatit B aşısı olmadır.

- Korunma için: Diş çekimlerinde, enjeksiyon uygulamalarında, ameliyatlarda, doğumda steriliteye dikkat edilmelidir. Uzun zamandan beri hepatit B aşısı kullanılmaktadır. Önceleri risk gruplarına uygulanmakta olan aşı, günümüzde rutin çocuk aşıları arasına alınmıştır.

## İLK YARDIM BİLGİLERİ

### Yanık

Çocukluk çağının bol hareketi ve gelecek tehlikelerin düşünülememesi birçok tehlikenin sebebi olduğu gibi yanığın da sebebidir. Fakat burada ailenin ihmali çok önemlidir. Aile tehlikelerden habersiz olan çocuğunu, tehlikelere karşı korumalıdır. Yanık konusunda yapılabilecek en iyi hareket çocuğu tehlike kaynaklarından uzak tutmaktır.

*Siz nasıl yardımcı olabilirsiniz?*

- Herhangi bir yanık oluşumunda erken müdahale çok önemlidir. Çünkü vücut ısısını takip edecek enfeksiyon ve şoka girme riski vardır.

- Yanıklar; yüzeysel yanıklar ve derin yanıklar diye iki kısma ayrılır. Yüzeysel yanıklar, derinin üzerinde cereyan eden yanıklardır. Ufak bir alanı kaplıyorsa evde müdahale ile tedavi yapılır. Derin yanıklar ise, deriye tamamen işler ve onu tahrip eder. Bu tür derin yanıkların tedavisi mutlaka doktor tarafından yapılmalıdır.

- Yanıklarda ilk yapılacak müdahale, yanan yeri soğuk suya tutmaktır. Yanık yerinden mikrop bulaşmaması için, varsa kirler sabunlu suyla yıkanmalı temiz bir bezle kapatılarak bir sağlık kuruluşuna götürülmelidir.

- Elektrik çarpması sonucu yanık oluşmuşsa, ilk yapacağınız şey gücü kapatmak olmalıdır. Eğer bunu yapamıyorsanız, metal olmayan bir nesne ile (süpürge, yastık, gazete) çocuğunuzu güç kaynağından uzaklaştırın. Yanığın derecesine göre acil olarak bir sağlık kuruluşuna götürün.

- Elbisesi tutuşan çocuğu hemen yere yatırın. Üzerine bir kova su dökün veya tutuşmayacak bir palto ile alev hava almayacak şekilde örtün. Elektrik yanıklarında kesinlikle su dökülmemelidir. Alevler sönünce, elbiselerini keserek veya yırtarak çıkartın. Deriye yapışmış elbiselerini çıkartmak için zorlamayın, elbiseleri ile birlikte soğuk suya tutun.

- Yanan yere diş macunu, zeytinyağı, bal, mum, salça gibi şeyler sürmemelisiniz. Yanık bölgesinde içi sıvı dolu kabarcıklar varsa, bunları patlatmamalısınız. Bunların hangilerinin soyulup, hangilerinin soyulmayacağına doktor karar vermelidir.

- Acıyı dindirmek için, çocuklar için ayarlanmış olan parasetamol ihtiva eden hap veya şurup verebilirsiniz. Yanık olan çocuğunuza bol sıvı şeyler verin. Yanan yerin yüksekte kalmasını temin ederseniz, oraya kan az gideceğinden sancı hafifler.

## Burun Kanaması

Burun kanaması çoğunlukla önemli değildir. Fakat çocuk sıklıkla zor durdurulan bir burun kanaması geçiriyorsa, burun kanaması başa vurulan bir darbe sonucu oluşmuşsa tıbbi müdahale gerekebilir.

### Çocuğunuzun burnu kanadığında neler yapmalısınız?

- Önce çocuğunuzun burnunu suyla yıkayın. Sonra çocuğunuzun başı hafif öne eğdirilerek, burun kemiğinin bittiği noktanın altından iki parmağınızla sıkın. Bu şekilde 3-4 dakika tutarak kanamanın devam edip etmediğine bakın.

- Burun kanamasında çocuğunuzun burnunu arkaya doğru eğmesine izin vermeyin. Bu takdirde burnun arkasından mideye akan kan, mide bulantısı ve kusmaya sebep olabilir.

- Kanama devam ediyorsa çok soğuk suyla ıslatılmış bir bezi ya da buz torbasını burnunun üzerine koyun ve tekrar burun deliklerini kapatın. Kanama durduktan sonra 4 saat kadar çocuğunuzun sümkürmesine izin vermeyin.

- Kanama yarım saatte geçmemişse, çocuğunuzda baş dönmesi ve sararma görüyorsanız hemen doktora götürün. Burun kanamaları tekrarlanıyorsa, bunların sebepleri de araştırılmalıdır.

## Boğaza Bir Şey Kaçması

Her buldukları şeyi ağızlarına atmaya meraklı olan çocuklarda, soluk borusuna kaçan küçük bir şey tıkanmaya ve ani öksürüğe yol açabilir. Çocuğun yeniden düzenli soluk alabilmesi için bunun hemen çıkartılması gerekir.

***Boğazına bir şey kaçan çocuğa nasıl yardımcı olursunuz?***

- Çocuk küçükse, ayak bileklerinden tutarak baş aşağı konuma getirin. Kürek kemiklerinin arasına 3-4 kez sertçe vurarak sıvazlayın.

- Daha büyük çocuklarda, çocuğun karnı dizinizin üstüne gelecek şekilde yatırın, çocuğun belinden sırtına doğru el ayasıyla hızla vurun. Akciğerlerdeki havanın birden boğaza doğru itilmesiyle cisim çıkabilir.

• Büyük çocuklarda arkadan, koltuk altlarından kollarınızı geçirip, karnından elleri birleştirerek de sıkabilirsiniz.

• Bu işlemleri yaparken çocuğun ağzını kontrol edin. Yabancı cisim görünüyorsa almaya çalışın. Fakat elinizle daha aşağılara itmemek için dikkatli olun.

• Çocuğun sırtına vurarak uğraşmayın. Çünkü yabancı cismi daha aşağılara kaçırarak durumu kötüleştirebilirsiniz. Yukarıda uyguladığınız işlemlerden sonra yabancı cisim çıkmamışsa hemen bir sağlık kuruluşuna götürün.

## Kulağa-Burna-Göze Yabancı Cisim Kaçması

Çocuğunuzun burnuna yabancı bir cisim kaçmışsa elinizle çıkarmaya çalışmayın. Bu, cismi daha da ileriye itmeye sebep olabilir. Fasulye, nohut gibi su çekip şişebilen cisimler daha da tehlikelidir, acele davranılmalıdır. Birden gelişen nefes darlığı, uzun zaman devam eden koyu renkli, kokulu burun veya kulak akıntısı yabancı cismi düşündürmelidir.

### *Çocuğunuza nasıl yardımcı olabilirsiniz?*

• Kulağa canlı böcek kaçması durumunda, böceği öldürmek için dış kulak yoluna alkol, gliserin veya zeytinyağı damlatarak derhal doktora götürün.

• Fasulye, nohut gibi su alınca şişmeyen bir cisim olduğundan eminseniz, çocuğunuzu bir havluya sarıp, sorunlu kulak üste gelecek şekilde yan yatırın. Sorunlu kulağa birkaç damla ılık su akıtın. Daha sonra başını sorunlu kulak aşağı gelecek şekilde yan çevirin. Su geri gelirken kulağa kaçan cisim de geri gelebilir. Bunda başarılı olamazsanız derhal doktora götürün.

• Çocuğunuzun burnuna bir şey kaçtığından şüphe ediyorsanız, sümkürebiliyorsa, her seferinde burun deliklerinden birini kapatarak sümkürtün. Cisim çıkmazsa, kendiniz çıkartmaya uğraşmayın derhal doktora götürün.

• Çocuğunuzun gözüne bir şey kaçmışsa, bol su ile gözlerini yıkayın. Su dolu kova içine başını sokup, gözler açıp kapatılarak da bu işlem yapılabilir. Kaçan cismi göz akının üzerinde görebiliyorsanız, tüylü olmayan temiz bir bezin nemli köşesiyle çıkartmaya çalışın.

## Zehirlenmeler

Çocuklarda hayatı tehdit eden faktörler arasında zehirlenmeler yer almaktadır. Daha sıklıkla zehirlenme belirtileri oluşmadan, zehirli madde veya ilacın çocuk tarafından alındığının anlaşılması şeklinde başvurular olmaktadır.

Ailenin yapması gereken esas şey, zehirlenmeye yol açabilecek madde veya ilaçların ortada bırakılmamasıdır. Zehirlenme halinde tedavi hastanede olmalıdır. Aile, zehirlenmeye yol açan madde ile ilgili bilgileri, ilaç ise adını, miktarını belirtirse tedavi daha kolay planlanabilir.

Bir zehirlenme ile karşılaşıldığında:

• Önce sakin olmak lazım.

• Zehirlenmenin nedenini araştırıp, zehirli maddenin kutusu, ambalajı, miktarı vs. hakkında bilgi sahibi olunmalıdır.

• Her zehirlenme durumunda çocuğu kusturmak hatalı olabilir.

*Nasıl yardımcı olabilirsiniz?*

• Zehirlenme fark edilince yapılacak ilk yardım, alınan zehirli maddenin veya ilacın, mide-barsak kanalından emiliminin önlenmesi ve vücuttan atılımının sağlanmasıdır.

• Her türlü ilaç zehirlenmesinde ilk yapılacak iş çocuğu kusturmaktır. Çocuk kusturulmak istendiğinde; baş aşağı çekilir, dil köküne parmak sokularak kusturulur. Cevap alınamazsa, bolca su içirilerek kusturma denenir. Kusturma ne kadar erken yapılırsa o kadar etkili olur.

• Benzin, gaz yağı, çamaşır suyu gibi maddelerin içilmesi durumunda kesinlikle kusturma yapılmaz, mide yıkanmaz. Bol miktarda su içirilerek konsantrasyonu azaltılmaya çalışılır.

• Solunum yolu ile zehirlenmelerde, hasta hemen zehirlenme ortamından uzaklaştırılıp temiz havaya çıkartılır. Üstündeki sıkı kıyafetler çıkarılır. Gerekirse suni solunum yapılır.

## Yılan-Kene-Arı Sokması

Birçok böcek ısırığı ve sokması tehlikesizdir. Yalnızca küçük bir tedavi gerektirir. Yılan, örümcek ve akrep sokmaları küçük çocuklar için tehlikelidir. Zehirli yılan sokması halinde birkaç dakika içinde ağrı, şişlik, morarma oluşur. Deri altında kanama olabilir.

*İlkin neler yapabilirsiniz?*

1. Vücut hareketleri ile kan dolaşımı arttığından, zehirli bir hayvanın soktuğu hasta derhal gölgede serin bir yere alınıp sakinleştirilir. Özellikle zehirli yılan sokmalarında hasta derhal hastaneye ulaştırılamayacak yerde ise, ilk yarım saat içinde ısırılan yerde diş izleri boyunca kesi yapılarak emilmeli, kanatılmalıdır. Emen kişinin ağzında yara olmamalıdır. Hastaneye ulaştırılıncaya kadar, ısırık yerine soğuk su veya buz uygulamak, zehrin kana karışmasını geciktirecektir.

2. Arının soktuğu yerde iğne kalmışsa, kanatılmadan ve iğnesi zedelenmeden çıkartılmalıdır. Arının soktuğu yere buz ya da soğuk suyla ıslatılmış bez koyun.

3. Kene ısırmasında, kene çekilerek çıkarılmamalıdır. Çünkü kenenin başı cilt altında kalarak alerjik reaksiyonlara veya iltihaplanmaya yol açabilir. Kenenin üzerine yanan sigara gibi bir şey tutulur. Veya üzerine alkol, kolonya dökülmüş pamuk örtülerek kenenin kendiliğinden düşmesine çalışılmalıdır.

## Kesikler-Yaralanmalar

Çocuklarda kesiklere ve yaralanmalara sıkça rastlanır. Bunların çoğuna evde siz müdahale edebilirsiniz. Yaralanan kişinin aşı durumuna göre, yaranın temizlik ve yaralanma şekline göre tetanos aşısı düşünülmelidir.

### İlkin neler yapabilirsiniz?

1. Kesi sonucu kanama oluştuğunda, kanayan bölüm kalp seviyesinden yukarıda tutulmalıdır.

2. Yara yerinin mikroplanmaması için bol su veya sabunlu su ile yıkanması gerekir. Yara yerine alkol, kolonya, tentürdiyot dökülmesi zararlı olabileceğinden, yara yeri su ile temizlenip, etrafı bunlarla silinebilir.

3. Yara yeri temizlendikten sonra, temiz bir bez ile bastırılır. 10-15 dakika içinde kanama durmazsa, kanama yerinin üst kısmından bir bez parçası, kravat, kemer ile sıkılır. İplik ve tel kullanılmamalıdır. Sıkma işlemi gereksiz yere yapılmamalı, yapıldığında yarım saatte bir gevşetilerek kanlanma sağlanmalıdır.

4. Yarayı temiz tutmak için üzerini yara bandı ile kapatın. Bütünüyle iyileşene kadar yara bandı ya da pansumanı çıkartmayın. Böylece yara yeri nemli kalarak iyileşme daha çabuk olur. Fakat yara bandını veya pansumanı her gün değiştirin.

## Kırık ve Burkulmalar

Kemikleri henüz sertleşmediği ve esnek olduğu için küçük çocuklar ve bebeklerde kırığa daha az rastlanır. Ancak yeni yürümeyi öğrenirken veya koşarken düşüp burkulmalara yol açabilirler. Burkulmalarda şişmeyi önlemek için buz torbası konulup ya da soğuk suyla kompres yapılıp bandajla sarılarak tedavi edilebilir. Herhangi bir şüpheniz varsa derhal doktora götürmelisiniz.

**Belirtileri:** Kırık ve burkulmalarda, yaralanan yerde şişme ve morarma, şiddetli ağrı, eklemi hareket ettirmede güçlük görülür. Ancak kırık oluştuğu zaman bunlara ek olarak yaralanan yerde şekil bozukluğu, bacak ya da kol ters biçimde kıvrılmış ya da diğerinden kısa görülebilir.

*Siz nasıl yardımcı olabilirsiniz?*

1. Çocuğunuzda kırık oluşumundan şüphe ediyorsanız, çocuğu yerinden kımıldatmadan, kol ve bacağında kırık olduğundan şüpheleniyorsanız, kol ve bacaklarını kımıldatmayacak şekilde destek yaparak acil yardım çağırın.

2. Burkulma olduğundan eminseniz, burkulan eklemi en rahat edebileceği konuma getirdikten sonra ağrıyı ve şişliği azaltmak için soğuk suyla ıslatılmış bezle sarın ya da üzerine buz torbası koyun. Daha sonra üzerini kalınca bir sargı beziyle sıkıca sarın.

3. Bir yaralanmanın kırık mı, burkulma mı olduğundan emin olamıyorsanız, kırıkmış gibi ilk yardım uygulayın.

# SAĞLIK BAKANLIĞI TARAFINDAN UYGULANAN AŞI PROGRAMI

Sağlık Bakanlığı aşı kapsamında olmayan bazı aşıları, aile özel olarak yaptırması gerekir.

Menenjit aşısı; özel yaptırılan aşılarda karma aşılarla birlikte yapılmaktadır. Karma aşılarla yapılmamışsa 1 yaşından sonra tek doz şeklinde yaptırılmalıdır. Suçiçeği, Hepatit A gibi aşılar, Sağlık Bakanlığı aşıları kapsamına girmediğinden özel olarak yaptırılmalıdır.

## *Aşı Programı*

| | |
|---|---|
| 2. ay | Difteri-Boğmaca-Tetanos (1)<br>Oral polio (canlı çocuk felci) (1)<br>BCG (verem aşısı) |
| 3. ay | Difteri-Boğmaca-Tetanos (2)<br>Oral polio (2)<br>Hepatit B (sarılık aşısı) (1) |
| 4. ay | Difteri-Boğmaca-Tetanos (3)<br>Oral polio (3)<br>Hepatit B (2) |
| 9. ay | Kızamık<br>Hepatit B (3) |
| 16 - 24 aylık | Difteri-Boğmaca-Tetanos (4)<br>Oral polio (4) |
| İlkokul 1. sınıfta | BCG (verem aşısı) (2)<br>Polio (çocuk felci) (5)<br>Kızamık (2)<br>Difteri-Tetanos (erişkin tipi difteri) |
| İlkokul 5. sınıfta | Difteri-Tetanos (erişkin tipi difteri) |
| Lise 1. sınıfta | TT (Tetanos) |

# ÇOCUK EĞİTİMİ

# ÇOCUK EĞİTİMİ VE ÇOCUĞUN DUYGUSAL VE DAVRANIŞSAL SORUNLARI

*Alın size bir iş ki, gün yirmi dört saat sürer*
*ve ne tatili vardır, ne istifası!*

**F. Dodson**

Sizin de bir çocuğunuz oldu artık. Bu zorlu ve yorucu, bir o kadar da değişik tatlarla dolu olan maratona siz de katıldınız. Bu konu ile ilgili az çok bilginiz vardı sanırım. Çevrenizde gördüğünüz birkaç çocuklu aile, belki de birkaç eğitim kitabı bu konuda size bir fikir vermiş olmalı. Bu bilgilerinizi bir kenara bırakın, çevrenizde gördüklerinizi de unutun diyerek işe başlasam, umarım bir anlaşma sorunumuz olmaz. Çünkü ben sizden, yeni doğmuş o minicik yavrunuza bakmanızı rica edeceğim. Bakın bakın, dönüp bir daha bakın. Tekrar tekrar inceleyebilirsiniz minicik yüzünü, kollarını, yumuk yumuk ellerini. Ne kadar da eşsiz öyle değil mi? Dünyada bir eşi olduğunu iddia edebilir misiniz? Veya kim söyleyebilir böyle bir şeyi size?

Evet işte bunu söylemek istiyorum ben. Siz o, dünyada eşi ve benzeri olmayan, ağlaması, gülmesi, uyuması ve bulunmaz potansiyeliyle hiçbir kimseye benzemeyen çocuğun anne ve babasısınız. Lütfen çocuğunuz doğduğu ilk günden itibaren ona bir birey olarak saygı gösterin. Onun kendine özgü ağlamalarını, kendine özgü iletişim kurmasını, alışkanlıklarını kabul edin ve ona göre bir tutum izleyin. Bu demek değildir ki kimsenin tecrübesinden veya kitaplardaki bilgilerden faydalanmayın. Tabi ki bütün bunlar sizin için gerekli, çünkü siz çocuk bakımı ve eğitimi içgüdüsüyle doğmadınız. Sonradan kazanılacak bu davranışı öğrenirken, çocuğunuz kendi gelişimi içerisinde bulunan kalıplara uymuyorsa sakın telaşlanmayın diye söylüyorum bunları. Çocuğunuz tektir, özeldir, siz isteseniz de istemeseniz de kendi kişiliğini geliştirecektir. Burada sizin anne-baba olarak yapmanız gereken şey, onda var olan potansiyeli geliştirmektir.

Çocuğunuzun ilk altı yıl içerisinde kişiliğinin temelleri oluşur. İleride nasıl bir insan olacağı; mutlu mu mutsuz mu, cimri mi, eli açık mı, başarılı mı yoksa başarısız mı olacağı, ne tür bir yetişkinlik geçireceği bu dönemde belirlenir. Yaşamın ilk yıllarında çocuk, anne ve babasına çok fazla bağımlı olduğundan, bu kişilik oluşumu sürecinde en fazla etkili kişiler de onlar olacaktır. Anne-babalık doğuştan var olan, çocuğunuzun doğmasıyla da ortaya çıkan bir davranış olmadığına göre öğrenilmesi gerekir (Burada çocuğunuza duyacağınız sevgiden değil, onun bakım ve eğitimi ile ilgili davranışlarınızdan bahsediyorum. Yoksa her anne ve baba çocuğunu ilk doğduğu andan itibaren, bazen de zamanla gelişecek olan bir duyguyla sever ve bağlanır). Bu öğrenme, deneme-yanılma yoluyla da kazanılabilir. Fakat çocuğunuzun en önemli altı yılını deneme yanılma yoluyla geçirirseniz, bir daha asla geri dönüşü olmayan, telafisi mümkün olmayan zamanı geride bırakmış, bunun sonucunda da belki bir şeyler öğrenmiş olursunuz. Yine böyle bir öğrenciliği yeğlerken çocuğunuzun gelişmeye, öğrenmeye en fazla hazır olduğu zamanlarda onun bu potansiyelini karşılayamamış, bunun yanı sıra size çok basit gelen yanlış bir eğitimle çocuğunuza ruhsal yönden pek çok şey kaybettirmiş olabilirsiniz.

Bu kayıpları en aza indirmek, kazanımları ise en fazla sağlamak amacıyla, bebeklikten altı yaşına kadar çocukların gelişimlerini dönemlere ayırarak sizlere yardım etmek istedim. Bu dönemlerin kesin çizgilerle ayrılmadığını, her çocuğun kendine özgü gelişimi olduğunu burada tekrar vurgulamakta fayda var. Bu dönemler size ancak yaklaşık olarak bilgi verebilir.

Çocuğunuz altı yaşına gelene kadar çeşitli gelişim evrelerinden geçer. Denge ve dengesizliklerle donanmış olan bu dönemleri bilmeniz, çocuğunuzla daha iyi ilişkiler kurmanız açısından size faydalı olacaktır. Gelişim dönemleriyle işbirliği yaparak çocuğunuzu büyütürseniz, gereksiz yere çocuğunuzu ağlatmak veya hayır demek, bunun yanı sıra şımartmak, tepenize çıktıklarında ise "ben ne yaptım" demek zorunda kalmazsınız.

Evet, sizin için bir çocuk büyüteceğiz bu sayfalarda. Kağıt üzerinde büyütmek o kadar kolay ki, siz bu satırlara aldanmayın sakın. Gecenin bir yarısında kafanızı duvara vurursanız veya sinirden hıçkırık nöbetlerine tutulursanız sakın telaşa kapılıp kendinizi suçlamayın. Çoğu anne-baba bu sahneleri yaşar, belki pek azı açık yüreklilikle itiraf edebilir. Ama siniriniz geçip de yavrunuzu kucağınıza aldığınızda onun kokusuyla nasıl sakinleşip mutlu olduğunuzu göreceksiniz.

Başınızı duvarlara vurabilirsiniz, öfkeden ağlayıp kendinizi de tokatlayabilirsiniz, ama sakın size en fazla ihtiyacı olduğu zaman, birtakım kurallara uyacağım diye bebeğinizi ağlar durumdayken yalnız bırakmayın. Her ağladığında bebeğinizi kucağınıza almanızda sakınca yoktur. Dokunma ihtiyacıyla dünyaya gelmiş bebeğinizi bundan mahrum etmeyin. Şımaracak diye de korkmayın. Bir yaşına kadar bir çocuk için şımarma söz konusu değildir. Bebeğinizin kucağa alınma ihtiyacını size en fazla bağımlı olduğu zaman karşılarsanız, emeklemeye ve yürümeye başladığında bağımsızlığını daha çabuk kazanacaktır.

Annelere bir çift sözüm daha olacak. Lütfen bebeğinizin babasına, oyundan sorumlu memur görevini vermeyin. Bırakın bebeğinizin temel ihtiyaçlarını görmede o da size yardımcı olsun. Kendi kendine geliştirdiği metotlarla yemeğini yedirsin, altını temizlesin, gazını çıkartsın. Bu konuda anneler babalara pek güvenmiyorlar ama unutmayın ki onlar da çocuğunuza sizin kadar yakınlar ve hiçbir zaman yanlış yapmak istemezler. Belki birkaç beceriksiz girişimde bulunurlar fakat zamanla öğrenirler. Zaten siz de bu işleri anne karnında öğrenmemiştiniz, öyle değil mi? Bu demek değil ki eşiniz işten yorgun argın geldiğinde bebeğinizi onun kucağına atıp aradan çekilin. Buna hiç kimse razı olmaz. Ama akşamları hiç olmazsa bebeğinizin bir veya iki işini, tatil günlerinde ise birçok işini görmesi bebek ile baba arasında ilk aylarda bile güzel bir ilişki başlamasına sebep olur.

Öte yandan, bebeği ile oyun oynamayı bekleyen baba! Bebeğiniz büyüyüp sizinle oynayacak yaşa geldiğinde, gelişiminin en önemli kilometre taşlarını geride bırakmış olacak ve sizin buna hiçbir katkınız olmayacaktır.

# 0-1. AY

Bu ayın sonlarında bebeğiniz, kendisi ile konuşan kişinin yüzüne odaklanır. Meme emen çocukta bunu izlemek mümkündür. Bunun için çocuğunu emziren anne veya biberonla besleyen baba, daha ilk aydan itibaren bu işlemi yaparken, çocuk ile göz kontağı kurmalıdır. Bu hareket ilgi ve sevgiyi anlaması için en iyi yoldur.

Yeni doğmuş bebek; yemek, temizlik gibi temel ihtiyaçlarının giderilmesi dışında eğer bir rahatsızlığı yoksa gününün tamamını uyku ile geçirir. Bunun için anne ve babanın yeni doğmuş bebeği ile iletişim kurabileceği en uygun zaman, onun ihtiyaçlarını giderdikleri anlardır. Bebeğinizin karnını doyururken, altını temizlerken onunla konuşur, ona gülümser ve tatlı sözlerle ilgisini çekmeye çalışırsanız bu onun için, yaşamın ilk ayında alabileceği en güzel hediyedir. Eğer bu gibi işlemleri anne tek başına karşılıyorsa, baba uzun zaman bebeği ile iletişim kurma şansına sahip olamaz.

### Ne Yapabilirsiniz?

1- Bebeğinizi karnının üzerine yatırın. Önünde parlak renkli bir giysi, metal ya da oyuncak tutarak yukarı doğru hareket ettirin, böylece bebeğiniz renkli nesneye bakabilmek için başını kaldırsın.

---

**0-1 AYLIK BEBEK**

• *Yüzükoyun yatarken başını bir iki saniye kaldırır.*

• *Parlak renkli bir nesneyi izler.*

• *Çıngırak sapını kavrayabilir.*

• *Kuvvetli sese değişik niteliklerde tepkiler verebilir (şaşırma, ağlama, sessiz kalma gibi).*

---

2- Bebeğinize şarkılar mırıldanın. Bu onu hem sakinleştirir hem de ritim duygusunu geliştirir.

3- Bebeğinize bol bol gülümseyin.

4- Kucağınıza alın, fiziksel temasta bulunun. Bu dönemde bebeğinizin en fazla dokunulmaya ihtiyacı vardır.

5- Bebeğinizin hizmetini görürken mümkün olduğu kadar göz kontağı kurmaya çalışın.

6- Bebeğinizin ağlamasına asla kulaklarınızı tıkamayın. Kucağınıza alın ve ağlama sebeplerini bulmaya çalışın. Bunun haricinde sevilmek ve okşanmak arzusundan dolayı ağlıyor olabilir. Bu ihtiyacını mutlaka giderin. Şımarır veya kucağa alışır korkusuyla fiziksel temastan çocuğunuzu mahrum etmeyin. Bu yaşta çocuğunuz şımarmaz. Kucağa alışma konusuna gelince; çocuğunuz zaten dokunulma arzusuyla dünyaya geldiği için her çocuk kucağa alındığında sakinleşir. Onu uzun süre ağlatıp küstürürseniz, bu arzusu ortadan kalkar. Fakat yaşamın ilk yıllarında edinmesi gereken güven duygusunu tamamen kaybeder.

Böyle bir olumsuzluğu bilinçli olarak çocuğunuza yaşatmak size hiçbir şey kazandırmaz. Aksine çocuğunuz yaşamın ilk günlerinde bu karmaşık dünyaya alışma çabalarındayken aranızdaki ilişki zedelenmiş olur.

# İKİNCİ AY

***Ne Yapabilirsiniz?***

Yaşamın ikinci ayında bebeğinizin refleks hareketler dışında bir şeyler yapabildiğini görürsünüz. Bu da sizin onu destekleme şevkinizi artırır. Birinci ayda bebeğiniz için yaptıklarınızı ikinci ayda da devam ettirin.

Bunların yanı sıra:

- Bebeğinizin karşısına geçip el çırpma hareketi yapın. Bu hareket onun ellerini birleştirmeyi öğrenmesini sağlar.

- Bebeğinizle biraz oynadıktan sonra yavaşça yanından uzaklaşın. Sizi takip edip etmediğini kontrol edin. Ara sıra dikkatini çekmeye çalışın.

- Bebeğinizin karşısında jest ve mimiklerle konuşun. Bebeğinize dokunmadan gülmesini sağlayın. Bebeğinizle konuşmanız onun da birtakım sesler çıkarmasını sağlayacaktır. Bu sesler ağlama dışında cıvıldama sesleridir.

---

**İKİ AYLIK BEBEK**

- *Yüzükoyun yatırıldığında başını daha rahat ve daha fazla dik tutabilir.*

- *Odanın içerisinde dolaşan birini bakışlarıyla izleyebilir.*

- *Ellerini birleştirir.*

- *Ağlama dışında kendi kendine birtakım sesler çıkartabilir.*

- *İlk önce annesinin yüzünü, daha sonraları ise tanıdık kimselerin yüzünü görünce belirgin bir şekilde güler.*

- *Sırtüstü yatarken parmağınızı uzattığınızda sıkıca yakalar ve kalkmak için çaba gösterir.*

# ÜÇÜNCÜ AY

*Ne Yapabilirsiniz?*

- Başını dik tutabilmesi için; bebeğinizi kucağınıza aldığınızda, elinize çıngırak ya da sesli bir oyuncak alın ve onu sallayın.

- Bebeğiniz bu dönemde el ve ayaklarını fark edecektir. Bunu sağlayabilmek için renkli yün veya bez bilezikleri bebeğinizin el ve ayak bileklerine takabilirsiniz. Renkli uyarıcılar dikkatini çekip el ve ayaklarının farkına varır. Ses çıkartan oyuncaklar takarsanız, ellerini ve ayaklarını hareket ettirmesini sağlarsınız.

- Bebeğinizle çeşitli sesler çıkartarak konuşun. Sonra bebeğinizin çıkardığı sesleri dinleyin ve onu cesaretlendirmek için çıkardığı sesleri taklit edin. Bebeğinize kendisinin de katıldığı bir çevre sunmuş olacaksınız.

---

*ÜÇ AYLIK BEBEK*

- *Tanıdık bir sese karşı başını sağa ya da sola hareket ettirir.*
- *Çevresini daha iyi izler.*
- *El ve ayaklarına uzun uzun bakar.*
- *Tek heceli ve söylenişi kolay olan sesleri çıkarabilir.*
- *İsteyerek uzanamaz ama kazara bir nesneye dokunduğunda heyecanlanır. Bu hareketi tekrar denemeyi öğrenir.*
- *Başının hareketlerini daha iyi kontrol edebilir. Oturur durumda kucağınıza aldığınız zaman başını dik tutabilir.*

## Genel Öneriler

Şunu unutmamanız gerekiyor ki; bebeğiniz gördüğü ve duyduğu şeylerin hepsini, ufacık beynine yerleştiriyor. Algılaması ise daha doğar doğmaz başlıyor. O halde siz bebeğinizle doğar doğmaz oynamaya başlayabilirsiniz. Onunla oynayacağınız bilinçli oyunlar, bebeğinizin o dönem içerisinde yapabileceklerini geliştirir. Hiçbir zaman daha fazlasını sağlamaz. Bebeğinizle konuşuyorsunuz diye üç aylıkken konuşmaya başlamaz, fakat konuşmaya hazırlık aşamalarını daha hızlı geçirebilir. Çok çabuk konuşmasa bile ileride kendisini daha iyi ifade edebilir.

Bu üç ay içerisinde bebeğinizin bakımını yaparken onunla fiziksel oyunlar oynamayı ihmal etmeyin. Ona birtakım beden hareketleri yaptırmanızda yarar vardır. Mesela bacaklarını tutup havada bisiklet hareketi yapabilirsiniz. Kol ve bacaklarını çapraz bir şekilde birleştirebilirsiniz. Bunları yaparken onunla konuşmayı ve ona şarkı söylemeyi ihmal etmeyin. Bir müddet sonra bebeğinizin de oyuna katıldığını gülümsemesinden anlayacaksınız.

Bebeğinizle sadece burada yazılanlar çerçevesinde iletişim kurmakla yetinmeyin. Yaratıcılığınızı kullanarak çok daha fazla şey üretebilirsiniz. Bunun için bebeğinizi dikkatle izlemeniz gerekir. Çünkü her çocuğun gelişimi ve ilgileri farklıdır. Siz kendi çocuğunuzun gelişimine ve ilgilerine cevap verecek şekilde oyunlar bulmaya çalışın.

Doğumdan itibaren bebeğinizi sadece başının üzerinde asılı duran oyuncaklara bakmaya mahkum ederseniz bu işlemden çok çabuk sıkılacaktır. Zaten ilk zamanlar bebeğiniz başını çevirmesini bilmediği için, başının üzerinde asılı duran oyuncağı fark etmeyecektir. Bunun için beşiğin yanlarına da oyuncak asabilirsiniz. Ama en önemlisi bebeğinizin başının altına bir iki yastık koyup, hafif meyilli durmasını sağlamanızdır. Bu yatış onun etrafını seyretmesini sağlar. Her şeyiyle sizin elinize bakan yavrunuza iki oyuncaktan daha fazlasını vermiş, çevresini tanımasını sağlamış olursunuz. Eğer yaz mevsimindeyseniz, bu işlemi balkonda veya bahçeniz varsa bahçede yapmanız bebeğiniz için bulunmaz bir hazinedir.

---

**Bebeğim her ağladığında onu kucağıma almalı mıyım?**

*Evet bebeğiniz her ağladığında onu kucağınıza almalısınız. Fiziksel bir ihtiyacı (açlık, altının ıslanması, gazının olması gibi) olmadığından emin olduktan sonra onunla biraz oynarsınız. Eğer iş yapmak zorundaysanız, mümkünse sizi görebileceği bir yere yatırın.*

# DÖRDÜNCÜ AY

*Ne Yapabilirsiniz?*

Birinci aydan itibaren bebeğinizin bakımını bir aynanın karşısında yapabilirsiniz. Bu, bebeğinizin kendi vücudunu tanıması için faydalıdır. Dördüncü aydan itibaren kırılmayacak olan bir aynayı bebeğinize verebilir veya bebeğinizle birlikte büyük bir aynanın karşısına geçip, kendisini fark etmesi için ona oyunlar yapabilirsiniz.

**DÖRT AYLIK BEBEK**

- *Yüzü koyun yatırıldığında ağırlığını kollarına vererek başını doksan derece kaldırır. Hatta sırtüstü dönebilir.*

- *Yastıklarla desteklendiği zaman bir müddet oturabilir.*

- *Uzaktaki oyuncağı almak için kollarıyla hamleler yapar. Elinin yakınındaki oyuncağını alıp sallayabilir ve çoğu zaman ağzına götürür.*

- *Sesin geldiği yöne doğru döner.*

- *Aynadaki görüntüsüne veya tanıdık birisinin yüzüne güler. Sevincini belli etmek için sesler çıkartır.*

- *Yalnız kaldığında sıkılır.*

# BEŞİNCİ AY

*Ne Yapabilirsiniz?*

- Bebeğiniz sırtüstü yatarken yatağının üzerinde asılı olan oyuncakları hareket ettirerek dikkatini çekin ve onlara uzanması için bebeğinizi cesaretlendirin. Ya da yüzükoyun yatırıp göğsünü bir yastıkla destekleyebilirsiniz. Yine biraz uzağına bir oyuncak koyarak, onu, uzanması için cesaretlendirebilirsiniz.

- Bebeğinizin eline ses çıkartan ve ilgi çeken oyuncaklar verin. Fakat oyuncakları eline verir vermez iş yapmak için uzaklaşırsanız, oyuncağın sizin gitmenize sebep olduğunu sanarak, bir müddet sonra oyuncaklara hiç ilgi göstermeyecektir. Bunun için önce birlikte bir süre oynayın ve nasıl oynaması gerektiği konusunda bebeğinize yardımcı olun.

- Bebeğinizin karnı aç, altı kirli olmadığı halde ağlıyorsa onunla konuşun. Çeşitli sesler çıkartarak bebeğinizi sakinleştirmeye çalışın.

NOT: Eğer yine ağlaması devam ediyorsa, bir sağlık problemi olduğu düşünülerek, gerekli önlem alınmalıdır.

**BEŞ AYLIK BEBEK**

- *Kollarının altından tutup ayağa kaldırdığınızda kendi ağırlığına biraz dayanabilir. Uzaktaki bir oyuncağını yakalayabilir.*

- *Eline verilen oyuncaklarıyla oynar, onlara bir şeyler anlatmak ister gibi garip sesler çıkartır.*

- *İsmi söylendiğinde bakar.*

- *Konuşulduğunda ağlamayı keser.*

- *Kendi kendine bisküvi yiyebilir. Bu işlemi bebeğiniz kucağınızdayken yapmanız gerekir. Eğer elini ağzına götürmeyi beceremiyorsa ona yardımcı olun ve konuşarak onu cesaretlendirin.*

# ALTINCI AY

## *Ne Yapabilirsiniz?*

- Bebeğinizin sırtına ve yanlarına yastıklar koyarak oturmasını sağlayabilirsiniz. Önüne oyuncaklar koyup oynarsanız daha istekli oturacaktır. Fakat bu işlem on dakikayı geçmemelidir. Gün içinde bu oyunu tekrarlayabilirsiniz.

- Dönmesini öğrenmesi amacıyla gün içinde çeşitli pozisyonlarda yatırın. Diğer tarafa dönmesini sağlamak için çıngırak gibi ses çıkartan bir oyuncaktan faydalanabilirsiniz.

- Bebeğinizle oyuncak saklama oyunu oynayabilirsiniz. Oyuncağını bir örtünün altına saklayın. Onu bekleyip beklemediğine dikkat edin. Sonra ortaya çıkartın.

- Bebeğinizi beslerken biberonu eline verebilirsiniz.

- İsmini sürekli olarak kullanın. Aynada kendisini gösterirken ismini telaffuz edin. Bu onun kimlik duygusunu kazanmasına yardımcı olur.

- Eline geçirdiği her şeyi ağzına götürebileceği için, çevresinde bebeğinize zarar verecek boncuk, misket, kesici alet gibi bir şey bırakmayın. Uzun sürecek olan bu alışkanlığı karşısında yapabileceğiniz hiçbir şey yoktur. Önceleri nesneleri tanımak amacıyla, daha sonra ise dişlerini kaşımak amacı ve yine nesneleri tanımak amacıyla bulduğu her şeyi ağzına götürecektir. Onun güvenliğini sağlamak için etrafta ona zarar verecek hiçbir şey bırakmayın.  Hiç olmazsa emekleyinceye kadar eline aldığı şeylerin temizliğine dikkat edin. Emeklediği zaman nasılsa bununla baş edemeyeceksiniz.

## Genel Öneriler

Bebeğiniz 3 ile 6 aylar arasında gelişiminde bir geçiş dönemi yaşar. Doğumundan itibaren bakarak ve emerek keşfetmeye çalıştığı çevresini artık dokunarak tanımaya çalışır. Yani elleri işin içine girer. Bebeğinizin dokunma duyusunu geliştirmek için çeşitli sertlikte ve yumuşaklıkta oyuncaklardan faydalanabilirsiniz. Hatta bu işleme 3 aydan önce başlayıp, bebeğiniz için çeşitli nitelikteki (yumuşak, sert, tüylü, kadife) kumaşlardan meydana gelmiş bir dokunma yastığı dikerseniz, dokunma duyusunu geliştirmede ilk adımı atmış olursunuz.

---

### *ALTI AYLIK BEBEK*

- *Destekle oturur.*

- *Sırt üstü yatarken yüzükoyun dönebilir.*

- *Düşürdüğü oyuncağını arar.*

- *Elindeki oyuncağını masaya veya sandalyeye vurarak sesler çıkartır.*

- *Biberonunu iki eliyle tutabilir.*

- *Kendi adını bilir.*

- *Kucağa almak istediğiniz zaman kollarını uzatır.*

- *Yabancıları ayırt eder.*

- *Artık ellerini bırakıp ayak parmaklarıyla ilgilenir. Yatarken ayak parmaklarını ağzına götürebilir.*

- *Bu ayda eline aldığı her şeyi bilinçli olarak ağzına götürür. Ağız yoluyla etrafındaki nesneleri tanımaya çalışır.*

- *Sesli ve sessiz harfleri kullanarak çeşitli sesler çıkartır(ba-be-bu gibi).*

### Doğumdan Altıncı Aya Kadar Bebeğinizin Oyuncakları

- Hareketli ve müzikli oyuncaklar; dikkatini toplamasına ve şekil tanımasına yardımcı olur.

- Çıngırak; el göz uyumunu ve el denetimini sağlar. Bedenin bittiği oyuncağın başladığı yeri öğretir.

- Kucaklanacak Oyuncaklar; düşsel oyuna teşvik eder ve bebeğinizin avunmasını sağlar.

- Ayna; kendini tanımasına yardımcı olur.

- Diş kaşıma halkaları

- Yumuşak top

- Dokunma minderi

# YEDİNCİ AY

## *Ne Yapabilirsiniz?*

- Bebeğinizin önüne oyuncaklar koyarak ona desteksiz bir şekilde oturma ortamı hazırlayabilirsiniz.

- Bebeğinizle birlikte oyun oynadığınız sırada bebeğinizin bir elinde oyuncak varken, diğer eline de oyuncak uzatabilirsiniz. Elindeki oyuncağı öbür eline geçirip sizin elinizdeki oyuncağı alması için teşvik edin. Bunu yaparsa ona "aferin" diyerek, ödüllendirin.

- Bebeğinizin karşısına geçip ona "tel sarar" veya "gel babası" gibi oyunları öğretin. Önce kendiniz yapıp model olun daha sonra da onun yapması için cesaretlendirin. Yaptığında da onu ödüllendirin.

- Bebeğinizin iki eline oyuncak verin. Siz de iki elinize oyuncak alıp birbirine vurarak ona model olun. Bebeğiniz bu hareketi yapabilirse onu ödüllendirin. Yapamıyorsa ellerinden tutup yardımcı olun.

- Bebeğinizin emekleme çalışmaları için, odanın ortasına geniş bir örtü serin. Bebeğinizi bu örtünün üzerine yüzükoyun yatırın. Karşısına da en cazip oyuncaklarını koyun. Onlara ulaşması için destekleyin. Ayak topuklarından iterek yardımcı olabilirsiniz. İlk zamanlar kollarından destek alıp vücudunu öne atacaktır. Bunu yaptığı zaman "aferin" diyerek veya alkış yaparak onu ödüllendirin.

- Bebeğinizi alışkın olmadığı yabancı biriyle tanıştırırken bu işlemi gayet yavaş yapın. Hiçbir zaman yeni tanıştığı birisinin kucağına bebeğinizi bırakarak yanından ayrılmayın. Bu aydan itibaren yabancılardan korkması çok doğaldır. Tanımadığı kalabalık bir ortama girdiğiniz zaman, alışana kadar kucağınızdan indirmeyin.

• Yine bu ayda dişleri çıkmaya başladığından, her bulduğu şeyi ağzına götürmeye çalışacaktır. Bunun için etrafında sivri veya boyası çıkabilen oyuncak, yutabileceği kadar küçük nesneler bırakmamanız gerekir. Eline havuç, salatalık gibi sert bir yiyecek vererek dişlerini kaşımasını sağlayabilirsiniz.

---

### YEDİ AYLIK BEBEK

• *Arkasına destek koymadan bir müddet oturabilir.*

• *Oyuncağı bir elinden diğer eline geçirebilir.*

• *Yere düşen oyuncağını arar. "Cee" oyunu oynar.*

• *Yapılan hareketi ve sesleri taklit edebilir.*

• *İki eline oyuncağını alıp birbirine vurarak ses çıkartabilir.*

• *El ve dizleri üzerinde dururken sallanma hareketi yapar, karın üstü yatarken kendini ileri çekebilir.*

• *Aynadaki görüntüsünü yakalamak için büyük çaba harcar.*

• *Yabancılardan korkma duygusuyla tanışır.*

**Çocuğumu yürütece koymamda bir sakınca var mı?**

*Çocuğunuzu emekleyene kadar yürütece koymamaya çalışın. Eğer koyarsanız, her yere ulaşabildiği için emekleme çabaları göstermeyecektir. Çocuğunuzu yürütece koyduğunuz zaman mutlaka gözünüzün önünde olmasına dikkat edin. Yürüteç kazalarından korumanız için düz bir alanınız varsa orada binmesine izin verin. Emekledikten sonra da yürütece koysanız, her yere ulaşma kolaylığından dolayı bazı çocuklar yürümeyi geciktirebilir. Bu yüzden yürüteçte bulunma zamanını kısa tutun.*

# SEKİZİNCİ AY

## *Ne Yapabilirsiniz?*

- Parlak renkli bir oyuncağını bebeğinize verin. Bir süre oynadıktan sonra oyuncağı elinden alıp, gözünün önünde bir örtünün altına ucu görünecek şekilde saklayın. Oyuncağını araması için onu cesaretlendirin. Oyuncağını bulursa onu alkışlayın.

- Bebeğiniz ilgi çekmek için veya herhangi bir şey istemek için sesler çıkardığı zaman onun isteğine uygun olacak yanıtlar verin. "Su mu istiyorsun? Anne sana su verecek" gibi açık ve anlaşılır ifadeler kullanın. Çocuğunuzla bebek diliyle konuşmayın.

---

### SEKİZ AYLIK BEBEK

- *Yatar durumdayken ellerinden tutup az bir destek verirseniz oturabilir.*

- *İki elinde oyuncak varken bir elindeki oyuncağı bırakıp uzatılan oyuncağı alabilir.*

- *Gözünün önünden kaybolan oyuncağını arar.*

- *İlgi çekmek için değişik sesler çıkartabilir.*

- *Oyuncakları birbirine çarpar veya yere atar.*

- *Emekleyebilir.*

- *Kendine yuvarlanan bir topu yakalayabilir. Bir oyuncağı tutmak için parmaklarını ve avucunu birlikte kullanır.*

- *Bir kabın içine nesneleri atabilir.*

- Ona iyi bir konuşma modeli oluşturabilmeniz için açık, yavaş ve anlaşılır bir dille konuşmaya dikkat edin. Gün içinde çocuğunuzla bol bol konuşun. Yaptığınız her işi konuşarak ifade edin. "Şimdi öğle yemeği vakti, önce önlüğümüzü takalım, mama sandalyesine oturalım. Annen şimdi senin yemeğini yedirecek" gibi ifadeler kullanarak gün içerisinde neler yapıldığını kavramasını sağlayın. Ba-ba, de-de gibi söylemesi kolay iki heceli sesleri taklit etmesi için onu cesaretlendirin. Eğer taklit ederse ödüllendirin.

- Bebeğinizin önüne bir kova koyun. Önce siz oyuncakları içine atarak model olun. Daha sonra da onun yapmasını isteyin. Kabın içine attığı her oyuncak için onu alkışlayın.

# DOKUZUNCU AY

*Ne Yapabilirsiniz?*

- Bebeğiniz sırt üstü yatarken, oyuncağını sallayarak dikkatini çekin. Daha sonra oyuncağı yavaş yavaş uzaklaştırın. Oyuncağını almak için oturur pozisyona gelmesini sağlayın. Eğer bunu yapamıyorsa, dönerek oturur pozisyona gelmesi için destekleyin.

- Bebeğinizin oyuncağını onun erişebileceği koltuk, sehpa gibi yüksek bir yere koyun. Oyuncağını alması için onu cesaretlendirin. Eğer oyuncağını alamıyorsa tutunarak ayağa kalkmasında ona yardımcı olun. Bu oyunu sık sık tekrarlayın. Başardığında "aferin" diyerek alkışlayın.

- Bebeğinizin önüne desensiz bir örtü yayın. Üzerine üzüm tanesi büyüklüğünde nesneler koyun. Ona göstererek almasını isteyin. Baş ve işaret parmaklarını kullanarak bu nesneleri almasını sağlayın. Eğer yapamıyorsa bu şekilde tutması için ona yardım edin. Bu oyun anne-baba gözetiminde oynanmalıdır.

- Bebeğinizin yanından ayrılırken ona baş baş yaparak model olun. Bu davranışı yapması için bebeğinizi cesaretlendirin. Bu oyun "gel gel" veya "buraya bir kuş konmuş" şeklindeki oyunlarla da desteklenebilir.

- Bebeğinizin bağımsızlık duygusunu geliştirmek için kendi kendine yemesine izin verin. Önceleri bu pek mümkün olmayacaktır. Kaşık, tabağa vurmak ve yemeği dökmek amaçlı kullanılacaktır. Fakat zamanla kendi kendine yemeyi öğrenecektir. Bebeğinize yemek yedirirken bir kaşık da onun eline verin. Bebeğinizin ağzına bir kaşık yemek verdikten sonra, elindeki kaşıkla ağzına yemek götürmesi için onu cesaretlendirin. Başardığı her adımda onu ödüllendirin.

- Bebeğinizi kucağınıza alıp ayna karşısına oturun. Bir kendinizin bir bebeğinizin ismini söyleyerek dikkatini çekin. Bebeğinizin kendisini aynada göstermesini isteyin. "Ayşe nerede?" diye soru sorun. Kendisini doğru yerde gösterdiğinde onu ödüllendirin.

---

### DOKUZ AYLIK BEBEK

- *Sırt üstü yatarken oturur duruma geçebilir.*
- *Eşyalara tutunarak ayağa kalkabilir.*
- *Baş ve işaret parmağını kullanarak küçük nesneleri kavrayabilir.*
- *İstendiğinde elindeki oyuncağını verebilir.*
- *Bir örtünün altında saklanan ve ucu görünen nesneyi bulabilir.*
- *Baba, anne, dede gibi çift heceli kolay sesleri çıkartabilir.*
- *Hareketleri taklit edebilir.*
- *Yemek yerken kaşığı ağzına götürebilir.*
- *Kendisini ve başkasını aynadaki görüntüsünden ayırt edebilir.*

---

### Genel Öneriler

Bebeğinizin 6. aydan 9. aya kadar kaydettiği en önemli gelişim, onun emekleyebilmesidir. Emeklemeye başladığı andan itibaren özgürlüğü için ilk adımını atmış sayılır. Onu en iyi şekilde desteklemek istiyorsanız, evinizin her tarafını tehlikelerden arındırarak çocuğunuzu serbest bırakın. Bu dönemde bebeğiniz, kazanmış olduğu yetenekle birlikte keşiflerde bulunacaktır. Bebeğinizi oyun parkına hapsederseniz bu keşiflerden mahrum kalacaktır.

Yine bu aylar içerisinde bebeğiniz, eline geçirdiği her şeyi atmak isteyecektir. Bunu, sizi sinirlendirmek için yapmaz. O sadece elinin gücünü yeni fark etmiştir ve bunu değerlendirmek istiyordur.

6 aylıktan itibaren bebeklerin hoşlandıkları bir başka yetenek de taklit etmektir. Bebek, anne ve babasının hareketlerini ve konuşmalarını taklit eder. Artık çocuğunuza taklit yoluyla bir şeyler öğretmeye başlayabilirsiniz. Zaten 6 yaşına kadar çocuğunuz, birçok beceriyi bu taklit yoluyla öğrenecektir.

Artık bebeğiniz belki de dört dişini çıkarmış, emekleyerek evin her tarafını keşfetmiş, yürümeye başlamak için de ilk hareketlerini, yani tutunarak ayağa kalkma hareketini yapmıştır. Bunların hiçbirine ulaşmamış olabilir de. Bu sizi endişelendirmesin. 1 yaşından sonra ilk dişlerini çıkartan çocuklar olduğu gibi 15 aylıkken yürüyen çocuklar da vardır. Siz çocuğunuzu emeklemesi için destekleyin, ama çocuğunuzun hiç emeklemeden de yürüme girişiminde bulunabileceğini aklınızdan çıkarmayın. Çocuğum yerde sürünmesin diye onu emeklemek gibi bir gelişim aşamasından bilinçli olarak mahrum etmeyin. Her gelişim aşamasını (geç veya erken) yaşayıp, ondan sonra diğer aşamaya geçmesi için onu destekleyin.

# ONUNCU AY

*Ne Yapabilirsiniz?*

- Bebeğinizle oynamak için karşısına oturun ve küçük nesneleri önünüzdeki kutuya atın. Kutuyu sallayarak bebeğinizin ilgisini çekin ve nesneleri kutudan çıkartmasını isteyin. Bebeğiniz bunu yapamazsa bir iki tanesini çıkartarak ona model olun.

- Bebeğinizin ihtiyaçlarını belirtme yollarını izleyin ve tepkilerine uygun ihtiyaçlarını karşılayın. Bunu yaparken de sözel olarak ifade edin; "Su mu istiyorsun?" gibi.

- Bebeğinize tek kelimelik emir cümlelerini vurgulu bir şekilde söyleyin (al, ver, getir, götür gibi). Bu emirleri yerine getirdiğinde ona "aferin" deyin.

- Bardak ve biberonu tek başına kullanması için ona destek olun. Cam bardak ve biberonu eline verip yanından ayrılmanız tehlikeli olabilir.

- Bebeğinizle sesinizin tonlamalarına dikkat ederek konuşun. Tonlamalarınız abartılı olabilir. Bu vurgulamalara benzer ses çıkartıp çıkartmadığına dikkat edin.

---

### ON AYLIK BEBEK

- *Eşyaya tutunarak ayağa kalkabilir. Belki sıralayabilir.*
- *Kutunun içindeki nesneleri teker teker çıkartabilir.*
- *İsteklerini işaret ya da sözle belirtir.*
- *Sözcük ve emirleri anlayabilir.*
- *Tanıdığı biri sorulduğunda onu aramak için başını çevirebilir.*
- *İşittiği bazı kolay kelimeleri tekrar edebilir.*
- *Bardaktaki suyunu veya biberondaki sütünü kendi başına içebilir.*

# ON BİRİNCİ AY

*Ne Yapabilirsiniz?*

- Önce bebeğinizi yardımla ayakta durdurun. Dengesini sağladıktan sonra da desteğinizi kısa bir süre çekin. Bebeğinizin düşmemesine dikkat edin ve onu cesaretlendirin. Bunu gün içinde tekrar edebilirsiniz.

- Bebeğinizin arkasına geçerek iki elinden tutarak yürütün. Daha sonra da tek elinden tutarak yürümesi için onu cesaretlendirin. Eşyaların kenarında sıralaması için ise, koltuğun üzerine koyduğunuz bir oyuncağı yavaş yavaş çekerek ona ulaşması için bebeğinizi cesaretlendirin. Her adımında "aferin" diyerek bebeğinizi alkışlayın.

- Bebeğinize vücut kısımlarını tanıtın ve onun da göstermesini isteyin; eğer gösteremezse siz göstererek öğretin. Bu oyunu ayna karşısında da oynayabilirsiniz. Vücudun kısımlarını tanıtan bebek kitabıyla da bu işlemi yapmanız mümkün. Böylelikle bebeğiniz kitapla da tanışmış olur.

---

### ON BİR AYLIK BEBEK

- *Bir yere dayanmadan birkaç saniye ayakta durabilir.*
- *Yardımla veya eşyalara tutunarak yürüyebilir.*
- *İşaret parmağını, istediği bir nesneyi göstermek için kullanabilir.*
- *Vücut kısımlarından bazılarını ayırt edebilir.*
- *"Hayır" "güle güle" diyebilir, iki ya da üç tane anlamlı işaret ve sözcüğü vardır.*
- *Yeni sözcükleri taklit edebilir.*

# ON İKİNCİ AY

## Ne Yapabilirsiniz?

• Bebeğinizin çorabını çıkarmasına izin verin. Hatta ona destek olun.

• Bebeğiniz oturur durumda oyun oynarken ona bir oyuncak uzatın. Ayağa kalkıp alması için ellerinden tutarak yardımcı olun.

• Bebeğinizin emekleyerek basamak çıkabilmeyi öğrenmesi için, birkaç basamak yukarıya sevdiği bir oyuncağını koyabilirsiniz. Daha sonra da oyuncağını alması için onu destekleyin.

• Bebeğinize ismi ile hitap edin. Aynanın karşısına geçerek ismini söyleyip ona ismini öğretebilirsiniz.

• Bebeğinizin karşısına geçerek dar ağızlı bir kabı önünüze koyun. Önce kendiniz bu kabın içine boncuk atarak model olun. Daha sonra bebeğinizi atması için teşvik edin.

---

### ON İKİ AYLIK BEBEK

• *Yürüyebilir. (Bazı çocuklar on ikinci ayda desteksiz olarak yürüyebiliyorlar. Ama birçok çocuk 13 ve 14. aylarda tam olarak yürümeyi öğrenebiliyor.)*

• *Çorabını ayağından çıkarabilir.*

• *Çömelme durumundan ayağa kalkabilir.*

• *Emekleyerek basamak çıkabilir.*

• *Adını bilir ve adı söylendiğinde başını çevirip seslenilen tarafa bakabilir.*

• *Sizinle oyun oynar. Tahmin oyunlarını sever.*

• *Sizin gördüğünüz kadar iyi görebilir.*

• *Küçük nesneleri dar ağızlı bir kaba atabilir.*

## Genel Öneriler

9-12 aylar içerisinde bebeğiniz en fazla yürüme faaliyetleri ile meşgul olacaktır. Bunun için bebeğinizi zorlamanıza hiç gerek yok. Çünkü yürümeyi o sizden çok daha fazla istemektedir. Ve inanılmayacak kadar çok çaba gösterir. Sizin yapmanız gereken şey, alıştırmalarla onu yürüme konusunda cesaretlendirmektir. 13, bilemediniz 14. aya kadar dikey yaşama geçerek evin en olmadık yerlerinde gezinen miniğinizin peşinden koşturuyor olacaksınız. Ona emeklediği ortamdan daha tehlikesiz bir ortam sağlamanız gerekmektedir. Çünkü o artık sizin bile tahmin edemediğiniz yerlere uzanmak için olağanüstü bir çaba sarf edecektir.

Konuşmasında da yavaş yavaş ilerleme olduğunu fark edeceksiniz. On iki aylık olduğunda, "anne","baba" haricinde birkaç sözcük daha söyleyebilecektir. Onunla bol bol konuşmanız, konuşma yeteneğinin gelişmesinde çok etkili olacaktır. Yaptığınız her işlemi, ona açık ve kısa bir ifadeyle bildirin "paltonu çıkartıyorum, çorabını giydiriyorum" gibi. Kelime oyunuyla çevresindeki nesneleri tanımasını sağlayabilirsiniz. Dışarıda gezerken veya ev içerisinde, ona nesnelerin ismini söyleyin. Su ile oynarken "su" deyin. Elma püresi yedirirken "elma püresi yiyorsun" diyerek isimlendirin. Araba, ağaç, kuş diyerek ona görmüş olduğu her şeyin ismini söyleyin. Bunları tekrar edemez tabi ki. Fakat öğrendiği her şeyi zihnine yerleştirecek, yeri ve zamanı geldiğinde bu adlandırmanızın ona çok faydası olacaktır.

Bu dönem, çocuğunuzun kitaplarla tanışma dönemidir. Yırtamayacağı kalın kartondan kitaplar alın. Çünkü ilk zamanlar, ya yırtmak ya da ağzına sokmak isteyecektir. Bu kitapların, resimlerle nesne tanıtma kitapları olmasına dikkat edin. Mesela meyveler, hayvanlar veya eşyaları tanıtan kitaplar olabilir (yazı olmayacak sadece meyve veya hayvanın ismi olacak). Çocuğunuzu kucağınıza alın. Ona resmi işaretleyerek ismini söyleyin. Daha sonraları ismini söylediğiniz nesneyi göstermesini isteyin. Konuşmayı öğrendiğinde ise hem gösterip hem de ismini söyleyecek duruma gelecektir.

248 ÇOCUK BAKIMI VE EĞİTİMİ EL KİTABI

Ona kendi ihtiyaçlarını karşılamasında özgürlük tanıyın. Çorabını veya yeleğini çıkartması için destekleyin. Bu 3 ay içerisinde, yemek yerken onun eline de bir kaşık verebilirsiniz.

Ara sıra çocuğunuzu toplum içinde bulundurmaya çalışın. Yaşıtı arkadaşlarıyla birlikte olmasını sağlayın. Ama zannetmeyin ki arkadaşlarıyla güzel güzel oynayacak. 3 yaşına kadar yaşıtlarıyla iyi anlaşması pek mümkün olamaz. Ama en azından aynı ortamda olmayı öğrenebilir. Çocuğunuza "teşekkür ederim, hoşçakal, güle güle" gibi sosyal kavramları öğretin.

## Altıncı Aydan On İkinci Aya Kadar Bebeğinizin Oyuncakları

Altıncı aya kadar oynadığı oyuncaklarıyla hâlâ oynayabilir. Bunların yanı sıra:

- Çocuğunuzu kitaplarla tanıştırabilirsiniz. Tahta, kumaş veya kalın kartondan kitaplar, çocuğunuzun sözcük dağarcığını geliştirmesine yardımcı olduğu gibi eğlendiricidir de.
- Oyuncak telefon; iletişim becerilerini öğrenmesi için idealdir.
- Direksiyon; düşsel oyun sunar.
- Tencere ve tencere kapaklarıyla iyi vakit geçirebilir.
- Tef, marakas, zil, davul gibi müzik aletleriyle tanışma zamanı.
- Suda oynayabileceği oyuncaklar (delikli kova, kepçe, duş), suyu çocuğunuza sevdirir.
- Basit yap-bozlar; kas becerilerini geliştirir.
- Çocuğunuza zarar vermeyecek her türlü artık materyaller çocuğunuz için ideal oyuncak olabilir.
- Boş mukavva kutularının içine girmek de hoşuna gidecektir.
- Alkış oyunu; bebeğinizin iki eline küçük küpler verin. Siz de elinize alın ve iki küpü birbirine vurun. Ona da vurması için yardımcı olun. Daha sonra küpleri bırakarak ellerinizle alkış yapabilirsiniz.

# 1-2 YAŞ ARASI (KEŞİF ÇAĞI)

## A- ON İKİ-ON SEKİZİNCİ AYLAR

*Ne Yapabilirsiniz?*

- Yerden eğilerek bir nesne almasını sağlamak istiyorsanız, ondan oyuncakları toplama konusunda yardım isteyin. Birlikte oyuncaklarını toplayarak model olun.

- Basit ev araçları, bebekler, süpürge, faraş gibi materyalleri çocuğunuza alın. Siz ev işi yaparken sizi taklit ederek bunlarla oynayacaktır.

---

### 12-18 AYLIK BEBEKLER

- *Ayakta dururken bir şey almak için dengesini kaybetmeden eğilebilir.*

- *Basit ev işlerini taklit edebilir.*

- *Kalem kullanarak karalama yapabilir.*

- *Sorulduğunda bedeninin bir parçasını gösterebilir.*

- *Yardımla merdiven iner, çıkar.*

- *Koşar, ancak hâlâ çok düşer.*

- *Yetişkin sandalyesine çıkıp inebilir.*

> - *Topa tekme atabilir.*
> - *Birçok küpten bir kule oluşturabilir.*
> - *Konuştuğundan fazlasını anlar. Elli kadar sözcük dağarcığı vardır.*
> - *Kendinden büyük çocuklarla oynar, fakat kendi yaşıtlarıyla oynayamaz.*
> - *Herhangi bir işi yapmak için her iki elini ayrı ayrı kullanabilirse de genellikle belirli bir elini kullanmayı tercih eder.*

- Çocuğunuza karalama yapması için kâğıt ve zehirli olmayan boya kalemi verin. Yaptığı karalamalar için çocuğunuzu sözel ifadelerle ödüllendirin. Tarih atarak bir dosyada saklarsanız, ileride yapacağı resimlerle gelişimini izleyebilirsiniz.

- Çocuğunuzla rahat bir yere oturun. Ona küplerden nasıl kule yapıldığını gösterin. Daha sonra kendi başına kule yapması için çocuğunuzu cesaretlendirin. Birkaç küpten kule oluşturduğu zaman onu alkışlayın.

## B- ON SEKİZ-YİRMİ DÖRT AYLAR

*Ne Yapabilirsiniz?*

- Merdiven çıkarken çocuğunuzla tren oyunu oynayabilirsiniz. Hiçbir yere tutunmadan, sadece birbirinizin arkasına tutunarak merdivenleri çıkın. Bu işlemi yaparken, tren sesi çıkartıp, eğer biliyorsanız tren şarkısı söylerseniz, daha zevkli olacaktır.

- Evin içerisinde bulunan ve çocuğunuzun her gün karşılaştığı nesnelerin adını sürekli tekrar ederseniz, çocuğunuz çevresindeki nesneleri tanımış olacaktır. Aynı şekilde oyun oynarken oyuncaklarının da ismini söyleyin.  Daha sonra ondan bir oyuncak getirmesini isteyin. "Bana bebeği getir" dediğinizde doğru oyuncağı getirirse onu ödüllendirin. Evin içindeki ulaşabileceği, tanıdığı nesneleri de çocuğunuzdan isteyebilirsiniz.

- Çocuğunuza yürüme çağında dengeyi sağlaması için çekmeli bir oyuncak alabilirsiniz. Veya bir kutuya ip takıp araba yaparak, çekmesini sağlayabilirsiniz.

- Çocuğunuzun bir saniye süre içerisinde tek ayak üzerinde ayakta durabilmesi için önce siz model olun. Daha sonra "hadi leylek olalım" diyerek, çocuğunuzun göz açıp kapama süresince tek ayak üzerinde kalmasını sağlayın. Bunu yaparsa çocuğunuzu ödüllendirin.

- Çocuğunuz için oyun hamuru alabilir veya evde hazırlayabilirsiniz. Bir süre amaçsızca elinde yuvarlamasına izin verin. Daha sonra yuvarlatıp top yapması için önce model olun, sonra çocuğunuzun yapmasını isteyin. Gerektiğinde çocuğunuza yardımcı olun.

- Çocuğunuza kendi öz bakım becerilerini yapması için fırsat tanıyın. Ona ellerini nasıl yıkayıp kurulayacağını gösterin. Fakat bunun için onun boyunun yetişebileceği alçak bir lavabo olması gerekir veya lavaboya uzanması için, altında bir oturak bulundurabilirsiniz. El yıkama ve kurulama işlemlerini yemeklerden önce ve sonra yapmanız, bu alışkanlığı erken yaşlarda kazanmasını sağlar.

---

**ON SEKİZ-YİRMİ DÖRT AYLIK BEBEK**

- *Yardımsız merdiven çıkabilir.*
- *İki farklı nesne arasından isteneni seçebilir.*
- *Bildik yüzleri fotoğraftan tanıyabilir.*
- *Oyuncağı çekerek yürür.*
- *Tek ayak üzerinde bir saniye durabilir.*
- *Bir resmin adını söyleyebilir.*
- *Hamurdan top yapabilir.*
- *Yaşına uygun olan legoları takıp çıkartabilir.*
- *Ellerini yıkar, kurular.*
- *Adını söyler.*
- *Üç ve daha fazla sözcüklü cümleler kurar.*
- *Üç tekerlekli bisiklete binebilir, fakat pedal çeviremez. Tuvalet ihtiyacını söylemeye başlayabilir.*

---

## Genel Öneriler

Çocuğunuz yürümeye başladığı andan itibaren almanız gereken önemli bir karar var: Eviniz derli toplu bir ev mi olsun, yoksa çocuğunuzun rahat gezdiği, oynadığı, keşifler yaptığı çocuk evi mi olsun? Eğer düzenli bir ev hanımı veya tertipli bir ev erkeği iseniz, tabii ki oyunuzu derli toplu evden yana kullanacaksınız. Yani her zaman için düzenli ve temiz olan bir ev, çeşitli yerlerde örtüler, süsler ve çocuğunuza getirdiğiniz yasaklar,

yasaklar... Sizin evinizde hakim olan kelimeler; "yapma, hayır, dokunma" lar olacaktır. Maalesef çocuğunuz bu ihtarlarla büyüyecektir.

Çocuğunuz yürümeye başlayana kadar, çevreyi tanıma girişimleri sınırlıydı. Fakat yürümeye başladıktan sonra evin her yerine gitmeyi ve yeni yeni keşiflerde bulunmayı öğrendi. Bu dönem çocuğunda bulunan doğal bir özelliktir bu. Evin her deliğine girecek, her yerini karıştıracak, kıracak, dökecek, dağıtacak, çekmeceleri karıştıracak hatta bir üst çekmeceye çıkmak için, alt çekmeceyi merdiven olarak kullanacaktır. Bu girişimlerde bulunması, çevresini adeta bir kâşif gibi incelemesi, fakat bu incelemelerini sadece gözleriyle değil, ellerini, ayaklarını, ağzını yani bütün bedenini kullanarak yapması onun; duygusal, fiziksel, zihinsel, sosyal tüm gelişim alanlarını olumlu yönde etkileyecektir.

Bu keşfetme dürtüsüyle etrafta dolaşan çocuğunuzun çabalarını kimseye zarar vermeyecek şekilde olumlu yönde geliştirmek istiyorsanız, evinizi çocuk evine çevirin. Bunu yapmanız çok basit. İşe masanızın üzerinde duran örtüyü ve üzerindeki vazoyu kaldırarak başlayabilirsiniz. Daha sonra evinizin her tarafını dolaşın ve kendinizi bir yaşındaki çocuğunuzun yerine koyun. Çocuğunuz sizin gibi yürüyebiliyor ama unutmayın ki, o hâlâ bebek ve kendini bekleyen tehlikeleri bilemez. Onun için bu tehlikeleri sizin yok etmeniz gerekebilir.

Evet, evet o ecza dolabı çok alçakta, uzanıp ilaçları şeker zannederek bir bir yutabilir. Lavabonuzun altındaki deterjanları, çamaşır sularını da oradan yok edin. Ulaşabildiği çekmecelere makas, jilet, bıçak gibi kesici aletler bırakmayın. Elektrik prizleri eğer çocuğunuzun ulaşabildiği kadar alçaktaysa onlar da tehlikeli olabilir. Çünkü genelde bütün çocuklar, bu prizlerin parmak sokmak için yapıldığını sanırlar. O yüzden onların üzerini kapatmanızda fayda var. O ayakkabı dolabınızın içindeki boyalar da ne öyle! Onları yalarken çocuğunuzu yakalamak istemiyorsanız, hemen yüksek bir yere kaldırın. Boş parfüm şişeleri ve bitik pilleri de hiçbir zaman oynasın diye çocuğunuzun eline vermeyin. Bu tür tehlikeli artıkları hemen çöpe atın.

Gözlerinizi yerlerden eksik etmeyin. Çivi, iğne, ağzı açık çengelli iğne, düğme gibi ufak tefek şeyler çocuğunuz için tehlikeli olabilir. En iyisi siz, mümkünse her gün çocuğunuzun oynadığı yerlerde, elektrik süpürgesini açın. Çünkü sizin gözünüzden öyle şeyler kaçabilir ki o yumurcak dünden yere düşen bir zeytin çekirdeğini ağzına atmak için fırsat kollar.

Banyonuzun içinde su dolu kova bırakmayın. Hele deterjan dolu bir kovayla temizlik yaparken, çocuğunuzun orada bulunmamasına dikkat edin.

Bunlara benzer daha birçok tehlikeli durum evinizde mevcut bulunabilir. Aynı titizlikle olası tehlikelerin hepsini bertaraf edin. Bunu yaparsanız, çocuğunuz evin içerisinde dolaşırken içiniz rahat eder. Böylelikle aşırı koruyucu pozisyona düşerek çocuğunuzun gelişimini engellememiş olursunuz. Bırakın o şimdi dilediği gibi koltuklara sandalyelere tırmansın. Ulaşabildiği çekmeceleri açıp içini boşaltsın. Savaş alanına dönmüş evinizi toplarken sinirlenmeniz çok doğal. Biraz sabırlı olmanız gerektiğini, bu dönemin geçici olduğunu, çocuğunuzun kendi oyuncaklarını bile ne kadar titizlikle topladığını göreceğiniz günlerin de geleceğini düşünmeniz, sizi sakinleştirecektir.

Çocuğunuz için tehlikeli olan şeylere dokunmamasını istediğiniz zaman ona sadece "yapma","dokunma","hayır" demeyin. Niçin dokunmaması gerektiğini, anlayabileceği bir dil ile açıklayın. Örneğin, "soba sıcak, dokunma uf olur" , "sokakta koşma, düşersin, canın yanar" gibi, kısa ve özlü cümlelerle açıklayın. Eğer hâlâ ısrar ediyorsa, dikkatini başka yöne çevirin. Bebeklikten çıkmamış olan bu çağdaki çocuğunuzu asla dövmeyin. O etrafı karıştırıyorsa veya kitaplıktan bir kitabı çekip yırtmışsa, bunu kasıtlı olarak yapmamıştır. Sadece çevresini araştırmak ve öğrenmek isteğinden kaynaklanan bir davranıştır. Çocuğunuzu cezalandırırken yaşına ve gelişim dönemine dikkat edin.

O dönemin getirdiği genel eğilim içerisinde birtakım zararlar verdiğinden dolayı çocuğunuzu cezalandırırsanız, onun bir daha böyle girişimlerde bulunmasını engellemiş olursunuz. Belki onu akıllı, uslu, etrafı dağıtmayan cici bir çocuk yapmış olursunuz. Fakat gelişiminde birçok şey eksik kalmış, pasif ve kendine güvensiz bir kişi yetiştirmiş olursunuz.

Çocuğunuz yaklaşık 18. aydan itibaren zorlu bir döneme girecektir. Hemen hemen her ortamda veya her dönemde, küçük çaplı sinir krizleri geçirip, kendini yerlere atıp tepinebilir. Her şeyi kendi bildiği gibi yapmak ister. Konuşması, sosyal ve fiziksel davranışları hızla ilerlerken, yetişkinler gibi davranmak ister. Ancak genelde arzuları becerilerini aşar ve büyük sıkıntılar yaşar. Bu da onu huysuz ve inatçı yapar. Üstelik konuşmayı iyi beceremediğinden dolayı kendini ifade etmekte de güçlük yaşamaktadır. Bu duruma biraz katlanmanız lazım geldiği gibi şu şekilde de yardımcı olabilirsiniz: Ona başarabileceği işler verin. Küçük çaplı yardımlarda bulunmak, işe yaradığını hissettireceği için onu mutlu eder. Örneğin, marketten eve dönerken küçük bir poşeti taşıması için ona verin. Bunu ne kadar istek ve beceriyle yaptığını göreceksiniz. Çocuğunuzu çok fazla sınırlandırmazken, sizin için önemli olan sınırları çizin. Bunun haricinde çocuğunuzu rahat bırakın. Sizin için önemli olan kuralları çiğnediğinde ise memnun olmadığınızı anlamasını sağlayın.

## İştahsızlık

Çocuklar bu çağda bir de iştahsızlık sorunu çıkartırlar. Çocuk bir yaşına geldiğinde eskisine oranla daha az yemek yer. Bu çok doğaldır. Bebekler doğduklarında çok fazla gelişmeye ihtiyaçları olduğu için sürekli yemek yerler. Bir yaşına gelince, gelişimleri gibi, yemek yeme ihtiyaçları da azalır. Katı besinler çocuğu daha fazla tok tuttuğundan dolayı da belli öğünlerde yemek yemeleri onlara yeter. Eğer anne, yemek sorununa takmamışsa, çocuk doğal olarak acıktığı zaman yemek yiyecektir. Belki bazı gün iştahsız olacak, bazı gün az veya çok yiyecek, belirli yiyecekleri ötekilerden daha çok sevecektir ama anne yanlış bir tutum içine girmemişse çocuk kendisine yetecek miktarda yiyeceği acıktığı zaman yiyecektir.

Çocuğunuzun önüne gerekli olan besini koyun. Bırakın dilediği şekilde yesin. İştahı yoksa zorlamayın. Onun da eline bir kaşık verin. O kaşığı tabağın kenarına, mama masasına vuracaktır. Biraz sabırlı olun. Belki o sizin ağzınıza yemek götürürken siz de onun ağzına yemek götürebilirsiniz. Bu arada kendi kendini beslemeyi de öğrenmiş olur. Çoğu anne bu konuda acele etmek istemez. 6 yaşına gelmiş çocuğunu hâlâ kendisi besleyen anneler vardır. Eğer 6 aylıktan itibaren eline bisküvi, meyve gibi yiyecekler vermez, 1 yaşına gelmeden eline kaşık verip mamasını yemesine fırsat tanımazsanız, çocuğunuz 2 yaşını geçtikten sonra eline kaşığı almak için aynı istek ve heyecanı duymayacaktır. O yaştan sonra kendi kendine yemek onun için sorun olacaktır. Anaokuluna gelmiş, kendisi yemek yemeyi beceremediğinden dolayı yemeğe oturmayan ve aç kalan çok fazla çocuk vardır. (Ayrıntılı bilgi için sağlıklı beslenme konusuna bakın. Sayfa 161)

## 1-2 Yaş Arası Çocuğun Dil Gelişimi

12 ay ile 24 ay arası, çocuğunuzun alıcı dilinin en üst düzeyde olduğu dönemdir. Bebekliğinden beri çocuğunuzla sürekli konuşuyorsanız, 6 ile10. aylarda ilk sözcüklerini söylemeye başlayacaktır. Bu arada konuştuğundan daha fazla sözcüğü anlamaktadır. Çocuğunuz konuşmalarınıza tepki vermiyor diye, onunla konuşmayı bırakmayın. Çünkü o henüz alıcı dil dönemindedir ve duyduğu her şeyi zihnine kodlamaktadır.

Dili anlama, dili kullanmadan önce gelir. Çocuğunuz elli sözcüğü 13. ay dolaylarında anlarken, elli sözcüğü kullanabilmesi ancak 18. ay dolaylarında mümkün olur. Bu da sizin onunla konuşup konuşmamanıza bağlı olarak değişir. 18. aya kadar çocuğunuz, "bebek dili" dediğimiz kendine özgü bir dil geliştirerek konuşacaktır. Fakat bu konuşmayı yaparken, konuşma ritmini de keşfeder. Nerede duracağını, nerede başlayacağını, nerede yüksek veya alçak konuşacağını bilir. O bu tarz anlaşılmaz kelimelerini kullanırken, siz onun anlatmak istediklerini anlıyorsanız, açık ve net bir biçimde ona tekrar edin. Böylelikle çocuğunuz 18. aya geldiğinde kendi uydurma dilini bir kenara bırakarak, büyüklerin dilindeki sözcükleri söylemeye başlar.

Kelime hâzinesinin genişlemesi, sözcükleri doğru telaffuz edebilmesi yine sizin onunla konuşup konuşmamanıza bağlı olarak değişecektir. Şunu da aklınızdan çıkartmayın, çocuğunuz konuşmaya başladığı zamanlar bazı sözcükleri yarım yamalak söyleyebilir. Örneğin "tren" yerine "tiyen" diyebilir. Bunun için telaşa kapılmanıza gerek yok. Kelimeleri doğru kullanma olgunluğuna ulaşmadığından bu şekilde konuşuyordur. Çünkü o, konuştuğundan daha hızlı düşünmektedir.

Çocuğunuzu konuşmaya zorlamayın. Konuşması için baskı yapılan çocuklar, sözcükleri içlerinde tutarak tepki gösterebilirler. Anne-baba olarak gayet kaygısız bir tutum izleyerek çocuğunuzla bol bol konuşun.

---

*Çocuğunuzla açık ve net ifadeler kullanarak konuşun. Bebek diliyle konuşmayı tercih etmeyin. Hepimiz zaman zaman bebek dili kullanarak, bebekleri severiz. Fakat bu sürekli hale gelmemelidir. Bu onun bir objeyi iki isimle adlandırmasına yol açabilir. Öte yandan bebek dili, ailenizin ortak dili olabilir.*

## Dil Gelişimine Katkıda Bulunmak İçin Şunları Yapabilirsiniz

- Kitaplardan faydalanabilirsiniz. Bol resimli ve renkli olan eski dergiler, kataloglar, çocuğunuz için hem eğlendirici hem de öğretici olurlar. Artık masal ve tekerlemelerden hoşlanan çocuğunuza, yaşına uygun resimli masal kitapları alabilirsiniz. Bu arada onunla bol bol konuşmaya ve kitabın içerisindeki nesneleri tanıtmaya çalışın.

- Çeşitli bul-yap oyunları ile çocuğunuza hayvanları, taşıtları, meyveleri, giysileri vb. tanıtıp isimlerini öğretebilirsiniz.

- Günlük yaşamda kullanılan nesneleri tanıması ve isimlendirmesi için; anahtarlık, kaşık, kalem gibi bilinen nesneleri bir torbaya koyarsınız, sonra tek tek çıkartıp isimlendirebilirsiniz; "bak bu kaşık" "bu anahtar" diye. Daha sonra torbadan çıkarttığı nesneleri onun isimlendirmesini istersiniz.

- Hayvanları tanıtmak için hayvanat bahçesine götürebilirsiniz. Alışverişe gittiğinizde de birçok nesneyi çocuğunuza tanıtırken, eğlenceli vakit geçirebilirsiniz.

- Daire şeklinde bir mukavvanın üzerine nesne resimleri çizin ve dairenin ortasına bir ok koyup, okun üzerinde olduğu nesneyi isimlendirmesini isteyebilirsiniz.

- Çocuğunuzun vücudunun parçalarını isimlendirmesini sağlayacak oyunlar oynayabilirsiniz. Aynanın karşısına geçerek vücudunun parçalarını gösterin. Oyuncak bebeğini yıkarken ve giydirirken onun vücudundaki bölümleri tanıtmasını isteyebilirsiniz.

- Yoğurma maddesiyle çeşitli giyecek veya yiyecek figürleri yaparak isimlendirebilirsiniz.

- Aile fotoğrafı ile ilgili konuşabilirsiniz. "Bak bu senin baban", "bu da dayın" gibi.

- Öykü, şiir ve şarkı kasetleri çocuğunuzun dil gelişimine katkıda bulunabilir.

Çocuğunuzun dil gelişimini desteklemek için birçok faaliyeti kendiniz de uydurabilirsiniz. Unutmayın ki, çocuğunuz sizin desteğinizle gelişiminin en üst düzeyine çıkabilecektir.

---

**Çocuğunuzla konuşurken**

- *Her şeyin rengini söyleyin.*
- *Sert-yumuşak gibi zıtlıkları açıklayın.*
- *Sayıları kullanmaya başlayın. Bunun için önce kendinizin, sonra çocuğunuzun parmaklarını kullanabilirsiniz.*

---

## 1-2 Yaş Arası Çocuğun Oyun ve Oyuncakları

Çocuğunuza ait bir odanın boş olması, onun atlayıp zıplaması, top oyunu oynaması; mümkünse bir tırmanma aletinin bulunması büyük kaslarını geliştirmesi açısından gereklidir. Çünkü yürümeye başlamasıyla, çocuğunuzun kas gelişimine ihtiyacı vardır. Bunu da atlayıp zıplayarak, tırmanıp inerek, merdiven inip çıkarak sağlayacaktır. Çocuğunuzla bir çocuk parkına gitmeniz, hem onun açık hava gereksinimini karşılar, hem de tırmanabileceği oyuncaklara ulaşmasını sağlar. Üstelik kendi yaşıtı arkadaşlar edinmesi için de oyun parkları en uygun ortamlardır.

Kumla, toprakla da çocuğunuzu tanıştırın. Bahçeniz varsa mutlaka bir kum havuzu yapın. Büyük şehirlerde bu pek mümkün olmadığı için, belki terasta veya geniş bir balkonda küçük bir kum havuzu yapabilirsiniz. Yine kumla oynayabilmesi için, çocuk parklarına götürebilirsiniz. Yaz mevsimiyse ve imkânınız varsa, deniz kenarındaki kumlar çocuğunuz için bulunmaz bir nimettir. Bu yaştaki, hatta her yaştaki çocuklar kumla oynamaktan, kovayla birlikte kumda şekiller çıkartmaktan, kum kulesi yapmaktan büyük zevk alırlar.

Biraz sabırlı bir anneyseniz çocuğunuzun suyla oynamasına da izin verin. Balkonda, banyoda, varsa bahçenizde su ile oynamak, onun için hem öğretici, hem de doyum olmayan bir oyun çeşididir. Çocuğunuz suyla oynarken stres oluşturan birçok durumdan da kurtulur ve psikolojik olarak rahatlar. Fakat çocuğunuz su ile oynarken siz tedirgin oluyorsanız, sizin tedirginliğinizi hemen fark edecektir. Bunun için su ve çamurla çocuğunuzun oynamasından rahatsız oluyorsanız, kendinizi zorlamayın. Tedirgin tutumunuzla çocuğunuza yarardan çok zarar vermiş olursunuz. Bütün bunların yanı sıra çocuğunuz şu oyuncaklarla da hem oynayacak hem de eğlenecektir:

- İtmeli-çekmeli ses çıkartan oyuncaklar yürüme faaliyetlerini geliştirebilir.
- Tahta çekiç, çivi ve çakma panoları kas gelişimi için gereklidir.
- Bu dönemde sizi taklit etmek isteyeceği için, oyuncak süpürge, faraş ve bez ideal oyuncaklardır.
- Biçimleri öğrenmesini sağlamak için, değişik biçimlerdeki cisimleri kendilerine uygun deliklere yerleştirmesini sağlayacak bir oyuncak alabilirsiniz.
- Küpler ve bloklarla kule yapabilir.
- Kalın pastel boyalarla çizim ve el becerisini geliştirirler.
- Yumuşak kumaştan yapılmış bebekler, hayvanlar hayal gücünü geliştirici oyunlar sunar.
- Bunların yanı sıra üstüne ve içine girebileceği oyuncaklar, boş tahta ve mukavvalar, mutfaktaki boş tencere ve tavalar, eski kartpostallar da çocuğunuzun oyuncakları arasında yer alabilir.

Çocuğunuzun oyuncaklarını bir çekmeceye veya bir sepetin içine koyup kaldırmayın. Onun boyunun yetişebileceği raflara veya üst üste istenilen biçimde yerleştirilebilecek içi boş tahta veya plastik küplere veya kartonlara koyabilirsiniz. Biraz daha büyüyünce, odasında köşeler yaparsınız. Oyuncaklarını gruplara ayırarak, ayrı ayrı köşelere sıralarsanız, hem hepsi birden dağılmamış olur hem de çocuğunuza belli bir düzen içinde oyun oynamayı öğretmiş olursunuz. Örneğin, müzik köşesinde müzik aletleri, araba garajı yaptığınız bir köşede arabaları, evcilik köşesinde evcilik aletleri yer alabilir. Bu düzen anaokulunda da çok işine yarayacaktır.

# İKİ YAŞ (İLK YENİ YETMELİK ÇAĞI)

## Genel Öneriler

Çocuğunuz artık yürümeyi ve kendini ifade edecek kadar konuşmayı öğrendi. Bağımsızlık treninde yerini almış çuf çuf ilerlerken, size de arkasından koşturmak düşecek. Zira artık çocuğunuz bebeklikten çocukluğa geçmenin mücadelesini

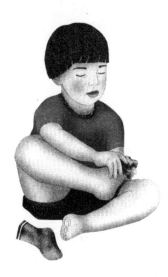 vermekte ve bu yolda attığı her adım ona bağımsızlığını kazandırmaktadır. Bu dönemde çocuğunuz artık kendisinin farkına varır. Kendi isteklerinin peşinden koşarken, yetişkin dünyasındaki kurallar onu bocalamaya uğratır. Bu bocalama içerisinde hırçın, inatçı, söz dinlemez bir tavır takınır. Tıpkı ergenlik çağında, çocukluktan yetişkinliğe geçerken yaşanan bunalımları, bebeklikten çocukluğa geçiş dönemi olan iki yaş dolaylarında yaşar. Onun için bu döneme bazı uzmanlar "ilk yeni yetmelik çağı" diye isim vermişlerdir.

---

### İKİ YAŞ

- *Merdivenleri kenarlara tutunarak, inip çıkabilir.*
- *Bazı giysilerini yardımsız çıkartıp giyebilir.*
- *Üç tekerlekli bisiklete biner, ancak pedal kullanamaz.*
- *Konuşmayı öğrenmiştir, ancak cümle kurarken kısaltmalar yapar.*
- *Legoları takıp çıkartabilir.*
- *Karalama yapar. Çizgileri belirginleşmiştir.*
- *Resimdeki olayları anlatır.*
- *Tuvalet eğitimini öğrenir.*

Çocuğunuz bu döneme muhtemelen on sekiz aylık olunca girmiştir. Dönemlerin zamanı her çocuk için değişir fakat her çocuk bu dönemlerden geçer. Okul öncesi dönemlerin en zoru şüphesiz ki; 1,5 yaş ile 2,5 belki de üç yaşa kadar sürecek olan dönemdir. Siz iyisi mi bütün sabır ve metanet gizlerinizi bu döneme saklayın. Siz ne kadar sabırlı olursanız, çocuğunuz bu dönemi o kadar güvenli atlatacaktır. Pasif ve kendine güvensiz bir çocuk yetiştirmek istemiyorsanız, çocuğunuzun davranışlarını baskı altına almayın. Kendi kişiliğini keşfetmesine yardımcı olun.

Bu dönemde çocuğunuza belirli bir düzen oturtmakta güçlük çekebilirsiniz. O alışık olduğu düzeni devam ettirmek isteyecektir. Yemek, uyumak gibi işlevlerin, bir yaşına girdiği dönemlerde bir düzene oturması, bu dönemde size çok faydalı olacaktır. Fakat belli bir düzen oturtamadıysanız, bunu üç yaşına bırakmak zorunda kalabilirsiniz. Bazı kuralların yerleşmesi için de üç yaş en uygun çağdır. İki yaşındaki çocuğunuz alışık olmadığı elbiseleri bile giymeyi reddedebilir. Bu dönemde ani değişikliklerden mümkün olduğunca uzak durun. Ev değiştirmek, kısa bir süre evden ayrılmak zorunda kalmak, seyahat etmek gibi birtakım yenilikler, bu dönemdeki çocuğunuzu olumsuz etkileyebilir. Bu gibi değişiklikleri mümkünse iki buçuk veya üç yaşına kadar erteleyin.

Çocuğunuz bu dönemde birtakım sosyal tepkiler geliştirir (taklit etme, utanma, otoritenin kabulü, rekabet gibi) ama ondan sosyalleşmesini beklemeyin. Sık sık akranlarıyla bir araya gelmesi, sosyalleşmeyi öğrenmesinde önemli bir adım olabilir. Fakat bu yaştaki çocukların birlikte oyun oynayabilmeleri için, en az üç yaşına gelmeleri gerekir. Zaten bu yaş çocuklarının bir araya gelmesinin amacı, sosyalleşmeyi öğrenmek değildir. İki yaş çocuğu gelişimini tamamladığında, sosyalleşmeyi değil, kendi kişiliğini keşfetmeyi öğrenir. Hâlâ anne ve babasına sosyal olarak bağımlıdır.

Tuvalet alışkanlığının kazanılmasıyla birtakım işlerin kendi tekelinde olduğunu gören çocuğunuz artık özerkleşmiştir. Bu dönemde çocuğunuzu baskı altına alarak pasif bir kişi de yapabilirsiniz. O zaman sizin için bu dönemi atlatmak çok daha kolay olur. Ama çocuğunuz aşmak zorunda olduğu böyle bir dönemi doğal olarak aşamadığı için, ömür boyu bunun izlerini taşıyacaktır. Pasif, kendine güvensiz, kişiliği gelişmemiş birey olarak hayatının kalan kısmını sürdürecektir.

Çocuğunuzun kardeşi olduğunda en olumsuz karşılayacağı dönem bu dönem olsa gerek. Henüz tam olarak anne ve babasından kopmamışken ve rekabet duygularını yeni yeni geliştirmiş fakat onunla baş etmeyi öğrenememişken bir kardeşin dünyaya gelmesi, evinizde birtakım problemlerin oluşmasına zemin hazırlar. Çocuğunuzun hırçınlığı artabilir. Bebeklikten çocukluğa geçme aşamasındayken, bebekliğe geri dönüş bu dönemde çok daha kolay gerçekleşebilir. Çocuğunuzun bu dönemi sağlıklı geçirmesi için bu kararınızı biraz ertelemeniz, sizin açınızdan da rahatlık sağlayabilir.

Gelelim bu dönemdeki çocuğunuzla olan iletişiminize. İlk yapacağınız şey, ne kendinizi ne de çocuğunuzu üzmemek için, gereksiz kısıtlamaları kaldırmak olsun. Onun için hayati önem taşıyan konularda belirli kurallar koymanız gerekir (*Sobayı elleme, yanarsın. Karşıdan karşıya geçerken elimi bırakma. Camdan sarkmak yasak gibi*). Bunun haricinde gereksiz kurallar koymanız (*çekmeceyi karıştırma, örtüyü çekme gibi*), uyması gerektiği önemli kurallara da olumsuz tepkiler geliştirmesine yol açabilir. Çocuğunuzun belli bir disiplin anlayışı geliştirmesi için, onun bazı davranışlarına kısıtlama getirmeniz gerekebilir. Fakat duygularını dile getirmesini engellemeyin. Kardeşinden nefret ettiğini veya arkadaşıyla oynamak istemediğini söylerse onu ayıplamayın. Duygularını anladığınızı gösterin. Bu dönemde çocuklar, eğer bir baskı olmazsa duygularını gizlemezler. Çocuğunuzun duygularını olumsuz da olsa ifade etmesi hiçbir disiplin sorununa yol açmaz. Bastırılmış duygularsa, ruh sağlığına zarar verebilir. Çocuğunuzun her türlü duygusunu dışa vurmasını teşvik edin.

Bir ve üç yaş arasındaki çoğu çocukta, öfke nöbetine rastlanır. Kendi kişiliğini kazanmaya çalışırken, yetişkinlerle birtakım zıtlıklara girip reddedilmesi durumunda öfke nöbeti geçirmesi bu yaş çocuğunuz için çok doğaldır. Fakat çok sıklıkla ortaya çıkıp kendine zarar verecek derecede oluyorsa, üç yaşına geldiği halde halen öfke nöbetleri aynı şiddette devam ediyorsa, sebebinin araştırılması gerekir. Mutlu bir kişilik içerisindeyken ara sıra öfke nöbetleri geçiren çocuğunuza gayet sakin bir tavırla yardımcı olabilirsiniz. Yerlerde tepinirken ona bir şeyler anlatmanız faydalı olmayacaktır. Sakinleşene kadar onu görmezden gelin. Eğer dayanamıyorsanız yanından ayrılın. Sizin aldırmadığınızı görünce sakinleşecektir. Daha sonra, bu davranışıyla hiçbir şey elde edemeyeceğini çocuğunuza anlatırsınız. Böyle nöbetlerle sokakta karşılaşmak anne-baba için dayanılması güç bir hadisedir. Mümkünse siz, yine aynı metanetinizi koruyarak çocuğunuzu kucağınıza aldığınız gibi sakin bir yere çekilin. Orada sakinleşmesini sağladıktan sonra yolunuza devam edin.

Eğer çocuğunuz sürekli öfke nöbetlerine kapılıyorsa, çocuğunuzu yetiştirme tarzınızı bir gözden geçirmeniz gerekebilir. Eviniz çocuğunuzun oynaması için uygun bir ev değil mi? Sürekli "yapma, etme dokunma" gibi engelleyici ihtarlar mı kullanıyorsunuz? Yaşına uygun oyuncaklarla oynayıp, etrafı karıştırma imkanı bulabiliyor mu? Oyunlarına saygı duymayıp, ihtiyacını karşılamak için de olsa, oyunun ortasında çocuğunuzu çekip alıyor musunuz? Bu soruları bir kez kendinize sorun. Daha sonra sağlıklı bir ortam geliştirerek çocuğunuza yardımcı olmaya çalışın. İleri boyutlarda öfke nöbetleriyle karşı karşıyaysanız, bir uzmana danışmayı ihmal etmeyin.

Son olarak bu tür kritik dönemler için unutmamanız gereken bir püf noktasını açıklamadan geçemeyeceğim. Çocuğunuz böyle dönemlerde öfkeli, inatçı ve her istediğini ağlayarak elde etme eğilimindedir. Bu tür davranışların çocuğunuzda karakter olarak yerleşmemesi için, anne-baba olarak çok dikkatli olmanız gerekir.

Çocuğunuzun konuşma becerisi arttıkça, kendini daha iyi ifade etmeye başlar. Anne ile iyi bir iletişim kurduğu andan itibaren, bu zorlu dönemi geride bırakır. Bu, sizin çocuğunuz için belki iki buçuk, belki de üç yaşında gerçekleşir.

---

*Cezalandırıcı bir tutum, çocuğunuzla aranızdaki ilişkiyi bozabilir. Çünkü o, gerçekten zor durumda ve bocalıyor. Yapacağınız tek şey, bir konuda inatlaştığı zaman, ilgisini başka bir olaya veya oyuna çekerek onu sakinleştirmektir. Bu dönemde çocukların ilgileri çok çabuk başka bir konuya odaklanabilir. Bundan istifade etmeyi bilin.*

---

## İki Yaş Çocuğun Dil Gelişimi

Bu dönem, çocuğunuzun alıcı dilden, ifade edici dile geçtiği dönemdir. Artık 2-3 sözcüklü cümleler kurabilir. Kendini ifade etmede daha yeterlidir. Eğer küçüklükten beri çocuğunuzla bol bol konuşup ona kitap okumuşsanız, şimdi onun meyvelerini alma zamanı gelmiş demektir. Çoğu anne, çocuklarıyla bol bol konuşup kitap okudukları halde, onların yirmili aylara kadar söyleneni çok zor tekrar ettiklerinden yakınırlarken, çocukları birdenbire dillenir ve birçok şeyi bir anda söylemeye çalışarak bir patlama yaparlar. Önceden bir ayda bir kelimeyi zor öğrenirken, artık bir ay içerisinde 100-200 kelime hazineleri olabilir. Konuşması ilerledikçe, buna bağlı olarak da gelişimi hızla artar. Bu dönemde çocuğunuzla konuşmaya devam edin. Zaten onun da sorgu çağı başlamıştır. İkinci yaşlarda başlayıp, dördüncü yaşlarda en üst düzeye çıkan sorgu çağı, çocukların "neden, niçin, nasıl" gibi sorularla hayatı tanımaya çalıştıkları, aynı zamanda sizi bezdirdikleri çağdır. Çocuklarınızın sorularına mutlaka cevap verin. "Babana sor" veya "zamanı gelince öğrenirsin" gibi kaçamak cevaplar, çocuğunuzun güven duygusunu zedeler. Anlaşılır dilde açık ve net cevaplar verin. Böyle yaparsanız hem öğrenmek istediği şeyi öğretmiş, hem de aynı soruyu tekrar etmesini engellemiş olursunuz. Bir yakınımın üç yaşındaki muazzam soru sorma yeteneğiyle donanımlı çocuğu bir gün bana şu an hatırlamadığım bir soru sormuştu. O anda kafam çok meşgul olduğundan olacak, ona hep baştan savma cevaplar vermişim ki, aynı soruyu tekrar tekrar sorup duruyordu. Sorusunu son kez cevaplayıp, bana aynı soruyu bir daha sormamasını istedim. "Tamam sormayacağım, başka bir şey soracağım" dedi. Bu sefer sorduğu soru cümlesindeki birkaç kelimenin yerini değiştirerek yine aynı soruyu sordu. O zaman fark ettim ki, sorusunun cevabını net bir şekilde alamadığından aynı soruyu tekrar ediyor. Kafamı toplayarak öğrenmek istediği şeyi söyledim. Bir daha aynı soruyu sormadı. Sizler de yorgun olduğunuz zaman baştan savma cevaplar verebilirsiniz. Fakat çocuğunuz bu cevaplardan hiçbir zaman tatmin olmayacaktır. Belki de sizi daha fazla usandırmak için elinden geleni yapacaktır. Çocuğunuza "yorgunum daha sonra konuşalım" diyebilirsiniz. Bunu daha iyi anlayacaktır.

Dr. Gesell'in "kelime açlığı" diye tanımladığı bu dönemde, çocuğunuzla bol bol kelime oyunu oynayın. Fiziksel uğraşlarla çok fazla meşgul olan hareketli bir çocuk bile, bu dönemde konuşmak için büyük gayret sarf eder. Oyunlarının büyük bir bölümünü, kelime öğrenmeye ve öğrendiği kelimeleri kullanmaya ayıracaktır.

## Tuvalet Eğitimi

Eğer biz, anne baba olarak çocuğumuzun tuvalet eğitimine takmamış olsaydık, çocuğumuz bunu doğal olarak zamanı geldiğinde (bu, iki yaş değil de üç yaş olabilir), bizden taklit ederek gerektiği gibi gerçekleştirecekti. Fakat biz, gerek aileden görme bir davranışla, gerekse çevrenin yaklaşımıyla bu işlemi bir an önce gerçekleştirmek isteriz. Ne yaparsak yapalım, çocuğumuz vakti gelmedikçe tuvalet eğitimini gerektiği gibi öğrenemez. Bir yaşından önce çocuğuna tuvalet eğitimini verdiğini iddia eden annelerin çocuklarının, tuvalet eğitimini almamış olduklarını görüyoruz. Anne, çocuğunun belirli saatlerde dışkılama eğilimi olduğunu fark ederek ona göre tedbir alır. Yani kontrol annenin elindedir. Oysa tuvalet eğitiminin tam anlamıyla gerçekleşebilmesi için, kontrolün, çocuğun elinde olması gerekir. Bu da ancak çocuğunuz yürümeye başladıktan sonra büzgen kaslarının olgunlaşmasıyla gerçekleşir. Bir de bunu algılayıp haber vermesi için konuşmayı öğrenmiş olması gerekir. Her çocuk için değişen bu zaman dilimi; 18. aydan 2,5-3 yaşına kadar sürebilir.

Çocuğunuzdan ilk defa doğal gelişimi dışında, kendisinin etken olması gerektiği bir şey istiyorsunuz. Bu da, onun bağımsızlığını kazanmak için çaba gösterdiği, her şeyin kendi denetimi altında olmasını istediği bir döneme denk geliyor. Unutmayın ki, dışkı ve idrar kontrolü de tamamen çocuğunuzun denetimi altında olan bir şeydir. Sizin görevinizse çocuğunuzun bu işi kendi başına başarmasına destek olmaktır. Kesinlikle zorlama söz konusu olamaz. Tuvalet terbiyesinde zorlama olan çocuklarda, genelde geceleri altına kaçırma veya büyüyünce de devam edebilen çeşitli psikolojik uyumsuzluklar ortaya çıkmaktadır. Üstelik herhangi bir baskı altında kalan çocuğunuz sizin ne istediğinizi, ne yapması gerektiğini anlamakta bocalayabilir. Bu konuda tepkilerinizi aşırı belli ederseniz, çocuğunuz bunu kullanma yoluna da gidebilir. Örneğin, tuvaletini yaptığında çok fazla sevincinizi belli eder veya yapmadığında sinirlenip azarlarsanız, sizi sinirlendirip kızdırmak için bu yolu kullanabilir. Tuvalet eğitimi konusunda çocuğunuza sevecen ve güven dolu yaklaşın. En ufak başarısını bile överek dile getirin. Eğer umursamaz bir tavır takınırsanız, yaptığı işin o kadar da önemli olmadığını hissettirirsiniz. Bu işleme önem verdiğinizi, aşırı tepkiler sergilemeden çocuğunuza hissettirin.

Çocuğunuza tuvalet terbiyesi vermeden önce bununla ilgili terimleri öğretmeye başlayabilirsiniz. Örneğin, altını temizlerken "çiş yapmışsın" veya "kaka yapmışsın" derseniz, çocuğunuz çiş ve kakanın ne demek olduğunu öğrenecektir. Daha sonra çocuğunuzu takip edin ve dışkısını yaparken ne tür bir tavır içinde olduğunu gözlemleyin. Örneğin, sessiz bir köşeye gidebilir veya ıkınabilir. Bunları gördüğünüz zaman "kaka yapıyorsun" diyerek çocuğunuza yaptığı işin ne olduğunu öğretin. Bundan sonraki aşamada ise, çocuğunuz dışkısını boşalttıktan sonra size haber verecektir. Belki de dışkısını yaparken size "kaka yapıyorum" diyebilir. Bütün bu işlemlerin gerçekleşmesi çocuğunuzun tuvalet eğitimine hazır olduğunun işaretidir. Bunun zamanı her çocukta değişmekle beraber genelde iki yaş civarlarındadır. Artık yavaş yavaş siz devreye girebilirsiniz. İlk yapacağınız iş birkaç hafta önceden bir lazımlık alarak çocuğunuza bunun ne amaçla kullanıldığını anlatmak olsun. Ama çocuğunuzu hemen buna oturmaya zorlamayın. Bırakın lavabonun kenarında birkaç hafta dursun ve çocuğunuzun gözü ona alışsın. Canı istediği zaman denemesine izin verin. İstiyorsa elbiseleriyle de otursun hatta kafasına geçirsin (temizse tabii ki).

---

*Yine on sekiz ayla iki yaş civarındaki çocuklar, büyüklerin davranışlarını taklit etme eğilimindedirler. Tuvalet eğitiminde bundan yararlanabilirsiniz. Sizi tuvalet yaparken gören çocuğunuz aynı şekilde yapmak isteyebilir.*

---

Şu aşamalar, tuvalet eğitiminde size yardımcı olacaktır.

1. Tuvalet eğitimi için çocuğunuzun yaşamında uyum göstermesi gereken birçok şeyin olmadığı bir dönem seçin. Yaklaşımınız rahat ve esprili olsun. Kesinlikle azarlayıcı ve ceza verici bir tutum içine girmeyin.

2. 2-2,5 yaş civarına geldiğinde onun için uygun bir zaman ayırın. Bir veya iki haftanız bunun için yeterli olacaktır. En iyisi yaz aylarında iki haftanızı bu işe ayırın.

3. Çocuğunuza artık büyüdüğünü ve tuvaletini büyükler gibi yapmasını ondan beklediğinizi açık olarak söyleyin ve kararlı bir şekilde bezini bir kenara bırakıp alıştırma külotu giydirebilirsiniz.

4. Oturağı rahat ulaşabileceğiniz bir yere koyup, bir şey yiyip içtikten sonra tuvaleti kullanması gerektiğini çocuğunuza hatırlatın. İlk günlerde yarım saatte bir tuvalete tutmanız gerekebilir.

5. İlk zamanlar oturağı kullanmasına yardımcı olun. Oturağın rahat olmasına ve huylandıracak kadar soğuk olmamasına dikkat edin.

6. Eğer çocuğunuz ilk denemelerde yapmamakta direniyorsa bunun için zorlamayın. 5-10 dakikadan fazla oturakta tutmayın. Daha sonra tekrar denersiniz.

7. Çocuğunuz azıcık bir şey yapsa dahi ona sevincinizi belli edin, başarısını övün. Sizi sevindirmek için tekrar deneyecektir. Fakat boş kalktığında gayet sakin olun, sinirlenseniz bile belli etmeyin.

8. Tuvalet terbiyesinin birkaç gün içinde gerçekleşeceğini ümit etmeyin. Sandığınızdan da uzun zaman alabilir. Tam olarak öğrenmiş olduğunda bile oyuna daldığı bir sırada altına kaçırabilir. 3-4 yaşına kadar bu tür kazaları olağan karşılamalısınız. Kesinlikle azarlamayın. Bir dahaki sefere tuvalete yapmasını hatırlatmakla yetinin.

9. Denemelerinizden hiçbir sonuç elde edememişseniz, çocuğunuz henüz bu eğitime hazır değil demektir. Biraz ara verip tekrar denemeye başlayabilirsiniz.

10. Oturağı kullanmasını öğrendikten birkaç hafta sonra, tuvaleti kullanmasını önerebilirsiniz. Böylelikle belirli bir

yere tuvaletini yapmaya alışmış olmaz. Dışarıda da tuvaletini yaptırmakta zorlanmazsınız.

11. Bezlerin terk edilmesi hem gündüz hem de gece için geçerlidir. Çitte standart uygularsanız, çocuğunuz buna uymakta güçlük çekebilir. Geceleri ilk zamanlar bir veya iki kez tuvalete kaldırmanız yeterli olacaktır.

12. Gece kuru kalma daha geç öğrenilir. Uykudaki kontrolün sağlanması daha zordur. Bunun için çocuğun uyurken kaslarını sıkışık tutmayı öğrenmesi gerekir. Çocuğunuzun bezini çıkarttığınız zaman, gece de altını bağlamayın. Eğer baş edemeyeceğiniz sıklıkta altını ıslatıyorsa, geceleri bezini bağlamaya bir müddet daha devam edebilirsiniz. Aradan birkaç ay gibi bir zaman geçtikten sonra (gündüz kuru kalma alışkanlığı iyice oturup, çiş yapma aralığı açılınca) tekrar geceleri altını bağlamamayı deneyin. Beş yaşına kadar çocuğunuz geceleri ara sıra altını ıslatabilir. Bunun için çok fazla bir şey yapamazsınız. Eğer aşırı baskı altında çocuğunuza tuvalet eğitimi vermemişseniz, çocuğunuz doğal gelişimi olarak gece de kuru kalmayı öğrenecektir. Eğer beş yaşını geçtikten sonra gece ıslanmaları devam ediyorsa, önce fizyolojik bir nedene bağlı olup olmadığını araştırın. Daha sonra ise psikolojik nedenlerini bulmaya çalışırsınız. Zaten gece ıslatmalarının fizyolojik mi psikolojik mi olduğunu anne baba anlayabilir. Eğer gece ıslatmalarının yanı sıra gündüz kaçırmalarda oluyorsa, bir kardeş veya beklenmedik bir durumla karşı karşıyaysa, tuvalet eğitimini çok erken ve baskı altında almışsa gece altını ıslatması psikolojik sebeplere bağlanabilir. Çocuğunuza sevecen ve güven verici yaklaşın. Olumsuz durumları ortadan kaldırmaya çalışın. Bu davranışından çocuğunuzu sorumlu tutup ceza verici bir tutum takınmayın. Gerekirse uzman yardımı almanız daha büyük sorunların oluşmasını engelleyebilir. (Bkz. alt ıslatma sorunları sf. 347)

## 2 Yaş Çocuğunun Oyun ve Oyuncakları

Oyun, biz büyükler için eğlendirici ve boş zaman etkinliği olarak bir nitelik taşırken, çocuklar oyunu, hayatı öğrenmek için oynarlar. Oyun oynarken birtakım güçlüklerle karşılaşması ve onları yenerken çözüm yolları üretmesi çocuğu hayata hazırlar. Hayal gücünü en üst noktaya kadar kullanır. Toplumsallaşmak için gerekli olan birçok davranışı oyun sayesinde kazanır (evcilik, doktorculuk gibi grup oyunları sosyalleşme oyunlarıdır). Olumsuz birçok davranışı oyun sırasında dışa vurur ve bunlardan kurtulur. Mesela kardeşini sevmeyen bir çocuk oyuncak bebeğine kardeş muamelesi yaparak bütün olumsuz davranışlarını onun üzerine boşaltır. Bu da onun kardeşiyle daha iyi bir ilişki kurmasını sağlar. Çocuk, oyun oynarken ağabeyinin çalıştığı matematik dersindeki kadar efor harcar. Ciddi bir uğraş içerisinde keşif yolunda adım adım ilerlerken, anne ve baba çocuğunun oyununa saygı duymayı öğrenmelidir. Oyun oynamaya dalmış bir çocuğunuza, oyununu hemen bırakıp yemek yemesi gerektiğini veya uyuması gerektiğini söylemeniz, çocuğunuzda kızgınlığa yol açabilir. Oyunun bir devamı olarak yemek işlemine geçmesini sağlayabilirsiniz. Örneğin, arabalarıyla oynayan bir erkek çocuğunu yemek yemeye çağırmak için biraz önceden haber verip "Arabalarını bir benzin istasyonuna çek, benzinleri bitmiş yani karınları acıkmış. Onlara benzinci amca benzin doldururken sen de yemeğini ye. Moladan sonra yola çıkarsın." diyebilirsiniz. Yine bebekleriyle oynayan kız çocuğunuz için "Bebeğinin karnı acıkmış, önce onun mu karnını doyurmak istersin yoksa kendi karnını mı doyurmak istersin?" diyerek çocuğunuzu yumuşak bir geçişle yemeğe davet edebilirsiniz.

Bırakın çocuğunuz sizinle oynadığı gibi kendi kendine de oynamayı öğrensin. Oyunlarını sürekli siz kurarsanız, kendi

kendini denetleme yetisini kazanamaz; arkadaşlarıyla da oyna-
mayı beceremez. Sürekli bir yetişkin desteğine ihtiyaç duyar.
İkinci çocuklar bu yönde daha şanslıdırlar. Anneler ilk çocuk-
ları gibi ikinci çocuklarının üzerine titremezler. Oyunlarında
hep yanında olmazlar (ikinci çocuk da olsa anne-babanın ara
sıra çocuklarıyla oynamaları gerekir). İkinci çocuk daha özgün
bir kişilik geliştirir. Zaten bir abisi veya ablası olduğu için daha
çabuk sosyal ilişkileri öğrenirken daha girişken olabilir.

Çocuğunuzun yaşına uygun oyuncaklarla oynamasını sağ-
layın. Yaşına uygun olmayan bir oyuncak alıp ona başarısızlık
duygusunu yaşatmayın veya yaşına göre basit bir oyuncakla
oyundan sıkılmasına fırsat vermeyin. Zaten bu kitapta yaşlara
göre oyun ve oyuncak konusuna bunun için değinilmiştir. Yine
her dönemde çocuğunuza artık materyal dediğimiz döküntü-
lerle oynamasına fırsat verin. Evdeki pek çok atılacak eşyaları
çocuğunuz için bir koli yapıp saklayabilirsiniz. Zamanı geldi-
ğinde çıkartıp, bunları dilediği gibi kullanarak oyunlar üret-
mesini sağlayabilirsiniz. Sizin için atılmaya değer birçok eşya,
çocuğunuzun hayal gücünü olabildiğince genişleten oyuncağa
dönüşebilir.

Çocuğunuz iki yaşındayken de bir yaşında oynadığı bir-
çok oyuncakla oynayabilir. Fiziksel olarak atlayıp zıplayacağı,
tırmanacağı oyuncaklara hâlâ ihtiyacı vardır. İtmeli çekmeli
oyuncaklar da yine bu dönemin vazgeçilmezlerindendir. Kum,
çamur, kil, oyun hamuru, su gibi üstünü pisletecek oyunlara
çocuğunuzun her dönemde ve özellikle konuşma yoluyla duy-
gularını tam olarak ifade edemediği 1-3 yaş arasındaki dönem-
de çok fazla ihtiyacı vardır. Bizler müzik veya resim yoluyla
duygularımızı ifade ederek rahatladığımız gibi, çocuklarımız
da çamur, kum, su gibi üstünü kirletebilecek araçlarla oynadı-
ğında, konuşarak ifade edemediği duygularını boşaltarak ra-
hatlayacaktır.

Çocuğunuza kalemler ve pastel boyalar vererek çizimler yapmasını sağlayın. 2-4 yaş arası, çocukların karalama dönemidir. Yeterince karalama yapmayan çocuklar ileride düzgün çizgiler çizemezler. İki yaşın sonlarına doğru ne olduğu belli olmayan bu karalama çizgilerinin artık bir şekil almaya başladığını göreceksiniz. Başlangıçta çok basit olan bu şekiller gittikçe karmaşıklaşır. Okul öncesi çocuğun vazgeçilmez uğraşlarından biri olan resim de, çocuğunuzun ifade edemediği duygularının dışa vurum şeklidir.

Çocuğunuz bu dönemde konuşmayı keşfettiği için onunla bol bol kelime oyunu oynayın. Gördüğünüz her şeyin ismini, rengini, şeklini, büyüklüğünü, küçüklüğünü söyleyin. Hayvanat bahçesi, market gibi yerlere götürüp öğretmek istediklerinizi somut olarak gösterirseniz, somut düşünen bu yaş çocuğu için öğrenme çok daha kolay olacaktır.

Çocuğunuza bol bol kitap okuyun, masal anlatın. Okuduğunuz kitaplardaki resmi gösterip tanımasını isteyin. Sürekli okuduğunuz bir masal kitabında, cümleyi yarım bırakıp onun tamamlamasını isteyebilirsiniz.

Bu dönem, çocuğunuzun taklit yeteneğinin geliştiği dönemdir. Bunu görmemezlikten gelmeyin. Çocuğunuz sizin yapmakta olduğunuz işi yapmak isterse ona fırsat tanıyın. Basit görevler verin. Böylelikle ileride yapması gereken işleri en çok zevk aldığı bir dönemde alışkanlık haline getirmiş olur. Alışkanlıklar ise yeni bir şeyi öğrenmekten çok daha kolay uygulanırlar. Örneğin, çocuğunuza oyuncaklarını toplama alışkanlığını bu dönemde kazandırırsanız, ileride bu işi yapmak angarya gelmeyecek, zevkle toplayacaktır. Basit eşyalarını giymek, çıkarmak, kirlettiği yeri temizlemek, sofraya tabak, kaşık taşımak gibi işlere çocuğunuzu dahil edin. Müthiş keyif alacak, kendini işe yarar hissederken sizin de işinizi kolaylaştıracaktır. Çocuğunuza oyuncak ev araçları alırsanız (oyuncak süpürge, faraş, ütü), oyunlarında bunları kullanacaktır.

Artık çocuğunuzun odasına bir yazı tahtası almanın zamanı geldi sanırım. Uzun yıllar kullanacağı bu tahtayla çocuğunuz birçok şey öğrenecek ve dilediği gibi karalama fırsatı bulacaktır. Sizin de duvarlarınız çizilmekten kurtulacaktır. Çocuğunuza bir oyun masası ve sandalyesi almanız birçok oyununu daha rahat oynamasını sağlamasının yanı sıra kendine ait bir yerinin olması açısından hoşuna gidecektir.

Çocuğunuzun yaşına uygun legolar, küpler, müzik aletleri (davul, | zil, tef), iş aletleri, doktor aletleri gibi oyuncaklar, ona hem eğlendirici, hem de öğretici oyunlar sunacaktır.

# ÜÇ YAŞ (OYUN DÖNEMİ)

### Genel Öneriler

Zor ve yorucu bir dönemden sonra sizin için "altın çağ" sayılabilecek, çocuğunuzda dengenin ve uyumun hakim olduğu bir döneme ayak basıyorsunuz. Bu dönemde çocuğunuzun  yanınızda dolaşması sizin için mutluluk ve sevinç kaynağı olacaktır. Şimdi koltuğunuza oturup rahat bir nefes alırken, çocuğunuzun üçüncü yaşında sizi neler bekliyor onlara bir göz atalım. Korkmanıza gerek yok, çocuğunuz her ne kadar size bağımlı olmaktan kurtulamadıysa da; yürümeye ilişkin hareketleri rahatlıkla yapması, konuşmasının iletişim kuracak düzeyde anlaşılır olması, arkadaşlarıyla oyun oynayabilmesi, hatta hayali oyun arkadaşlarının olması bile sizin işinizi kolaylaştıracaktır.

---

### ÜÇ YAŞ

- *Büyük kasları gelişmiştir; koşar, tırmanır, hızla hareket edebilir, merdiven inip çıkabilir.*

- *Kendi kendini besleyebilir, giyinir, düğmelerini açabilir, fermuarını çeker, kolay giyilebilir cinsten bir ayakkabıyı giyebilir.*

- *İpliğe büyük tahta boncuklar dizebilir.*

- *Ufak tefek işlerde büyüklerine yardımcı olur.*

- *Tek başına oyundan bir veya iki arkadaşla oyuna geçer. Oyunlarında sembolik oyuna yer verir. Hayali oyun arkadaşları vardır.*

Bu dönemde çok fazla kısıtlamalara girmenize gerek de kalmayacaktır. Çünkü o sevimli yumurcak şimdi de sizin gözünüze girebilmek için elinden geleni yapmaya çalışacaktır. 3 yaş çocuğu yaşamayı sever, kardeşlerini sever ve onlarla uyum içerisindedir. Anne babasıyla olmaktan mutluluk duyduğu gibi arkadaşlarıyla birlikte olmaktan da büyük haz alır. Arkadaşlarıyla oyununu çok uzun sürdüremez. Arada anlaşmazlıklar çıkabilir. Fakat sırasının gelmesini beklemeyi, paylaşmayı ve sabırlı olmayı öğrenir. Eğer çalışan bir anneyseniz çocuğunuzu bu yaşta yuvaya verebilirsiniz. Çalışmıyorsanız tam gün göndermek için 3 yaşını doldurmasını bekleyin. Fakat oyun arkadaşları yoksa ara sıra belli saatler için yuvaya bırakabilirsiniz. Arkadaşlarıyla bir araya gelebilmesi için bir yetişkin denetiminde akran grupları kurarak oynamalarını sağlamak da çocuğunuzun sosyal gelişimi için önemli bir adımdır.

Hayal gücü oldukça geniş olan bu dönem çocuğu kendi kendine oynarken bile yalnızlıktan hoşlanmadığı için hayali arkadaşlar uydurur ve onlarla oynar. Endişe duymanıza hiç gerek yok. Çünkü bu hayali arkadaşlar birkaç sene daha çocuğunuzun yanında bulunup daha sonra terk edileceklerdir. Zira bu dönemde çocuğunuz gerçek olanla olmayanın sınırlarını tam olarak ayırt edemediği için bu tür oyunlar uydurmaya gerek duyuyordur. Yine taklit yoluyla kazandıklarını bu tür hayali oyunlarla dışa vurması onun deşarj olmasını sağlar. Örneğin; annesi ona kızdığında o da bebeğine kızar, kardeşini kıskanıyorsa bunu oyun yoluyla dile getirip nefretini dökebilir. Babasının veya annesinin yaptığı işi oyununa katan bir çocuk, onları görmediği zamanlardaki hasretini bu şekilde giderebilir.

Uyku, yemek ve tuvalet alışkanlıkları büyük ölçüde rayına oturmuştur. Ama hâlâ uykuya giderken annesi veya babasının yanında gelmesini, ona kitap okuyup rahatlatmasını ister. Önceden çocuğunuzun içinde birikmiş olan birtakım huzursuzluklar, hayal gücünün de gelişmesiyle belirli endişe ve korkulara dönüşebilir. Bu dönemde çocuklar karanlıktan, köpeklerden, ölümden ve kazalardan korkabilirler. Bu tür korkuları olan çocuklar yatağa gitmek istemezler. Onu anladığınızı belli edin. Ona sarılıp okşayarak güven verin. Duygularını anlatmasına fırsat tanıyın. Karanlıktan korkuyorsa odasını zifiri karanlık yaparak onu bu korkusuyla baş başa bırakmanız korkusunu yenmesini sağlamaz, daha fazla endişe duymasına neden olur. Odasında ufak bir ışığın açık kalmasına izin verin. Korkan çocuğunuza ürkütücü masallar anlatmayın. Ama yatmadan önce ona kitap okumanız, rahatlamasını sağlayacaktır. Odasının kapısını açık bırakmasına izin verin. İçeriden gelen sesiniz ona güven verecektir. Tuvalet eğitimini çok katı olarak vermişseniz, çocuğunuz yatağını ıslatmaktan korktuğu için de uykuya gitmek istemeyebilir. Ona rahat olmasını, ara sıra yatağını ıslatmasının bir problem olmayacağını söyleyin. Tuvalet eğitimi büyük ölçüde kazanılmış olduğu halde ara sıra gündüz, daha sıklıkla da gece kazalar olabilir. Bu tür kazalara cezalandırıcı ve azarlayıcı bir tutumla yaklaşmayın.

Eğer çocuğunuza fırsat vermişseniz yardımla da olsa kendi kendine yemek yemeyi başaracaktır. Belirli öğünlerde aile sofrasında yerini almasının dil gelişimine de katkısı olur. Bağımsızlık için mücadele veren çocuğunuzun öz bakım, yemek, giyinmek gibi işlerini başarabilmesi, kendisine olan güvenini geliştirecektir. Bırakın çocuğunuz ne giyeceğine, ne yiyeceğine kendisi karar versin. Alışverişe birlikte gidip bütçenize uygun ayırdığınız birkaç giysi arasından seçim yapma fırsatı bulsun. Kitap almaya birlikte giderek, kendi isteğine göre kitaplar alsın. Birer yetişkin olduklarında özgür ve bağımsız olarak görmek istediğiniz çocuklarınıza, bu yaşta fırsat vermezseniz, ilerleyen yaşlarda bunu başarmaları güç olacaktır.

Konuşmaktan zevk alan ve konuşma ortamı sağlamak, merak duygusunu yenmek için soru makinesine dönüşen üç yaş çocuğunuz, dinlemekten de aynı oranda zevk alacaktır. Basit ve bol resimli hikayelerle çocuğunuzu eğlendirebilir, kelime hâzinesini geliştirebilirsiniz. Bu döneme kadar ben merkezci olan konuşma biçimi artık sosyalleşmeye doğru ilerleme gösterir. "Benim evim" yerine "bizim evimiz" gibi ifadelere rastlayabilirsiniz.

Çocuğunuza artık kısa emir cümleleri kullanmak yerine, sıfatlar, zamirler gibi tanımlayıcı sözcükler kullanarak konuşmasını zenginleştirin.

## Cinsel Kimlik Geliştirme

Burada psikologların "aile içi romantizm" dedikleri konuya kısaca değinmek istiyorum. 3 yaşından sonra kız çocuk babasına, erkek çocuk da annesine ilgi duymaya başlar. İleride onunla evleneceğini hayal eder ve eğer rahat bir aile ortamındaysa bunu açıkça dile getirir. Kendi cinsinden olan ebeveyne ise bir rakip edasıyla yaklaşır. Bu 3-6 yaş arasında aşılması gereken bir dönemdir. Bunun için anne ve babanın endişe duyması gerekmez. Sağlıklı bir aile ortamında büyüyen her çocuk 6-7 yaşına geldiğinde bu olayı kendiliğinden aşmış olur. Sürekli kavga etme, ayrılma gibi sağlıksız ortamlarda büyüyen çocuklarda bu dönemde kargaşa yaşanabilir.

Çocuğunuzun bu tür duygularıyla karşılaşırsanız onunla alay etmeyin. Onunla alay etmeniz ciddi sorunlara yol açabilir. Anne babaların yapması gereken şey, birbirlerine sevgi dolu olduklarını çocuklarına göstermeleridir. Çocukların gözü önünde sürekli tartışmalara girmeyip, ilişkilerine çekidüzen vermeleri gerekir. Karı koca birbirlerini sevdiklerini ve mutlu olduklarını yansıtırlarsa çocuk da en kısa zamanda bu yasak aşktan vazgeçip kendi cinsinden olan ebeveynle özdeşime geçecektir. Zaten kız çocuk babaya kendini beğendirmek için annesi gibi davranmaya çalışarak, erkek çocuk da anneye kendini beğendirmek için babası gibi davranarak cinsel kimliklerini oluşturmaya başlarlar. Bu dönemi sağlıklı bir şekilde tamamladıklarındaysa da, erkek veya kadın kimliklerini benimseyip, içinde bulundukları cinsiyetin gerektirdiği rolleri sergilerler.

Çocuğunuzun kendi cinsel rolünü benimsemesine bebeklikten itibaren yardımcı olabilirsiniz. Kız çocuklara kız giysileri giydirip, kızların oynadığı oyuncaklarla oynamasını, erkek çocukları da erkek gibi giydirerek erkek çocukların oynadığı oyuncaklarla oynamasını sağlayabilirsiniz. Tabi ki, kesin bir ayırım yapmak doğru olmaz. Tabancayla oynamak isteyen kız çocuğunuzu veya oyuncak bebekle oynamak isteyen erkek çocuğunuzu engellememelisiniz. Cinsel kimlik sapmasına yol açacak derecede kız gibi veya erkek gibi yetiştirmek sorun olabilir. Cinsel kimlik sapmasına, baba modelini çok az gören veya hiç sahip olmayan erkek çocuğunda daha sık rastlanır. Az gördüğü babasıyla özdeşim kuramayan erkek çocuk, annesini taklit ederek kadın gibi davranma eğilimi gösterebilir. Bunun için babalar erkek çocuklarıyla daha özel ilgilenmeleri gerekir. Böylece çocuk, özdeşim kurma zorluğu yaşamaz. Çalıştığınız iş yerine götürmeniz bile oyunlarında sizin gibi olma, sizin yaptığınız işi taklit etme davranışı göstererek sizinle özdeşim kurmasını kolaylaştırır. Bu arada kız çocuğunuzla ilgilenmeyin anlamına gelmiyor bu. Kız çocuğunuz da ileride kendine eş olarak seçeceği kişide arayacağı özelliklerin sağlıklı olması açısından babasıyla olumlu ilişki geliştirmek zorundadır.

NOT: Oyun döneminin oyun ve oyuncakları genelde birbirine benzediği için, 6. yaşın sonunda toplu olarak vermeyi uygun gördüm.

# DÖRT YAŞ

## Genel Öneriler

Dört yaş çocuğu uyumlu ve dengeli bir ruh halinden uyumsuz ve dengesiz bir ruh haline geçiş yapar. 3 yaş çocuğunu büyütürken dinlenme fırsatı bulan anne ve babalar, yeni gelen yorucu bir döneme hazır olmalıdırlar. Fakat dört yaşın dengesizliği, 2. yaştaki gibi olmaz. Bağımsız hareket edebilen, kendi kendine yetebilen 4 yaş çocuğu sosyal ilişkilerde de epey ilerleme kat etmiştir. 2 yaşındaki kadar laftan anlamaz ve inatçı değil fakat konuşmasında ve hareketlerinde ölçüyü kaçırır niteliktedir. Arkadaşlarıyla uzun süre oyun oynayamaz. Oyunları kavgaya, itişip kakışmaya dönebilir. Birbirlerine bağırıp çağırırlar ve çocuk ilk defa ailesinde kullanılmayan küfürleri bu dönemde öğrenir. Bunları büyüklerinin yanında  kullanmaktan zevk alır. Sanki onlardan daha fazla şey bildiğini kanıtlamak ister gibi. Her konuda olduğu gibi, bu konuda da yasaklar, daha fazla ısrarcı olmaya yol açar. Bir yakınımın çocuğu "kaka" kelimesini öğrenmiş ve olur olmadık yerde kullanıyordu. Bir gün annesiyle misafirliğe gitmek için hazırlanıyorlardı. Anne ilk kez gittikleri bu evde, çocuğunun terbiyeli davranmasını istediği için tembihlerini dile getirmeye başladı. "Kesinlikle gittiğimiz yerde 'kaka' kelimesini kullanmayacaksın tamam mı?" Çocuk "tamam" dedi. Misafirliğe gittikleri evin kapısından girer girmez de "Anne burada kaka demek yok değil mi?" diye bağıra bağıra yasak kelimeyi kullandı. Bu örnekte olduğu gibi çocuğunuzu sıkıştırıp bu gibi kelimelerin daha fazla kullanılmasına sebep olmak istemiyorsanız, bu gibi kelimeleri duymak istemediğinizi açık olarak belirttikten sonra kendi haline bırakın. Nasıl olsa 5 yaş civarında kötü sözler kendiliğinden terk edileceklerdir. Son derece açık sözlü olan dört yaş çocuğunuzun yanında, artık konuşmalarınıza da dikkat etmeniz gerekir.

---

### DÖRT YAŞ

- *Fazla yardım görmeden giyinmek, yemek, içmek, tuvalete gitmek gibi kendi bakım ihtiyaçlarını karşılar.*

- *Üç tekerlekli bisiklete rahatlıkla biner.*

- *Çok hareketli oyunlar oynar. Koşar, zıplar, merdiven inip çıkar, her yere hızla gider, hareketsiz duramaz.*

- *Kalemi düzgün tutarak resimlerini özenle çizmeye çalışır. Yuvarlak ve artı işaretlerini çizer. Çöp adam yapar.*

- *Çok konuşur, olayları abartarak anlatır. Sorgu çağının en üst düzeyindedir.*

- *Dört temel rengi tanır ve adlarını söyler (kırmızı, yeşil, mavi, sarı).*

- *Adını, soyadını, ev adresini ve yaşını söyleyebilir.*

- *Yirmiye kadar sayabilir.*

- *Toplum içinde bazen uyumlu, bazen uyumsuz davranır. Çok daha bağımsız ve oldukça inatçıdır.*

---

4 yaş çocuğunda mülkiyet duygusu yoktur. Arkadaşının oyuncağını kendisine mal eder. Bunun için çantasına atıp evine götürebilir. Çocuğum hırsız mı olacak diye endişelenmenize hiç gerek yok. Mülkiyet kavramı yerleşmediğinden arkadaşının oyuncağını kendisinden ayrı görmediği için evine

götürmüştür. Size düşen görev kızıp bağırmadan, oyuncağın arkadaşına ait olduğunu söylemek ve geri vermesi için teşvik etmektir.

4 yaş çocuğu 2 yaşındaki gibi belli bir düzen ister. Uyku, yemek gibi ihtiyaçların belli bir düzen içinde olması onun için önemlidir. Düzen bozuldu mu, huysuzlaşır.

4 yaş çocuğunuza karşı kararlı ve kesin tavırlı olmanız gerekir. Sizin kararlı olmanız onun güven duygusunu pekiştirir.

Annesinden ayrılmaya hazır olan 4 yaş çocuğunuzu artık bir yuvaya göndermenin zamanı gelmiştir. Büyük şehirlerde apartman içinde yaşayan çocuklar oyun arkadaşı bulmakta zorluk çekerler. Çocuk yuvaları, akran gruplarıyla bir arada olmaları, yetişkin denetiminde güven içinde oyun oynamaları açısından bu çocukların imdadına yetişir. İmkanınız varsa bu yaştaki çocuğunuzu bir çocuk yuvasına gönderin.

# BEŞ YAŞ

**Genel Öneriler**

İşte size bir "altın çağ" daha. 4 yaşın kararsız ve dengesiz tutumundan sonra; kendine yeten, kararlı, başladığı işi sonuna kadar götüren 5 yaş çocuğunuz, eğer fırsat verirseniz ufak tefek işlerinizde başyardımcınız olabilir. Dengeli bir ruh halinde olan çocuğunuz ne yapacağını bilir ve başarabileceğini kestirdiği işlere girişir. 4 yaşındaki gibi başladığı işi yarım bı-

rakmaz, sonuna kadar götürür. Bunun için çocuğunuza seviyesine uygun iş verirseniz başarı duygusunu tattırmış olursunuz. Bir de sonunda ödül tabi ki. Başarısının ödülünü almak her yaşta olduğu gibi 5 yaşındaki çocuk için de mutluluk vericidir.

5 yaş çocuğu ne yapar, sorusunun cevabını her şey yapabilir diye vermek istiyorum. Çünkü birçok konuda artık yeterlidir. Eğer şimdiye kadar fırsat verilmişse yemek, içmek, yıkanmak, giyinmek, dişlerini fırçalamak gibi öz bakım gerektiren işlerinde epey ustalaşmıştır. Yine de ufak tefek yardımlara gereksinimi olabilir. Hâlâ ailesine bağımlı olmakla birlikte kendi yaşıtlarıyla oynamaktan zevk alır. Küçük gruplar halinde oyun oynayabilir.

Bisiklete binmek, ip atlamak, top oynamak gibi fiziksel hareket gerektiren oyunların yanı sıra gerçek hayatı yansıtan canlandırma oyunları sevdiği oyunlar listesindedir.

**BEŞ YAŞ**

- *Bedenini kontrollü bir şekilde kullanır.*
- *İnce bir çizgi üzerinde yürür.*
- *Müziğe uyarak oynar.*
- *Tırmanma, kayma, ip atlama gibi faaliyetlerde oldukça başarılıdır.*
- *Belirli bir şeklin içini boyar. Üçgen ve kare çizebilir.*
- *Dört ana renkten daha fazlasının isimlerini söyleyebilir.*
- *Resimleri daha belirgin ve amaçlıdır. İnsan figürü oldukça doğru çizilir, ev çizerken kapı, pencere dahil olarak çizilir.*
- *Grup oyunlarında oldukça başarılıdır. Kendi yaşıtlarını tercih eder.*
- *Toplumun isteklerine uygun davranır. Oyunlarına günlük yaşamı katar. Ufak tefek işlerde büyüklerine yardım eder.*
- *Saat kavramı gelişmiştir.*

Yaşadığı dünya 5 yaş çocuğuna yeterli gelir. Hayal aleminde yüzmez. Fakat dengeli bir ruh haline sahip olması ile birlikte birtakım korkuları da vardır. Karanlıktan, kazalardan, kaybolmaktan vb korkabilen 5 yaş çocuğunuz, korkularının sebebini açıklayamaz. Sizin yapmanız gereken şey, duygularıyla alay etmeden çocuğunuzu sakinleştirmeye çalışmaktır.

Hikayeler dinlemekten zevk aldığı gibi kendisi de hikaye anlatmaktan hoşlanır. Kitaplarla küçük yaşta tanıştırılmışsa kitap okutturmaya bayılır. Resimlerine bakar, olayları anlatır. 5 yaşındaki çocuğunuzun ona sürekli okuduğunuz bir hikayeyi eline alıp kelimesi kelimesine okuduğunu görünce şaşırmayın. "Çocuğum okumayı mı öğrendi?" diye heyecanlanmanıza da gerek yok. Çünkü çocuğunuz gerçekten okumayı öğrenmedi. Sadece sembollerle söz arasındaki ilişkiyi kavramaya başladı.

Okuma yazma öğretmek için de acele etmenize hiç gerek yok. Zamanı geldiğinde her çocuk gibi sizin çocuğunuz da okuma yazma öğrenecektir. Yaşının gerektirdiği uğraşlarla ilgilenmesi, okuma yazma öğrenmesinden çok daha faydalıdır. Verin eline kağıdı ve boya kalemlerini, dilediği gibi çizsin, resim yapsın. Emin olun bu çok daha eğlenceli ve öğreticidir. Resim yapmaktan hoşlandığı kadar müzik dinlemekten ve söylemekten de hoşlanır. Ona bol bol çocuk şarkıları söyleyip, öğretin. Çocuğunuzu bir yuvaya gönderirseniz resim yapmak, şarkı söylemek, bir şeyler kesip yapıştırmak gibi birçok faaliyeti yuvada zaten öğrenecektir. Daha da önemlisi yaşıtlarıyla birlikte oynama şansına sahip olacaktır.

5 yaş çocuğunuz için tedirgin olmanızı gerektiren herhangi bir şey yoktur. Çünkü çocuğunuz artık sosyal ilişkilerinde oldukça başarılıdır. Söz dinler, büyüklerini memnun etmek için çaba sarf eder. Ne kendisi ne de çevresiyle çelişki halinde değildir. Kendisi mutlu olduğu gibi çevresini de mutlu eder. Bu dönemde çocuğunuz sizin için gerçek bir arkadaştır. Birlikte yemek yer, birlikte ev işi yapabilirsiniz. Siz yemeği hazırlarken, o masaya tabakları taşıyabilir, siz etrafı süpürürken o toz alıp eşyaları yerleştirebilir. Çocuğunuzla misafirliğe gitmenin ya da dışarıya yemeğe çıkmanın hepiniz için eğlenceli olacağından hiç kuşkunuz olmasın. "Artık çocuğum sorun olmaktan çıktı" dediğiniz bir sırada, çocuğunuz 6 yaşına basacak ve sizi biraz hayal kırıklığına uğratacak. Ama tabi ki iki yaşındaki gibi bebeklik yapacak hali yok ya, üstesinden rahatlıkla gelebilirsiniz.

# 6 YAŞ

**Genel Öneriler**

6 yaş, ilk çocukluk döneminin sonuna rastlayan kritik bir dönemdir. 5 yaşında uyumlu bir ruh halinde olan çocuk 6 yaşına gelince büyük bir değişim içine girer. Kararsız ve tembel bir görünüme bürünen 6 yaş çocuğu birçok konuda çok daha fazla yeterli olduğu halde isteksizlik çekebilir. Süt dişlerinin dökülmeye başlamasıyla vücut direnci kırılıp sık sık bulaşıcı hastalıklara yakalanabilir.

Okul öncesi dönemin sonunda bulunan 6 yaş çocuğunuz kendi kendine yıkanabilir, tuvalet ihtiyacını tek başına görebilir, giysilerini giyip düğmelerini ilikleyebilir, yemeğini doğru bir şekilde yiyebilir. Oldukça meraklıdır. Merakı yüzünden başını derde sokabilir. Öğrenmeye çok hevesli olan 6 yaş çocuğunuzun düzenli olarak bir okul öncesi kurumuna gitmesi bu öğrenme hevesini olumlu yönde geliştirmesini sağlar.

Denetimsiz olsa dahi, bir grup içinde sorunsuz olarak oyununu sürdürür. Oyunlarını kız ve erkek gruplar şeklinde oynarlar. Kızlar ip atlamaktan hoşlandığı gibi erkekler de top oynamaktan hoşlanırlar. Kurallı ve detaylı oyunları çok rahat oynarlar. Küçük kasları gelişmiş olduğundan resim yapmak, makasla kesmek, yapıştırmak, boyamak gibi faaliyetlerde oldukça ustalaşmışlardır. Ana ve ara renkleri bilirler. Sayı saymak ve basit toplama çıkarma işlemleri yapmak konusunda hevesleri varsa oldukça başarılı olabilirler. Birtakım harfleri tanıyıp adını ve soyadını yazan çocuk okuma ve yazma biliyor demek değildir. Fakat okumaya ön hazırlık olan bu gibi işlemler, çocuğunuza okumayı ve yazmayı sevdirir. 6 yaş okul çağı değildir. Okul öncesi dönemdir. Bunun için çocuğunuza okullu gibi davranmanız yersizdir. Çocuğunuza bir anaokulu seçerken de buna dikkat etmeniz gerekir. Çocuğunuza okullu gibi davranıp okuma yazma öğretmeyi hedef alan, yabancı dil, bilgisayar gibi ekstra derslerle göz boyayan bir anaokulu değil de, çocuğunuzun oyun oynamasına imkan veren ve çocuğunuzu okul olgunluğuna eriştiren bir anaokulu bulmaya özen gösterin.

---

**ALTI YAŞ**

- *Çocuk tüm hareketlere egemendir. Fakat zaman zaman dengesini kaybederek düşebilir.*

- *Top zıplatır, atar, tek eliyle topu tutabilir.*

- *İki tekerlekli bisiklete binebilir.*

- *Kendisi giyinir ve soyunur.*

- *Küçük kasları oldukça gelişmiştir. Kesip yapıştırma, resim yapma, boyama, şekil t çizme gibi faaliyetlerde oldukça başarılıdır.*

- *Harfleri yazmaya çalışır. Ad ve soyadını yazabilir.*

- *Kendi sağını solunu söyleyebilir.*

- *Nesneleri büyüklük, genişlik ve uzunluk özelliklerine göre sınıflandırır (büyük-küçük- uzun-kısa vb).*

- *Adres ve telefon numarasını söyleyebilir.*

- *Dün ve yarını anlamlı olarak kullanır.*

- *"Bana tersini söyle" sorusunu cevaplandırır.*

- *Benzerlik ve farklılıkları söyler.*

- *Bencil ve kavgacı olabilir. Her şeyin istediği anda ve istediği biçimde gerçekleşmesini bekler. Fırtınalı ve duygusal bir yaştadır.*

---

Değişken bir ruha sahip olan 6 yaş çocuğunuz okulda gayet uyumlu ve sakin, evde yaramaz olabilir. Çocuğunuza birtakım kurallar koyarken mantık çerçevesinde olmasına dikkat edin.

Çünkü sıklıkla bu kuralların neden konulduğunu açıklamanızı isteyecektir. Bir çok konuda gözü pek olup korkusuz olan çocuğunuz, bu yaşta 5 yaşındakinden daha fazla hayali yaratıklardan korkabilir. Korktuğu şeyleri detaylarıyla anlatabildiği için onun korkularına yardımcı olmak anne-baba için daha kolay olacaktır.

Dengeli veya dengesiz birçok dönemi aşarak çocuğunuz 6 yaşını doldurdu artık. Çocuğunuzun pek çok özelliklerini dönem dönem vermek istedim. Fakat uzmanlar genelde okul öncesi dönem olan 3-6 yaşın oyun dünyasını birbirinden ayırt etmedikleri için ben de okul öncesi dönemine ait oyun ve oyuncakları ve yine bu döneme ait birtakım ihtiyaçları genel başlık altında toplamayı uygun gördüm.

## OYUN DÖNEMİ ÇOCUĞUNUN İHTİYAÇLARI

### Oyun Döneminin (3-6 Yaş) Oyun ve Oyuncakları

Oyun döneminin en önemli özelliği isminden de anlaşıldığı gibi "oyun" dur. Bu dönem içinde bulunan çocuğunuza oyun oynaması için fırsatlar tanıyın. Müthiş bir enerji deposu olan çocuğunuzun enerjisini boşaltabilmesi ve kaslarını geliştirebilmesi için hareketli oyunlara ihtiyacı vardır. Koşacak, atlayacak, tırmanacak, sürekli hareket halinde kıpır kıpır olacaktır. Siz çocuğunuzun bu hareketli halinden yorulacaksınız. Fakat o, günün sonunda bile hâlâ atlayıp zıplayacak kadar enerji bulacaktır. Tırmanma, atlama, zıplama gibi oyunlar ve oyun aletleri bu dönem için de geçerlidir. Çocuğunuz hâlâ büyük ve küçük kaslarını geliştirmeye devam eder. Yine büyük kas gelişimi için bisiklet (6 yaşında iki tekerlekli bisiklet binebilir), ip merdiven, tahta, tahterevalli, ip, top, çember ve topaç gibi oyuncaklarla oynaması gerekir.

**Küçük kaslarını geliştirmek için:** Renkli boya kalemleri, ucu küt makas, parmak boyası, kil, oyun hamuru, tuz seramiği, düğmeli ve fermuarlı giysileri olan giydirilecek bebekler, bağlama oyuncakları, tahta ve tebeşir, sizin gözetiminizde oynayacağı gerçek çekiç, testere, çivi vb yapı oyuncakları küçük kaslarını geliştirmeye yarayacaktır.

**Rol yapma oyunları için:** Parmak ve el kuklaları, sahne, hemşire ve doktor önlüğü, doktor muayene çantası, oyuncak bakkal dükkanı donanımı, bebek arabası, kullanılmayan giysiler, oyuncak musluk, buzdolabı, ütü, tencereler, çatal, kaşık, çay takımı, bebekler ve bebek evi çocuğunuzun hayal gücünü kullanarak rol yapma oyunlarını oynamasında yardımcı olur.

**Okuma ve konuşmasını geliştirmek için:** Çocuğunuza öykü kitapları ve masallar okumaya devam edin. Masal, şiir, şarkı kasetleri dinletebilirsiniz. Bunların yanı sıra; basit bilmeceler ve tahmin oyunları, çeşitli eklemeli bulmacalar, domino, kavram geliştirici oyuncaklar, büyüteç, basit resim, harf ve sayı oyunları, ilginç yerlere geziler (itfaiye, karakol, banka, fırın, gazete bürosu vb).

Çocuğunuza kendi kitabını oluşturması için yardım edin. Hikayeyi o anlatsın siz yazın. Daha sonra kendisinin resimlendirmesi veya eski dergilerden kestiği resimleri yapıştırmasını isteyin. Çocuğunuzun adını ve soyadını yazıp tarih atın. Kalın bir kartondan kapak yaparsınız. İşte size bir yazar doğuyor. Kitabına saygı gösterip kütüphanesine kaldırın. Sevdiği kimselere göstermeyi ihmal etmeyin.

Çocuğunuz oyun dönemine başladıktan sonra onunla birlikte çer çöp toplamaya da başlayabilirsiniz. Evde veya sokakta, eski, işportadan aldığınız basit aletler, deniz kenarından topladığınız midye ve çakıl taşları, tahtalar, artık materyal olarak adlandırdığımız atılacak olan renkli kağıt kırpıntıları, eski kartlar, pullar, kurumuş yapraklar, kopmuş düğmeler, artık yünler, kumaş parçaları kısacası aklınıza gelebilecek her şeyi toplayın. Çocuğunuzun da bu tür şeyleri görüp toplamasını sağlayın.

Topladığınız bu ıvır zıvırı büyük bir kartona yapıştırması için çocuğunuzun eline kıl fırça, tutkal ve makas verin. Kesilecek olanları kesip şekil versin, diğer malzemeleri ise gönlüne göre büyük kartonun her tarafına yapıştırsın. Bu kolaj çalışmasını çocuğunuzun odasında bir duvara asmanız onu çok memnun edecektir. Böylelikle yaratıcı faaliyetler yapma konusunda çocuğunuza destek olmuş olursunuz. Kim bilir belki de ileride ünlü bir ressam olup karşınıza çıkacaktır. Topladığınız bu ıvır zıvırla daha birçok ev yapımı oyuncak icat edebilirsiniz. Bunları da çocuğunuzun; düş gücüne bırakın.

## Oyun

Uzmanlar çocuk ruh sağlığını "sevilmek ve oynamak" diye tanımlıyorlar. Ben burada sevgiden bahsetmeyeceğim. Çünkü çocuğunu eğitmek için eline bu kitabı almış olan her anne-baba çocuğunu seviyor demektir. Eğer sevmeseydi onun eğitimi için kaygı duyup öğrenme girişiminde bulunmazdı. Çocuğunuza duyacağınız sevginin niteliğini anlatmak da bana düşmez. Ben bu sevilme şansına sahip çocuklarınıza oyun konusunda nasıl yardımcı olursunuz onun üzerinde duracağım. Anne-baba, oyun konusunda çocuğuna yardımcı olmak istiyorsa ilk önce oyunun çocuğu için ne gibi faydaları olduğunu öğrenmesi gerekir. Yoksa siz oyunun gereksiz ve boş uğraş olduğunu mu düşünüyorsunuz? Çocuk ruh sağlığını tamamladığı söylenen oyun biz büyükler için boş zamanlarımızı değerlendirmek için yapılan bir etkinlik olabilir, fakat çocuk için ciddi bir uğraştır. Çocuğunuzun günlük yaşantısına şöyle bir bakın, yemek, içmek ve uyumak haricinde ne yapıyor? Sadece oyun oynuyor. Mutfakta size yardım etmek onun için bir oyun, oyuncaklarını toplamak bir oyun, toz almak bir oyun olabiliyor. O halde çocuğunuz oynarken öğrenir, öğrenirken oynar diyebiliriz. Günlük yaşantısının önemli bir kısmını kapsayan oyun, çocuğunuzu hayata hazırlarken, aynı zamanda onu eğlendirir. Oyundan keyif almadığı bir zaman, başka bir oyuna geçmekte üzerine yoktur. Sizin yapmanız gereken ise çocuğunuza oyun ortamı sunmaktır. Ona oynaması için yasaklı olmayan bir oda, hiç olmazsa bir köşe tayin edin. Oyuncaklarını gönlünce yerleştirsin, kule yapsın, arabalarına garaj yapsın, bebeklerine yatak yapsın. Sakın ha oyuncaklarına dokunmayın. Kazara kulesini yıkar veya kamyonuyla traktörünün yerini değiştirirseniz kıyametler kopabilir. Çünkü o kuleyi çocuğunuz tek başına yapmıştı. Siz iyisi mi oyuncaklarını toplarken ya ondan izin alın veya birlikte toplayın. Eskiyen oyuncağını da çocuğunuza sormadan atmayın.

Çocuğunuzla oyun oynayacaksınız tabi ki. Hele 3 yaşına kadar onun en değerli oyuncağı ve oyun arkadaşı sizsiniz. Anne ve baba olarak ikinizin de ayrı ayrı çocuğunuzla vakit geçirmeniz gerekir. Çocuğun bakım ihtiyacını anne, oyun ihtiyacını baba karşılar gibi bir ayrıma girmeyin. Çocuğunuz her türlü deneyimi ikinizle de ayrı ayrı yaşaması gerekir. Belki farklı oyunlar oynarsınız. Babalar erkek çocuklarıyla top oynamayı veya güreşmeyi tercih ederken, anneler kitap okumayı veya küplerden kule yapmayı tercih edebilir. Önemli olan çocuğunuzla oynamanızdır. Çocuğunuzun önüne küpleri yığıp giderseniz, o ne yapacağını bilemez. Fakat birkaç sefer birlikte kule yaparsanız, siz yokken de kule yapmayı deneyecektir.

Çocuğunuza uygun oyuncaklar (yaşına, cinsiyetine vb) alarak da oyununa destek olabilirsiniz. Ama ceza olarak kesinlikle oyuncağını elinden almayın. "Bir hafta bebeğinle oynamak yasak!" gibi cezalar vermeyin. Bu hiç de adil olmayan ağır bir ceza olur. Çocuğunuzun oyununu aniden keserek onu başka bir etkinliğe davet etmeyin. Emin olun oyuncak bebeğiyle oynamak, kızınızın karnını tok tutar. Fakat yemek yemesi gerekiyorsa ona da, oynadığı oyunun devamı olarak bir oyun uydurun.

Çocuğunuzun oyununa katıldığınızda oyunu yönlendiren siz olmayın. Ara sıra ufak taktikler verebilirsiniz ama öğretici bir biçimde ne yapacağını söylemeyin. Bırakın kendisi ne yapacağını araştırarak bulsun.

Oyun oynarken saldırgan davranışlarda bulunursa tedirgin olmayın. Sadece gerçek hayatta yansıtamadığı saldırganlık davranışlarını en kabul edilir biçim olan oyununda yansıtıyordur. Siz kabul etseniz de etmeseniz de çocuğunuzda saldırgan duygular vardır. İyisi mi o bunları en kabul edilir bir şekilde davranışa dönüştürmeye devam etsin. Bu da onun toplumsallaşmasının bir parçasıdır. Çocuğunuz saldırgan davranışlarını yansıttığı gibi kaygı duyduğu, korktuğu durumları da oyunlarına yansıtır. Bu da onun kaygılarından ve korkularından kurtulmasının en uygun yoludur. Saldırgan çocuğu hareketli oyunlar rahatlattığı gibi korkan çocuğu da korkusunu ifade edebildiği oyunlar rahatlatır.

Çocuklar 3 yaşından itibaren sembolik oyunlar oynamaya başlarlar. Sahip olamadıkları bir şeyi hayallerinde canlandırarak sahip olurlar. 4-5 yaşlarında ise rol yapma oyunu oynarlar. Rol yapma oyunları çocuğun sosyalleşmesine yardımcı olur. Çünkü rol yaparken annesi olur, babası olur, bakkal amca veya doktor amca olur. Onların yaptıklarını yapar onlar gibi konuşur. Grup halinde oynadıkları rol yapma oyununda ise paylaşmayı, işbirliği halinde olmayı, sırasının gelmesini beklemeyi, yardımlaşmayı öğrenir. 3 yaşına kadar benmerkezci düşünen çocuk artık başkalarının da farkına varır. Oyun haricinde bunu kabul etmesi zordur. Fakat oyunun çekiciliği, oyuncağını paylaşırken ona üzüntü vermez.

Çocuğunuzu oyun yoluyla çok rahat tanıyabilirsiniz. Çünkü çocuklar oyun sırasında duygularını, kaygılarını ifade edebilirler. Duygularını açık bir dille ifade ettiği, kaygılarını yansıttığı sırada çocuğunuzu oyundan çekip almanız onun psikolojisini bozabilir. O anda çocuğunuz, içinde bulunduğu ama çözümleyemediği bir olayı yaşıyordur. Duyduğu kaygıyı veya korkuyu yenmeye çalışıyordur. Bu tür oyunlara kesinlikle müdahale etmemeye dikkat edin.

Çocuğunuz hareketli oyunlar oynayarak büyük ve küçük kaslarını geliştirir. Oyunun bedensel gelişime bir diğer etkisi ise açık havada oynandığı takdirde çocuğunuz güneşten ve temiz havadan yararlanır, bedensel gelişimi hızlanır. Oyunun duygusal, sosyal, bedensel gelişimin yanı sıra zihinsel gelişime de etkisi olduğunu unutmamak gerekir. Çocuğunuz oyun oynarken sözcük dağarcığını geliştirir. Soru sorma, yeni bilgiler edinme, bilgilerini başkalarına aktarma gibi becerileri kazanır. Düşünme, algılama, kavrama vb akıl gücü gerektiren soyut yetenekler yönünden gelişme sağlar.

Oyunla büyüyen, oyunla öğrenen, oyunla sıhhat kazanan, vaktini oyunla geçiren çocuğunuzu bırakın oynasın gönlünce.

## Okul Öncesi Eğitim Kurumları

Küçük yaştan itibaren bağımsızlığını kazanması için çocuğunuza fırsatlar tanıdıysanız (kendi kendine yemek yemek, temizlenmek, oyun oynamak, oyuncaklarını toplamak vb), 3 yaşını doldurduğu zaman sizden ayrılmaya hazır demektir. Buna ihtiyacı da vardır. 3 yaşına gelmiş çocuğunuz artık ev ortamında yalnız başına oynamaktan sıkılabilir. Kısa bir süre de olsa kendi yaşıtlarıyla birlikte oynamak ona zevk verir. Çocuğunuz ilk sosyalleşme adımlarını arkadaşlarıyla birlikte oyun oynamak yoluyla atar. Birlikte oyun oynarken paylaşmayı, sırasının gelmesini beklemeyi, birlikte yaşamayı, diğer çocukları kendinden ayrı olarak görüp yardımlaşma ve işbirliği duygularını geliştirir. Çocuğunuza 3 yaşından itibaren hiç olmazsa birkaç arkadaşıyla birlikte oyun oynayabileceği ortamlar sağlamanız gerekir. Bu tür oyun imkanları büyük şehirlerde yaşayanlar için zor bulunan ortamlar haline geldi. Apartman çocuğu olarak yetişen çocuklarımız birkaç çocuğu bir arada göremiyor. Bunun için okul öncesi eğitim kurumlan anne ve babaların imdadına yetişiyor.

Ülkemizde okul öncesi eğitimi 3-6 yaş (3 yaşını doldurup 6 yaşını doldurana kadar) arasını kapsamaktadır. Fakat birçok

çocuk yuvası, bezlerden kurtulan çocuğu kurumuna kabul et-
mektedir. Yine de uzmanlar 3 yaşına kadar çocukların evden
ayrı bir yerde yaşamalarını uygun görmüyorlar. 3 yaşın içinde
ilerlerken veya 3 yaşını doldurmuş bir çocuğunuzu, yavaş ya-
vaş bir çocuk yuvasına alıştırmanızda fayda vardır. İlk önce-
leri sadece oyun saatlerinde birkaç saat, daha sonraları belirli
günlerde yarım gün olmak şekliyle çocuğunuzu anaokuluna
alıştırabilirsiniz. "Çalışmıyorum evde oturuyorum. Çocuğum
benden niye ayrılsın?" diye bir soru aklınıza gelebilir. Çocuk-
larımız büyüdüğünde bizlerden bağımsız olmalarını, kendi-
lerine yetmelerini isteriz de bu davranışı kazanması gereken
yaşlarda tam bir koruyucu kesiliriz. Tabi ki çocuğunuz için en
iyi ortam kendi evidir. Fakat birkaç arkadaşıyla birlikte oyna-
mak da onun hakkı ve ihtiyacıdır. Çocuğunuz evinizin önünde
arkadaşlarıyla güven içinde oynayabiliyorsa (köylerde olduğu
gibi), 6 yaşına kadar herhangi bir kuruma gitmesi gerekmeye-
bilir. Fakat 6 yaşında ana sınıfına gitmesi okul olgunluğunu ka-
zanması açısından şarttır. Şehirlerde durum böyle olmayınca
yani çocuğunuz arkadaşlarıyla birlikte güven içinde oyun orta-
mında oynama imkanı bulamayınca anaokulları gündeme ge-
liyor. 3 yaşını doldurmuş olan çocuklar için çocuk yuvaları dü-
zenli ve güvenli bir oyun sağlama açısından en uygun yerlerdir.

Anne-baba olarak çocuğunuzu anaokuluna gönderirken
okuma yazmayı öğrenme, yabancı dil öğrenme, bilgisayarı
kullanmayı öğrenme gibi akademik eğitim amaçlı olmaması-
na dikkat edin. Çocuğunuz 6 yaşında ana sınıfına gidecek bile
olsa onun kurumda bulunması akademik eğitim alması anla-
mına gelmiyor. O hâlâ bir çocuktur; en çok ihtiyacı olan şey de
oyundur. Ona güvenli bir şekilde arkadaşlarıyla birlikte oyun
oynama imkanı sağlayan anaokullarını tercih edin. Anaoku-
lunda çocuğunuz akademik eğitim almaz fakat fiziksel, duygu-
sal, zihinsel ve sosyal yönden geliştirilerek ilkokula hazır du-
ruma getirilir. Burada altını çizmemiz gereken sadece zihinsel

yönden gelişmesi olmadığıdır. Fiziksel yönden birtakım jim-
nastikler yaptırılarak, bahçe oyunlarında atlayıp zıplama, kay-
ma, tırmanma gibi oyunlarla fiziksel destek sağlanır. Duygusal
yönden; evden ve anneden ayrılmayı yaşamamışsa ilkokul gibi
çok fazla kuralı olan, belirli saatlerde mutlaka sırada oturması
gereken ve sert öğretmenlerle yüz yüze gelmesi muhtemel olan
bir yer değil, sevecen, anlayışlı, sürekli oyun imkanı sağlayan,
eğitimini oyunla birlikte veren bir kurum olması açısından ilk
ayrılışı kolaylaştırır. Sosyal yönden ise; bir grup içinde oynar-
ken paylaşmayı, yardımlaşmayı, sırasını beklemeyi, kendisin-
den başka insanlara değer vermeyi, işbirliği halinde olmayı,
kendini tanımayı ve yeteneklerine göre hareket etmeyi öğrenir.

Çocuğunuz elbette ki zihinsel yönden de gelişir, fakat okuma
yazma öğrenerek değil. Okul olgunluğu okuma yazma öğren-
mek demek değildir. Okuma yazma öğrenmesi için ilk önce kü-
çük kaslarını geliştirmesi gerekir. Bu da anaokullarında yapılan
kesme, yapıştırma, boyama, çizme, kil yoğurma, oyun hamur-
larıyla oynama gibi faaliyetlerle gelişir. Daha sonra kalem tutup
çeşitli çizgiler çizmesi istenir. Bunların içinde, kolay yazılabilen
harfler, belki de çocuğun ismi yer alabilir. Yine de yazı yazması
için 6 yaş çocuğunuzu zorlamamanız gerekir. Heveslisye istedik-
lerini gösterebilirsiniz. Sayıları sembollerle öğrenerek matema-
tik sevdirilir. Çocuklar ders dinlemek için dikkatlerini uzun süre
bir konuda toplayamazlar. Bunu sağlamak için anaokullarında
çeşitli oyunlar oynanır. Çocuk ilkokula gittiğinde öğretmenini
45 dakika dinlemek zorunda olduğunda güçlük çekmemiş olur.

Bunların yanı sıra çocuğunuza anaokulu seçerken dikkat
etmeniz gereken bir başka konu, okulun fiziksel koşullarıdır.
Temiz, havadar, çocukların rahatça oynaması için geniş bir
alan, oyuncakların yeterli ve kırık dökük olmaması, güvenli bir
bahçe, uyku ve dinlenme yerlerinin sağlık koşullarına uygun
olması gerekir. Tuvaletlerin ve muslukların çocukların boyları-
na göre dizayn edilmesi, lavaboların ve mutfağın pis olmaması

dikkat etmeniz gereken noktalardır. Ayrıca kurumda bulunan öğretmenlerin bu işin eğitimini almış olmaları bir diğer önemli konudur. Sevecen, güler yüzlü, sabırlı bir kurum öğretmeni çocuğunuza okulu çok daha fazla sevdirir. Çocuklar öğretmenlerini annelerinin yerine koyarlar. İlkokul zamanına doğru yavaş yavaş öğretmen çok önemli olur. Nasıl ki o yaşa kadar anne ve babanın dediği tek doğru ise, o yaştan sonra da öğretmenin dediği tek doğru olur. Anne-baba ve öğretmen, işbirliği halinde çalışırsa çocuk evde ve okulda çelişkiye düşmez.

---

*Bireysel gelişime önem veren, çocuğun yaratıcılığını destekleyen, yeteneklerini ortaya çıkaran, kendisi hakkında olumlu bir düşünce benimseten bir anaokulundan sonra çocuğunuz ilkokula gittiğinde daha yeterli ve başarılı olacaktır.*

---

Çocuğunuzu anaokuluna teslim etmekle işinizin bittiğini sanmayın. Anaokuluna sık sık gitmeniz, ara sıra çocuğunuzu gözlemlemeniz, öğretmeninden bilgi almanız gerekir. Çocuğunuzun izni ile birlikte öğretmenini eve yemeğe davet etmeniz çocuğunuzla öğretmeni arasında olumlu bir ilişki oluşmasını sağlar. Öğretmenini seven bir çocuk anaokuluna seve seve gitmek isteyecektir.

*Peki ya çocuğunuz anaokuluna gitmek istemiyorsa ne yapmanız gerekir?*

Bu soruda en önemli faktör çocuğun yaşıdır. Çocuğunuz 3 yaşından küçük mü ve anaokuluna gitmek zorunda mı? Eğer 3 yaşını doldurmuş ve herhangi bir mecburiyeti yoksa çocuğunuzu kademeli olarak kuruma alıştırabilirsiniz. Her gün gitmek zorunda değil, belki de ilk zamanlar yarım gün öğleden önceleri göndermekle yetinebilirsiniz. İlk sene sürekli göndermeyip daha sonra sürekli hale getirebilirsiniz. Yine de ilk günler çocuğunuzla birlikte okula gitmenizde fayda vardır. Yavaş yavaş ortama alıştırmanız onun güven duymasını sağlar. Sevdiği birinin yanında olmasıyla çocuğunuz daha girişken olur. Yavaş yavaş okulda kalma sürenizi azaltarak ara sıra uğramak şeklinde sürdürebilirsiniz. Çocuğunuz okula alıştığında artık yanında kalmanıza gerek kalmaz.

Hangi durumda olursa olsun çocuğunuzu kademeli olarak okula alıştırmaya çalışın. Kuruma gitmeden önce çocuğunuzun, kendi ihtiyaçlarını görüyor durumda olması, onun okula kolay alışmasını sağlar. Yine arkadaşlarıyla oyun oynamaya alışmış bir çocuk da böyle bir ortamdan rahatsız olmaz. Çekingen ve utangaç bir çocuğun okula alışması zor olur. Fakat bunun için de ne kadar erken böyle bir ortama girerse çocuğunuz için o kadar faydalı olur. Zira utangaç ve çekingen çocuklar ilkokulda da halen utangaç ve çekingen olurlar. Anaokulunda bu utangaçlıklarını atarlarsa ilkokula çok daha kolay uyum sağlarlar.

Eğer çocuğunuz bir süre okula isteyerek gidip daha sonra isteksizlik göstermişse, okulun durumunu, arkadaşlarını ve öğretmenini bir kez daha gözden geçirmeniz gerekir. Bir arkadaşından sürekli dayak yiyor olabilir. Okulun karanlık ve havasız olması çocuğunuzu rahatsız ediyor olabilir. Bütün bunları gözden geçirip öğretmeniyle de konuştuktan sonra birlikte karar vermenizde yarar vardır. Bu karar; "çocuğunuzu okuldan almak şeklinde değil de sorunu nasıl çözeriz" e yönelik olmalıdır. Bir ihtimal, okul değiştirmeniz de gerekebilir.

Çocuğumuzun geleceği için birçok yatırım yapan anne-baba olarak unutmamalıyız ki, çocuğumuz için en büyük yatırım bir okul öncesi eğitim kurumuna göndermektir. Zekasının önemli bir kısmının 0-6 yaş arasında şekillendiğini ve bunun gelişmesi için de zenginleştirilmiş bir çevreye ihtiyaç duyduğunu bilmemiz gerekir. Böyle bir çevreyi de en iyi anaokulları sağlar. Zamanın değişen koşullarını da hesaba katarsak, artık birçok çocuk bu kurumlardan faydalanmaktadır. Milli eğitimin hazırlık sınıflarının çoğalmasıyla, ilkokula başlandığında çok az çocuk anaokuluna gitmemiş oluyor. Anaokuluna gitmemiş çocuklar genelde ilkokul sıralarında daha başarısız oluyorlar. Hiç olmazsa 6 yaşında çocuğunuzun bir hazırlık sınıfına gitmesi, birçok yönden eksiklerini tamamlayıp, ilkokulda başarı düzeyini artıracaktır. Sağlam bir eğitim temelinin olması, ileriki eğitim kademelerindeki başarısını da önemli ölçüde etkiler.

## Cinsel Eğitim

Çocuğunuz cinsel kimliğini 3 yaşından itibaren geliştirmeye başlar. Fakat çocuğunuzun cinsel yaşamı bebekliğe kadar uzanabilir. Ellerini ve kollarını rahat hareket ettirebilecek kadar büyüdüğü zaman eli tesadüfen cinsel organına gidebilir. Bu tamamen gözünü, kulağını, burnunu ellemesi gibi bir şeydir. Bundan hoşnut olup hareketini yinelediğinde anne ve baba endişe duyup bu davranışını yasaklar veya bunun için kızıp bağırırsa, işler o zaman sarpa sarar. Bu durumda endişelenmenize gerek yoktur. Çocuğunuz bu yaşta mastürbasyona başlamaz. Tepkisiz kalıp görmezlikten gelirseniz bu davranış kısa sürede kaybolacaktır.

Çocuğunuz ikinci yaşlarda ilerlerken karşı cinsten bir kardeşi varsa veya bir arkadaşının cinsel organını görmüşse, kız çocukları erkek çocukta olan fazlalığın onda niye olmadığını sorabilir. Cinsiyet ile ilgili bu ayırım, eğer gerekli açıklama yapılmazsa, kız çocuklarda bir eksiklik olarak algılanıp aşağılık duygusuna, erkek çocuklarda ise "Acaba benimkisi de sonradan kesilecek mi?" diye birtakım korkulara sebep olabilir. Bunun için çocuklarınızın bu tür sorularını açık ve net bir şekilde cevaplandırmanız gerekmektedir. Kız çocuğunuza, ileride bebek yapabilmek için böyle yaratıldığını, bunun bir eksiklik olmadığını söyleyebilir, erkekler anne olmayacakları için o şekilde yaratılmışlardır, diyebilirsiniz. Hatta "Kadınların da göğüsleri vardır, erkeklerin yoktur, çünkü kadınlar çocuklarını emzirebilirler." diye de ekleyebilirsiniz. Erkek çocuğuna da ilerde baba olacağı için farklı yaratıldığını söylemeniz gerekir.

Genelde 3 yaş civarında fakat siz gebe iseniz daha önce veya sonra karşılaşacağınız bir soru da, bebeklerin nereden geldiği sorusudur. Bu soruyla karşılaştığınızda eliniz ayağınıza dolaşmadan kısaca "Annelerin karnında özel bir yer vardır. Bu mide ile aynı yer değildir. Bebekler bu özel yerde büyürler" diye cevap vermeniz yeterli olacaktır. Çocuğunuza bu tür bilgiler verirken sadece sorduğu sorulara cevap verin. Bunun dışında konuyu detaylandırmanıza gerek yoktur. Sorusuna net bir cevap almak çocuğunuza yetecektir. Gerektiğinde merak ettiği soruları tekrar size sorabileceği için gelişim düzeyinin üzerinde bilgi vermeyin. Devam eden sorular ya birbiri ardına gelir ya da ayrı zamanlarda sorulabilir. İşte size o meşhur sorulardan bir tane daha: "Bebek annenin karnından nasıl çıkar?" Vereceğiniz cevap yine kısa ve öz olmalıdır. "Annelerde bebeğin rahat çıkması için bir delik vardır. O delik esnek olduğundan bebek geçerken büyür ve bebek rahatça çıkabilir." diye cevap verebilirsiniz. Kısaca geçiştirmek için "Karnını kesip de bebeği alıyorlar" derseniz bu, çocukta endişe yaratır. Annesinin karnının kesilmesi olayı hoşuna gitmediği ve onu korkuttuğu için kardeşinden nefret edebilir. 6 yaşına kadar çocuk, genelde cinsel ilişki ile ilgili ayrıntıları almaya hazır değildir. "Bebek annenin karnına nasıl girer?" diye bir soru sorabilir. O zaman ayrıntıya girmeden fakat babayı da işin içine katarak "Anne ile baba birbirlerini çok severler. Babanın bedeninde bulunan bir tohum anneye geçerek orada büyür" diye cevap verip çiçeklerden örnek verebilirsiniz. Nedenini, nasılını sormaya devam ederse yine ayrıntıya girmeden kısaca cevap verin. Verdiğiniz bilgiler eksik olabilir. Fakat doğru olmalıdırlar.

Çocuğunuza bebeğin gelişimi ile ilgili resimli kitapları gösterebilirsiniz. Bu yaşlarda çocuğa cinsel bilgi vermenin çocukta bu konuyla ilgili saplantılara yol açacağını düşünmeyin. Onların düşünce tarzları büyükler gibi değildir. Onlar bu tür soruları sadece merak ettikleri için sorarlar. Cevabını aldıktan sonra da hiçbir şey olmamış gibi yaptıkları işe devam ederler. Eğer çocuğunuz size cinsellikle ilgili soru sormamışsa, ya daha önceden takındığınız tavrınızdan dolayı bunların yasak şeyler olduğunu ve konuşulmaması gerektiğini düşünüyordur veya başka kaynaklardan öğrenme yolunu bulmuştur. Kendinden biraz daha bilgili bir arkadaş onu yalan yanlış şeylerle bilgilendirmiş olabilir. Bunu çocuğunuz size gelip söylemedikçe anlayamazsınız. Eğer gelip size söylemişse bilgilerindeki yanlışları düzeltme fırsatı bulmuş olursunuz. 4-5 yaşına kadar cinsellikle ilgili hiçbir soru sormamışsa bu tür soruları sorması için fırsatlar sağlayın. Bu tür bilgileri sizin ağzınızdan duyarsa ileride bir problemi olduğunda sizinle rahat bir şekilde konuşabilir. Erkek çocuklara babanın, kız çocuklara ise annenin bilgi vermesi yerinde olur. Fakat bu her zaman böyle olmayabilir. Soru hangi ebeveyne sorulmuşsa onun cevap vermesi daha doğru olur. "Bekle akşam baban gelince anlatır" demeyin. Hiç olmadık yerde ve zamanda karşılaştığınız bu tür sorulara gayet olağan bir şekilde cevap verin. Fısıldayarak konuşup bu tür şeylerin yasak ve kötü şeyler olduğu izlenimini vermeyin (tabi ki, kalabalık bir yerde bu tür bir soru çocuğunuzdan gelirse, "bu konuyu eve gidince konuşuruz" demeniz doğrudur). Bu yaşlarda anne babanın cinsellikle ilgili takındığı tavır, büyüdüğünde çocuğun cinsel yaşamını olumlu ya da olumsuz yönde etkiler. F. Dodson'un dediği gibi "Biz yetişkinler istersek sıralama çağındaki çocuğumuzda, ayak parmakları konusunda da, cinsel organları konusunda duyduğu suçluluğu (dolayısı ile ilgiyi) kolayca uyandırabiliriz."

Çocuğunuzu arkadaşıyla geleneksel doktorculuk oyunu oynarken yakaladığınızda yine aynı sakin tavrınızı koruyun. Sadece merak ettikleri için birbirlerinin cinsel organlarına baktıklarını aklınızdan çıkartmayın. Merak duygularını giderdikten sonra bu oyun çekiciliğini kaybedecektir. Çocuklara "Merakınızı gidermişsinizdir, artık başka oyun oynayabilirsiniz."

diyebilen serinkanlı bir annenin çocuklar üzerindeki olumlu etkisini tahmin edebiliyorsunuzdur.

## Disiplin

Süper anne-baba olma ve örnek çocuk yetiştirme büyüsüne kapılmadan bu bölümü okursanız, amaçlanan şekilde fayda sağlayabilirsiniz. Bir anne-baba olarak hiçbir zaman amacımız mükemmellik olmamalıdır. Kendimizden, çocuğumuzdan ve anne baba olmaktan zevk almayı amaç edinmeliyiz. Bunun için de çocuğumuzu eğitmekten önce kendimizi eğitmekle işe başlamalıyız. Kendisi ile problemi olmayan bir anne veya baba, çocuğuna çok daha fazla yardımcı olur. Kendinden memnun olmayan, sürekli çelişkiler yaşayan, mutlu olmayı beceremeyenler ise çocuklarını da kendileri gibi yetiştirmeye adaydırlar. Çocuğumuzu eğitmeye başlamadan önce (belki de çocuğumuzu dünyaya getirmeden önce) içinde yaşadığımız ortamın atmosferini değiştirmemiz gerekir. Anne-baba kendi aralarındaki problemlerini çözmek için çaba sarf etmiş, kişisel problemlerinin farkında olmuş, aile içi iletişimin bulunduğu bir evin havasını solumak çocuğunuz için disiplinin temellerini oluşturur.

Anne-baba olarak ilk önce çocuklarınıza sizin bir şeyler vermeniz gerekir. Daha sonra onlardan bir şeyler bekleyebilirsiniz. Çocuğunuza doğduğu andan itibaren vereceğiniz en büyük şey de "sevgi"dir. Çocuğunuz sevgi duygusunu yaşarsa beklentilerinize uymaya hazır demektir. Burada koşulsuz sevgiden bahsediyorum. İleride sizin sözünüzü dinlesin, beklentilerinize uysun diye sevgi duymak değil. Karşılıksız ve hiçbir koşulu olmayan sevgi. Sevginin yanı sıra çocuğunuza ilk günden itibaren vereceğiniz güven duygusu da dünyanın yaşanabilir bir yer olduğunu çocuğunuza kavratır ve yaşayabilmesi için uyması gereken kurallara uymakta kolaylık sağlar.

Disiplin deyince aklınıza kural, ceza, ödül, belki dayak gibi kavramların geldiğini biliyorum. Fakat ben disiplin deyince ulaşmak istediğimiz hedefi belirleyip ondan sonra yola çıkmayı tercih ettim. Disiplin kavramıyla neye ulaşmak istiyoruz? Sus deyince susan, otur deyince oturan, yanımızda konuşmaya cesaret edemeyen, bizim sözümüzden çıkmayan, "aa ne kadar uslu" dedirten, örnek sanılan bir çocuk yetiştirmek mi? Biliyor musunuz, bu çok daha kolay olurdu sizin için. Fakat asıl hedef bu olmamalı. Zira vereceğim tavsiyeler bu amaca yönelik olmayacaktır.

İdeal bir hedef belirlemek gerekirse; cesaret, güven ve yaşamsal beceriler kazandırırken çocuklarınızı, kendi kendisini yönetmesini bilen, kendi seçimini yapabilen, davranışlarını ayarlayabilen ve özgürlüğünü sorumluluk bilinciyle sürdürmeyi öğrenmiş yetişkinler olarak görmektir. Bu tabi ki uzun vadeli bir hedeftir. Bu hedefi gerçekleştirmek için birçok aşamadan geçmemiz gerekir. Şimdi bu aşamaları tek tek analiz edelim.

## Gelişim Dönemleri

Çocuğunuzun gelişim dönemlerini öğrenerek işe başlayabilirsiniz. Çoğu anne-babanın ihmal ettiği önemli bir noktadır. Çocuğunuzun hangi yaş ve aylarda neler yapabileceğini bilmezseniz, ondan gelişim düzeyinin üzerinde isteklerde bulunabilirsiniz. Böyle bir istek de çocuğunuzun başarısızlık duygusunu yaşamasına yol açar.

Çocuğunuz büyürken çeşitli kritik dönemlerden geçer. Dengeli, dengesiz, anlayışlı, yaramaz gibi birçok aşamayı kat eder. Çocuğunuz içinde bulunduğu döneme özgü bir yaramazlıkta bulunduğunda onu yaramaz, hırsız veya yalancı diye suçlayabilirsiniz. Öte yandan çocuklar kendilerinden bekleneni yapmaya hazırdırlar. Sürekli yaramazlıkla suçlanan çocuk gerçek bir yaramaz olmaya adaydır. Çocuklarımıza hiçbir zaman böyle yakıştırmalarda bulunmamamız gerekir. Eğer çocuğunuzun içinde bulunduğu dönemin özelliklerini bilirseniz, belki de geçici olan bir özelliğin çok kolay üstesinden gelebilir, bunu kalıcı davranış bozukluklarına çevirmemiş olursunuz.

Sıralama çağından itibaren çocuğunuzun içinde bulunduğu çevreyi oynayabileceği, atlayıp zıplayabileceği, rahatça hareket edebileceği bir alana çevirirseniz, çok sık olarak disiplin sorunuyla karşılaşmamış olursunuz. Böylece enerjisini boşaltmak gereksinimi içinde olan çocuğunuza sürekli "koşma, atlama, kırarsın, dökersin" gibi olumsuz cümleleri kullanmamış, çocuğunuz bunlara uymadığında da sinir krizleri geçirmemiş olursunuz.

Yine çocuğunuza, öğrenmeye hevesli olduğu bir dönemde birtakım beceriler kazandırmanız gerekir. 7 aylık çocuğunuzun eline kemirmesi için bisküvi vermiyorsanız veya 1 yaşına geldiğinde kendisi beslenmesi için hâlâ eline bir kaşık vermemişseniz, 3 yaşına geldiğinde aynı istek ve heveslilikte bulunmayacaktır. Çocuğunuza kendi kendini yönetip, kendi işlerini yapması için küçük yaşlardan itibaren fırsatlar tanırsanız, ilerleyen yaşlarda bunları yapmaları için güç savaşına girmemiş olursunuz.

## Kararlılık ve Kurallar

Kan görünce bayılan veya hastanın acısıyla ağlayan doktor bize güven vermez. Biz doktorun duygusal ve kederli olmasını değil işinin ehli ve anlayışlı olmasını bekleriz. Anne-babalar için de durum böyledir. Duygusal ve heyecanlı anne-baba değil kararlı anne-baba çocuğuna güven verir. Bunun için çocuğunuzla girdiğiniz iletişimde kararlı bir tutum sergilemeniz gerekir.

Küçük çocukların kurallara ihtiyacı vardır. Kendilerini tehlikelerden koruyabilecek güçleri olmadığı için kurallar içinde yaşamak onlara güven verir. Çocuklarınıza kabul edilen ve edilmeyen davranışların sınırını açıkça belirlerseniz kendilerini daha güvende hissederler.

a) Kabul edilmeyen davranışlar.

b) Kabul edilmeyen davranışların yerini alabilen davranışlar.

Örneğin, "tabak çanak yerine yastık atabilirsin, kardeşe vurulmaz onun yerine davuluna vurabilirsin, arkadaşını ısırmak istediğin zaman oyuncak ayını ısırabilirsin" gibi. Koyduğunuz kurallara kararlılıkla uymalarını istediğimiz takdirde istenilen davranışlar yerleşecektir. Yapılan yanlış bir davranışa sinirli olduğunuz bir gün çok fazla kızıp, başka bir gün ise görmezden gelirseniz, bu davranış düzelmez. Gün boyunca sinirli ve stresli anlar yaşayabilirsiniz, hiçbir şeye tahammül edemediğiniz anlar da olabilir. Fakat çocuklarınızın karşısına geçtiğiniz zaman öfkenizi kontrol altına almanız gerekir. Kocanıza veya patronunuza kızıp bunun öfkesini çocuğunuzdan çıkarmak büyük haksızlıktır. Böyle davranırsanız çocuğunuzun saygısını kaybedebilirsiniz. Oysa disiplinin temel şartlarından biri saygıyı içlerinde hissetmelerini sağlamaktır. Bunun için de, kendimizi kontrol edip kendimiz dahil herkese saygı göstermeliyiz.

Bu demek değil ki, çocuklarınıza hiç öfkelenmeyeceksiniz. Tabi ki öfkeleneceksiniz ve bunu açıkça ifade edeceksiniz. Zaten öfkeliyken yapay davranıp sevecen davranmaya çalışırsanız, çocuğunuz bu yapay davranışın farkına varacaktır. "Şu an çok sinirliyim ama bunun sebebi sen değilsin. Sana daha sonra kitap okuyabilirim." veya "Şu hareketinden dolayı sana çok kızdım." diyerek yaptığı davranışı açıklayabilirsiniz.

Kuralları koyup kararlılıkla uymaya çalışmalısınız. Kural koyma işlemini eğer çocuğunuz biraz büyükse birlikte yapabilirsiniz. Göreceksiniz kendi koydukları kurallara uymada çok daha başarılı ve istekli olacaklardır. Yani siz de o da kaybetmeyecektir. Küçük yaştaki çocuklarınıza kurallardan önce birtakım alışkanlıklar kazandırmanız gerekir. Yeme düzeni, yatma düzeni gibi. Alışkanlıklar bir kere yerine oturdu mu patron onlar olur ve size de daha az söz söylemek düşer. Yeter ki kararlılığınızı hiçbir zaman ve durumda (kuralları bozmak için ekstra durumlar olabilir, çok özel günler gibi) kaybetmeyin.

Altı yaşın altındaki çocuğunuz yatmak için direniyorsa, ayağa kalkın ve elinden tutun, kararlı ve sevecen bir tavırla "yatma zamanı geldi" deyin. Eğer hâlâ yatmakta direniyorsa ona sınırlı bir seçenek sunun: "Uykudan önce hangi masalı anlatmamı istersin?" Bu şekilde kesin ve kararlı olursanız çocuğunuz daha fazla direnemeyecektir. Eğer direnirse herhangi bir rahatsızlığı olup olmadığına, yatağına gitmemek için neyi bahane ettiğine dikkat edin. Belki korktuğu için uyumak istemiyordur. Böyle bir durumda çocuğunuzu yatıştırmanız gerekebilir.

## Dinlemelisiniz Ama Nasıl?

Bir gün boyunca sesinizi teybe alırsanız ne kadar çok konuştuğunuzu, bunun yanı sıra çocuklarınızın ne kadar az konuştuğunu fark edebilirsiniz. Çocuklarınıza sürekli bağırıp çağırmakla, öğütler vermekle sorunları çözemezsiniz. Unutmayın ki, çocuklarınızın duyulmaya ihtiyacı vardır. Bunu en iyi yapabilmeniz için uzmanların "etkin dinleme" dediği yöntemi kullanmanız gerekir. Bu yöntem sayesinde çocuklarınıza daha fazla ulaşır, yanlış anlaşılmaları ortadan kaldırırsınız.

Örneğin:

*Çocuk:* Hayaletlerle dolu o karanlık odada yatmak istemiyorum.

*Ebeveyn:* Yatak odanda hayaletler olduğunu düşünüyorsun bu da seni korkutuyor.

*Çocuk:* Evet. (mesaj doğru olarak alındı)

Çocuğunuzu doğru anladığınız takdirde doğru çözümler üretebilirsiniz. Bu yöntemi kullanmak o kadar da kolay olmayabilir. Çünkü anne ve babanız muhtemelen sizi bu şekilde dinlememişti. Siz de anne ve babanızdan gördüğünüz şekilde çocuklarınızı yetiştiriyordunuz. Fakat yanlışların üzerine gidip düzeltme isteğiniz ve kararlılığınız bunların üstesinden gelmenizi sağlayacaktır. Çocuklarınızla daha iyi bir iletişime girdiğinizi görmeniz sizi daha da cesaretlendirecektir. Etkin dinleme sayesinde çocuklarınızın sorunlarından kurtulmak için onlara sırası geldiğinde bağırdığınızı veya sıklıkla öğütler verdiğinizi görürsünüz. Onları dinlemek için zaman harcamamanız çok üzücü. Oysa daha az konuşup çocuklarınıza daha fazla yardımcı olabilirsiniz.

Başlarda etkin dinleme bir "teknik" olarak uygulanır. Duygu taşımaz ve mekaniktir. Böyle olduğu halde anne-babalar onu kullanmayı sürdürdükçe empati ve şefkat duyguları ortaya çıkmaya başlar. İşte o zaman kendinizi daha iyi hissetmeye başlayacaksınız. İşte size örnek bir olay:

"Gök gürültüsü ve şimşek onu alt üst etmişti. Özellikle ses onu çok korkutmuştu. Ağlayarak geldi, 'korkuyorum' dedi. Engelleri sıralamaya başladım. 'Yalnızca bulutlar birbirine çarpıyor.' Ama o ağlamayı sürdürdü. 'Duymak istemiyorum, korkuyorum.' dedi. 'Canım benim, sesten korkulur mu? Canını yakmaz ki...' dedim daha çok ağlamaya başladı. O zaman birden aklıma etkin dinleme geldi. 'Gök gürültüsünden ürktün, durmasını istiyorsun, çünkü seni korkutuyor.' dedim. Hüzünlü ifadesi hemen değişti. Tüm tedirginliği gitti. Başka bir şey söylemeden odasına girdi. Olay bitmişti. Bu beni gelecek için yüreklendiren çok güzel bir örnekti." (T. Gordon)

Onların söylediği sözlerden hissettiği duyguyu çıkartarak kendi ifadelerimizle tekrar edip doğru anlayıp anlamadığımızı veya onu anladığımızı iletmek; etkin dinleme bundan ibaret işte. Bu yöntemi henüz konuşamayan küçük çocuklarda bile kullanabilirsiniz. Bir gün 1,5 yaşındaki oğluma yemek yedirmeye çalışıyordum. Elindeki kaşığı oradan oraya vurup duruyordu. Birden ağlamaya başladı. Ve yemek yemeyi bıraktı. Ne söylediysem susmadı. Alnının kızarık olduğu gözüme çarptı. Kaşığı sallarken alnına vurmuştu herhalde. "Uf olmuş, canın yanıyor." dedim. Ağlamasını kesti ve yemeğini yemeye devam etti. Belki sadece onları anlamak birçok problemi çözecektir. Dinlemek ve anlamak; pusula bu olmalı.

## Ben İletileri Gönderme

Yorgun argın işten geldiniz. Çocuğunuz evin altını üstüne getirmiş ve hâlâ da devam ediyor. Gürültü kaldıracak durumunuz yok. "Yapma" diyorsunuz olmuyor. "Sessiz ol" diyorsunuz dinlemiyor. Belki de kulak vermiyor. Oysa sizi anlamalı, öyle değil mi? Öyleyse kendinizi ona anlatın. "Çok yorgunum, biraz dinlenmek istiyorum, bu gürültü beni rahatsız ediyor." İşte olay bu. Sizi anladı ve odasına gitti. Burada önemli olan duygularınızı açık olarak yansıtmanızdır. O anda ne hissediyorsanız, bu duygunun adını koyup karşınızdakine gönderin. Unutmayın ki sizin de gereksinimleriniz var. Ve bunları ne kadar karşılarsanız o kadar zinde olursunuz. Çocuklarınızla ilişkileriniz de daha sağlıklı olur. Sorunları olduklarında siz çocuklarınızı dinlemişseniz, sizin sorununuz olduğunda da onlar sizi dinleyeceklerdir. Yapmak istedikleri şeye çok fazla gereksinim duydukları için çok daha kolay çözüm üreteceklerdir. Siz onlara duygularınızı söyleyin. Onlar bir çözüm yolu nasılsa bulurlar. Sessizlik mi istiyorsunuz? Onlar da top oynamak için başka bir odaya gidebilirler. Misafiriniz gelecek ve evin dağılmasını istemiyor musunuz? Onlar da oyuncaklarını kendi odalarında dağıtırlar.

Hoşgörülü olmak her zaman kolaydır, fakat kararlı olmak zordur. Yukarıda sayılanları kararlılıkla uygularsanız birçok problemden kurtulmuş olursunuz. Fakat yine her şey bitmez. Üstesinden gelemediğiniz sorunlar da olabilir. O zaman ceza yöntemini kullanabilirsiniz. Tabi ceza vermeden önce çözümlere odaklanmak gerekir. Çünkü ceza kısa vadeli bir çözümdür. Çocuk aldığı ceza ile yapmış olduğu suçun sorumluluğunu üzerinden atar. Fakat ceza verilmeden çocuğa suçunu hissettirebilirseniz daha kalıcı olur. O zaman bir şeyler öğrenir. Yani çocuk cezaya odaklanmak yerine suça odaklanmış olur. Odada top oynarken abajuru kıran çocuğunuz eğer sürekli ceza alıyorsa "Acaba hangi cezayı alacağım, bundan nasıl kurtulmalıyım?" gibi düşüncelere girecektir. Ona ceza vermeyeceğinizi fakat telafisinin nasıl olacağını düşünmesini isterseniz size ilginç çözümlerle gelecektir. Sizin vereceğiniz cezadan çok daha ağır telafiler düşünmüş olabilir. Örneğin, bir daha salonda top oynamayacağım, abajurun parasını harçlığımdan kesebilirsiniz, kırdığım parçaları ben toplarım gibi çözümlerle karşınıza gelebilir. Belki de siz bunlardan ancak birini düşünmüştünüz.

Her şeye rağmen yine de ceza gerektiren suçlar vardır. Eğer çocuğunuza ceza vermeniz gerekiyorsa suçuna uygun ceza vermeye özen gösterin. Suçla ceza birbiriyle ilgili olsun. Abajuru kırdı diye bir hafta televizyon seyrettirmeme gibi bir ceza vermeniz doğru olmaz. Hiç de adil olmayan bu tür cezalar çocuklarınız için öğretici olmadığı gibi size karşı güven duygularının zedelenmesine yol açabilir. Çocuğunuz kardeşinin oyuncağını kırdıysa, harçlıklarından telafi etmek cezası ona yetecektir. Kirlettikleri yeri temizlemek, zararı ödemek gibi telafi cezaları her zaman için amaçsız cezalardan daha etkilidir.

Küçük çocukların hareketliliği disiplin adına kısıtlanmamalıdır. Onlara enerjisini boşaltmaları için kırıp dökmeyecekleri geniş bir alan sağlamak en iyisidir. Çocuklarınızı disiplin adına aşağılamayın. Bu çok ağır bir ceza olur. Onları tehdit etmeyin, onlardan söz istemeyin. Tehdit ve söz gelecekle alakalıdır. Çocuklar ise bulundukları anı yaşarlar. Rüşvete alıştırmayın. Yaptığı her işin karşılığında maddi bir armağan bekleyen çocuk ileride hiçbir şeyden tatmin olmayan biri olarak karşınıza çıkabilir. Çocuklarınıza sürekli konferanslar vermeyin. Anında söz dinlemesini istemeyin. Bir başkasıyla kıyaslayıp kıskandırmayın.

Çoğu anne-babanın sıkıştıkları zaman disiplin aracı olarak kullandıkları dayak konusuna burada değinmeden geçemeyeceğim. Dayak çocuğunuz için eğitici bir araç değildir. Dayak en kısa yoldan çocuk için suçu hafifletir. Çocuklarımızı yetiştirirken uzun vadeli hedefler koyduğumuz gibi onları yetiştirmek için kullandığımız disiplin araçlarının da uzun vadede tesirli olanlarını seçmemiz en doğru yöntemdir.

## Çalışan Anne ve Çocuk

Bir bebek bekliyorsunuz ve çalışıyorsunuz. Kafanızda cevap bekleyen bir yığın soru var. Bu soruları bulunduğunuz ortama ve zorunluluklara göre tek tek analiz edip ondan sonra bir karara varmanız gerekiyor. Kendinize ilk soracağınız soru şu olmalıdır. "Gerçekten çalışmam gerekli mi?" Bu sorunun da çok çeşitli cevapları vardır. Geçim sıkıntısından dolayı çalışmak zorunda olabilirsiniz. Çalışmaya alışmışsınızdır, evde durmak sizi mutsuz edebilir. Her iki durumda da hassasiyetle durmanız gereken konu, size bağımlı olan bir bebeğin ihtiyaçlarıyla kendi ihtiyaçlarınızı tartmanızdır. Biliyorsunuz ki çocuğunuzun ilk yılları onun gelişimi açısından çok önemlidir. Ve bu yıllar telafisi mümkün olmayan yıllardır. İlk yıllarda bir bebeğin annesi ile birlikte olması idealdir. Anne sütüne ihtiyacı olduğu kadar, annesinin ilgi ve sevgisine de ihtiyacı vardır. Bu dönemde çocuğun yaşamında en etkili birey annedir. Çocuk her şeyi annesinden öğrenir. Yaşı kaç olursa olsun her çocuğun annesine ihtiyacı vardır. Bu ihtiyacın en şiddetli olduğu dönem, gelişimin en süratli olduğu ilk yıllardır. Bu beraberlikten çocuğun da annenin de, zevk alması gerekir. Eğer evde oturup çocuğunuzla ilgilenmek sizi mutsuz ediyorsa çocuğunuzun gelişimine olumlu katkıda bulunamazsınız. O zaman seçiminizi çalışmaktan yana kullanmanız gerekir.

Geçim sıkıntısından dolayı çalışmak zorunda olan anneler ise durumlarını bir kez daha gözden geçirmelidirler. Acaba giderleri kısıp birkaç yıl çalışmadan çocuğumla ilgilenebilir miyim? Ne kaybederim? Ne kazanabilirim? Maddi olarak kazandıklarım, çocuğuma manevi olarak kaybettirdiklerimden daha fazla ve gerekli mi? Bütün bu soruların cevabını belki de çocuğunuzu kucağınıza aldıktan sonra vermelisiniz. Çoğu anne doğumdan sonra çocuklarına olan bağımlılıklarından dolayı, eğer zorunluluk yoksa işlerine dönmek istememektedir.

Durumunuzu gözden geçirdiniz ve çalışmaya karar verdiniz. Şimdi de siz çalışırken çocuğunuza kim bakacak problemiyle karşı karşıyasınız. Bence çalışan kadının en önemli problemi de bu. Uzmanlar 3 yaşına kadar çocukları kreşe gönderme taraftarı değiller. Yoğun bir bakım ve ilgiye ihtiyaç duyan çocuğunuz kurumda bu bakım ve ilgiyi göremez. Çünkü kurumdaki bir bakıcı, birçok çocukla ilgilenmek zorundadır. Yine küçük yaşta kreşe giden çocuklar ishal ve grip salgınından kurtulamazlar. Bağışıklık sistemleri güçlenmediği için her hasta olan çocukla birlikte hasta olma riskleri de artar.

Çocuğunuzu hafta içi büyük annesine bırakıp hafta sonu birlikte olma yanlışını asla yapmayın. Minik yavrunuz böyle bir ayrılığı kaldıracak yaşta değildir. Eğer 2 yaşın altındaysa ayrı geçirdiğiniz bir gece bile daha sonraki ayrılıklarla birleşerek birçok probleme yol açabilir. Zaman kavramını bilmeyen çocuğunuz yarın veya hafta sonu geleceğinizi anlayamaz, sizi temelli kaybettiğini düşünür. Bu da çocuğunuzun kişilik gelişiminde olumsuz bir noktaya sebep olabilir. Yeni aldıkları arabanın taksitini ödemek için çalışan bir anaokulu öğretmeniyle tanışmıştım. Hafta içi 5 yaşındaki kızını anneannesine bırakıyordu. Uzakta oturdukları için ancak hafta sonları kızlarıyla birlikte oluyorlardı. Hep düşünmüşümdür, arabaları olmadan kızlarıyla birlikte olmak onları mutlu etmeye yetmez miydi? Bir arabaya sahip olmak için kızlarından bu kadar ayrı kalmaya değer miydi?

Eğer çocuğunuz 3 yaşından küçükse yakın akrabalarınızdan birinin (büyük anne, hala, teyze gibi) siz işteyken çocuğunuza bakması en doğru olanıdır. Kan bağı olan birisinin sevgi ve şefkat duyması çok daha kolaydır. Böylelikle çocuğunuz sevgi, şefkat ve ilgiden yoksun kalmayacak, yanında olmadığınız süre içerisinde de güven içinde olacaktır. Gerçi büyük anne ile birlikte büyüyen çocuklarda da birtakım problemler ortaya çıkabiliyor. Bazı büyük anneler, anneleri çalıştığı için torunlarına acırlar. Annenin yokluğunu telafi etmek için de torunlarını şımartırlar. Bazı hallerde de büyük anne ile annenin disiplin anlayışları uymayabilir. Elinizden geldiği kadar zıtlıkları en aza indirmeye çalışın. Bunun için annenizi veya kayınvalidenizi uyarmaktan çekinmeyin. Eğer şanslıysanız belki de sizin onayladığınız şekilde torunlarını yetiştirmek için çaba sarf ederler.

Yakın bir akrabanızın çocuğunuza bakma imkanı yoksa yine de 3 yaşın altındaki çocuğunuza bir kreş aramaktansa güvenilir bir bakıcı aramak çok daha iyidir. Bakıcı seçerken çok hassas olmanız gerekir. Fiyatı uygun diye yüzü gülmeyen, sevmesini bilmeyen bir bakıcının çocuğunuza faydası olacak yerde zararı olabilir. Güvenilir, sevecen, çocuğunuzu gerçekten seven (öyle bakıcılar var ki baktıkları çocuklara kendi çocuklarıymış gibi bağlanabiliyorlar), çocuk yetiştirme konusunda az çok bilgisi ve tecrübesi olan bir bakıcı tercih etmeniz çocuğunuz açısından en sağlıklı olanıdır. Bakıcıya büyük annelerden daha fazla talimatlar verebilirsiniz. Ona çocuğunuzu ne şekilde eğittiğinizi öğretebilirsiniz. Birlikte birkaç gün geçirmenizde de fayda vardır.

Çocuğunuzla ilgilenecek birisini buldunuz. Şimdi de çalışan anne olarak neler yapabilirsiniz onları gözden geçirelim. Doğum sonrası izin sürenizi elinizden geldiği kadar uzun tutmaya çalışın. Mümkünse ücretsiz izninizi bir veya iki yıla çıkartın. Evde çalışabilme imkanınız varsa bunu kullanın. Part-time iş yapabilme imkanınız varsa part-time çalışın. Çocuğunuzla birlikte olma saatlerinizi uzatmaya çalışın. Geç saatlere kadar çalışmanız gereken bir işteyseniz, çocuğunuz doğduktan sonra iş değiştirmeyi düşünebilirsiniz. Sürekli değişen bir iş programı değil de sabit bir iş programınızın olmasına dikkat edin.

Evinizi iş yerinize yakın bir yere taşırsanız yolda kaybettiğiniz zamanı çocuğunuzla birlikte geçirebilirsiniz. Öğlen tatillerinde çocuğunuzu görmeye gidebilirsiniz.

Çalıştığınız için vicdan azabı çekmenize gerek yok. Sizin çocuğunuz da duygusal açıdan normal bir çocuk olarak büyüyecektir. Yeter ki siz iş haricinde çocuğunuzla geçirdiğiniz vakitlerin kalitesini artırın. Ev işlerini ikinci plana atarak çocuğunuzla oyunlar oynayın. Onunla özel vakit geçirin. Vicdan azabından kurtulmak için çocuğunuzu asla şımartmayın. Ona her akşam oyuncaklar, çikolatalar getirerek onsuz geçirdiğiniz zamanı bu şekilde telafi etmeye çalışmayın. Aşırı hoşgörü ve şımartma, çocuğun bazı hallerde hassas, bağımlı ve çekingen olmasına yol açar; bazı hallerde de şımarık, doyumsuz, isyankar olmasına neden olabilir.

Anneden beklenenleri özetlersek; ideal olan, annenin sıcak ve samimi bir hava içinde çocuğunu yetiştirmeye çalışması, onun olgunlaşmasına yardımcı olması, ölçülü bir sevgi ve belli bir disiplin içinde çocuğunun sorunlarına eğilmesidir. Çocuğun annesi ile kurduğu ilişkilerin, onun duygusal, zihinsel, sosyal, hatta bedensel gelişimini etkilediği unutulmamalıdır. Çocuk gerek annesi, gerekse anne yerini alan bakıcısı tarafından denetim altında olduğunu, başıboş bırakılmadığını hissetmelidir. Çocuk, gelişimi boyunca güvenebileceği güçlü ve şefkatli yetişkinlere ihtiyaç duyar. Bu yetişkinlerin başında da anne ve baba yer alır.

## Kardeş Kıskançlığı

3 yaşına kadar çocuklar annelerine çok fazla bağımlı oldukları için, gelen bir kardeşle anne veya babalarını paylaşmak istemezler. 3 ve 5 yaşlarında çocuklar dengeli bir dönem yaşadığından, böyle bir zorluğun üstesinden daha kolay geleceklerdir. Uzmanlar yaşın ilerlemesiyle kardeş kıskançlığının daha aza indiğini söylemektedirler. Fakat hangi yaşta olursa olsun, az veya çok, belirgin veya gizli, kardeşler arasında mutlaka kıs-

kançlık duygusu yaşanacaktır. Özellikle de büyük çocuk yeni gelen kardeşini rakip olarak görür, kendi yerini aldığını düşünür, hatta çok sevdiği anne ve babasını da aldığını düşünerek kardeşine karşı düşmanlık duyguları besler.

Eğer bir bebek bekliyorsanız, çocuğunuza bunun haberini testten gelir gelmez nefes nefese vermenize hiç gerek yok. 9 ay çocuk için o kadar uzun bir zamandır ki, beklemeye tahammülü kalmayabilir. Bunun için çocuğunuza bu haberi karnınız belirginleşmeye başladığı zaman vermeniz daha uygun olur. Tabi ki çocuğunuzun başkalarından duyma olasılığı varsa daha önce sizin açıklamanız daha doğrudur. Bu haberi çocuğunuza uzun uzun anlatarak değil de basit bir iki cümleyle bildirebilirsiniz. "Bir kardeşin olacak, ama bunun için daha epeyce zaman var." diyebilirsiniz. Çocuğunuzu doktor muayenelerine götürüp ultrasonografi şekillerini göstermeyin. Kardeş hayalini kısıtlamış olursunuz. Bırakın çocuğunuz kardeşini dilediği gibi hayal edebilsin.

Hamileliğinizin sonlarına doğru çocuğunuza gerçek bebek boyutunda oyuncak bir bebek alın (erkek çocuk da olsa bunu yapabilirsiniz veya bir ayıcık alabilirsiniz). Çocuğunuzu bu oyuncak bebeğin tüm ihtiyaçlarını karşılaması için teşvik edin. Onu beslesin, giydirsin, yıkasın, uyutsun, istiyorsa tokatlasın; siz hiçbir şekilde müdahale etmeyin. Kardeşinin gelmesi yaklaşmışsa artık bebek için hazırlık yapmaya başlayabilirsiniz. Birlikte alışverişe gidin, odasını ve giysilerini hazırlayın. Bebeğe alışveriş yaparken büyük çocuğunuza da bir şeyler almak onu sevindirecektir.

Hastaneye gittiğiniz zaman çocuğunuzu babaanne, anneanne gibi bir yakınınızın evine göndereceksiniz, mümkünse sizden önce eve gelsin ve sizi evde karşılasın. Sonradan gelip kardeşiyle sizi aynı odada görürse hoş olmayabilir. Eve gelirken "bebekten" diyerek çocuğunuza birkaç armağan alabilirsiniz.

Fakat suçluluk duygusuyla oyuncakçı dükkanını eve doldurmanıza hiç gerek yok. O kıskanmasın diye yaptığınız her abartılı davranış onu endişeye düşürecektir "burada olağanüstü bir durum var" dedirtecektir.

Çocuğunuz bebeği kucağına almak isterse buna izin verin. Ama sadece sizin gözetiminiz altında. Yalnızken kesinlikle bebeği ellememesi gerektiğini söyleyin. Bebekle büyük çocuğunuzu baş başa bırakmayın, fakat bebeğe zarar verecek korkusuyla çocuğunuzu sürekli bebekten ve sizden ayrı tutarsanız, kıskançlık duygusu daha çok törpülenecektir. Bunun için bebeğin ihtiyaçlarını görürken size yardım etmesini isteyin. Ona basit işler verin. Yardımcı olma görevini çocuklar çok severler. Bebeği beslerken, altını temizlerken, yıkarken büyük çocuğunuz size ufak tefek yardımda bulunursa, kardeşini daha iyi tanıma fırsatı bulacak, böylelikle kıskançlık krizlerine girmemiş olacak, kardeşini benimsemesi de daha kolay olabilecektir.

Çocuğunuzun kardeşini kıskanması çok doğaldır. Bu duyguları için ona kızmayın. Hatta kıskançlık ve öfke duygularını dışa vurması için ona fırsat tanıyın. "Kardeşinle ilgilendiğim için seni sevmediğimi düşünüyorsun. Ona çok kızıyor olabilirsin." gibi ifadelerle duygularını açıklamasına fırsat tanıyın. Zaten oyun oynarken bu fırsatı kolayca yakalayacaktır. Oyunlarını izleyin, dışa vurduğu kardeşi ile ilgili olumsuz duyguları için onu yargılamayın. Bırakın deşarj olsun. Onun duygularını anladığınızı söyleyebilirsiniz. Eğer çocuğunuz bu duygularını açığa vurmazsa başka yönlerden ortaya çıkabilir. Mesela bebekliğe geri dönüş yaparak altını ıslatıp, biberonla beslenmek isteyebilir. Parmak emme, tırnak yeme davranışları gösterebilir. En sağlıklısı duygularını dışa vurarak olumsuz duygularından kurtulmaktır. Ne aşırı hoşgörülü olun, ne de cezalandırıcı bir tutum izleyin. Bebek doğmadan önceki güven verici, sakin, kararlı davranışlarınıza devam edin. Bebeğin günlük ihtiyaçlarıyla ilgilenirken büyük çocuğunuzu ihmal etmeyin. Anne, küçük çocuğun bakımı ile uğraşırken, baba da büyük çocukla ilgilenebilir. Ama mutlaka her bir çocuğunuza anne ve baba olarak ayrı ayrı vakit ayırın. İkisine birden yarım saat masal anlatacağınıza 15'er dakika ikisine de ayrı ayrı masal anlatmanız çok daha iyidir. Unutmayın ki çocuklarınız eşit olmak istemezler, özel bir sevgiye ve ilgiye ihtiyaç duyarlar.

## TV Radyo ve Bilgisayarın Çocuk Üzerindeki Etkisi

Günümüzde radyo, televizyon ve bilgisayarın çocuk üzerindeki etkisi tartışma götürmez bir gerçektir. Uzmanlar bu konu üzerinde araştırma yaptılarsa da, bu etkinin olumlu mu, olumsuz mu olduğu konusunda kesin bir ayırıma gitmemişlerdir. Her konuda olduğu gibi bu konuda da aşırıya kaçmak olumsuz etkiler doğuracaktır. Siz de çocuklarınıza ve çevrenizdeki çocuklara baktığınızda küçük yaştan itibaren televizyon seyrettiklerini göreceksiniz. "Ben çocuğumu televizyonla büyüttüm" diyen anne yemek yaparken veya ev işleriyle meşgulken küçük bebeğini televizyonun karşısına oturtup, henüz gerçeklerle hayal olanı ayırt edemeyen minicik yavruyu görüntü bombardımanına tutmaktan sevinç duymaktadır. Çünkü televizyon sayesinde çocuğu oyalanırken kendisi ev işleri ile meşgul oluyordur.

Küçük çocuklar (6 yaşına kadar) hayal ile gerçeği birbirinden ayırt edemedikleri için ekranda gördükleri her şeyi tam bir gerçek olarak kabul ederler. Bu yüzden televizyonun etkisi çocuk üzerinde, yetişkin üzerinde olduğundan çok daha fazladır. Hayal gücüne bir çalışma olanağı tanımadan tam bir gerçeklikle olayları vermesi, televizyonun çocuk üzerindeki tehlikelerinden bir tanesidir. Oysa okul öncesi çağdaki çocukta mükemmel bir hayal gücü vardır. Bu hayal gücünü kullanması zeka gelişimi için önemlidir.

0-6 yaş dönemi çocuklarında çok büyük öğrenme hızı ve kapasitesi vardır. Çocuk bu öğrenme kapasitesini günlük yaşantılarıyla ve oyunla elde eder. Sosyal yaşantıyı ise arkadaşlarıyla birlikte oyun oynayarak kazanır. Okul öncesi çağdaki çocukların çiçeklere dokunmaya, arkadaşlarıyla oyun oynamaya ve bazen de itişip kakışmaya, sürekli hareket halinde bulunup kaslarını güçlendirmeye, kitap sayfalarını çevirmeye ihtiyaçları vardır. Televizyon karşısında uzun saatlerini geçiren çocuklar artık bu etkinliklerden zevk almamaya başlarlar.

Bunların yanı sıra, televizyon programlarının içeriği çocuk için çok önemlidir. Program yapımcıları çocuk için hazırladıkları program içerisinde olumlu modellerin ne derece etkili olduğunu bildikleri gibi, olumsuz modellerin de çocuk üzerinde o derece etkisi olduğunu bilmeleri gerekir. Televizyonun programlarının çok fazla saldırgan içerik taşıması son zamanlarda uzmanların araştırma konusu olmuştur. Her ne kadar başlı başına televizyon, saldırganlığı tetiklemiyorsa da çok fazla saldırganlık davranışı izleyen çocuklarda saldırgan hareketlerin çoğaldığı gözlenmiştir. Fakat burada suçu salt televizyona indirgemek yanlıştır. Kişilik özellikleri ve yakın çevre faktörü çok önemlidir. Çocuk ailesinde gördüğü şiddeti televizyonda pekiştirirse veya sevgi olmayan bir ortamda büyümüş bir çocuk, saldırgan davranışları ekranda izlerse bu davranışları sergileme olasılığı çok daha yüksektir. Öte yandan sağlıklı bir ortamda büyümüş bir çocuk, izlediği bu saldırgan davranışları sadece oyunlarında kullanıyorsa korkulacak bir şey yok demektir. Belki de içten gelen saldırganlık dürtüsünü, saldırgan oyunları sayesinde kontrol altına alıyordur. Önemli olan bu tür davranışlarını iletişim kurmak için kullanmamasıdır. Oyuncağını arkadaşından almak için arkadaşının kafasına vurması kabul edilir bir davranış olamaz. Ancak her vurdulu kırdılı film, dengeli bir çocukta olumlu etki bırakacak değildir. Bazen kahraman, doğruluk adına öyle şiddet gösterisinde bulunur ki, çocuğun aklı karışabilir. Çocuk doğru amaçlar için her yöntemin kullanılabileceği sonucunu çıkartabilir. Çocuklar bu tür boğma, öldüresiye dövme, işkenceyle konuşturma gibi sahnelerden korkarlar; uzun süre etkisinde kalırlar. Eğer çocuk çok hassassa bu tür sahneler, korkmasını ve içine kapanmasını sağlar. Eğer çok hareketli bir çocuksa bu izlediği davranışları sergilemek isteyebilir. Televizyonun zararlı olduğu kadar yararlı birçok özelliği de vardır. Her yaşta insanın, yaşadığımız dünya hakkındaki bilgisini çok kısa zamanda artırmasını ve genişletmesini sağlar. Ayrıca Tv ve | radyo sayesinde çocuklar ana dilinin gramer kurallarına göre düzgün örnekler işitme fırsatı bulabilirler.Tabi ki günümüzde işi çığırından çıkaran özel kanallara anne-baba olarak sansür koymayı bilirsek. Televizyona köle değil egemen olmayı başarırsak televizyonun yararlarından bahsedebiliriz. Ancak bunun için yetişkinlerin çocuklarına örnek olmaları gerekir. Eve gelir gelmez televizyonun düğmesine basarsanız, çocuğunuz üzerinde ne derece olumlu örnek teşkil edersiniz, tartışılır. Halbuki onun yerine kitap okumaya, çocuğunuzla birlikte oyun oynamaya, gezmeye gitmeye, resim ve çeşitli faaliyetler yapmaya zaman ayırabilirseniz, çocuğunuz televizyon karşısında uzun süre bulunmaktan pek de zevk almayacaktır. Çocuğunuz televizyon izlerken onun yanında bulunmak, açıklamalar yapmak ve sorduğu soruları cevaplamak, televizyonu olumlu yönde kullanmaya birer örnektir. Belki de televizyon yerine iyi seçilmiş video kasetleriyle çocuğunuzun eğitimine daha fazla katkıda bulunabilirsiniz.

Bir diğer iletişim aracı olan radyo da, Tv kadar olmasa bile çocuğunuz üzerinde etkilidir. Eskiye nazaran kullanımı azalan radyonun işitme duyusuna yönelik olduğu için dikkat yoğunlaştırmaya ve dinlemeyi öğrenmeye olumlu etkisi vardır. Radyo, çocuğun hayal gücüne daha fazla çalışma olanağı tanır. Radyodan gelen çeşitli seslerin çocukta bıraktığı izlenimler, hayal gücünü geliştirerek yaratıcı düşüncelere yönelmesine yol açar. Fakat radyonun bazı evlerde olduğu gibi sabah açılıp, akşam kapanması küçük çocuklar için yarardan çok zarar sağlar. Çünkü radyonun sabahtan akşama kadar çalışmasını çocuk organizması kaldıramaz. Bazı durumlarda bellek dağınıklığına, kararsızlığa ve düşüncelerin bir konu üzerinde yoğunlaştırılması olanağının yitirilmesine sebep olabilir. Televizyonda olduğu gibi radyoda da denetimsiz programlara çok yer vermek yerine kasetlerle çocuklarınıza eğlendirici ve eğitici vakitler geçirtebilirsiniz. Çeşitli şarkı kasetleri, masal kasetleri çocuğunuzun dil gelişimi açısından yararlıdır.

Günümüzde televizyon ve radyo kadar etkili olan bir diğer kitle iletişim aracı ise bilgisayardır. Yavaş yavaş birçok evin başköşesine yerleşen bilgisayarın da çocuk üzerinde olumlu ve olumsuz etkileri vardır. Televizyon ve radyo gibi yerinde ve gelişim düzeyine uygun kullanıldı mı, olumlu faydalarından söz edebiliriz. Anne-babasını veya büyük kardeşini bilgisayar başında gören çocuk da bilgisayarı kullanmak isteyecektir. İleride hayatının her safhasında kullanabileceği bu alete küçük yaşta hakim olması yararlıdır. Fakat küçük çocuklar okuma ve yazma bilmedikleri için onlara seçilen programların semboller aracılığı ile olmasına dikkat edilmelidir. Burada önemli olan çocuğun sabahtan akşama kadar bilgisayar başında oturup, diğer etkinliklerden ve arkadaşlarından uzaklaşmamasıdır. Çünkü bilgisayarın büyülü dünyası bir müddet sonra çocuğunuza yetebilir. Arkadaşlarıyla oyun oynamaktansa bilgisayarda eğlenmeyi tercih edebilir. Gelişim düzeyine uygun ve aşırıya kaçılmadan kullanıldı mı bilgisayarın çocuk üzerindeki olumlu etkisi çok fazladır. Prof. Dr. Ayla Oktay, *Yaşamın Sihirli Yılları* adlı kitabında, bilgisayarın faydalarını şöyle sıralamıştır:

• Okul öncesi dönemde bilgisayar, özellikle el-göz koordinasyonuna büyük katkı sağlayabilir (farenin kullanımı, boyama, çizim çalışmaları vb), el becerisini geliştirir.

• Dikkatini yoğunlaştırmada güçlük çeken aşırı hareketli çocuklar, ilgi çekici bir program karşısında daha uzun süre kalabilirler. Bu nedenle bilgisayar kullanımı, çocuğun dikkatini yoğunlaştırmasına yardım ederek eğitime katkı sağlayabilir.

- Çocuk günlük yaşamında ve eğitimi sırasında öğrendiği pek çok kavramı bilgisayar oyunları ile pekiştirebilir.

- Bilgisayar oyunlarında yer alan ve hızlı bir şekilde karar vermeyi gerektiren problemler, çocukta problem çözme becerisinin gelişmesine katkıda bulunabilir.

- Küçük çocukların bilgisayar kullanması sırasında mutlaka bilen bir yetişkinin yardımı çok önemlidir. Böylece çocuğun bazı konularda dikkatinin çekilmesi, sorularına cevap verilebilmesi mümkün olabilir.

- Bilgisayar, küçük çocukların günlük programında çok sınırlı bir yere sahip olmalıdır. Çünkü çocukların büyümek ve gelişmek için harekete, konuşmaya, arkadaşları ile oyun oynamaya, hatta bazen de çatışmaya ihtiyaçları vardır. Bu ihtiyaçlarının ise bilgisayar ile karşılanması mümkün değildir.

## Boşanma ve Çocuk

Birbirinizi severek evlenmiştiniz, fakat hiçbir şey yolunda gitmedi. Hele çocuk olduktan sonra ilişkinizin tamamen bozulduğunu söyleyebilirsiniz. Unutmayın ki genç çiftlerde çocuğun doğumundan sonra genelde sorunlar yaşanır. Bunu yaşayan tek kişi siz değilsiniz. Önemli olan bu sorunların en aza indirgenmesi ve çözümü için çareler aranmasıdır. Yine eskisi gibi olamazsınız. Siz artık birer anne ve babasınız. Kendi ilişkinizin yanı sıra çocuğunuzu da düşünmek zorundasınız. Fakat karı koca ilişkisi her zaman için ilk sırada yer almalıdır. Bu, çocuğunuzun sağlıklı bir ortamda büyümesi için önemli bir kuraldır. Hiçbir şey anne ve babası arasındaki sağlam ilişkiden aldığı kadar güveni çocuğunuza veremez. Tabi sihirli bir değnekle de her şeyi düzeltemezsiniz. Eğer eşinizle aranızda çok sarsıcı ve onarılması güç problemler yoksa ilişkinizi bir kez daha gözden geçirmeniz gerekir. Mutsuz bir aile ortamında büyümek çocuğunuz için sakıncalıysa da bu ilişkinin boşanma ile sonuçlanması daha az sakıncalı değildir. Belki de çok ufak sorunlardan dolayı bu ilişkiyi bitirmek istiyorsunuzdur. Boşanmaların özellikle genç çiftlerde çoğunlukta olması, gençlerin ufak tefek şeyleri fazla büyüterek sevginin bitmiş olduğunu varsaymalarından kaynaklanıyor olabilir. Bunun için ilişkinizi bir kez daha gözden geçirirken kendinize vakit ayırmaya özen gösterin. Her gün eşinizle baş başa vakit geçirmek için fırsatlar hazırlayın. Haftanın belirli günlerinde çocuğunuzu bir yakınınıza veya bakıcısına bırakarak dışarıya çıkın. Eşinize çocuğunuz ve yapılacak işler dışında bir şeyler söylemeye gayret edin. "Seni seviyorum" deyin. Bu tür ilişkiler belki de ihmal edilmişlikten kaynaklanan anlaşmazlıkları giderebilir. Bizim ülkemizde pek yaygın değil ama bir uzmandan yardım almanız sorunlarınızı çözmeye yardımcı olabilir. Sorun çözme isteği eşlerin her ikisinde de mevcut olduğu takdirde kullandığınız bu yöntemler etkili olabilir. Eşlerin yalnızca birinin istekli olması, durumu düzeltmeye yetmez.

Her yolu denediniz. Böyle yürümeyeceğine karar verdiniz. Zaten evinizin atmosferi çocuğunuzun sağlıklı büyümesi için hiç de elverişli değil diye düşünüyorsunuz. Sık sık kavgalar ediyorsunuz ve çocuğunuz da bunlardan etkileniyorsa boşanmanız en iyi çözüm olabilir. Çocuğunuza karşı her zaman açık olun. O sizin aranızın gergin olduğunu zaten fark etmiştir. Ona yalan söyleyip hiçbir şey yokmuş gibi davranmaya çalışmayın. Çocuğunuzu ikiyüzlülüğe itmiş olursunuz. Kavga ettiğinizi ve aranızın bozuk olduğunu söyleyin. Belki boşanmadan önce bir müddet ayrı yaşamayı düşünmüş olabilirsiniz. Bunu çocuğunuza söyleyin. "Baban seyahate gitti" gibi ifadelerle çocuğunuzu kandırmayın. "Babanla bu aralar aramız bozuk. Bir müddet ayrı yaşamaya karar verdik. Belki sonunda tekrar birlikte olabiliriz." gibi bir açıklama yapmanız gerekir.

Boşanmaya kesin karar verdiğiniz zaman, belki de mahkeme için gün aldığınız zaman, çocuğunuza boşanacağınızı söylemenizin zamanı geldi demektir. Çocuğunuza açık ve yalın bir ifadeyle, artık karı koca olarak birlikte olmaktan mutlu olmadığınızı, ayrılmanızın daha doğru olacağını söyleyin. Başlangıçta bunu kabul etmek istemeyecektir. Belki de sizi barıştırmak için her yolu deneyecektir. Çocuğunuzu hiçbir şekilde ilişkinize alet etmeyin. Arabulucu olarak çocuğunuzu kullanmayın. Çocuğunuza ayrılacağınızı söylediğiniz zaman, kendi düzeninde herhangi bir değişiklik ve kayıp olmayacağını açık açık ifade edin. Belli bir düzen içinde yaşamayı seven çocuklar, düzenlerinin bozulacağından endişe duyabilirler.

Boşanmanızın ardından çocuğunuz, yaşına bağlı olarak birtakım davranış bozuklukları gösterebilir. Çocuğunuz eğer 6 yaşından küçük ise bu ayrılığa kendisinin sebep olduğunu düşünecektir. Egosantrik düşüncesinden dolayı bu yaştaki çocuklar kendi düşünceleriyle başkalarının düşüncelerini ayırt edemezler. Çocuğunuza bu ayrılığa kendisinin sebep olmadığını inandırın. "Sen olsan da olmasan da biz ayrılacaktık. Buna sebep sen değilsin." deyin. Bunun yanı sıra hırçınlık, inatçılık, kekemelik, altını ıslatma gibi davranış bozuklukları da gösterebilir. Yapılan araştırmalar erkek çocukların kız çocuklara nazaran boşanmalardan daha fazla etkilendiğini ortaya koymuştur. Erkek veya kız, boşanmadan dolayı çocuğunuzda meydana gelen davranış bozukluklarının ileri boyuta uzandığını görürseniz, mutlaka bir uzmana başvurun.

Davranış bozuklukları çocuklarda boşanma ile başlı başına meydana gelmezler. Boşanmadan önceki gergin tutum (sürekli kavga ve hakaretlerin olduğu bir ortamda bulunması), boşanma ve alıştığı düzenin bozulması, boşanmadan sonra anne ve babanın davranışları çocuğunuzdaki davranış bozukluklarına sebep olur. Çocuğunuzun boşanmadan çok fazla etkilenmemesi için anne ve baba olarak şunlara dikkat etmeniz gerekir:

- Çocuğunuzu eşinizle olan çatışmaların dışında tutun. Onu kazanmak için yarışa girmeyin.

- Eşinizle ayrıldıktan sonra dost olamıyorsanız, iş arkadaşı gibi ilişkinizi sürdürün. Çocuğunuzla ilgili sorunları konuşmak için arada sırada bir araya gelmeniz gerekebilir.

- Çocuğunuza eşinizi kötülemeyin veya olduğundan iyi göstermeye çalışmayın.

- Eşinizden öç almak için asla çocuğunuzu babasından (veya annesinden) mahrum bırakmayın. Çocuk düzenli olarak her iki ebeveyni de görmelidir.

- Çocuğunuz ebeveynlerinden birinin evini kendi evi gibi benimsemelidir. Bir gün orada, bir gün burada kalmak yerine tek ebeveynin yanında sürekli kalıp diğer ebeveynin yanına hafta sonu veya tatillerde gitmelidir.

- Çocuğunuzu acıyarak veya şımartarak eğitmeyin. Aşırılıklardan kaçının. Her iki ebeveyn de ayrılmadan önce davrandıkları gibi çocuklarına davranmalıdırlar.

- Çocuğunuza onu çok sevdiğinizi söylemeyi ihmal etmeyin. "Biz ayrılsak bile sen bizim çocuğumuzsun. Ben senin annenim o da senin baban. Bu eskisi gibi kalacak. Hiçbir zaman değişmeyecek." demeyi ihmal etmeyin.

- Onun sizi birleştirmek için yaptığı kaprislere veya hazırladığı oyunlara gelmeyin. Sizi kullanmasına izin vermeyin. "Bu yaptıkların hiçbir şeyi değiştirmeyecek. Biz büyükler böyle karar aldık. Biz istemedikçe kararımızı değiştirmeyiz." diye kesin ifadeler kullanın. Sizin kararlılığınız, onun daha çabuk adapte olmasını ve güven duymasını sağlayacaktır.

- Boşandığınız için kendinizi suçlamayın. Olayı bir an önce kabullenip çocuğunuz ve sizin için en iyi yaşam tarzı nasıl olacaksa onu seçmelisiniz. Uzun süre ağlayıp gözyaşı dökmeniz, bunalımlarda yaşamanız ne size ne de çocuğunuza hiçbir yarar sağlamaz.

- Çocuğun boşanmadan etkilenip etkilenmemesinde anne ve babanın boşanma anında birbirlerine davranma biçimleri önemli rol oynar. Birbirlerine saygı ile davranmış, belli bir seviyeyi korumuş, çocuklarının önünde küçük düşürücü sözlerle kavga etmemiş anne ve babaların çocukları günlük yaşama daha çabuk uyum sağlarlar.

- Boşandıktan sonra erkek çocuk anne yanında kalıyorsa, bir erkek modeli olarak babasını görememesi veya az görmesi onun üzerinde olumsuz etki yapar. Erkek çocukların özdeşim kurabilmeleri için erkek modele ihtiyaçları vardır. Babanın yokluğunu telafi edecek, çocuğa sevgi ve ilgi ile davranacak üvey baba, dayı, amca, dede varsa çocuk bunalıma düşmez. Annesinin yanında kalan kız çocuk daha şanslıdır. Özdeşim kuracağı ebeveyni onun yanındadır. Fakat onun da babaya ihtiyacı olduğunu unutmamak lazımdır.

## Çocukta Dini Duyguların Gelişmesi

Çocukluk çağında alınan eğitimin önemi, din eğitiminde de kendini göstermektedir. Doğru ve yanlış bir din eğitimini çocuk, doğduğu andan itibaren aile çevresinden alır. Çocuk inancının belirmesini ilk teşvik eden kurum, aile kurumudur. Aile, bir çocukta dini duyguları uyandırdığı gibi, dini duyguları yok etmesini de başarır. Çocuk, aile unsurunun etkisinden başka; arkadaş, televizyon, okul gibi unsurlardan da etkilenir. Bunların hangisinin daha etkili olduğunu ölçmek oldukça zordur. Fakat ilk ve en önemli etkinin aile olduğunu aklımızdan çıkarmamak lazım.

Bu konu ile ilgilenen çocuk psikologları, inanmanın, çocuğun yapacağı doğal bir iş olduğunu, ona doğal olarak bu imkanın verilmesi gerektiğini savunurlar. Çocuk; düşünmeden, şüphelenmeden ve itiraz etmeden içtenlikle inanır. Çünkü çocuk inanmakla kendini güçlü ve Allah'a yakın hisseder. "Allah'ın kendisini her zaman koruyacağına ve suçlarını affedeceğine inanmak çocuğa büyük bir rahatlık ve huzur vermektedir. Böylece çocuk, hayatı iyi, güzel ve yaşamaya değer bulmakta ve o nispette yaşama gücü artmaktadır" (M. Emin Ay)

"Doğan her çocuk fıtrat üzere yaratılmıştır. Konuşmaya başlayıncaya kadar bu hal üzere devam eder. Sonra ebeveyni onu, Hristiyan, Yahudi, Mecusi (ateşperest) veya müşrik yapar. Eğer anne-babası Müslüman iseler, çocuk da Müslüman olur." Hz. Peygamber (s.a.v.) Efendimizin bu hadis-i şerifinde buyurduğu gibi her çocuk fıtrat üzere doğar. Yani iyiliğe ve kötülüğe meyillidir. Çevresinden aldığı eğitim ve gördükleriyle iyi veya kötü olanı seçer. Bunun için ailenin önemi çok büyüktür.

0-3 yaş, çocuğun bilinçsiz olarak etkilendiği dönemdir. Bu dönemde anne ve babanın çocuk üzerindeki etkisi çok fazladır. Fakat bu etkiler zamanla ortaya çıkar. Sadece fiziksel gelişme ve beslenme çağı olarak düşünülen bu dönem, çocuğun eğitimi için uygun bir ortam oluşturur veya tam tersi gerçekleşir. Çocuğun duygusal yaşantısı çok önemlidir. Sevgi ve güven ortamında yetişen bir çocuğun akıl sağlığı da olumlu etkilenir. Sevgi, şefkat ve güvenden yoksun bir çocuğun akıl sağlığı da olumsuz olarak etkilenmiştir. Bu dönemde anne ve babanın, çocuklarına sağlıklı bir eğitim ortamı hazırlamaları için, sevgi ve güven duygusunu kazandırmaları gerekir. Çocuğun gelişim dönemlerini iyi bilip, bu dönemlerdeki ihtiyaçlarını yerinde ve zamanında karşılamak, çocukta güven duygusunu oluşturur.

Bilinçsiz etkilenme döneminde anne-baba çocuklarına güzel bir isim koyarak dini eğitimin temellerini atmış olurlar. Çocuğun alay ve eğlence konusu olmasına sebep olmayacak, kaba ve uğursuzluk ifade etmeyecek, çocuğun şahsiyetini zedelemeyecek güzel bir isim koymak anne ve babanın görevidir. Çocuğa isim koyarken kulağına ezan okunması gerekir. Okunan ezan ile çocuk Allah'ın büyüklüğünü, yüceliğini işitecek, böylece İslâm'ın ilk şiarı kendisine telkin edilecektir. Böyle bir uygulama ile Allah inancı eğitiminin temelleri atılmış olur.

Çocuğa öğretilen ilk kelimelerin arasında "Allah" kelimesinin yer alması da dini eğitim için önem arz eder. Bu dönemde çocuk bilinçsiz olarak "Allah" kelimesini söyleyebilir. Cami gördüğünde veya ezan sesi duyduğunda "Allah" kelimesini tekrar edebilir. 2 yaş civarlarında oluşan taklit yeteneği ile birlikte çocuğa verilecek dini eğitim sürdürülebilir. Anne ve babasının ibadet ettiğini gören çocuk, aynı hareketleri yapmaya çalışır. Birlikte namaz kılar, dua eder. Dua ve ibadetlerin çocukla beraber yapılmasının, onun üzerinde büyük etkisi vardır.

Çocuğun dil gelişimi ile birlikte dini eğitim bilinçli olarak verilmeye başlanabilir. Çocuk 3 yaşına geldiğinde artık kendini rahat bir şekilde ifade eder ve çevresini tanıma amaçlı merak duygusundan dolayı sürekli soru sorar. Çocukta var olan bitmez tükenmez merak duygusu ona Allah-Peygamber ile ilgili sorular da sordurur. Çocuğun sorduğu sorulara doğru ve gelişim düzeyine uygun, anlayabileceği bir dille cevap vermek, çocukta dini yaşayışın uyanmasına sebep olur. Çocuk, sorularının çoğunda bir şeyin yapanını, yani sebebini sorar. Bu sorularını cevaplarken, sebeplerin en sonunda "Allah" olduğunu çocuğa söylemek gerekir. Çocukta var olan bu merak duygusunu daha fazla geliştirmek için anne ve babaların, çocuklarını çevrede gezintiye çıkartıp eşya ve tabiat güzelliklerini anlatmaları yerinde olur. Güneşin nasıl doğup battığını, yıldızların güzelliğini, kırlarda dolaşırken ağaçları ve çiçekleri, en sonunda da bunları yaratıp bize hizmet için sunan Allah'ı tanıtmak, çocukların zihninde Allah tasavvurunun oluşmasını kolaylaştırır.

Çocuk 3 yaşından itibaren dini inançlar, dini nitelikli davranışlar ve korku ile ilgilenmeye başlar. Kafasında yavaş yavaş güçlü ve büyük sıfatları ile özdeşleştirdiği ve çevresinde bu sıfatları taşıyan kişilerle somutlaştırdığı bir Allah tasavvuru oluşur. Çocuklar Allah'ı bu yaşlarda İnsanî vasıflarla düşünürler. Çocuğun şuurunda yaşayan Allah, anne-babasına benzeyen, fakat onlardan ayrı olan, bununla beraber az çok yine insana benzeyen büyük ve kuvvetli bir varlıktır. Böyle bir düşünüş tarzı her şeyi ancak somut düşünebilen okul öncesi çocukları için çok doğaldır. Anne ve baba din eğitimini verirken, inançla ilgili soyut kavramları bu yaşlardaki çocuklara vermekte zorlanırlar. Bu yaşlardaki çocukların sorularını fazla detaya inmeden anlayabilecekleri bir dille vermek gerekir. Fakat çocuk zihninde somutlaştırarak İnsanî vasıflara benzettiği Allah'ı, aile Allah baba gibi yanlış ifadeleri sürekli kullanmakla pekiştirebilir. Bu da çocukta ileriki yaşlarda bile yıkmakta zorlanacağı İnsanî vasıflı bir Allah baba kavramı oluşturur.

Ailelerin sıklıkla kullandığı yanlış bir ifade de "Yukarıda Allah baba bizi görür." ifadesidir. Bu ifade ile Allah'a bir mekan tayin etmiş olurlar. Halbuki Allah için bir mekan düşünemeyiz. Zaten somut düşünce içerisinde olan bir çocuk da böyle bir ifade ile gökte oturan bir Allah baba imajını uzun yıllar kafasından silemez. "Allah her yerdedir. Bizi görür ve duyar." demekle yetinmeliyiz. Eğer çocuklarımızın zihnine yanlış bir inanç yerleştirmemişsek zamanla doğruları bulmaları çok daha kolay olacaktır. 4-5 yaşlarında bir çocuk, annesine Allah'ın nerede olduğunu sormuştu. Annesi bu soruya yanıt bulmak için biraz duraksadı. Bu arada çocuk birdenbire atıldı:

– Tamam buldum. Allah benim kalbimde çünkü ben onu seviyorum." dedi. Bir çocuk lisanında Allah'ın yeri ancak bu kadar güzel tayin edilebilir. Allah'ı mutlaka bir yere oturtturması gerekiyordu. Halbuki ailesi ona küçüklükten beri Allah'ın her yerde olduğunu söylüyordu. O da kendisi için çok değerli olan ve bir o kadar da gizemli olan kalbine Allah'ı yerleştirdi.

Din eğitimi ile ilgili ailelerin yaptığı çok önemli bir yanlış da, terbiye ve ibadet için Allah korkusunun aşırı derecede kullanılmasıdır. Bu tür aileler "Annesinin sözünü dinlemeyeni Allah taş yapar!... Yemeğini yemeyeni, cehennemde yakar!... Yalan söyleyenin dilini keser!" gibi cümleleri sıklıkla kullanırlar. Çocuk bu cümleleri duya duya; yakan, elsiz dilsiz bırakan, taş yapan bir Allah düşüncesini kafasında oluşturur. Allah'a sevgiyle değil korku ile yaklaşır. Belki de ileriki yıllarda bu kadar cezalandırıcı Allah'a karşı inancını bile yitirebilir.

"Çocuğun Allah'ı tanımasında yapılabilecek en büyük hata, Allah'ı sürekli olarak kendisinden korkulması gereken bir varlık olarak tanıtmaktır. Anne ve babaların, çocuğun yapmasını istemedikleri davranışın cezalandırıcısı olarak Allah'ı ortaya sürmeleri, işin kolay ve kestirme yolu gibi gözükse de bu tutum çocuğun zihninde çok olumsuz bir Allah tasavvurunun oluşmasına yol açar. 'Taş yapan cehennemde yakan, elsiz dilsiz bırakan' bir Allah imajı, çocuğu bütün hayatı boyunca etkiler. Zaten çocukluk dönemi çeşitli korkuların yaşandığı bir dönemdir. Bunlara korkulacak bir varlık olarak Allah'ın da eklenmesi, ileride önü alınamaz sonuçlar doğurur. Çocuk belki de hiçbir zaman Allah ile sevgi temelinde ilişki kuramayabilir." (A. Dodurgalı)

Aile çocuğa dini eğitim verirken duygusal heyecanların yoğun olduğu bu dönemde (aslında her dönemde), sevgi temelinde bir eğitim vermesi gerekir. Esirgeyen ve bağışlayan, her şeyi yaratan ve koruyan Allah'ı anlatırken Allah korkusu değil, Allah sevgisi aşılanmalıdır. Allah sevgisi ile birlikte çocuk her şeyi sevebilecek bu sevgi ile birlikte bütün güçlükleri yenme gücüne sahip olacaktır. Kendine yardım edecek ve kendini koruyacak sonsuz bir kuvvet arayışı Allah'ı sevgi boyutunda tanıması ile birlikte muazzam bir desteğe dönüşecektir.

Elbette Allah sevgisi kadar Allah korkusu da önemlidir. Kulların ibadetlerini hakkıyla yerine getirebilmeleri için korkmaları da gerekir. Fakat henüz vicdan muhasebesini yapamayan okul öncesi çağdaki bir çocuğa Allah korkusu anlatılırsa, yanlış anlaşılmalara sebep olabilir. Çocuk ancak 13-14 yaşından sonra cennet-cehennem gibi birtakım soyut kavramları öğrendikten sonra Allah korkusuyla tanıştırılmalıdır.

Çocuğun masallara ve hikayelere büyük merak duyduğu bir dönemde inançla ilgili masallar, hikayeler ve menkıbeler çocuğun dini hayal gücünü ve dini duygularını uyandırır ve gizli kuvvetlerin olduğu düşüncesini hızlandırır. Çocukta dini duyguların uyanmasını isteyen aileler bu tür hikayelerden yararlanarak, çocuklarına hem gelişimsel olarak hem de inanç bakımından faydalı olurlar.

Din eğitiminde mükafata yer vermek de çok önemlidir. Dua öğrenen çocuğa veya güzel bir davranışta bulunan bir çocuğa mükafat vermek (her zaman maddi değil, aferin de çocuk için bir ödüldür), yaptığı davranışın olumlu olduğunu hissettirir ve tekrarlaması için teşvik eder. Ayrıca çocuklara dua etmeleri öğretilmeli, dua ederken anne-baba ve kardeşlerine yer vermesi hatırlatılmalıdır. Böylece aile içi ilişkiler sıcak bir ortama ulaştırılırken çocukta paylaşma duygusu güçlendirilmelidir. "Çocukça isteklerinin yerine getirilmesi arzusunda olan çocuk için, dua önemli bir sığınaktır. Dua etmekle o, bir bakıma rahatlamakta ve huzur bulmaktadır. Uykudan önce çocuğa 'Allah'ım! Beni, annemi, babamı, kardeşlerimi ve bütün müminleri sen koru' vb. şekilde dua etmesi tavsiye edilmeli ve böyle yaptığı takdirde, meleklerin onu sabaha kadar koruyacağı anlatılmalıdır. Bunun çocuk ruhundaki olumlu etkisi kısa zamanda görülecektir." (M. Emin Ay)

7 yaşından başlayarak dini bayram ve kandillerin önemi çocuğa anlatılmalı, ibadete özendirilmelidir. Kuran öğrenimine, okuma yazmayı öğrendikten sonra başlanması onun için kolaylık olur. Fakat duaları ezberletirken arapça metni motomot okutturmak yerine, anlamını açıklayıp o şekilde öğretme

yoluna gidilmelidir. Kuran-ı Kerim'i kendi lisanında okuyup anlaması çok önemlidir. Çocuk belki 10 yaşına kadar Kuran harflerini okumayı becerir fakat yazıların ne anlam ifade ettiğini iyi bir Arapça eğitimi almadan anlayamaz. Bunun için kendi lisanında yazılan mealleri okumak her yaşta gereklidir.

Anne ve babanın çocuklarına hurafe olmadan iyi bir din eğitimi vermeleri için kendi eğitimlerini tekrar gözden geçirip eksiklerini tamamlamaları gerekir. Öyle yanlış inançlar vardır ki, kuşaktan kuşağa devam eder. Bizden sonraki kuşakların da aynı yanlışı devam ettirmemeleri için çocuklarımıza iyi bir din eğitiminin temellerini aile içerisinde atmalıyız. Aile içerisinde atılan iman duygusunun insana sağladığı güven ve manevi huzur, kişiyi hayatı boyunca etkiler. Onun duygu ve düşüncelerine tutum ve davranışlarına yön verir. Temelleri zayıf olan bir imanın da yanlış yönlere çekilip suistimal edilme tehlikesi çok fazladır.

# ÇOCUKLARIN DUYGUSAL-DAVRANIŞSAL SORUNLARI

Çocuk, gelişen, büyüyen bir varlıktır. Bugünü ile yarını asla aynı değildir. Mutlaka bilgi hazinesine bir şeyler eklemiş, gelişiminde ilerleme kat etmiştir. Çocuk büyürken çeşitli gelişim evrelerinden geçer.Çocuğun gelişim dönemlerini tek tek ele alıp tartışmamızın bir sebebi de anne ve babanın, çocuğun içinde bulunduğu dönemin özelliklerini bilip ona göre çocuğuna yardım etmesidir. Çünkü çocuk her gelişim dönemine girdiğinde belli uyum sorunlarıyla karşılaşır. Çocuğun gelişiminin getirdiği yeni şartlara uyum sağlaması için belli bir zaman dilimine ihtiyacı vardır. Bu zaman içerisinde geçici uyum bozuklukları görülebilir. Eğer bu uyum bozukluğu beklenen sürede geçmez, ileriki yaşlarda da devam ederse o zaman buna gerçek uyum bozukluğu denir.

İleriki yaşlarda da devam eden uyum bozuklukları bir ruhsal problemin belirtisi olarak kabul edilir. Çocuğun bulunduğu gelişim dönemi içerisinde normal olan bir davranış başka bir yaşta ortaya çıkarsa bu da bir ruhsal problem işaretidir. Örneğin, birinci yaşa kadar bebekler parmaklarını emebilirler. Bu, o yaş içerisinde normaldir. Fakat 4 yaşında bir çocuk hâlâ parmağını emiyorsa ruhsal bir problemi var demektir. Yine 4-5 yaşına kadar çocuğun tuvalet eğitimini öğrendikten sonra arada bir yatağını ıslatması normal kabul edilir. Fakat ilerleyen yaşlarda bir problemin işareti olarak görülür. Gelişim dönemleri içerisinde normal kabul edilse de belirtinin sıklığı ve sürekliliği de bir ruhsal problemin sebebi olabilir. Ara sıra söz dinlememek, yaramazlık yapmak çocuklukta olağan davranışlardır. Fakat her söylenenin tersini yapan, yaramazlıkları her çevrede devam eden bir çocuk ruhsal bakımdan incelenmelidir.

Bazı çocuklar ise iç dünyalarında yaşadıkları problemleri dışa pek yansıtmazlar. Uslu, terbiyeli, söz dinleyen, kimseye zararı dokunmayan, sessiz, az gülen, eğlenmeyi bilmeyen, içine kapanık olarak yaşayan çocuklarda da ciddi ruhsal problemler görülebilir. Fakat bu tür çocuklar problemlerini açıkça dışa vuran çocuklardan daha şanssızdırlar. Çünkü yardıma ihtiyaçları olduğunu çoğu anne-baba fark etmez. Hatta takdir edilir. "Benim çocuğum çok uslu, söz dinler." gibi ifadelerle övgüler yağdırılır. Bu tür çocuklar birtakım gerilimlerle karşılaştıklarında patlamaya hazır çocuklardır. Özellikle ergenlik çağında günlük olağan gerilimlerle bile karşılaştıklarında dağılmaları sık görülür. Hiçbir kızgınlık, düşmanlık ya da başkaldırma gösteremeyecek kadar uslu olan bir çocuğunuz varsa ona dikkat edin. Yardıma ihtiyacı olabilir.

Bu konu ile ilgili Dr. Lee Salk çok çarpıcı bir örnek açıklamıştır: "Birçok anne ve baba, çocuk birkaç aylıkken 'alışsın diye' uzun süre ağlamasına göz yumarlar. Anne ve baba bu davranışla çocuğa, onları kontrol edemeyeceğini öğretmek isterler. Anne ve baba, bu yanlış yolu tuttuktan sonra, çocuğun 'öğrenene kadar' vakitli vakitsiz, günlerce ağlamasına dayanırlar. Sonra mutlu bir şekilde çocuğun ağlamamayı öğrendiğini söylerler. Bu 'başarı'nın hazin sonucu, bebeğin yardım istemesine hiç kimsenin aldırmaması nedeniyle insanlara küsmesidir. Bebek, dünyaya arkasını dönmesini ve içine kapanmasını öğrenmiştir. Endişe yaratıcı gerilim hissettiği zaman gerçeklerden ayrılan bir içine kapanma mekanizması geliştirmiştir. Bebek, belki de bu nedenlerden ötürü insanları tanımaz, göz göze gelmekten çekinir, cisimleri insanlara tercih eder ve kendi kendini uyarma yolunu seçer. Bu bebek, 'uslu çocuk' gibi gözükürse de, aslında şizofreni belirtisi olan bir psikolojik korunma mekanizması geliştirmiştir. Eğer bebeğiniz bu şekilde davranmaya başlarsa, ona çok daha fazla eğilmeniz, daha fazla uyarmanız zorunluluğu doğar. Dünyaya küsmesini önleyecek sevgi, huzur ve güveni verebilmek için büyük çaba sarf etmeniz gerekir."

Uyum bozukluklarında anne ve baba genelde suçu kendilerinde ararlar. Fakat her zaman uyum bozukluğu çevre ile ilgili değildir. Fizyolojik bozukluklardan ötürü de davranış bozuklukları meydana gelebilir. Merkezi sinir sisteminin ya da bağlantıları sağlayan sinirlerin iyi çalışmaması, hormon dengesizlikleri, şeker-kan seviyesi değişmeleri, beslenme yetersizliğine bağlı diğer faktörler de davranış bozukluğuna yol açabilir. Yalnız burada unutulmaması gereken konu, sebebi ne olursa olsun davranış bozukluğundan sonraki aşamada ailenin rolünün önemidir. Tedavi için teşhisin erken konulması, tedavinin olumlu geçmesi ailenin çabalarını gerektirir. Bir uzmanın yardımının gerektiği ileri boyutlardaki duygu ve davranış bozuklukları bizim alanımızın içine girmez. O yüzden bunlara değinmeyeceğim. Bizim konumuz çocuğun gelişim evrelerinde normal olarak kabul edilen fakat birtakım olumsuz çevre koşullarından dolayı anormal davranışa dönüşen bozukluklardır. Kısaca bunlardan bahsedip çözüm yolları önereceğim.

Anne ve babaların unutmaması gereken önemli bir konu da, sevgi ve güven ortamında yetişmiş bir çocukta ruhsal rahatsızlıklara bağlı davranış bozukluklarının çok az görülmesidir. Bebeklikten itibaren çocuğunuza sevgi dolu güvenli bir ortam sağlamaya çalışın. Kendine güveni olan çocuk kekelemez, kendine güveni olan ve sevildiğini bilen çocuk saldırgan davranışlarda bulunmaz.

Son zamanlarda yapılan bir araştırmada kentte yaşayan çocuklarda, köyde yaşayan çocuklara göre daha fazla ruhsal bozukluk tespit edilmiştir. Bu da gösteriyor ki kentte yaşayan anne ve babalara çok daha fazla iş düşmektedir. Sürekli stres altında yaşayan apartman çocuklarınızı sık sık doğal ortamlarda bulundurmaya dikkat edin. Toprakla, çamurla, suyla oynamalarını sağlayın. Bu tür oyunlarla rahatladıklarını göreceksiniz. Şimdi de sık rastlanan davranış bozukluklarından bazılarını inceleyelim.

## Saldırganlık

Saldırganlık duygusu her insanda olduğu gibi çocukta da mevcuttur. Çocuğunuz saldırgan duygular beslediği için onu suçlayamazsınız. Bilakis bu duygularını kabul edilir biçimde dışa vurmasını sağlamanız gerekir. Bu dışa vurma şekli çocuğun yaşına göre değişebilir. Konuşmayı henüz beceremeyen bir çocuk için vurmalı oyuncaklar saldırganlık duygusunu dışa vurmasını sağladığı için idealdir (davul, çivi, çekiç vb). Konuşabilen çocuklar için bu duygularını sözel yollarla ifade etmesi istenilir. Anne-babanın ilk yapması gereken şey çocuğun saldırgan duygularını kabul etmektir. Şimdi de bu saldırgan duygular hangi nedenlerden dolayı toplumda kabul edilmeyen davranışlara dönüşür onlara bir göz atalım:

- Anne ve baba çocuğun psikolojik ihtiyaçlarını yerine getirmez ve çocukta şiddet duygularını uyandırırsa çocuk, saldırganlığa yönelir (psikolojik ihtiyaçları; sevgi, şefkat, güven duygusu vb).

- Aile içinde saldırgan davranışlarla çocuğa örnek olunuyorsa çocuk da bu davranışları taklit yoluyla öğrenecektir.

- Çocuğa isteyeceği şeyi nasıl istemesi gerektiğini veya duygularını nasıl ifade edeceğini anne-baba öğretmemişse, çocuk da ihtiyaçlarını karşılamak için saldırganlığa yönelecektir.

- Çocuğu eğitirken yanlış yöntemler izlemek de çocuğu saldırgan yapabilir. Örneğin, çok sıkı kurallar koyup çocuğa seçme hakkı tanınmazsa veya aşırı hoşgörüde bulunup çocuk hiçbir şekilde kontrol altına alınmazsa saldırganlığa eğilimi olabilir.

- Çocuğunuz çok meraklı olabilir. Sadece sebep ve sonuç ilişkisine duyduğu meraktan dolayı da saldırgan davranışlarda bulunabilir. "Acaba Asya'nın kolu da anneminki gibi tatlı mı?"

- Sözel yollarla kendini ifade etmekte yetersiz olan çocuk da hareketler ile kendini ifade etmeye çalışacaktır. Bu daha çok, konuşamayan veya konuşmayı yeni öğrenmiş fakat kendini ifade etmede yetersiz olan çocuklarda meydana gelir.

Çocuğunuz 3 yaşına gelene kadar (özellikle 1 yaşından sonra), çeşitli saldırgan davranışlar içine girebilir. Saç çekme, ısırma, vurma gibi davranışları kendini ifade edememenin verdiği öfkeden dolayı yaptığı gibi birlikte oynamayı henüz öğrenemediği için oyuncaklarını paylaşmak istememesinden dolayı da yapabilir. Bunun yanı sıra dişleri yeni çıkan çocuğunuz, dişlerini kaşımak için de ısırma yöntemini kullanabilir. Kimi çocuk birkaç denemeden sonra bu tür saldırgan davranışları bırakır. Bazıları ise saldırganlık davranışlarını bir silaholarak kullanır. Bu yaştaki çocukların saldırgan davranışlarını fazla abartmamak fakat mutlaka engellemek gerekir. Okul öncesi çağında ise çocuklar eşyaya yönelik bir saldırganlık davranışı içine girerler. Arkadaşlarıyla oynamak isteyen fakat hâlâ bunu beceremeyen çocuk sık sık saldırgan davranışlarda bulunur. Bebeklikteki gibi basit sebeplerle değil, artık önemli gerekçelerle arkadaşına vurur.Örneğin, oyuncağını kırdığı için veya istenmeyen bir kişi oyununa müdahale ettiği için. Hayal kırıklıklarını saldırganlıkla ortaya koyan bu tür çocuklar çoğunlukla olumsuz aile koşullarından gelmiş psikolojik sorunu olan çocuklardır. Fakat her saldırgan davranış gösteren okul öncesi çağdaki çocuğun psikolojik sorunu var demekdeğildir. Bu davranışın sıklığı ve sürekliliği önemlidir. Çok sinirlendiği için ara sıra şiddet gösterisinde bulunan bir çocuğu suçlamamak gerekir. Toplumsal davranışları biz yetişkinler de yaşam boyu edindiğimiz deneyimlerden öğreniriz. Çocukların bu konudaöğrenecekleri daha çok şeyler vardır.

Saldırgan davranışlarda bulunan çocuğa nasıl yardımcı olunmalıdır:

- Davranışlarının arkasındaki gerçeği anlamaya çalışın. Eğer sinirlendiyse neye sinirlendiğini veya isteyip de ulaşamadığı şeyi görün.

- Duygu ile davranışı kesin olarak birbirinden ayırın. Her insan saldırganlık duygusu yaşayabilir. Siz de çok sinirlendiğiniz bir insanı tutup boğazından sıkmak isteyebilirsiniz. Fakat bunu davranışa dönüştürmezsiniz. Çocuğunuz da bu tür duygular içindeyse onu engellemeye çalışmayın. Bilakis duygularını sözel yollarla ifade etmesi için olanaklar sağlayın. Onu dinleyin.

• Saldırganlık duygusunu boşaltmasına yarayacak oyuncaklarla oynamasına fırsat tanıyın (oyuncak silahlar, kurşun askerler, vurmalı oyuncaklar, çekiç, çivi vb).

• Davranışa dönüşmüş şiddeti kesinlikle engelleyin. Çocuğunuzun ilk ısırması çok hoşunuza gidip kahkahalarla gülerseniz o da bu davranışın iyi bir şey olduğunu sanacak ve tekrara yönelecektir.

• Çocuğunuzun saldırgan davranışına misilleme yapmayın. O size vurduğunda siz de ona vurursanız belki hoşuna gidecek, bunu bir oyun sanarak tekrarlamak isteyecektir. Veya bir başka zaman öç alma duygusuyla tekrar aynı hareketi yapacaktır.

• Evin içerisinde hakaret ve şiddet gösterilerinde bulunursanız çocuğunuz bu davranışları taklit yoluyla öğrenecektir. Çocuğunuzu sevmek için de olsa onu ısırmayın veya ona vurmayın.

• Çocuğunuzu anne ile babanın birlikte hareket ettiği ortak bir eğitim metoduyla eğitin. Ne çok sıkı ne de aşırı hoşgörülü olun.

• Bilhassa saldırgan olduğu zaman hiçbir isteğini yerine getirmeyin. İsteklerini başka yollarla belirtmeyi öğrenmesini sağlayın.

• Çocuğunuz bir arkadaşına saldırgan bir davranışta bulunduğu zaman olayı abartarak bağırıp çağırmayın. Tutup kolundan çocukları ayırın. "Bir daha ısırmak yok. Isırınca Doğa'nın canı yandı." deyin ve özür dilemesini isteyin.

- Çocuklarınızın el becerilerini geliştirici hoşlarına giden etkinlikler yapmalarını sağlayın. El becerileri arttıkça kendilerine olan güvenleri de artar. Kendine güveni olan bir çocuk da saldırgan davranışlara yönelmez.

- Su, kil, kum, çamur gibi malzemeyle oynamak da saldırgan davranışlarda bulunma eğilimi olan çocuğunuzu rahatlatır.

- Çocuklarınıza karşı sabırlı olun. Onların birer çocuk olduğunu, toplumca kabul edilir davranışları öğrenmeleri için yardıma ihtiyaç duyduklarını asla unutmayın. Çocuğunuzun şiddet gösterisine karşılık siz de sinirlenir ve öfke gösterisinde bulunursanız bu hiç iyi olmaz. Ona sevginizle, şefkatinizle, içtenliğinizle ulaşmaya çalışın.

- Bu saldırgan davranışlar ileri boyutlara kadar uzanmışsa bir uzmandan yardım almayı ihmal etmeyin.

## Kekemelik

Birçok çocuğun gelişimi sırasında kısa süreli kekemeliğe rastlanabilir. 2 ilâ 4 yaşları arasında konuşmayı yeni öğrenen çocuklarda bu tür geçici kekemelikler görülebilir. Düşüncesinin çok hızlı olması, buna rağmen kelime hazinesinin yeterli olmaması çocuğun kekelemesine sebep olur. Bu tür kekeleme çok fazla problem edilecek bir olay değildir. Genellikle birkaç ay içerisinde düzelir. Fakat burada anne ve babanın tutumu çok önemlidir. Eğer anne ve baba aşırı mükemmeliyetçiyse, çocuğun çok düzgün konuşmasını istemelerinden dolayı sık sık müdahalelerde bulunuyorlarsa, eleştiriyor, öfkelenip azarlıyorlarsa bu tür geçici olan kekemelikler kalıcı olabilir. Hatta bu tarz davranışlarda bulunan anne ve babaların çocukları çok düzgün konuşuyor olsa bile kekelemeye meyilli olabiliyorlar. Herhangi bir travma durumunda ise kekemelik ortaya çıkabiliyor.

Kekemelik genellikle 7 yaşından önce ortaya çıkar. Uzmanlar kekemeliğin sebebini kesin olarak ortaya koyamamışlardır.

Organik bir bozukluğa bağlı olmadığı, ruhsal durumlarla alakalı olduğu görüşü genel kabul görmektedir. Kekeleyen çocukların aşırı heyecanlı oldukları dikkat çekmektedir. Yukarıda saydığım olumsuz aile koşulları içinde büyümüş olan bir çocuk herhangi bir örselenme durumu ile karşı karşıya kaldığında (korkma, anne veya babasını kaybetme, evde yalnız kalma, kaza geçirme vb), konuşmasında bozukluk ortaya çıkabilir. Bu, genellikle o yaşa kadar düzgün konuşup aniden ortaya çıkan bir durumdur. Geçirilen şokun yoğun olmaması durumunda kısa süre içinde ailenin desteğiyle kaybolabilir. Kekeleme kısa süre içinde kaybolup gitmiyorsa suçu çevrede aramak gerekir. Çevre uygun bir şekilde yaklaşmamış, azarlamalara başvurmuş, sık sık müdahalede bulunmuş, telaşla bazen öfkeyle onunla alay etmiş, ona sert davranmış olabilir.

Kekemeliğin sebepleri arasında ailesel yatkınlık varsa da bu, her kekeme olan anne ve babadan kekeme çocuklar doğacak demek değildir. Buradaki aileden gelen yatkınlık da herhangi bir psikolojik bozulma durumunda ortaya çıkabilir.

Solak bir çocuğu sağ elini kullanması için zorlamak da kekemeliğe yol açan sebeplerdendir.

Baskılı bir tuvalet eğitimi uygulanan, çocuğun kendi gereksinimlerini bağımsızca karşılanmasına izin verilmeyen, güzel ve düzgün konuşması için zorlanan çocuklarda da kekemeliğe yatkınlık söz konusudur.

Kekemeliğin ortaya çıkışı hiç kuşkusuz çocuğun toplumsal uyumunu aksatır. Çocuk alay konusu olur. Konuşmaktan çekinir. Her an tutulacağı korkusu içindedir. Bu kısır döngüye giren çocuğun, kendisini kurtarması kolay olmaz. Çekingenlik, utangaçlık, güvensizlik gibi ek belirtiler geliştirir. Bu durum çocuğun arkadaş ilişkilerini ve okul başarısını önemli ölçüde etkiler. Kekemelikten önce korkak, çekingen, güvensiz olan ve baskılı yetiştirilen çocuklarda, uyumsuzluk daha da belirgin olur.

**Kekeleyen çocuğa nasıl yardımcı olabilirsiniz?**

- Sanki hiçbir şey yokmuş gibi davranmak gerekir. Üzerinde durulması problemin sürekli ortaya çıkmasına sebep olur (Çocuğa karşı hiçbir şey yokmuş gibi davranıp anne ve baba durumun farkında olması ve çözüm üretmesi gerekir).

- Korkusu ve sıkıntısı ile baş edebilmesi için çocuğunuza yardımcı olun.

- Konuşurken sözünü kesmeden, kendisini rahatça ifade edebilmesi için sabırla dinleyin.

- "Sakinleş biraz, önce derin bir soluk al, şimdi yavaş yavaş konuş" gibi sözlerden kaçının. Ona aradığı kelimeyi söyleyin ve şöyle sorun "Bana söylemek istediğin bu mu?"

- Konuşmasına müdahale edip düzeltmeler yapmayın. Konuşmasını düzeltmek için eleştirmek, ceza vermek, dövmek tutukluğun yerleşmesini sağlayan en önemli sebeplerdendir.

- Çocuğunuzun resimlerle ilgilenmesini sağlayın. Size derdini resimler aracılığı ile de anlatabilir. Önemli olan nasıl söylediği değil, ne söylemek istediğidir.

- Kekeleyen çocuğunuzun olumlu özelliklerini desteklerseniz, ilginin konuşma üzerine yoğunlaşmasını engellemiş olursunuz. Çocuğunuza güven duygusunu kazandırmış olursunuz.

- Çocuğunuzu sosyal olmaya teşvik edin. Onun yalnızlığı tercih etmesine ve içine kapanmasına izin vermeyin.

- Şarkı söylerken çocuğunuzun kekelemediğini göreceksiniz. Ona çocuk şarkıları öğretin.

- Konuşmayı yeni öğrenen çocuğunuzu başkalarının yanında veya telefonda konuşmaya zorlamayın.

- Uzun süren kekemeliklerin tedavisinde, olayın çıkış nedeni araştırılıp onun üzerine yoğunlaşmak gerekir. Konuşma alıştırmalarıyla gidermeye çalışmak, şok etkisi yaratan olayın başka biçimde ortaya çıkmasına yol açabilir. Önce psikoterapi yoluyla tedavi edildikten sonra bir çeşit şartlı reflekse dönüşen bozukluğu konuşma alıştırmaları yolu ile (bir eğitmen yardımında) gidermeye çalışılmalıdır. Olayın çıkış noktası bazen hiç ummadığınız bir sebebe dayalı olabilir. Babanın çocuğunu hiç beklemediği bir anda azarlaması, bakıcısının değişmesi gibi sebeplerden dolayı da yatkınlığı olan çocuk kekeleyebilir. Bir yakınımın çocuğu kendinden büyük iki ablasının yaptıklarını yapamadığından dolayı, yetersizlik duygusuyla kekeliyordu.

- Kekeleyen çocuğu aşırı serbest bırakıp her şeyine izin vermek onu rahatlatmaz, aksine tedirgin eder. Dayaktan ve korkutucu tedbirlerden kaçınarak disiplini sürdürmelisiniz.

- Genelde ergenlik çağında kaybolmakla birlikte ne kadar erken müdahale edilirse çözülmesi o kadar kolay olur. İleri boyutlardaki kekemelik için bir uzmana danışmayı ihmal etmeyin.

## Yalancılık

Çocuğunuz size penceresinden içeriye kocaman bir yılan girdiğini söylediği zaman onun ne kadar da yalancı olduğunu düşünürsünüz. Bunu söyleyen çocuğunuz eğer 4-5 yaşlarındaysa sizi kandırmak için söylememiştir. Çocukların hayal güçleri o kadar geniştir ki henüz gerçekle düşü ayırt edemezler. Belki dinlediği bir masalın veya hikayenin tesirinde kalmıştır. Bunun için çocuğunuz size gelip uzaylılarla arkadaş olduğunu bile söylese, onu yalan söylüyorsun diye azarlamayın. Bırakın böyle ufak tefek yalanları söylesin. Gerçekle düşü ayırt edebildikleri 6-7 yaşına geldikleri zaman bu tür yalanlar kaybolacaktır. Fakat çocuğum yalan söylemeye alışıyor korkusuyla onu azarlarsanız, hayalle gerçeği ayırma aşamasını atlatmasını engellemiş olursunuz. Bir gün yuvada köyle ilgili bir hikaye kitabı okuyordum. Bir çocuğun ilk defa köye gittiğini ve orada traktör kullanmayı öğrendiğini, traktör kullanırken önüne bir köpek çıktığını, çocuğunda ona yol verdiğini ve buna benzer köy anılarıyla geçen bir hikayeydi. Kitap bittikten sonra çocuklara sordum "İçinizde hiç köye giden var mı?" Hepsi bağırarak parmak kaldırdılar. Hepsi köye gitmiş meğerse. Ama ben biliyordum ki bunların yarısı köy görmemişti. Daha sonra içlerinden bir tanesine köydeki anılarından anlatması için söz verdim. Başladı anlatmaya. Ne tesadüftür ki bizim hikayenin kahramanının başından geçenler aynen onun da başından geçmiş (!) O da traktör kullanmayı öğrenmiş. Bir gün karşısına bir köpek çıkmış, "Köpek kardeş buyur geç." diye ona yol vermiş. Anlattı da anlattı. Anlaşılan okuduğum hikayeyi iyi dinlemişti. Dinlemekle kalmamış yaşamıştı. Bu çocuğa yalan söylüyor diyemeyiz. Fakat bu şekilde hayaller kurma, çok sık bir şekilde devam ediyorsa, çocuğunuzun yaşam tarzını gözden geçirmenizde fayda var. Aşırıya kaçan her şeyin mutlaka bir olumsuz tarafı vardır. Belki de çocuk, ailesinden gereken ilgi ve sevgiyi görmediği için kendine ilgi ve sevgi görecek ortamlar hazırlıyordur veya anne-baba olarak siz sürekli hayali masallar anlatarak çocuğunuzun hayaller aleminde yüzmesine sebep oluyorsunuzdur. Çocuğunuza hayali masallar tabi ki okuyacaksınız. Üstelik bu yaşlarda çok da hoşlarına gider. Fakat çocuğunuzu gerçek yaşantıdan koparacak kadar hayali hikayeler anlatmanız, çocuğunuzun etrafındaki arkadaşlarından ve ortamından zevk almamasını sağlar. Gerçekle bağlantısı kopuk olarak yaşar.

İlerleyen yaşlarda görülen yalancılık, çocukluk çağındakinden çok daha farklıdır. Çocuğunuz 6-7 yaşlarında artık gerçekle düşü birbirinden ayırt edebilir. Uydurma hikayelerini bir kenara bırakmıştır. Fakat şimdi de sizi kandırmak için yalan söylüyor olabilir. Bunun çok çeşitli sebepleri vardır. En başta korktuğu için yalan söyleyebilir. Eğer gerçeği söylerse ceza alacağından veya dayak yiyeceğinden korkuyorsa yalan söyleyebilir. Katı bir disiplin içinde yetişen çocuklarda korku yalanları çok görülür. Bu çocuklar hiçbir zaman anne ve babalarına doğruyu söyleyemezler. Hep kaçamak ve gizli bir şeyler yapma eğilimindedirler. İçten içe söyledikleri yalanlardan rahatsız olurlar. Hatta yalandan nefret ederler. Fakat yalan söylemeden istedikleri herhangi bir şeye ulaşamadıklarını görünce de yalana devam ederler. Çocuğunuza gerçeği söylediğinde korkulacak bir şey olmayacağı izlenimini verin. Çocukken bunu yaparsanız, büyüdüklerinde sizden gizli olan yaşantılarıyla aranızda uçurum açmamış olursunuz. Böylelikle her fırsatta yalana sarılmayı bir kurtuluş görmeyen bireyler yetiştirmiş olursunuz.

Çocuklarınız taklit yoluyla da yalanı öğrenebilir. Evde sürekli yalan konuşuluyorsa çocuğunuz yalan konuşmanın çok normal bir şey olduğunu zannedecektir. Telefonda sizi soranlara "babam evde yok" dedirtirseniz, çocuğunuzla gezmekten gelince "babana alışverişe gittik diyeceğiz" diye yalan tembihlerde bulunursanız, çocuğunuz da yalan söylemeye alışacaktır. Çocuklar yalancı doğmazlar. Yalancı olmaya zorlanırlar veya yalan söylemeyi çeşitli olumsuz sebeplerden dolayı öğrenirler. Bunun için çocuğunuzun eğitiminde yalana teşvik edici unsurlardan kaçının. Kendiniz zorda kalsanız bile yalana başvurmayıp, çocuğunuz için olumlu birer örnek olun. Çocuğunuzu korkutarak da yalana sarılmasına yol açmayın.

## Parmak Emme

Çocuklar kuvvetli bir emme refleksiyle dünyaya gelirler. Emme ilk yaşta çocuk için bir gereksinimdir. Çiğneyemedikleri için emme yoluyla karınlarını doyururlar. Çocuğun anne karnında baş parmağını emdiği sanılmaktadır. Bir gün, yeni doğmuş çocuğunuzu beşiğinde yatarken cak cak parmağını emerken yakaladınız. Tabii, bir telaş sardı sizi. Şimdi ne olacak? Biraz sakin olun. Hiçbir şey olmuş değil. Bebeğinizin ara sıra emme ihtiyacını gidermek için parmağını emmesi, ileride saplantılı bir şekilde bu alışkanlığını devam ettireceği anlamına gelmiyor. Fakat yeni doğan çocuğunuzun sevilmeye ve güven duymaya ihtiyacı olduğunu aklınızdan çıkartmayın. 1 yaşına kadar genelde bütün çocuklarda parmağını emme davranışı ara sıra da olsa görülür. Bu davranışın azlığı veya çokluğu annesinin memesini veya biberonu ne kadar süreyle emdiği ile ilgilidir. Genelde anne sütü ile beslenen çocuklarda parmak emme alışkanlığı görülmez. Çünkü anne çocuğunu emzirirken gerekli olan sevgi ve şefkati de verir. Göğsünün boşalıp boşalmadığını anlamadığı için bunun kararını bebeğine bırakır. Bebek de ilk 5-6 dakikada ihtiyacı olan sütün çoğunu aldığı halde zevk için emmesine devam eder. Emme süresi yirmi dakika veya yarım saate kadar uzayabilir. Bu süre içinde emme ihtiyacını da gidermiş olur. Parmak emmeye gerek duymaz. Bunun yanı sıra annesinin memesini emerken parmağını araya sıkıştırıp emen çocuklar da vardır. Fakat bunlar azınlıkta olup genelde bu davranışı daha sonra bırakırlar.

Biberonla beslenen çocuklara da aynı şekilde sevgi ve şefkat gösterilirse parmak emme davranışı görülmez. Biberonu yatağın kenarına koyup çocuğu kendi kendine beslemeye bırakmak yerine, kucağa alınıp sevgi ve şefkatle beslenmelidir. Biberonla emzirme süresini de yirmi dakikaya çıkartırsanız emme ihtiyacını gidermesine yardımcı olmuş olursunuz. Biberonun çabuk boşalmaması için küçük delikli emzik kullanabilirsiniz. Emme süresinin kısalığı (20 dakika yerine 10 dakikada beslenen çocuklar), beslenme aralıklarının uzunluğu (3 saat ara ile beslenecek yerde 4 saat ara ile beslenen çocuklar) parmak emmeyi çoğaltabilir.

Bebekliğinde emme ihtiyacını tatmin için parmağını emen çocuk 1-1,5 yaşından sonra rahatlamak için parmağını emer. Örneğin; yorulduğu, uykusu geldiği zaman, canı sıkılıp oyalanacak bir şey bulamadığı zaman, tedirgin olduğu zaman, anneden ayrıldığı zaman parmak emme davranışında bulunabilir. İleri yaşlarda görülen parmak emme davranışının temelinde anne-çocuk ilişkisindeki yetersizlik ve çocukta güven duygusunun yeterince gelişmemiş olması yatar. Sevgi ve okşama noksanlığından, uyanıkken oyalanacak bir şey bulamadığından da bebekler parmak emebilirler.

*Anne babalar niçin çocuklarının parmak emmesini istemezler?*

1) Dişlerine zarar geleceğini düşünebilirler. Süt dişleri çıktıktan sonra parmak emmeye devam ediyorsa, üst dişler dışa doğru çıkık, alt dişler ise içe doğru çarpık olarak çıkabilirler. Fakat diş doktorları süt dişlerinin düzensiz olmasının, kalıcı dişlerin de düzensiz olacağı anlamına gelmediğini söylerler. Yani çocuk kalıcı dişleri çıkana kadar parmak emmeyi bırakırsa, kalıcı dişler düzgün çıkabilir. Dişlere zararı, parmağını çok fazla emdiği durumlarda ortaya çıkar. Arada sırada parmak emen çocuğun dişleri, bu emmeden dolayı zarar görmez.

2) Saplantıya yol açacağını düşünerek çocuğunun parmak emmesinden endişe duyabilirler. 1-1,5 yaşına kadar herhangi bir saplantı söz konusu değildir. İlerleyen yaşlarda parmak emme davranışı halen devam ediyorsa bunu psikolojik bir soruna bağlayabilirsiniz. Eğer aşırı bir şekilde parmak emiyorsa ve artık bebek sayılmayacak yaştaysa onun bu alışkanlığını bırakması için çareler arayabilirsiniz. Fakat baskı yolunu asla seçmeyin. Ebeveynin baskıcı tutumu bu davranışın kalıcı olmasını sağlar. Çocuğa "Parmağını keseceğim!" gibi sözler söylemek, ceza vermek, alay etmek bir çözüm değildir. Çocuğun ellerini bağlamak, parmağa acı sürmek gibi çözümler de büyük zararlara yol açabilir. Bu gibi tutumlarla parmak emme davranışı önlenemeyeceği gibi çocuğun kişiliği de örselenir.

*Parmak emen çocuğa nasıl yardımcı olabilirsiniz?*

• Sorun haline getirmeyin, sakin olun. Eğer çocuğunuz 1 yaşından küçükse engellemeye çalışmayın. Bırakın emme ihtiyacını gidersin. 3 yaşına kadar da genelde bu davranışı kendiliğinden bıraktıklarını aklınızdan çıkartmayın.

- Meme veya biberonu istediği kadar emmesine izin verin.
- Güven duygusunun gelişmesini sağlayın. Onu sevgi ve şefkatten mahrum etmeyin.
- İlerleyen yaşlarda parmak emmesinin sebebi, psikolojik problemlerdir. Eğer çocuğunuzun bir sıkıntısı varsa onu gidermeye çalışın.
- Parmağını emdiği zaman başka bir şeye ilgisini yöneltin, oyuncakları ile oynamasını sağlayın. Hamur yoğurmak, resim yapmak gibi el becerilerini geliştirici faaliyetler de çocuğun parmağını emmesine fırsat tanımaz.
- Bireysel veya grup oyunlarına katılmasını sağlayın.
- Daha büyük yaşlarda (4-5) onunla özel olarak konuşun. Ailede herhangi birisi, bebekken parmağını emmişse onu örnek gösterin. Kendisini daha az yalnız ve komplekssiz hisseder.
- Büyümeyi vurgulayın. Büyük çocuk olarak gösterdiği davranışlara ilgi gösterin. Ne kadar çok beğeni toplarsa bebeklikten kalma alışkanlığını okadar kolay terk edecektir.
- Dişlerin patlamaya hazırlandığı aylarda da çocuklar, parmaklarını, yumruklarını ağızlarına götürürler. Bu parmak emme alışkanlığı değil, dişleri kaşındığı için yaptığı bir harekettir.
- İleri yaşlarda da devam ederse bir uzmandan yardım almayı ihmal etmeyin.

## Tırnak Yeme

Tırnak yeme çoğu zaman psikolojik kökenli bir problemin varlığını ifade eder. Birtakım korku, baskı, gerginlik ve duygusal çatışmalar sonucu ortaya çıkar. Çocuklar aşırı heyecanlandıklarında, stres durumunda bazen tırnaklarını yerler. Gerginlikten bu şekilde kurtulmaya çalışırlar. Tırnak yiyen çocuklar öfke cinsinden duygularını ifade edemeyen ve devamlı endişeli bir ruhsal yapıya sahip olan çocuklardır. Genelde 4 yaş ve sonrasında görülür. Ergenliğe kadar sürer. Yetişkinlerde de aynı sıklıkta devam ettiği görülmüştür.

Baskılı ve otoriter, çocuğa güven vermeyen, devamlı eleştiren, alay eden, azarlayan, sevgi ve şefkat noksanlığı olan ailelerin çocuklarında daha sık görülür. Bunlar tırnak yeme davranışının sebebi değildir, fakat tırnak yeme, vücudunun herhangi bir yerini yolma, dudak ısırma gibi davranışlara hazırlayıcı etkenlerdir. Ana-baba geçimsizlikleri, aile sorunları, ebeveynden birisini kaybetme ve duygusal çatışmalara girdiği bir dönemde ortaya çıkabilir. Ailede veya çevrede tırnak yiyen birini görmesi de bu alışkanlığın taklit yolu ile oluşmasına sebep olur.

Çocuğun bu davranışını hiçbir zaman abartıp baskılı bir tutumla engellemeye çalışmayın. Tüm davranış bozukluklarındaki gibi tırnak yeme davranışında da sürekli olarak hatırlatmak suretiyle engellemeye çalışılması (azarlama, alay ve eleştiri yoluyla), sorunu çözmeye yaramadığı gibi bir kat daha artmasına sebep olur.

### Tırnak yiyen çocuğa nasıl yardımcı olabilirsiniz?

- Sevgi, şefkat ve güven ortamında büyüyen bir çocuk böyle bir alışkanlığa ender olarak yakalanır. Çocuğunuzun güven duygusunu geliştirmeye bakın.

- Hangi durumlarda tırnak yediğine dikkat edin. Gerginlik yaratacak durumları ortadan kaldırın.

- İlgisini başka yöne çekmeye çalışın. Ellerini kullanabileceği uğraşlar hazırlayın.

- Tırnaklarını derin kesebilirsiniz. Kız çocuğuna tırnak bakım malzemesi alınıp, tırnağının bakım ve güzelliği ile kendisinin uğraşmasını sağlayabilirsiniz.

- Öfke dahil, duygularını ifade etmesine olanak tanıyın.

- Baskıcı, kuralcı, mükemmeliyetçi, devamlı eleştiren ve devamlı davranış düzelten bir eğitim uyguluyorsanız, acele vazgeçin. Bir uzmandan doğru davranışı öğrenmek üzere yardım alın.

- Bu alışkanlığı devamlı telaffuz etmek ve engellemeye çalışmak onun daha fazla bu alışkanlığa yönelmesini sağlar.
- Toplum içinde bunu ön plana çıkartıp alay etmeyin. Bu onu küçük düşürür. Kendisine olan saygısını yitirir. Büyüme arzusunu engeller. Psikolojik olarak çocuğunuza zarar vermiş olursunuz.
- Ona sürekli neden bunu yaptığını sormayın. Çünkü o bunun nedenini bilmiyordur.
- Sakin olun, içinizi rahat tutun ve hoşgörülü olun. Her çocuk, geriliminden kurtulmak için çeşitli alışkanlıklara başvurabilir (parmak veya emzik emmek, sallanmak, dudak ısırmak gibi). Eğer aile tarafından yanlış bir tutum izlenmemişse zamanla bu alışkanlıklar kendiliğinden kaybolur.
- Su, kil, kum gibi oyunlarla deşarj olmasını sağlayın.
- Çok ağır derecede tırnak yeme devam ediyorsa (ellerin yara olması, kanaması gibi durumlarda), bir uzmana danışmayı ihmal etmeyin.

## Altını Islatma

Çocuğunuz gündüz temiz kalma alışkanlığını 2 yaşına kadar öğrendi fakat hâlâ gece ıslatmaları devam ediyor. Veya gündüz ve gece kuru kalma alışkanlığını kazanmıştı fakat sonradan tekrar geceleri altını ıslatmaya başladı. Sorununuzu anlıyorum, kolay değil tabi ki; her gece ıslak çarşaflarla uğraşmak, idrar kokusu duymak, çocuğum yatakları ıslatır korkusuyla yatıya misafirliğe gidememek... Önce bir bakalım sorun ne ve neden kaynaklanıyor. Çocuğunuz henüz 4-5 yaşlarında mı? O halde endişe edilecek bir durum yok ortada. Genelde 4-5 yaşlarındaki çocuklar, ara sıra gündüzleri, daha sık olarak da geceleri altlarını ıslatabilirler. Kaygınızı azaltmak için çocuğunuzun yaşıtı olan arkadaşlarının anneleriyle konuşun. Hepsi olmasa bile birçoğu bu sorunla karşı karşıyadır. O halde tedavi yöntemleri aramanıza hiçbir sebep yok. 4-5 yaş civarında genelde kendiliğinden kaybolan bir problemdir.

---

**Altını ıslatmaması için kullanılan ilaçların kısırlık yaptığı söyleniyor, bu doğru mu?**

Uzmanlar bunun tamamen uydurma ve asılsız olduğunu söylüyorlar. Üstelik yan etkileri de çok azdır. İlaç tedavisi yöntemiyle % 80' lere varan bir başarı sağlanabilir.

---

Çocuğunuzun okul çağı geldi ve hâlâ altını ıslatmaya devam ediyorsa, harekete geçmenizin zamanı demektir. İlk önce bu alt ıslatma olayının sebebini ve nasıl geliştiğini bulmaya çalışın. Çocuğunuz küçük yaştan beri kuru kalmayı hiç öğrenmedi mi? Yani gece alt ıslatma olayı sonradan başlayan bir durum değil mi? Ayrıca çocuğunuzun organik bir rahatsızlığı olup olmadığını kontrol ettirmeniz gerekir. Gece işemelerinin küçük bir bölümü organik hastalıklar sonucu ortaya çıkarlar. İdrar yolları enfeksiyonları, beyin hasarı, zeka geriliği gibi durumlarda idrar kontrolü kazanılamaz. Ancak tedavi sonucu düzelebilir.

Belki gelişimsel bir sebebi vardır. Gün boyu tuvaletini tutma konusunda zorluk yaşıyorsa (idrar torbası küçük olabilir) ve uykusu çok ağırsa gelişimsel sorunu olduğuna dair bir işarettir. Gece işeyen çocukların yarıdan çoğunda uyku derindir. Derin uykuda sidik torbasının büzücü kasları gevşemekte ya da içten gelen işeme uyarılması çocuğu uyandırmaya yetmemektedir. Yatağını ıslatan çocukların aileleri ve akrabalarının yarıya yakın bir bölümünde, çocukluk yaşlarda aynı durumun bulunduğu saptanmıştır. Bu da gece alt ıslatmalarında ailesel yatkınlığın söz konusu olduğunu göstermektedir. Erkek çocuklarda kız çocuklara oranla daha sık rastlanması yapılan araştırmaların bir sonucudur.

Yapısal yatkınlık ve uyku derinliği olan çocuklarda, ruhsal etkenler kolayca alt ıslatma problemine yol açmaktadır. Fakat her altını ıslatan çocuk, ruhsal olarak dengesiz ve uyumsuz çocuk anlamına gelmiyor. Tek başına, yatağa işeme davranışı ruhsal uyumsuzluğun kanıtı değildir. Başlıca sorunu bedensel olabilir, ikincil sorun olarak psikolojik sorunlar eklenir. Anne çocuk arasındaki gerginlik, arkadaş ve akraba ziyaretlerine katılamama, gece altıma kaçırırım düşüncesiyle evi dışında bir yerde kalamayan çocuğun sıkıntısı, üzüntüsü ve utancı çocukta psikolojik problemlere yol açmaktadır. Zamanla geçer, sünnet olunca geçer mantığıyla hareket etmek çok yanlıştır. Çözümü zamana bırakmamak gerekir. Çünkü bu sıkıntıyı çocuk yaşamaktadır ve tedavinin olmadığı her gün çocuk için kayıptır. Bunun için 5-6 yaşına gelmiş her çocuğun alt ıslatma sebebi ne olursa olsun tedaviye ihtiyacı vardır.

Bunların yanı sıra tuvalet eğitimine çok erken yaşta başlamak, baskıcı ve cezalandırıcı bir tutumla tuvalet eğitimi vermek de alt ıslatma sorununu ortaya çıkartabilir. Geç başlamak ve gevşek bir tutum izlemek de aynı sonucu verir. Çocuğun durumuna göre 18 ay ve 2,5 yaş arasında, baskılı olmayan bir tutumla tuvalet eğitimi vermek gerekir.

Çocuğunuz kuru kalmayı öğrenmişti. Fakat sonradan tekrar ıslak olarak kalkmaya başladı. Sonradan alt ıslatma sebepleri psikolojiktir. Genelde yeni doğan bir kardeş, taşınma, okula başlama, anne veya babanın tatile çıkması gibi bir nedenden dolayı stres yaşamasını örnek verebiliriz. Eğer böyle bir durumla karşı karşıyaysanız evinizde strese neden olacak ortamı giderebiliyorsanız giderin, yoksa onunla yaşamaya alışması için çocuğunuzla fazladan vakit geçirin. Kendisini güvende hissettiğinde altını ıslatması da kesilecektir.

**Alarmlı çarşaflar alarak veya bir saat kurarak çocuğun çişe kalkmasını sağlamamın bir sakıncası var mı?**

*Bu yöntemin de etkili olduğunu söylüyorlar. Mesanesi dolu olduğunda alarm çalıyor ve çocuğu uyandırıyor. Uyanmaya alışan çocuk daha sonra alarmsız da tuvalete kalkabiliyor. Fakat bu yöntemlerin yanı sıra başka çözümler aramakta da fayda vardır.*

Kalabalık ve kötü evlerde yaşayan ve ailelerinde ciddi sorunlar bulunan çocuklar, altlarını daha fazla ıslatabilmektedir. Ana-baba yatağında yatan, başkaları tarafından yedirilen, giydirilen, kendi başına iş görme olanağı sağlanmayan çocuklarda da altını ıslatma sık görülür ve uzun sürer.

Dengeli ve mutlu bir çocuk sadece alt ıslatma gibi bir uyumsuzluk gösteriyorsa, kaygılanacak bir durum yoktur. Sabırlı ve anlayışlı bir tutum izlerseniz sorunun kolaylıkla halloldğunu göreceksiniz. Azarlanıp aşağılanan çocuklarda aşağılık duygusu gelişir. Sertlik ve utandırıcı cezalar, problemin uzamasına neden olur. Fakat çocuğunuz okul çağında ise problemin çözümü için mutlaka harekete geçmeniz gerekir.

**Altını ıslatan çocuğa nasıl yardımcı olursunuz?**

- Mesanesini kontrol altına almak yerine onunla özel ilgilenin. Sorunlarını çözmesi, duygularını paylaşması ve incinmiş hisleriyle baş edebilmesi için onu aile toplantılarına dahil edin.

- Kendi davranışınızı kontrol edin. Çocukla ne kadar ilgileniyorsunuz? Ona çok sert mi davranıyorsunuz? Bu sorun belki de sizin davranışlarınızdan kaynaklanıyor olabilir.

- Altını tekrar bezlemekten kaçının. Bu onun yaptığı işin beklenen bir durum olduğunu algılamasını sağlar, gece altına kaçırabileceği mesajını verir. Bunun yerine çarşafın altına muşamba sererek yatağı koruyabilirsiniz.

- Başkalarının yanında bu durumdan söz edip onu küçük düşürmeyin. Asla kardeşiyle veya arkadaşıyla kıyaslamayın. Her ne kadar belli etmese bile yetersiz olduğunu, beceriksiz olduğunu hisseder ve utanır.

- Çocuğun akşamları aldığı sıvı miktarını kesmek herhangi bir yarar sağlamaz. Bilakis diğer insanlardan farklı olduğunu hissederek rahatsız olur. Uzmanlar gece sık sık tuvalete kaldırmanın da pek bir fayda sağlamayacağını söylüyorlar. Belki geceyi kuru olarak kurtarırsınız fakat sorun çözüldüğü anlamına gelmez. Çocuğun kendi kendine halletmesi gereken bir problemdir.

• Davranış psikolojisi yöntemini de kullanabilirsiniz. Çocuğa gündüz bol miktarda su içirip, bir müddet idrarını tutmasını isteyin ve bu süreyi giderek arttırın.

• Olumlu davranışı pekiştirme yolunu da deneyin: Çocuktan bir takvim tutmasını, kuru ya da ıslak kalktığında takvime bir işaret koymasını isteyin. Yazma bilmeyen çocuklar güneş ve yağmur resimleriyle, bilenler ise yazı ile belirtebilirler. Bu işaret kesinlikle çocuk tarafından konulmalıdır. Haftalık kontrolde güneşli günler çoksa ödüllendirilmelidir.

• Çocuğunuza su, kum, kil, çamur gibi oyun ortamları hazırlayın.

• Çocuğunuz okul çağına gelmiş ve hâlâ altını ıslatmaya devam ediyorsa, önce bir doktora götürün. Organik rahatsızlığı olup olmadığını kontrol ettirin. Daha sonra ise bir psikoloğa götürmekte fayda var. Alt ıslatma sorununun kaynağını bulduktan sonra çözümlere başlamalısınız.

## Dışkı Kaçırma

Dışkı kaçırma seyrek görülen bir durumdur. Daha fazla erkek çocuklarda görülür. Çocuğun 3-4 yaşlarından sonra dışkısını kontrol edemeyerek altını kirletmesidir. Normal bir çocuk, 2 yaş civarında dışkısını tuvalete yapmayı öğrenir. Fakat ilk öğrendiği sıralar zaman zaman dışkısını kaçırmasını doğal kabul etmek gerekir. 2,5-3 yaşına geldiğinde dışkısını kontrol edebilir. 4-5 yaşına geldiğinde ise eğer bedensel bir rahatsızlığı yoksa (bazı kalın bağırsak hastalıkları gibi), bütün çocukların dışkısını tutması beklenir.

Buna rağmen bazı çocuklar 4-5 yaşına kadar bu kontrolü hiç sağlayamamış olabilirler. Veya tuvalet alışkanlığını kazandıktan bir süre sonra dışkı kaçırma olayı başlayabilir. Genellikle gündüz uyanıkken olur. Ortama göre dışkı kaçıran çocuklar da vardır. Evde kaçırmayıp okulda dışkı kaçıran veya dışarıda temiz kalıp evde dışkı kaçıran çocuklar vardır. Her ne olursa olsun, ruhsal sorun yatağa işemede olduğundan daha ağırdır. İlkokul yaşlarında da görülmesi önemli problemlerin varlığının göstergesidir.

Dışkı kaçırmanın önemli göstergelerinden biri, baskılı tuvalet eğitimidir. Bu olay anneye bir tepki olarak görülebilir. Çünkü bu çocukların anneleri genelde aşırı titiz, kuralcı, otoriter ve baskıcıdırlar. Çocuk da annesine baş kaldırarak tepkisini bu şekilde ortaya koyar. Sonradan dışkı kaçırmanın sebepleri arasında; yeni bir kardeşin doğumu, okula başlama, yeni bir eve taşınma, anne-baba-çocuk arasındaki iletişim bozukluğu gelebilir. Bu gibi tedirgin edici olaylar çocukta gerilemeye yol açar.

Annesinin onu bırakıp işe gitmesini istemeyen bir kız çocuğu, evin her tarafını dışkılayarak tepkisini ortaya koyuyordu. Gardolabın içine bile dışkılayan çocuk, onu bırakıp işe gittiği için annesini protesto ediyordu. Her ne kadar büyük bir çocuğun altını kirletmesi çocuk kadar aile fertlerini de rahatsız etse bile öfke ve hiddetle olaya yaklaşmamak gerekir. Önce gereksiz baskıları kaldırıp, aşırı titizlikten vazgeçilmelidir. Çocukla olumlu bir ilişkiye girmek de işinizi kolaylaştırır.

### Dışkı kaçıran çocuğa nasıl yardımcı olursunuz?

• İlk yapacağınız iş böyle bir olaya meydan vermemek için tuvalet eğitimini zamanında ve baskısız olarak halletmek olmalıdır. 18 ay dolduktan sonra çocuğun hazır olup olmadığına bakarak tuvalet eğitimine başlayabilirsiniz. Eğer hazır değilse (bkz. Tuvalet eğitimi) acele etmenize gerek yok.

- Dışkısını kaçırdığında azarlamayın, dövmeyin ve başkalarının yanında rencide etmeyin. Öfke ve hiddetle olaya yaklaşmak, inatçı ve tedavisi uzun süren bu hastalığın tedavisini daha da zorlaştırır.

- Çocuğun günde 3-4 kez belirli aralıklarla tuvalete oturmasını sağlayın. Yemeklerden sonra ve okula gitmeden önce tuvalete gitmesi teklif edilmelidir. Belli zamanlarda kararlı bir şekilde tuvalete oturtulmalıdır. Fakat kesinlikle ceza ve dayak yöntemi uygulanmamalı, katı bir tutum izlenmemelidir.

- Alt ıslatmada olduğu gibi takvim tutup, her günkü durumunu not etmesi istenebilir. Dışkısını tuttuğu günler çoğalmışsa ödüllendirilir.

- Anne ve babanın, çocukları ile olumlu ve sağlıklı bir ilişki içine girmeleri çoğu kez çözüm olabilir. Eğer hâlâ çözülememişse bir uzmandan yardım almayı ihmal etmeyin.

## Mastürbasyon

Bu konuya bu başlığı atmamın sebebi, elinize aldığınızda ulaşmak istediğiniz soruna rahatça ulaşmanız içindir. Yoksa bu yaştaki çocukta boşalma olamayacağı için mastürbasyon söz konusu değildir. Fakat bu yaştaki çocuklar sizi endişeye düşürecek şekilde cinsel organlarını elleyebilirler, bir yere sürtebilirler ve bundan da zevk alırlar. Bu davranışın ortaya çıkış nedeni çok çeşitli olabilir. Bir kardeşin dünyaya gelmesi, sevgisizlik, kendini güvende hissetmeme, sosyal ilişki kuramama, yalnızlık, ilgisizlik ya da sadece bedenini keşfetme gibi sebepleri sıralayabiliriz. Sebep her ne olursa olsun anne-baba olarak paniğe kapılıp çocuğunuzu korkutma veya ceza verme yoluna giderseniz, bu davranışa saplanıp kalmasına sebep olursunuz. Eğer olağan üstü sıklıkta olmuyorsa, uzmanlar çocuğu kendi haline bırakmanızı tavsiye ediyorlar. Fakat ona bu davranışının farkında olduğunuzu bir şekilde belirtin. Eğer herkesin içinde kendini tatmin etmeye devam ediyorsa bunun uygun olmadığını, eğer istiyorsa odasına gidebileceğini söyleyebilirsiniz. İlginç bir oyun kurarak dikkatini başka yöne çekmek de etkili bir yöntemdir. Ama bunu çocuğa sezdirmeden yapmalısınız. Niyetinizi anlarsa olumsuz tepki gösterebilir.

Kendi kendine tatmin bir hastalık değildir. Sadece çocuğun sosyal ve kişisel gelişimini engeller. Çünkü kendi kendini tatmin eden çocuk, sosyal ilişkilerde bulunma gereği duymayabilir. Arkadaşlarıyla oynamak ona zevkli gelmeyebilir. Siz çocuğunuza renkli bir çevre sunarsanız, kendi yaşıtlarıyla oynama fırsatı tanırsanız, kendi kendini tatmin problem olma boyutundan çıkacaktır. Bir de bu davranışı başlatan huzursuzluğun bulunup ortadan kaldırılması için çaba sarf edin. Eğer ileri boyutlarda kendini tatmin söz konusuysa bir uzmandan yardım alın.

## Okul Korkusu

Tüm davranış bozukluklarında olduğu gibi okul korkusunda da temel neden, çocuğun içinde bulunduğu yetişme ortamıdır. Çocuğun ilk yıllarının, ileriki yaşantısına olan etkisi tartışma götürmez bir gerçektir. Çocuğun karakter yapısının temelleri 6 yaşına kadar atılmaktadır. Genelde anne ve babalar çocuğun 6 yaş sonrasını bıçakla keser gibi ayırmak isterler. 6 yaşına kadar bebek gibi davranıp, aşırı bağımlı yetiştirdikleri çocuklarını, okul çağına gelince "artık büyüdün, her işini kendin görmelisin" derler. Oysa çocuk 6 yaşında hangi psikolojide ve hangi davranışları yapabiliyor ise 6 yaş 3 aylıkken veya 6,5 yaşında da aynı durumdadır. Okula gitmiş olmak çocuğu büyütmez. Çocuğunuzu okul çağına gelene kadar sizin büyütmeniz ve olgunlaştırmanız lazımdı ki, okula hazır olabilsin. Anaokuluna başlamak için de olsa bu böyledir. Çünkü çocuk bir kuruma gitmekle, toplum içine girmiş bulunuyor. Ne kadar çok konuda bağımsızsa, gittiği kuruma alışması o kadar kolay oluyor. Annesine bağımlılığı ne kadar az ise o kadar az sorun yaşıyor.

Okul fobisinin gerçek nedeni genelde anneden ayrılma korkusudur. Bu da tabii ki annesine aşırı bağımlı çocuklarda görülür. Annesi tarafından aşırı itina ve özen ile büyütülen, hiçbir zaman kendi başına bir iş yapmaya teşvik edilmeyen, her işine annesi koşan, annesinin dizinin dibinden ayrılmayan, hastalandığında aşırı ilgi ile karşı karşıya kalan çocuklar okul fobisi geliştirmeye yatkındırlar. Bu çocukların anneleri de çocuklarından ayrılmak istemezler. Bir an bile gözlerinin önünden ayrılsa, telaşa kapılırlar. Çocuklarını anaokuluna göndermeye kıyamadıkları gibi, arkadaşlarının evine oyun oynamaya bile göndermezler. Akran gruplarıyla oynamaktan mahrum olan çocuk, sosyal ilişki geliştiremez. Evinin dışındaki mekanlarda, aile bireyleri dışındaki insanların yanında kendini güvensiz hisseder. Kısacası sudan çıkmış balığa döner.

Sıkılgan çocuklar topluma girdiklerinde çok fazla etkinliğe katılamazlar. Oysa okulda, ders içinde ve bahçede kendi yaşıtındaki çocuklar birtakım uğraşlar içerisindedirler. Kendini gruba adapte edemeyen çocuk yalnız kalır ve okula gitmek istemez. Yalnız büyüyen çocuk da bu tür problemler çekebilir. Paylaşmayı öğrenmemiş, her istediği yapılarak şımartılmış tek çocuk, grup içerisine girdiğinde adaptasyon sorunu çekebilir.

Bunların yanı sıra yeni bir eve taşınma, anne ve babanın hastalığı, sık sık kavga etmeleri, çocukta okul korkusunun oluşmasına sebep olabilir. Geride bıraktıklarını aynen bulamama korkusu yaşar. Annesinin veya babasının, o evde yokken onu terk edeceklerinden korkar. Evde küçük kardeşi varsa okula gitmek istememesinde önemli bir faktördür. Kendisi yokken meydan küçüğe kalacağından, annesinin onu daha fazla seveceğinden ve anne babasının sevgisini kaybedeceğinden korkar.

Okul korkusunun altında yatan sebepler arasında başarısızlık ve sınıf içinde aktif olamamayı sayabiliriz. Burada öğretmenin kişiliği çok önemlidir. En ufak hatalarında çocukları azarlayan, alay eden, çocuklara hiçbir tolerans tanımayan, başarısız olduklarında sık sık ceza veren, çocuklara şefkat ve sevecenlikle yaklaşmayan bir öğretmen, çocukta okul korkusu geliştirmeye adaydır.

Okul korkusu olan çocuklar bunu değişik şekillerde dışa vururlar. Kimi çocuk okula geç gitmek için evde oyalanır, kimisi de okuldaki olayları abartarak anlatır. Bazen de sabah kalktıklarında bir hastalık uydururlar. En etkili yöntem de budur. Sabahları mide bulantısı, baş ve karın ağrısından yakınan çocuklarını anne ve babası okula göndermeye kıyamazlar. Evde kalmasına karar verilince de bütün bu hastalık belirtileri ortadan kaybolur. Bazı çocuklarsa açık açık okulu sevmediklerini, gitmek istemediklerini bildirirler. Zorlandıkları takdirde ağlayarak, bağırıp çağırarak tepki gösterirler.

**Okul korkusu olan çocuğa nasıl yardımcı olabilirsiniz?**

- Çocuğa karşı sabırlı ve anlayışlı bir tutum sergilemek gerekir. İlk yapacağınız şey okul korkusunu geliştirmesine sebep olacak etkeni bulmaktır. Öğretmeni veya sürekli dayak yediği bir arkadaşı olabilir. Yerinde gidip gözlem yapmanızda fayda vardır.

- Çocuğa soğukkanlı yaklaşmalısınız. Çocuğundan ayrılmak istemeyen bir anne yalvarıp yakarmalara çabuk kanabilir. Ebeveynden hangisi daha kararlı ise çocuğu okula o götürmelidir.

- Çocuğu okula alıştırmak için başlangıçta birkaç saat, daha sonra yarım gün ve tam gün şeklinde bir uygulamaya gidebilirsiniz. İlk günlerde anne veya babasından birinin yanında bulunması çocuğa güven verecektir.

- Çocuğu azarlamak, alay etmek, dayak atmak gibi yöntemlere kesinlikle başvurulmamalıdır. Çocuğun sıkıntıları anlayışla karşılanmalı çözümü için her türlü yola başvurulmalıdır.

- Evde kalma süresi arttıkça çocuğun endişesi artar. Bir an önce okula alışması sağlanmalıdır.

- Öğretmeniyle bu durumu konuşup çocuğa yardımcı olması istenmelidir.

- Okul fobisinin oluşmaması için çocuklarınızı bağımsız olarak güven ortamında yetiştirmelisiniz. Kendi işlerini yapmakta (yemek yemek, el-yüz yıkamak, giyinmek gibi) başarılı olan bir çocuk toplum içine katılmaktan çekinmeyecektir. Bilgiyi oyun ortamı içerisinde veren, akran gruplarıyla oynama fırsatı tanıyan, çocuğun sosyalleşmesine katkıda bulunan, çocuğa daha ılımlı ve toleranslı yaklaşan anaokullarına göndermek, çocuğu ilkokula daha iyi hazırlar.

- Okula başlamadan önce okulu tanıtma amaçlı ziyaretler de, çocuğun okul korkusunu yenmesini sağlar.

- Okul fobisi eğer çözüme ulaşmamışsa, yaş ilerledikçe kronik bir hal alır. Okula gitmede isteksizlik, ev ödevlerini yapmama, derslerde ilgisiz ve başarısız olma şeklinde kendini gösterir. Bu da çocuğun okuldan, sosyal faaliyetlerden ve öğrenme yaşantısından uzaklaşmasına neden olduğundan, akademik ve sosyal gelişmeyi ciddi bir şekilde etkiler. Bunun için okul fobisinin aşırı olduğu ve çözüme ulaşmadığı durumlarda, mutlaka bir uzmandan yardım almak gerekir.

## Çocukta Korku ve Kaygılar

Korku dıştan gelen tehlikelere karşı duyulan doğal bir tepkidir. Korkunun kaynağı belirgindir. Kaygı ise görünmeyen aslında var olmayan şeylere karşı duyulan tepkilerdir. Kaygının kaynağı belirsizdir. Her birimiz yaşam boyunca korku ve kaygılı durumlar içinde bulunuruz. İşe geç gittiğimizde patro-

358 ÇOCUK BAKIMI VE EĞİTİMİ EL KİTABI

nun kızacağından korkmamız, bir sınava girerken endişe için-
de kaygı duymamız olağan durumlardır. Fakat biz yetişkinler
bunlarla baş etmenin yollarını biliriz. Bazen bir bardak su içe-
rek, bazen gözlerimizi kapatıp başka şeyler düşünerek, genel-
de korktuğumuz ve kaygı duyduğumuz şeylere karşı önlem
alarak korku ve kaygılarımızla baş ederiz. Bunları bir önceki
tecrübelerimizden öğrenmişizdir. Çocuklar için durum böyle
değildir. Onlar tecrübelerinin yetersizliğinden, bilgilerinin az-
lığından dolayı korkularıyla baş edebilme yollarını bilemezler.
Dolayısıyla birçok şeyle ilk defa karşılaştıkları ve birçok konu
hakkında yeterince bilgileri olmadığı için çocuklarda korku ve
kaygıya çok sık rastlanır. Çocuk öğrendikçe, bedensel zihinsel
olarak geliştikçe korkularını yener ve olgunlaşır.

Çocuk doğduğu zaman hiçbir şeyden korkmaz. Yılanı eline
verseniz çekinmeden onunla oynar. Fakat yaşı ilerledikçe kork-
mayı öğrenir. 6-7 aylıkken yabancılardan korkmaya başlar. Anne-
sinin yanında olmadığı durumlarda kendini güvende hissetmez.
Eve bir yabancı geldiğinde ağlamaya başlar. Anne de gelen konuk
teyzenin kucağına çocuğunu verirse, durum daha da vahimleşir.
Eve bir misafir geldiği zaman çocuğunuzu hemen gelen yabancı-
nın kollarına atmayın. Konuktan önce siz davranıp çocuğunuzu
kucağınıza alın. Misafirle birlikte biraz zaman geçirdikten sonra
sevmek için çocuğunuzu gelen misafire verebilirsiniz. Çocuğun
ilk defa katıldığı bir ortamda, kalabalıkta çocuğunuzu yanınızdan
ayırmayın, tek başına oturması için de yalnız bırakmayın. Koltu-
ğun üzerinde korkudan titrediğini bile görebilirsiniz. İyisi mi siz,
bu tür ortamlarda 6-7 aylık bebeğinizi kucağınızdan indirmeyin.
İşiniz olduğunda da tanıdık birinin kucağına devredin.

2-3 yaş çocukları; yüksek seslerden, sifonun çekilmesinden,
elektrik süpürgesinden, gök gürültüsünden korkarlar.

3-4 yaşlarında bunlara ilave olarak öğrenme ile edinilen;
dilenci, hırsız, polis, karanlık ve öcü korkuları yer alır. Ana-ba-
badan ayrı kalmak da bu yaştaki çocuklar için tedirginliğe yol

açan bir durumdur. 4 yaşında bu tür korkular doruktadır. Fakat 5 yaşa doğru yavaş yavaş çocukların korkuları somut şeylere doğru yönelir; köpekten, düşüp yaralanmaktan, bir yerinin sıyrılmasından, kesilip kanamasından korkarlar.

6 yaşında korkularda yeni bir artma gözlenir; hayalet, cadı ve hortlaklar korkusu doruk noktaya çıkar. Bu nedenle çoğu kez yalnız yatmak istemezler. Yangından ve hırsızdan korkarlar. Filmlerin çok etkisinde kalırlar. Çocuğun bu yaşlarda korku filmleri izlemesi onun hayali korkular geliştirmesini kolaylaştırır.

6 yaşından sonra korkular yavaş yavaş söner. Fakat eski korkuların arada bir depreşmesi de söz konusudur. Çocukken edinilen korkular ileriki yaşlarda da devam ettiği araştırmacılar tarafından kanıtlanmışsa da bu tutum ailenin olumsuz yaklaşımı sonucu devam eder. Aile çocuğa korkusunu yenmeyi öğretmemişse, korku devam edebilir.

Korku bazen yararlı olabilir. Kişiyi tehlikeye karşı hazır hale getirir. Korkan kimse korktuğu şey konusunda önlem alır. Fakat kişinin günlük işlerini bozacak şekilde korku mevcutsa buna fobi denilir ve mutlaka önlem alınması gerekir. Korkunun fiziksel olarak belirtileri; kalp atışının hızlanması, midenin kasılması, nefes alıp vermede düzensizlik, kanın yüzden çekilmesi ve sapsarı olma, idrar torbasının daralması şeklinde görülür. Çok korktuklarında çocukların altlarına kaçırmaları veya büyüklerin kaygılı bir durumdayken sık sık tuvalete gitmesi, idrar torbasının daralmasına bağlanabilir. Bir de korku durumlarında vücuttaki su azalır. Küçükken hepimiz hatırlarız, korktuğumuzda annemizin bize bir yudum su teklif ettiğini.

Korku sonradan öğrenilir demiştik. Anne ve baba yanlış tutumlarıyla çocuklarını korkak olarak yetiştirebilirler. Çocuğunu her şeyden sakınan, ona bir şey olacağından korkan güvensiz bir anne, çocuğuna da aynı korkuları aşılar. Kendi başına hiçbir şey yapmasına izin verilmeyen bir çocuk bağımlı ve güvensiz yetişir. Bu tür çocuklar en ufak bir şeyden korku geliştirebilirler.

Anne veya babanın her şeyden korkması, böcek gördüğünde çığlık atması, gök gürültüsünden korktuğunu belli etmesi gibi durumlarda çocuk taklit yoluyla korkuyu öğrenir. Bir de çok yanlış bir tutum olarak çocuk eğitiminde korkuyu kullanırız. "Uyumazsan seni hav hava veririm.", "Ağlarsan öcüler seni yer.", "Şurubunu içmezsen doktora götürürüm sana iğne yapar" gibi ifadelere hâlâ çok sık rastlayabiliyoruz. O anda çocuğun davranışını belki düzeltebilirsiniz, fakat karanlıktan korkan, doktorun muayenehanesinde çığlıklar atan çocuklar yetiştirmiş olursunuz. Üstelik her şeyden ürken çocuk çekingen olarak yetişir.

Çocukların hemen hepsinde var olan anne ve babadan ayrılma, onları kaybetme korkusunu bazı anne ve babalar daha da körükleyebiliyorlar. "Sokakta ağlarsan seni bırakır giderim.", "Beni üzersen hasta olur ölürüm." gibi ifadeler çocuğa çok çabuk tesir edip etkisini gösteren ifadelerdir. Çocuk bundan sonra her ağladığında veya yaramazlık yaptığında annenin onu bırakacağından korkmakta, en ufak aile tartışmalarında annesinin gideceğinden veya ufacık rahatsızlıklarda anne veya babasının öleceğinden korkmaktadır. İleriki yaşlarda ise bu tür çocuklar anneden ayrılma korkusuyla okul fobisi geliştirebilmektedirler. Anne veya babasından ayrıldığı takdirde kendisine veya anne ve babasına kötü bir şeyler olacağından korkmaktadır. 3 yaşına kadar çocuğun anneden ayrılamaması normaldir. Çünkü çocuk zaman kavramını bilmez ve annesi gittiği zaman bir daha dönmeyeceğini zanneder. Fakat 3 yaşından sonra çocukların anneden ayrılmaya ve akranlarıyla birlikte olmaya ihtiyaçları vardır. 3 yaşından sonra zaman zaman annesinden ayrılan, arkadaşlarıyla oynamaktan zevk alan çocuk, anneden ayrılık fobisi de geliştirmez.

Korkular çoğu zaman çocuğun hayal gücü ile ilgilidir. Çocukların hayal gücü çok kuvvetlidir. Buna rağmen gerçek ile gerçek olmayanı birbirinden ayırt edemezler. Bunun için hayalinde canlandırdıkları yaratıklardan çok korkarlar. Özellikle 4 ve 6 yaşlarında çocuğun hayal gücü çok fazla çalıştığından çocuğun hayali korkuları da çok fazladır. Hayaletten, hortlaklardan, cadılardan korkarlar. Korku filmleri seyretmek veya korkunç kahramanların yer aldığı kitapları çok fazla dinlemek çocuğun korkularını çoğaltır. Eğer bu tür kitaplar okunursa, çocuğa aslında bunların var olmadıklarını söylemek gerekir.

Çocukların bir de uykuya gitme korkuları vardır. Bunlar farklı şekillerde ortaya çıkarlar. Hayali kahramanlarını odasına yerleştirerek bunlardan korkuyor olabilir. "Yatağımın altında hortlak var odamda yatmak istemiyorum" diyebilir. Bu durumdaki çocuğunuzla alay etmeyin onu anladığınızı ifade edin. "Yatağının altında hortlak olduğunu düşünüyorsun, bunun için korkuyorsun" diyerek onu anladığınızı ifade edebilirsiniz. Çoğu zaman anlaşıldığını bilmek korkularını yenmesine yetebilir.

Kötü bir rüya gördüğü için de çocuğunuz ağlayarak uyanabilir ve korktuğunu söyler. Bu tür rüyalar genelde uykuya yeni daldığı sıralarda görülür. Çocuk uyanıp rüyasını hatırlar. Ona rüyasını anlattırın. Aslında böyle bir şeyin gerçek olmadığını, kitaplarda okuduğunuz gibi bir şey olduğunu söyleyin, sakinleşmesini sağladıktan sonra yatağına yatırın. Kesinlikle sizin yanınızda yatmasına izin vermeyin. Çok huysuzlanıyorsa uyuyana kadar yanında kalın. Işığı veya kapıyı açık bırakmak istiyorsa buna izin verin.

Bir de halk arasında karabasan dediğimiz türden gece korkuları vardır. Bu tür karabasanlar uykunun derin olduğu bir sırada ortaya çıkar. 10 dakika ile 30 dakika arasında sürer. Eğer sert bir şekilde çocuk uyandırılmazsa uyanmaz ve korkusunu hatırlamaz. Belirtileri; terleme, hızlı hızlı kalp atışı, korkma ve şaşırmış görünme. Çocuk bağırarak annesini çağırabilir. Anne veya babasını tanımayabilir, onları iter. Gözleri açık olur ancak hâlâ uyuyordur. Çocuğu bu sırada uyandırmayın, görmüş olduğu rüyayı anlattırmaya çalışmayın. Sadece kendisine bir zarar vermemesi için yanında bekleyin. Kendi kendine sakinleşip tekrar uykuya dalacaktır. Sabah olduğunda olanları hatırlamayacaktır. Ancak biraz kaygılı görünebilir. Böyle bir durumla karşılaştığınızda endişe edecek bir durum yoktur. Yalnız bu tür karabasanlar senede bir veya iki seferden fazla oluyorsa bir doktora danışmanızda fayda vardır. Yine kötü bir rüya ile uyanıp uykusuz kalma durumları da sık oluyor ise, çocuğun uykusunu alamamasından şüphelenerek doktorunuza danışabilirsiniz. Bu tür korkulu rüyaların çocuğun günlük yaşamı ile ilgili olduğunu aklınızdan çıkarmayın. Çocuk çok fazla yorulduğunda karabasan gibi gece korkuları ortaya çıkar bunun için çocuğunuzun programının aşırı dolu olmamasına dikkat edin. Çocuğun sıkıldığı, üzüldüğü olaylar da rüyasına girebilir. Bir arkadaşımın 6 yaşında ve 2 yaşında iki tane çocuğu vardı. Bunlara bir gün babası tavşan getirmişti. 2 yaşındaki N... tavşanı çok seviyordu. Onunla oynuyor, eğleniyordu. Bir gün anneleri tavşanı yıkadı. Fakat tavşan yıkandıktan sonra öldü. Anne ve baba çok üzüldüler ancak çocuklarına söylemediler. 2 yaşındaki N.. sürekli tavşanı soruyor, tavşanla oynamak istiyordu. Annesi de bir şeyler uydurarak unutturmaya çalışıyordu. O gece N.. ağlayarak uykusundan uyandı. "Anne abi tavşanı öldürdü. Sonya çöpe attı" diye annesine rüyasını anlattı. Annesi onu sakinleştirip uyuttu. Fakat N.. sabah kalktığında gördüğü rüyayı unutmadı ve doğru abisinin yanına gitti. "Tavşanı niye öldürdün, niye attın" diyerek abisine vurmaya başladı. Bu olaydan da anlaşıldığı gibi çocukların rüyaları (hatta büyüklerin de) günlük yaşamlarıyla son derece ilgilidir. Belki de çocuğumuzun korkulu rüyalar görmesine biz neden oluyoruzdur.

Çocukların korkulu rüyalar görmemeleri için yatma öncesini sakin geçirmeleri gerekiyor. Korku filmi izletip, hortlak oyunu oynatıp çocuğu yatağa göndermemelisiniz.

Korku, çocuğu pasifleştirebilir de. Korkan çocuk çekingen olabilir. Hiçbir şey yapmaya ve denemeye cesareti olmaz. Dayak yemek ve azarlanmaktan korkan çocuk hiçbir şey öğrenemez. Hiçbir şey öğrenemeyen çocuk, çevresi tarafından geri zekalı ve aptal olarak damgalanır. Bazı çocuklarsa korkularını saldırgan davranışlarla deşarj yoluna giderler. Bu nedenlerden ötürü anne ve babanın, çocuklarının korkularını yenmesi için yardımcı olmaları, çözüm yolları aramaları gerekir.

**Çocuklarınızın korkularını nasıl önleyebilirsiniz?**

• Çocuklarınızın korkuları karşısında sert tepkilerden kaçının. Çocukları ayıplamayın, utandırmayın. Korkuları ile alay etmeyin.

• Çocuklarınız neden korktuklarını söylediklerinde onları dinleyin. Duygularını anladığınızı belirtin. Bazen anlaşılmış olmak bile çocukların korkularını yenmeye yetebilir.

• Çocuklar korku duymanın normal bir şey olduğunu, fakat korkularına yenik düşmemeleri gerektiğini öğrenmelidirler. Bunun için sizin de başa çıkabildiğiniz türden korkularınız varsa, bunları çocuklarınıza anlatın. Başkalarının da aynı türden duygular içinde olduğunu anlaması ona güven verir. Fakat sık sık kendi korkularınızdan bahsederek çocuklarınızda da aynı korkuları oluşturmayın.

• Çocuğunuza küçük adımlarla, korktuğu şeyle baş etmesini öğretin. Köpekten korkan çocuğa önce küçük bir oyuncak köpek hediye ederek işe başlayabilirsiniz. Daha sonra ise küçük bir yavru köpeği birlikte severek korkusunu yenmeye çalışın. Hayvanların büyüğünden korkan çocuklar genelde yavrularına karşı şefkat duyarlar. En son adım ise yine birlikte büyük bir köpeğe yiyecek vermek olabilir. Başlangıçta yanında olmanız ona güç verecektir.

• Sudan korkan bir çocuğu bağıra çağıra suya sokmak hiçbir çözüm sağlamaz. Önce küçük bir su birikintisinde oynamasını sağlayın. Daha sonra küçük bir leğende oyuncak ördeklerini yıkasın, onlarla vakit geçirsin. Denize girmekten korkan çocuğunuzu ise kumsalda oynaması için bırakın. Daha sonra kucağınıza alarak yavaş adımlarla suya sokmayı deneyebilirsiniz.

- Çocuklarınıza korkularıyla başa çıkmaları için yardım edin. Gece korkan bir çocuğu yatağınıza almak "sen korkunla başa çıkamazsın, bırak senin için ben halledeyim" demek olur. Oysa ona başa çıkması için seçenekler sunmalısınız. "İstersen odanın kapısı açık kalabilir. Bu gecelik ışık açık uyuyabilirsin" demek kendi başına korkusuyla baş etmeyi öğretmektir. Size ait bir eşyayı da çocuğunuzun yanında bırakabilirsiniz. Çocuk parça ile bütünü ayırt edemediği için siz yanındaymışsınız gibi uykuya dalabilir.

- Korkan çocuğunuzun sevgiye ve güvene ihtiyacı olduğunu unutmayın. Onunla fazladan vakit geçirin. Sık sık sarılıp sevginizi ifade edin. Ara sıra sizden ayrı kalacak ortamlar hazırlamayı ihmal etmeyin.

- Çocuğun günlük yaşantısını etkileyen korkuları için bir uzmana danışmayı ihmal etmeyin. Korkunun nedenini bulup çıkarmak, korkuyu söndürmeye yarayabilir.

## EVDE YAPILABİLECEK OYUNCAKLAR VE OYUN FAALİYETLERİ

Oyuncak deyince aklımıza mağazalarda satılan ve bir çoğumuzun da almaya gücü yetmediği pahalı cicili bicili oyuncaklar geliyor. Oysa oyuncak, çocuğa oyun olanağı sağlayan, ona zevk verdiği gibi öğretici olan her türlü oyun aletidir. Bunun için servet ödemeniz gerekmez. Evinizin içinde artık malzeme dediğimiz, atılacak olan eşya ile hayal gücünüzü kullanarak sürüsüyle oyuncak elde edebilirsiniz. Üstelik bu artık malzemenin nasıl kullanılması gerektiğini çocuğunuza öğretirseniz, çocuğunuz hayal gücünü kullanarak kendine çok özel oyuncaklar yapacaktır. Kendi yaptığı oyuncaklarla oynamak, pahalı oyuncaklarla oynamaktan çok daha zevk verici olacaktır.

Çocuğunuzun oyun dünyasını zenginleştirmek için, evinizde bulunan artık malzemeyi atmayın, örneğin düğmeler birçok oyuncak için kullanılabilir. Oyuncak bebeğe göz olabileceği gibi kolaj çalışmasında da güzel bir malzemedir. Ayrıca düğme, boncuk gibi malzemelerle çocuğunuz çok güzel sayı saymayı veya renkleri tanımayı öğrenir. Yine eskimiş çoraplarınızı atacak yerde içini doldurup göz ağız burun yaptıktan sonra çocuklarınıza kukla oynatmaları için verebilirsiniz. Mukavva kutular da çocuklar için sınırsız oyun olanakları verir. Mukavva kutudan ev, araba, vagon, uçak, sandal, uzay gemisi bile yapabilirler. Bütün bunlar çocuğun hayal gücünü geliştirici oyuncaklardır. Anne baba olarak sizin yapmanız gereken şey çocuğunuzun hayal gücünü dürtüleyip evdeki mevcut olan malzemeden nasıl yararlanacağını ona göstermektedir. Bir kez keşfetmeyi öğrendi mi tekrar tekrar deneyip başarmak isteyecektir.

Burada sizler için evde yapabileceğiniz örnek oyuncaklar sunuyoruz. Siz bu oyuncakları, hayal gücünüzü kullanarak çeşitlendirebilirsiniz.

### Süt Kutularından Bahçe

Birikmiş süt kutularını değerlendirerek çok güzel bir bahçe yapabilirsiniz. Bunun için geniş kısmını kesip, içine toprak doldurmanız yeterli, soğanlı çiçekler ya da çim tohumu alıp çocuğunuza bunları dikmesinde yardımcı olursanız, çocuğu-  nuzla neşeli dakikalar geçirmeniz mümkün olur. Ayrıca 5-6 yaşındaki çocuğunuzla fasulyenin yeşermesi deneyini yaparak hazırladığınız bahçeye dikebilirsiniz.

### Yoğurt Kutularından Çıngıraklı Kule

İşte size nefis çıngıraklı kuleler, çocuğunuz 5-6 yaşlarında ise bu çıngıraklı kuleleri birlikte yapabilirsiniz. Ama bir bebek için de çok güzel bir oyuncak olacağından hiç kuşkunuz ol-

masın. Bunu yapmanız için boy boy biriktirdiğiniz yoğurt kutularının içine biraz nohut koyup ağzına bir karton yapıştırmanız yeterli olacaktır. Büyük çocuğunuz bu çıngıraklı kutuları üst üste koyarak kule yaparken, küçük bebeğiniz, bunları elinde sallayarak çok eğlenecektir.

## Arabalar İçin Kaydırak

Büyükçe bir ambalaj kutusunu açıp iki geniş yüzünü birbirine yapıştırın. Bir tarafını yükseltmek için altına tuvalet kağıdı

rulosu yapıştırırsanız çok güzel bir kaydırak olacaktır. Üstelik çocuğunuz bu kaydıraktan oyuncaklarını kaydırarak oynarken başında oturmak zorunda kalmazsınız.

## Kağıt Havlu Rulosundan Tünel

2-3 tane ruloyu birbirine bant ile tutturup, altını yükseltmek için 1 tane daha rulo yapıştırarak çok güzel ve gizemli bir tünel oluşturabilirsiniz.

## Büyülü Balonlar

Köpük balonunu hepimiz biliriz. Bizi pek ilgilendirmese de bütün çocukların balonlara bayıldığı bir gerçek. Plastik bardağa koyduğunuz biraz suyun içine 2 damla bulaşık deterjanı ekleyerek bu köpük dünyasını elde edebilirsiniz. Büyülü balonları yapmak için de yumuşak bir tele ihtiyacınız olacak. Elinizdeki tele istediğiniz büyüklükte yuvarlak yapın ve çocuğunuzun tutması için bir sap yapın. Bu tel yardımıyla çocuğunuz teli suya sokup köpükten balonları havada uçururken, biraz daha küçük çocuğunuz için siz, saç kurutma makinesinin en düşük seviyesini kullanarak yorulmadan büyülü

köpük oluşturabilirsiniz. Her yaştan çocuk için eğlenceli olan bu oyunu kendinizden ve çocuğunuzdan uzak tutmayın.

## Yalancı Kum Havuzu

Çocuklarınızı su ve kum ile oynama zevkinden mahrum etmeyin lütfen. Çevrenizde park yoksa veya kış mevsiminde çok sık çocuk parkına gitmeniz mümkün değilse; işte size odanızda yapabileceğiniz minik bir kum havuzu. Bunun için bir leğen kullanmalısınız. Tas, tabak, genişçe naylon bir masa örtüsü ve 2 kg. kadar mısır ununa veya irmiğe ihtiyacınız olacak.

Masa örtüsünü yere serip leğenin içine mısır ununu dökün. Bırakın çocuğunuz tas tabakla un içerisinde kalıplar çıkartarak dilediği gibi oynasın.

Oyundan sonra mısır ununu veya irmiği bir poşete koyarak kaldırıp başka bir gün oynaması için saklayabilirsiniz.

UYARI

Toplamak istediğinizde küçük bir kıyameti yaşamak istemiyorsanız, kendinize alarmı olan bir saat alın. Oyuna başlamada önce çocuğunuzla birlikte bir saat belirleyerek saatin alarmını birlikte kurun. Saat çaldığı zaman oyunu bırakması gerektiğini söyleyin. Saat çaldığında kesinlikle taviz vermeden çocuğunuzla birlikte ortalığı toplayın. Bu konuda asla taviz vermeyin. En fazla 3 gün itiraz ederler.

## Oyun Hamuru

Çocuğunuzun parmak kaslarının gelişimi için, oyun hamuru mükemmel bir oyuncaktır. Üstelik çocuklar basit bir hamur parçasıyla da çok güzel eğlenebiliyorlar. Ben yine de size oyun hamuru tarifini yazıyorum.

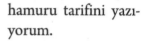

1 bardak un + 1 bardak tuz + 1 çorba kaşığı sıvı yağ + yeterince su.

Güzelce karıştırarak oyun hamuru elde edebilirsiniz. Toz boya karıştırarak renklendirebileceğiniz gibi, renksiz hamurun da çocuğunuzu eğlendirebileceğini unutmayın. Bu hamura büyük çocuğunuz şekil vererek kurutabilir. Daha sonra sulu boya ile üzerini boyayabilir.

Oyun hamurunu naylon torbaya koyup kaldırırsanız daha uzun süre dayanır.

## Yumuşak Tırtıllar

Küçük sünger topları rengarenk dizip yorgan iğnesi kullanarak birbirine tutturun. En baştaki topa iki düğme ile göz yapabilir, sondaki topa ise püskülden kuyruk yapabilirsiniz.

## Dönen Yumurtalar

2 tane pamuk şekeri ya da bayrak sopasını çapraz yaparak ortadan bağlayın. Uçlarına farklı renk ve boyda iplik bağladıktan sonra bir kenara koyun.

Çiğ yumurta kullanacağınız zaman yumurtaların altına ve üstüne bir iğne ile delik açın. Alttaki delik, üstteki delikten biraz daha büyük olmalıdır. Küçük delikten üfleyerek yumurtanın içini boşaltın, kuruduktan sonra çocuğunuza sulu boya ve fırça vererek boyamasını isteyin. Boyadıkları yumurtaları önceden hazırlamış olduğumuz iplere takarak çocuklarınızın neşesine katılın.

Not:

Hazırladığınız sopadaki iplerin ucuna kağıttan hayvan figürleri, sayı ya da sözcük grupları da asabilirsiniz. Minik bebeğiniz için, makaralar, boncuklar, delinmiş gazoz kapaklarını iplere bağlayarak beşiğine asıp eğlenceli bir mobil elde edebilirsiniz.

## Kalpten Kalbe Oyunu

Bu oyun için çocuğunuza dokunmanız yeterli. Ona dokunun, ellerinden tutun, onunla zıplayın. Kucağınıza alıp suratınızı şekilden şekle sokun, gözlerinin içine bakıp kahkahalar atın. Fil olun, at olun, yalnız at veya fil olduğunuzda sırtınıza kaç kere bineceklerini önceden karar verip, çocuğunuza bunu baştan söyleyin.

## İlk Kitap

Küçük çocuğunuzun abisi ya da ablası varsa, yapmış oldukları resim ve boyama çalışmalarını şeffaf dosyaların içine koyup bir de kapak yaparsanız, hem küçük kardeşe oynayabileceği bir kitap hazırlamış olursunuz, hem de büyük çocuğunuzu çalışmalarından ötürü hoş bir şekilde onuruze etmiş olursunuz.

Büyük çocuğunuz eski dergilerden eğlenceli resimler kesip, boş bir dosya kağıdına yapıştırarak da böyle bir kitap oluşturabilir. Dilerse resimlerin altına kafasından uydurduğu bir hikayeyi siz kaleme alın. Ad, soyad ve tarih yazmayı ihmal etmeyin.

## Misketler

Kullanılmış alüminyum folyoları atmayın. Küçük küçük misketler yaparak çocuğunuzu eğlendirebilirsiniz. Hatta çocuğunuzla birlikte yaparak onun küçük kas gelişimine de yardımcı olabilirsiniz. Misketlerle oynamaktan bıkınca bir karton üzerine ağacın dallarını çizip meyve olarak alüminyum folyolardan yapmış olduğu misketleri yapıştırmasını isteyebilirsiniz. Yapmış olduğunuz bu resmi daha sonra odasının duvarına asın.

## Böcekler

Ceviz kabuğundan çok güzel uğur böcekleri yapabilirsiniz. İkiye bölünmüş ceviz kabuğunun üzerini sulu boya ile kırmızıya boyayıp, üzerine siyah noktalar atmanız yeterli olacaktır.

## Rüzgar Gülü

Orijinal bir rüzgar gülü yapmak için kare olarak kesip hazırladığınız kağıtları ilk önce çocuklarınıza verin, diledikleri gibi boyayıp desen yapsınlar. Daha sonra kağıtların tam ortasına bir nokta koyun. Kağıdın köşelerinden ortasına doğru 2 cm. kalana kadar makasla kesin. Sekiz köşe elde ettiğiniz kağıdın

sadece 4 köşesini bir silginin ya da mantarın üzerine raptiye ile birer köşeleri açıkta kalacak şekilde birleştirin. Bir pamuk şekeri ya da bayrak sopasını sap olarak kullanabilirsiniz.

## Pamuktan Kuzu

Pamuktan şirin bir kuzu elde etmek için, tuvalet kağıdı rulosunu pamuk ile görünmeyecek şekilde kaplayın. Tercihe göre renkli veya siyah kartondan yüz veya ayak yapın. Yüz yapmak için kartonu üçgen şeklinde kesebilirsiniz. İki tane de pamuktan göz yapıştırdınız mı, alın size kuzu kuzu meee...

Ayaklarını da kartondan kesip pamuk üzerine yapıştırın. Bir de renkli yünden kuyruk yapın.

## Makaradan Hayvancıklar

Dikiş işleriyle uğraşan hanımlar, boşalan makaralarını lütfen atmasınlar. Makaranın iki ucuna yapıştırılmak üzere komik hayvan resimlerini çizin (eğer çocuğunuz biraz büyükse ona çizdirebilirsiniz veya en azından boyamasını çocuğunuza yaptırabilirsiniz.) Makaranın bir ucuna hayvanın ön kısmı, diğer ucuna da arka kısmı gelecek şekilde yapıştırın. Yün artıklarla da hayvana kuyruk, bıyık gibi ilaveler yapabilirsiniz. Yaptığınız bu hayvan atsa, yine artık yünlerle sırtına yele yapabilirsiniz.

# Kaynaklar

ADLER, Alfred; İnsan Tabiatını Tanıma. Türkiye İş Bankası Kültür Yayınları. Ankara. 2000

AY, Mehmet Emin; Ailede ve Okulda İdeal Din Eğitimi. Bilge Yayınları. İstanbul. 2001

BAYRAK, Gülhanım; Bebek ve Çocuk Sağlığı. Uçurtma Yayınları. İstanbul. 2000

BAYSAL, Ayşe, ARSLAN, Perihan; Doğumdan Yetişkinliğe Çocuk Yemekleri. Özgür Yayınları. İstanbul. 1997

Bebeğim ve Biz Dergisi. Mart. 2001

Bebeğim ve Biz Dergisi. Ocak. 1999

Bebek ve Yaşam Dergisi. Nisan. 1999

BENNET, Stewe-Ruth; 365 Televizyondan Uzak Etkinlik. Rota Yayınları. İstanbul. 1999

Bir Grup Amerikalı Kadın Doğum Uzmanı ve Jinekolog; Hamileliğe Hazırlık, Doğum ve Sonrası. Hayat Yayınları. İstanbul. 2000

Bir Grup Eğitim Uzmanı ve Psikolog Tarafından; Ana-Baba Okulu. Remzi Kitabevi. İstanbul. 1998

BRUNET-CHIRISTINE-SOFRATI, Anne Ü; 1-7 Yaş Arası Çocuğun Eğitimi. Çocuk Aile Kitapları. Ankara. 2000

ÇANKIRILI, Ali; Bebeğimi Büyütüyorum. Timaş Yayınları. İstanbul. 1998

DODSON, Fitzhugh; Baba Gibi Yar Olmaz. Özgür Yayınları. İstanbul. 1997

DODSON, Fitzhugh; Sevgiyle Disiplin. Kuraldışı Yayıncılık. İstanbul. 2000

DODSON. Fitzhugh; Çocuk Yaşken Eğilir. Özgür Yayınları. İstanbul. 1995

DODURGALI, Abdurrahman; Ailede Çocuğun Din Eğitimi. İFAV. İstanbul. 1996

DÖNMEZ-DİNÇER-DEREOBALI-GÜMÜŞÇÜ-PİŞKİN; Okul Öncesi Dönemde Dil Gelişimi Etkinlikleri. Ankara. 1993

EISENBERG-MURKOFF-HATHAWAY; Bebeğinizi Beklerken Sizi Neler Bekler? Epsilon Yayınları. İstanbul. 2000

EVELYN Bassoff; Anneler ve Oğulları. Timaş Yayınları. İstanbul. 1999

EVELYN, Bassoff; Anneler ve Kızlan. Timaş Yayınları. İstanbul. 1999

FENVVICK, Elizabeth; Annelik ve Bebek Bakımı. ABC Kitabevi. İstanbul. 1997

GANDER-GARDINER; Çocuk ve Ergen Gelişimi. İmge Kitabevi. Ankara. 1995î

GEZER, Said; Çocuğu Anlamak. Çağlayan Yayınları. İzmir. 1996

GINOTT, Haim; Siz ve Çocuğunuz; Redhouse Yayınevi. 1965

GORDON, Thomas; İç Disiplin mi, Dış Disiplin mi? Sistem Yayıncılık. İstanbul. 2001

GÖVSA, İbrahim Alaettin; Çocukta Davranış Gelişimi. Hayat Yayınları, İstanbul. 1999

HEALY, Jane; Çocuğunuzun Gelişen Aklı. Boyner Holding Yayınları. İstanbul. 1999

HUMPHREYS, Tony; Aile: Terk Etmemiz Gereken Sevgili. Epsilon Yayınları, İstanbul, 1998

HUMPHREYS, Tony; Çocuk Eğitiminin Anahtarı: Özgüven. Epsilon Yayınları. İstanbul. 1998

MONTESSORI, Maria; Çocuk Eğitimi. Özgür Yayınları. İstanbul. 1995

NAVARO, Leyla; Beni Duyuyor musun? Ya-Pa Yayınları. İstanbul.

NELSEN-LOTT-GLENN; A'dan Z'ye Pozitif Disiplin. Hayat Yayınları. İstanbul. 2000

OKTAY, Ayla; Yaşamın Sihirli Yılları: Okul Öncesi Dönem. Epsilon. İstanbul. 1999

ÖZTÜRK, Mücahit; Çocuğum, Sorunlarım Var. Uçurtma Yayınları. İstan- i bul. 2001

PAZARLI, Osman; Din Psikolojisi. Remzi Kitabevi. İstanbul. 1982

PERNOUD, Laurence; Bir Çocuk Bekliyorum. E Yayınları. İstanbul. 1996

PONTLEY, Elizabeth; Çocuğunuzla İş Birliği Yapabilme. HYB Yayıncılık. Ankara. 1997

PUYN, Wechselberg; Anne ve Çocuk. Remzi Kitabevi. İstanbul. 1996

ROSS, W. Greene; Başa Çıkılamayan Çocuklar. Timaş Yayınları. İstanbul. 1999

SALK, Lee; Çocuğun Duygusal Sorunları. Remzi Kitabevi. İstanbul. 1998

SAYGILI, Sefa; Annemi İstiyorum. Türdav. İstanbul. 1997

SCHÖN, Bemhard; Babalar da Çocuk Bakabilir. Afa Yayınları. İstanbul. 1985

SPOCK, Benjamin; Çocuk Bakımı ve Eğitimi. Bilgi Yayınevi. Ankara. 1998

STEKEL, Wilhelm; Bir Anneye Mektuplar, Hayat Yayıncılık. İstanbul. 1999

STOPPARD, Miriam; Bebek ve Çocuk Sağlığı. İnkılap Kitabevi. İstanbul. 1995

T.C.MEB. Okul Öncesi Genel Müdürlüğü; Kreş Programı. Milli Eğitim Basımevi. İstanbul. 1994

ÜLGEN, Gülten-FİDAN, Emel; Çocuk Gelişimi. M.E.B. İstanbul. 1997

WEISS, Lynn; Çocuğumu Nasıl Anlarım? Beyaz Yayınları. İstanbul. 1998

WILLIAMS, Lavvrence; Çocuğunuzu Keşfedin. Hayat Yayınları. İstanbul. 2000

WOLF, Anthony E; Ama Bu Haksızlık. Sistem Yayıncılık. İstanbul. 2001

YALÇINKAYA, Tosun; Eğitici Oyun ve Oyuncak Yapımı. Esin Yayınevi. İstanbul. 1996

YASLAN, Şükran; Annenin El Kitabı. Ya-Pa Yayınları. İstanbul.1982

YAVUZ, Kerim; Çocukta Dini Duygu ve Düşüncenin Gelişmesi. Diyanet İşleri Başkanlığı Yayınları. Ankara. 1983

YAVUZER, Haluk; Ana-Baba ve Çocuk. Remzi Kitabevi. İstanbul. 1997

YAVUZER, Haluk; Çocuğunuzun İlk Altı Yılı. Remzi Kitabevi. İstanbul. 2000

YAVUZER, Haluk; Çocuk Eğitimi El Kitabı. Remzi Kitabevi. İstanbul. 1996

YAVUZER, Haluk; Çocuk Psikolojisi. Remzi Kitabevi. İstanbul. 1998

YAVUZER, Haluk; Çocuk ve Suç. Remzi Kitabevi. İstanbul. 1996

YELLAND, Anne; Bebeğinizin İlk 18 Ayı. Arkadaş Yayınları. Ankara. 2000

YÖRÜKOĞLU, Atalay; Çocuk Ruh Sağlığı. Türkiye İş Bankası Kültür Yayınları. Ankara. 1982

YÖRÜKOĞLU, Atalay; Gençlik Çağı. Özgür Yayınları. İstanbul. 1996

ZULLIGER, Hans; Çocuk Vicdanı ve Biz. Bozak Yayınları. İstanbul. 1977

ZULLIGER, Hans; Çocukta Ruhsal Bozukluklar ve Tedavisi. Bozak Yayınları. İstanbul. 1980